Norbert Schneider

Geschichte der Ästhetik
von der Aufklärung bis zur Postmoderne

W0045839

Norbert Schneider

Geschichte der Ästhetik von der Aufklärung bis zur Postmoderne

Eine paradigmatische Einführung

Mit 8 Abbildungen

Philipp Reclam jun. Stuttgart

FÜR JUTTA

5., bibliographisch ergänzte Auflage

RECLAMS UNIVERSAL-BIBLIOTHEK Nr. 9457
Alle Rechte vorbehalten
© 1996 Philipp Reclam jun. GmbH & Co. KG, Stuttgart
Gesamtherstellung: Reclam, Ditzingen. Printed in Germany 2010
RECLAM, UNIVERSAL-BIBLIOTHEK und
RECLAMS UNIVERSAL-BIBLIOTHEK sind eingetragene Marken
der Philipp Reclam jun. GmbH & Co. KG, Stuttgart
ISBN 978-3-15-009457-0

www.reclam.de

Inhalt

Einleitung 7

Alexander Gottlieb Baumgarten 21
Gotthold Ephraim Lessing 30
Immanuel Kant 42
Friedrich Schiller 57
Friedrich Wilhelm Joseph Schelling 66
Jean Paul 74
Georg Wilhelm Friedrich Hegel 80
Karl Rosenkranz 95
Charles Baudelaire 101
Arthur Schopenhauer 108
Friedrich Nietzsche 116
Gustav Theodor Fechner 126
Theodor Lipps 134
Benedetto Croce 141
Roman Ingarden 149
Martin Heidegger 154
Georg Lukács 166
Walter Benjamin 180
Theodor W. Adorno 193
Sigmund Freud 203
John Dewey 215
Nelson Goodman 221
Arthur C. Danto 226
Jan Mukařovský 231
Jean-Paul Sartre 236

Roland Barthes 244

Jacques Derrida 251

Anmerkungen 261

  Baumgarten 267 – Lessing 268 – Kant 270 –
  Schiller 272 – Schelling 274 – Jean Paul 275 –
  Hegel 277 – Rosenkranz 278 – Baudelaire
  279 – Schopenhauer 279 – Nietzsche 281 –
  Fechner 282 – Lipps 282 – Croce 284 – In-
  garden 285 – Heidegger 287 – Lukács 287 –
  Benjamin 289 – Adorno 291 – Freud 292 –
  Dewey 295 – Goodman 295 – Danto 296 –
  Mukařovský 297 – Sartre 298 – Barthes 299
  – Derrida 300

Allgemeine Literaturhinweise 304

Biobibliographische Hinweise 306

Abbildungsnachweis 354

Einleitung

Kunst- und Schönheitstheorien der Vormoderne

Kaum war in der Mitte des 18. Jahrhunderts Alexander Gottlieb Baumgartens *Aesthetica* erschienen, wurde dieser Buchtitel rasch zu einem Gattungsbegriff für eine Disziplin, die es zuvor im Kanon der Philosophie noch nicht gegeben hatte. Programmatisch teilt sich in Baumgartens Betonung der Wahrnehmung (»aísthesis«) bzw. der sinnlichen Erkenntnis, für die als Organ und Manifestationsform die Kunst im weitesten Sinne figurieren soll, eine neue Denkweise mit. Sie ist das Resultat der seit Anfang des 18. Jahrhunderts sich anbahnenden Empirisierungstendenz in Philosophie und Wissenschaften[1], trägt aber auch dem wachsenden Interesse der Laien an den Gesetzmäßigkeiten und Funktionen künstlerischer Hervorbringungen[2] Rechnung. Mit dem Aufkommen der Ästhetik als eines neuen philosophischen Gebiets wird das aus Antike und Mittelalter überkommene Paradigma einer ontologisch fundierten Theorie des Schönen immer mehr verdrängt, ja es gelangt, angesichts der neueren Entwicklungen obsolet geworden, an sein Ende.

Die vormoderne Theorie des Schönen bezog sich ursprünglich nicht im engeren Sinne auf Kunst und Artefakte (die Idee vom »schönen Kunstwerk« und den »schönen Künsten« – »beaux-arts«, »fine arts« – bildete eher die Ausnahme bzw. einen Grenzfall)[3]. Als metaphysisches System war sie vielmehr universalistisch ausgerichtet, auf den göttlichen Kosmos als letzte Seinsstruktur, deren der staunende Betrachter in kontemplativer Schau innewerden sollte. Beispielhaft kommt dies in dem scholastischen Traktat *De pulchro* des Dominikanerprovinzials Ulrich Engelbert von Straßburg (gest. 1277) zum Ausdruck, der auf das Vorhandensein einer »pulchritudo mundi« vertraut, die theonom

begründet ist und somit einen kosmologisch aufzufassen-
den Fond bildet, an dem alle Einzeldinge teilhaben bzw. zu
dem hin sie streben, um »perfectio«, Vollkommenheit, zu
erlangen.[4] In diesen Schönheitstheorien tritt die kosmologi-
sche Argumentation in Begriffen wie »consonantia«, »integritas«, »harmonia« usw. zutage, die allesamt von den Vorstellungen der Sphärenharmonie abgeleitet sind, wie sie als
philosophisch-literarische Visionen in Platons *Timaios* oder
Ciceros Beschreibung von »Scipios Traum« (in seiner Abhandlung *De re publica*) entfaltet worden waren.[5]

    Diese Imaginationen des vollkommen gebildeten Schö-
nen, die das Unzulängliche der auf einem relativ niedrigen
Produktionsniveau befindlichen Sozialstruktur idealisie-
rend kompensierten, verbanden sich nicht selten mit magischen Zahlenvorstellungen. In den Zahlen sah man Zeichen
einer vollendeten kosmischen Ordnung und ihrer verborgenen Gesetze.

    Bereits bei den Priesterkasten der mesopotamischen und
ägyptischen Kulturen, im pythagoreischen Geheimbund
und in den prophetischen Lehren des Alten Testaments ge-
wann die Zahl große Bedeutung, erkannte man doch in ihr
ein Nichteingeweihten kaum zugängliches Instrument zur
Beherrschung gesellschaftlicher Prozesse. »Omnia in men-
sura et numero et pondere disposuisti«, heißt es im *Buch
der Weisheit* (11,21), bezogen auf Gott, den Weltenschöpfer,
aber diese Qualitäten des Demiurgen, allem Maß, Zahl und
Gewicht zu verleihen, wurden auch als Regulative im »in-
nerweltlichen« Bereich begriffen. Das in der Zahl verbor-
gene Herrschaftswissen konnte seine Legitimation aus der
Erschließung der Gesetze siderischer Bewegungen beziehen, die (wie es im *Timaios* angedeutet wird) eine Gliede-
rung der Zeit und Prognosen auf die Zukunft hin ermöglichten, somit – wie wenig verläßlich im konkreten Fall
auch immer – die Planungsgrundlage für politisches und na-
turaneignendes oder naturveränderndes Handeln boten.[6]

Gottvater als Baumeister des Universums
Miniatur aus einer französischen Bibel,
Mitte des 13. Jahrhunderts

Rhetorik, Poetik, Artes liberales, Kunstrezeptliteratur

Diese wenigen Hinweise mögen verdeutlichen, daß die antik-mittelalterlichen Schönheitslehren, denen zufolge das Bild des Kosmos symbolisch den gesellschaftlichen Ordo spiegelte, zumeist einen fernab der realen Kunstpraxis gepflegten Diskurs repräsentierten. Sehr viel direkter waren ihren Problemen – und das muß hier einschränkend heißen: den Problemen der Dichtung, denn die bildenden Künste blieben als angeblich mit der niederen Materie behaftete Formen kultureller Praxis weitgehend außerhalb der theoretischen Reflexion – die Sieben Freien Künste (»Septem artes liberales«) zugewandt, speziell die Artes des Triviums, die Wissenschaften von den sprachlichen und kognitiven Prozessen (Rhetorik, Grammatik, Dialektik), deren Prinzipien auf die Literatur appliziert wurden.[7]

Die Rhetorik[8] und die ihr kategorial in vielem nachgebildete Poetik[9] hielten erlernbare Muster bereit, die einen gattungsmäßig besonders intendierten und auf eine spezifische Wirkung berechneten Text zu generieren gestatteten. Die Tropen und Metaphern, aber auch die dispositiven Prinzipien des Textaufbaus und die Vorstellungen von den Stilarten (»genera dicendi«) stellten jedoch Elemente dar, die nicht nur auf praktische Handhabung berechnet waren, sondern zugleich hermeneutische Kriterien für die Analyse bereitstellten. Insofern enthielten Rhetorik und Poetik ein Gemisch aus präskriptiven Anweisungen einerseits und analytischen Potentialen andererseits, die in der Anwendung den normativen Anspruch dieser Kategorien wieder aufhoben bzw. neutralisierten.

Es gab aber durchaus Verbindungen oder gleitende Übergänge zwischen Schönheitstheorie und Rhetorik bzw. Poetik, denn die Harmonie-Ideale finden sich in beiden Systemen. So war etwa das rhetorisch-stilistische Ideal der »concinnitas« ein vom Harmoniegedanken getragenes sprachlich-literarisches Gestaltungselement, das sich mit der »consonantia«-Vorstellung verbinden ließ.

Ähnliches läßt sich für die antike Architekturtheorie[10] (in ihrer für die Folgezeit kanonischen Ausprägung bei Vitruv) feststellen, die mit ihren Begriffen der »ordinatio«, »dispositio«, »compositio«, »collocatio«, »eurhythmia«, »symmetria« usw. Proportionsvorstellungen geltend machte, die eine Analogie zu denen der Schönheitstheorien aufwiesen.

Unmittelbare Praxisnähe findet sich lediglich in den Kunstrezeptbüchern. Bei Theophilus Presbyter (12. Jh.; *De diversis artibus*)[11] und Cennino Cennini (*Il libro dell'arte*, um 1400) ist beispielsweise der Aspekt der Erfahrung mit den Materialien und der Herstellung der technischen Kunstmittel von vorrangiger Bedeutung. Bei Leonardo, der konsequent dem Prinzip der Empirie folgt, kommt zusätzlich noch als weiteres Interesse eine intensive Beobachtung der Modelle und Objekte unter besonderen physikalischen Bedingungen (wie Licht-Schatten-Verhältnissen) hinzu.[12] In signifikanter Weise wird in seinem *Trattato della pittura* erstmals der künstlerischen Wahrnehmung der Primat vor Theorien zuerkannt, die in ihrer autonomen Entwicklung den Kontakt zur Kunstpraxis längst verloren hatten: »Sagst du, die Wissenschaften, die von Anfang bis zum Ende im Geist bleiben, hätten Wahrheit, so wird dies nicht zugestanden, sondern verneint aus vielen Gründen, und vornehmlich deshalb, weil bei solchem reingeistigen Abhandeln die Erfahrung (oder das Experiment) nicht vorkommt; ohne dies aber gibt sich kein Ding mit Sicherheit zu erkennen.«[13] So rhapsodisch-sprunghaft manches in Leonardos fragmentarischem Traktat anmutet, so ist er doch schon implizit eine Ästhetik avant la lettre, denn deren von Alexander Gottlieb Baumgarten eingeführter Begriff, wörtlich »Wahrnehmungslehre«, dringt ja auf das Festhalten und die Systematisierung von durch sinnliche Erfahrung gewonnenen Erkenntnissen in den Künsten.

Seit sich die Ästhetik als philosophische Disziplin konstituierte, wich der normative Anspruch der Schönheitstheorien, an deren Stelle sie trat, immer mehr einer Akzeptanz der Vorstellungen und Imperative, die von den Künstlern selbst ausgingen. Bereits die Kunst- und Literaturkritik bei Addison, Dubos oder Diderot,[14] die stellvertretend die Interessen eines Partizipation an den Kunstprozessen fordernden Publikums wahrnahm, erkannte den Primat künstlerischer Produktion und ihre Eigengesetzlichkeit an, die es durch eindringliche, bisweilen auch schon vergleichende Beobachtung zu ergründen galt.

Expressionstheorie versus Nachahmungstheorie

Trotz aller Bemühungen um eine empirische, wahrnehmungsfundierte Begründung künstlerischer Prinzipien blieben die meisten Ästhetikentwürfe seit Baumgarten nach wie vor von latent wirksamen theoretischen Prämissen geprägt, deren Geschichte sich bis in die Antike zurückverfolgen läßt. Diese Gedankenfiguren entstammen teilweise denselben philosophischen Anschauungen, die auch der vormodernen Schönheitstheorie sowie der Rhetorik und Poetik zugrunde lagen. Es läßt sich also konstatieren, daß es nicht nur einen Paradigmenwechsel gab, sondern auch unterschwellig weiter wirkende Traditionslinien.

Ein Modell, dem seit dem 18. Jahrhundert in zahlreichen Varianten und Modifikationen, von verhaltenen bis pathetischen Steigerungsgraden, immer wieder ein besonderes Wirkungspotential zuteil wurde, ist die Expressionstheorie. Bei ihr ist der Gesichtspunkt der Wahrnehmung und Reproduktion eines in der äußeren Realität gegebenen Motivs sekundär. Die Quelle und das Movens künstlerischen Schaffens liegt ihr zufolge im Innern des Künstlers, in seinen Empfindungen oder seiner selbstreflexiven Intellektualität. Es handelt sich hierbei also um ein endogenes Erklärungsmodell.

In Platons Dialog *Ion* (533d ff.) sagt Sokrates, daß die Muse Gottbegeisterte mache: »durch diese Begeisterung werden wieder andere begeistert, und so schließt sich eine ganze Kette an. Denn sämtliche großen Epiker schaffen all ihre schönen Dichtungen nicht aus einer bloßen Kunstfertigkeit heraus, sondern weil sie gottbegeistert und besessen sind, und mit den großen Lyrikern geht es ebenso. Wie nämlich die korybantisch Verzückten bei ihrem Tanz nicht bei Sinnen sind, so sind auch die Lyriker nicht bei Sinnen, wenn sie ihre schönen Lieder dichten, sondern sobald sie in Harmonie und Rhythmus geraten, sind sie in bacchischer Besessenheit befangen.«[15]

Hier wird also die Theorie vertreten, daß Kunst sich einem Zustand der »manía« bzw. des »enthusiasmós«, einer dem Wahnsinn nahen rauschhaften Verzückung verdanke, die göttlichen Ursprungs sei (»furor divinus«). Subtrahiert man die religiöse Komponente und den Aspekt des orgiastischen Rauschs, so bleibt das Modell des autonom schaffenden Künstlers, der die Wirklichkeit in seinen Werken nicht reproduziert, sondern selbsttätig hervorbringt. In dieser säkularisierten Form haben wir dann die Vorstellung des Genies vor uns, zu dessen Haupteigenschaften eine gesteigerte Einbildungskraft oder Phantasie[16] gehört, die sich angeblich nur aus seiner inneren Anlage als einem besonderen naturbedingten Vermögen speist. Weitere diesem Syndrom zugehörige Begriffe sind Invention[17] und Innovation: Da der geniehaft produzierende Künstler wie die Natur gleichsam über nie versiegende Ressourcen verfügt, vermag er ständig Neues hervorzubringen. Der Akt dieses autonomen Schaffens kommt einer Erfindung gleich.

Das beschriebene Modell liegt den meisten avantgardistischen Kunsttheorien zugrunde, die auf den Aspekt der »nouveauté« (Baudelaire) abheben und die inventionale Seite betonen. Es ist, wie sich auch an den Künstlerselbstkommentaren des 20. Jahrhunderts (etwa bei Georges Braque) demonstrieren ließe, das Prinzip der modernen

Kunst. Kunstsoziologisch läßt sich das Innovationsprinzip mit der Dynamik des (Kunst-)Marktes erklären, dessen Zwang zur individualitätssteigernden Differenzierung von den Künstlern internalisiert wird.

Scharf grenzt sich diese Konzeption von einer anderen Theorie ab, die bis an die Schwelle der Moderne unbefragt normative Kraft besaß: der Nachahmungstheorie. Während das Expressionsmodell eine stark subjektivistische Färbung hat, ist bei dem Ansatz der Mimesis die Orientierung eher objektivistisch, denn ihr Hauptaxiom ist bzw. war das »Ars-imitatur-naturam«-Prinzip. Es sind also exogene Faktoren, die bei ihm ausschlaggebend sind. Die Natur, die äußere Realität, gilt hier als Lehrmeisterin, die Kunst steht zu ihr in einem dienenden Verhältnis. In seiner *Physik* (B 8, 199a 15 ff.) vertrat Aristoteles die These, daß Kunst (»téchne«), die er durch Kunstfertigkeit und Beherrschung von Regeln definierte, die Aufgabe habe, das zu vollenden, was die Natur unvollendet gelassen habe, bzw. sie nachzuahmen. Der erste Teil dieser These, das Vervollständigungspostulat, ist im kulturellen Zusammenhang mit der technologischen Notwendigkeit einer Überwindung der defizitären Befindlichkeit des an sich nackten und waffenlosen Menschen zu sehen, der sich in der Kunst entlastende Institutionen zur Überwindung seines Mangelzustands schafft. »Kunst« hat hier erkennbar eine weite Bedeutung: sie schließt die praktische Funktion der Technik und der Naturwissenschaften noch ein. Der zweite Teil der These, das Nachahmungspostulat, zielt mehr auf eine symbolische Aneignung der Umwelt, auf ihre Erkenntnis qua Bild oder Sprache. Kunst bedeutet in dieser Bestimmung eine Assimilation an die Natur.[18] Zugleich soll Mimesis aber auch der Ergötzung (»diagogé«) und der Erholung (»ánesis«) dienen. Horaz hat diese beiden Aspekte bekanntlich in der Formel des »prodesse et delectare«, des Nützens und Erfreuens, zusammengefaßt (*Ars poetica*, V. 333).

Der Primat der Natur wird von den frühneuzeitlichen Künstlern in geradezu topischer Häufigkeit hervorgehoben. In diesem Zusammenhang ist wieder Leonardo zu erwähnen, der in seinem Traktat proklamiert: »Diejenige Malerei ist am lobenswertesten, welche mit dem nachgeahmten Gegenstand am meisten übereinstimmt« (Frg. 411).[19]

In dem Maße, wie später die von Aristoteles auf einer noch niedrigen Produktionsstufe als elementare Notwendigkeit erkannte Lebenssicherung durch fortschreitende technische Naturbeherrschung gewährleistet war, konnte das auf Kunst bezogene Vervollständigungspostulat aufgegeben werden oder in den Hintergrund treten. Das Nachahmungspostulat verfiel spätestens seit der Romantik dem Verdikt sklavischer Abhängigkeit von der Natur, wobei der Vorwurf lautete, daß Mimesis eine bloße Wiederholung des bereits Vorhandenen sei. Letztlich lag bei dieser Rückweisung derselbe Grund vor, denn der rasante ökonomische und technische Fortschritt in der Folge der industriellen Revolution schien eine nachahmende Orientierung an der »natura magistra« überflüssig zu machen. Die Natur galt folglich nicht mehr als lebendiges Vorbild, sondern nur noch als ein »totes«, »starres und in sich beschlossenes Dasein« (J. G. Fichte), das sich grenzenlos ausschöpfen läßt. Der Künstler sucht sich nun nicht mehr demütig und bewundernd der Natur anzugleichen, sondern begreift sich als ihr Beherrscher, analog zum Ingenieur und Unternehmer, der mit seinen produktivitätssteigernden Erfindungen zum gesellschaftlichen Leitbild geworden war.[20] Die in dieser Zeit oft bekundete Naturbegeisterung indiziert lediglich eine Entfernung von der Natur und offenbart mehr Schuldgefühle, als daß sie Folgen für die Theorie des künstlerischen Schaffens gehabt hätte. So wohnt dem Geniebegriff die Ambivalenz inne, daß er zwar den Künstler zum Naturwesen stilisiert, ihm aber zugleich Fähigkeiten zuspricht, die auf eine Beherrschung der Natur hinauslaufen.

Mit dem Schwund ihrer praktischen Funktionen als Technik und Wissenschaft, die sich zu eigenen großen Bereichen entwickelt hatten, wird die Kunst – objektiv zwangsläufig, aber auch subjektiv gewollt – immer mehr purifiziert: sie erlangt den Status einer »reinen«, autonomen Kulturtechnik um den Preis des Verlusts ihrer Bindung an die Natur und an andere kulturelle Praxen. Indem sich Kunst von der Natur immer mehr entfernt und damit ihre ehemals wichtige Funktion aufgibt, mit ihrer topischen Forderung nach Mimesis ein ökologisches Bewußtsein wachzuhalten und einzuklagen,[21] reduziert sie sich auf ihren fiktionalen Charakter, sie wird, wie Schiller es nicht nur beschreibt, sondern auch fordert, zu einer »Kunst des Scheins«, in welcher der Mensch unbeschränkt sein »Herrscherrecht« ausübt.[22]

Funktionen der Ästhetik und Sinnpotentiale des Ästhetischen

Mit dem gravierenden Funktionswandel, der sich in der Kunst vollzog – Hegel sah hierfür als historische Zäsur den Niedergang des Ancien Régime –, änderte sich auch die auf Kunst bezogene theoretische Reflexion. Es war wiederum Hegel, der hervorhob, daß der Künstler nun, nach Abstreifung aller festen Beschränkung, sich ganz auf sich selbst verwiesen sieht, er zum »neuen Heiligen« der Kunst »den Humanus macht, die Tiefen und Höhen des menschlichen Gemüts als solchen, das Allgemeinmenschliche«[23]. Der Kunst wird so eine psychologische Dimensionierung zugesprochen, und entsprechend wandelt sich auch die Argumentationsform der Ästhetik, die sich fortan innerhalb der Pole von Wahrnehmung und Phantasie[24] bewegt, oft auch emotionstheoretisch[25] fundiert wird.

Nahezu alle Ästhetiken seit dem frühen 19. Jahrhundert machen sich die Historizität der Kunst bewußt; sie reagieren oft seismographisch auf neuere und neueste Entwicklungen in der Kunst. Das zeigt sich etwa an der Reflexion des Häßlichen bei Rosenkranz oder Baudelaire, die damit durch überkommene Schönheitsnormen gesetzte Schranken durchbrechen und ein beobachtungsverhinderndes Tabu lockern, so daß die lange Zeit automatisierte Wahrnehmung auf Intentionen, Formlösungen und Bedeutungsqualitäten aufmerksam wird, für die es zuvor noch kein geschärftes Sensorium gab.

Kunst und Ästhetik befinden sich seit dem 19. Jahrhundert in einer engen Wechselbeziehung. Nicht nur modifiziert die Ästhetik permanent ihr Kategoriensystem aufgrund der sich unentwegt verändernden künstlerischen Praxis; diese rekurriert auch ihrerseits auf theoretische Programme, die in Ästhetiken und kunstpsychologischen Lehrbüchern entwickelt wurden. Das läßt sich an verschiedenen Konzeptionen der bildenden Kunst demonstrieren. Da wäre z. B. das Problemfeld »Farbe und Form« zu nennen (z. B. bei Delaunay, Kandinsky, Klee, Hölzel, Itten u. v. a.): Die zur Abstraktion tendierenden Richtungen der »klassischen« Moderne haben immer wieder elementaristische Theorien und Modelle der psychologischen Ästhetik (G. Th. Fechner, W. Wundt, H. Cornelius, F. Jodl u. a.) adaptiert, was zu dem Zirkel führte, daß die Kunstpsychologie der jeweils nachfolgenden Phase sich durch diese Kunstbeispiele bestätigt sah. Ähnliches läßt sich bei der in den sechziger Jahren aufgekommenen Minimal Art eines Don Judd oder Robert Morris feststellen: Die von ihr proklamierten »primary structures« erscheinen in ihrer symbolischen Vergegenständlichung als materialisierte Gestaltpsychologie und somit als Mimesis eines wissenschaftlichen Konzepts (ohne daß sie freilich darin intentional aufgingen). Schließlich ist darauf hinzuweisen, daß sogar die in materialistischen oder pragmatistischen Ästhetiken geäußerte kunstsoziologische Kritik an der Kluft zwischen Kunst und Leben Folgen für die Kunst hatte, denn sie wurde konkret in

Kunstrichtungen wie Happening und Fluxus als symbolische Handlung umgesetzt.

Neben der Vergegenwärtigung des historischen Charakters der Kunst (gegen dessen Betonung freilich hin und wieder auch Theorien auftraten, die essentialistisch das Überzeitliche ästhetischer Phänomene hervorhoben wie die phänomenologische oder die existentialontologische Ästhetik)[26] kennzeichnet die neueren Ästhetiken, ohne daß daraus immer gleich auch kunstsoziologische Schlüsse gezogen worden wären, ein Bewußtsein der Differenz von Produktion und Rezeption. Der Akzent der Untersuchungen liegt zumeist auf dem künstlerischen Schaffen und der künstlerischen Methode sowie ihren psychischen und/oder sozialen Voraussetzungen. Die Modalitäten der mentalen Verarbeitung ästhetischer Reize bei den Rezipienten sind erst in jüngster Zeit verstärkt Gegenstand der Analyse geworden.[27]

Mit der »Expansion der Kunst«[28] seit den sechziger Jahren rückten auch Erscheinungsformen des Trivialen in den Blick, deren Reflexion zu einer Auflösung überkommener Werte und Normen führte. Längst sind die Ästhetiken nicht mehr nur noch auf die sogenannte »hohe« Kunst fixiert. Nicht nur das Spektrum der Gattungen und Genres hat sich in ihren Konzeptionen erheblich erweitert, es werden jetzt auch Phänomene einbezogen, die als massenmedial oder werbestrategisch inszenierte Wahrnehmungsstimuli den Alltag bestimmen.[29] Wenn man in diesem Zusammenhang von einer »Alltagsästhetik« spricht, so fällt an diesem Wort auf, daß der Begriff »Ästhetik«, vermittelt über sein Adjektiv »ästhetisch«, das die Erscheinungsform von gestalteten Objekten kennzeichnen kann, hier eine semantische Transformation erfahren hat, da er von der Theorieseite auf die Gegenstandsseite hinübergewechselt ist.[30] Inzwischen ist der Terminus der »Ästhetik« bzw. des »Ästhetischen« also inflationär und damit unscharf geworden. Er kann eben sowohl eine philosophische Disziplin

als auch – reifiziert – die Totalität gestalteter Objekte bezeichnen.

Der Begriff des Ästhetischen ist in den gegenwärtigen philosophischen Diskussionen und auch im trivialen
Sprachgebrauch ganz an die Stelle von Kategorien getreten,
die vormals in den kunstphilosophischen Systemen eine
zentrale Rolle spielten. Neutralisierend hat er die Normativität des Schönheitsbegriffs aufgesogen. In ihm drückt sich
ein Wertverhältnis aus, ein Bewußtsein, daß es Schönheit an
sich, als objektive materielle Qualität, nicht gibt, ihre Vorstellung vielmehr nur das Ergebnis einer sinnerfüllenden
Projektion bzw. eines Symbolisierungsvorgangs ist, der sich
aus Präferenzen herleitet, welche mit der konkreten Lebenswelt der Rezipienten, der historischen Ansammlung
von Erfahrungen, aber auch den Wunschvorstellungen und
Utopien zu tun haben, die diesen entspringen. (Erst als das
Chaos des sternübersäten Firmaments zu einem Kosmos
geordnet, die Gesetze seiner Bewegungen erkannt und auf
die praktischen Bedürfnisse der Gesellschaft bezogen wurden, konnte es als schön bewertet werden und modellhafte
Bedeutung erlangen.)

Die Kategorie des Ästhetischen ist durch ihren expansi-
ven Gebrauch so weit verallgemeinert worden, daß sie
heute wieder auf das angewandt werden kann, was man
einst das Naturschöne[31] nannte. Am Beispiel der Landschaft
ist wiederholt dargelegt worden, daß sie als »ästhetisch«
empfunden wird.[32] Natur begegnet uns hier in einer besonderen axiologischen Beziehung. Was sie genießbar macht,
ist nur scheinbar die faktische Präsenz ihrer Erscheinung;
latent wirkt in der Aisthesis aber mehr das Moment der gat-
tungsgeschichtlichen Erinnerung an die ihr durch Gestaltung auferlegte Ordnung, an den pazifikatorischen Zugriff
ganzer Generationen.

Es soll hier nicht darüber spekuliert werden, ob es immer
Domestikationsakte waren, deren Ergebnisse den Selbstge-
nuß der menschlichen Gattung freisetzten und damit eine

ästhetische Wertbeziehung möglich machten. Schwerlich wird man sich aber der Einsicht verschließen können, daß das Ästhetische als integrierender Bestandteil der Kultur sich nur um den Preis der Naturbeherrschung hat entfalten können.

ALEXANDER GOTTLIEB BAUMGARTEN

Baumgartens Ruhm gründet sich auf seine lateinisch abgefaßte, unvollendet gebliebene *Aesthetica*, die der philosophischen Disziplin den Namen gab. Das Buch erschien 1750 und 1758 in zwei Teilbänden von insgesamt 624 Seiten mit 904 Paragraphen, die logisch aufeinander aufbauen und durch zahlreiche Querverweise miteinander vernetzt sind.

Es handelt sich dabei keineswegs um eine allgemeine Kunstphilosophie, sondern mehr um eine Poetik in der Gattungstradition der *Kritischen Dichtkunst*, wie sie Bodmer, Breitinger, Gottsched u. a. zum praktischen Gebrauch verfaßt hatten.[1] Das Belegmaterial, auf das sich Baumgarten in reicher Zitation stützt, sind denn auch antike Autoren wie Hesiod, Theokrit, (Pseudo-)Longinus, Vergil, Horaz, Cicero, Ovid, Statius, Tibull, Lukrez, Catull, Quintilian u. a.

Die Dominanz des rhetorisch-poetologischen Aspekts wird bereits an der ausführlichen Erörterung der »colores«, der Tropen und Metaphern, im zweiten Teil des Werks, der »praktischen Ästhetik«, ersichtlich. Dennoch reicht die Prätention des Werks durchaus weiter: Gerade der erste Teil, die »theoretische Ästhetik«, sucht Prinzipien zu formulieren, die einen die Grenzen der Dichtung überschreitenden universellen Charakter haben, sich also auch, ohne daß dies immer bei Baumgarten selbst explizit geschieht, auf andere Künste wie Malerei und Musik anwenden lassen. Baumgarten möchte sein Werk keineswegs als ein rein theoretisches verstanden wissen. Beiläufig bemerkt er (§ 76)[2], daß er selbst praktische Erfahrungen gemacht habe, die es ihm ermöglichten, ästhetische Gesetze und künstlerische Verfahren sachgerecht zu beschreiben.

In den »Prolegomena« gibt Baumgarten eine Reihe von Definitionen, die den von ihm neu eingeführten Begriff der Ästhetik und sein terminologisches Umfeld erläutern sowie

PROLEGOMENA.

§. 1.

AESTHETICA (theoria liberalium artium, gnoseologia inferior, ars pulcre cogitandi, ars analogi rationis,) est scientia cognitionis sensitiuae.

§. 2.

Naturalis facultatum cognoscitiuarum inferiorum gradus solo vsu citra disciplinalem culturam auctus AESTHETICA NATVRALIS dici potest, et distingui, sicuti logica naturalis solet, in connatam, ingenium pulcrum connatum, et acquisitam, et haec denuo in docentem et vtentem.

§. 3.

Ad naturalem accedentis artificialis aesthetices, §. 1. vsus inter alios maior erit 1) scientiis

A

Alexander Gottlieb Baumgarten: *Aesthetica*
Frankfurt a. d. O., 1750

die speziellen Nutzanwendungen (»usus speciales«) benennen. §1 lautet: »Aesthetica (theoria liberalium artium, gnoseologia inferior, ars pulchre cogitandi, ars analogi rationis) est scientia cognitionis sensitivae.« Die Ästhetik wird also als Wissenschaft (»scientia«) bezeichnet, zugleich aber auch als »ars«, wobei hier noch der alte Wortgebrauch zu unterstellen ist. Aber sie ist nicht nur selbst eine »Kunst«, sondern auch ein diese reflektierendes gedankliches System, eine Theorie der »Freien Künste«. Angesichts der poetologischen Grundausrichtung von Baumgartens Abhandlung kann sich der Hinweis auf die Freien Künste nur auf das »Trivium«, nach der Tradition der erste Teil dieses antikmittelalterlichen Lehrsystems, beziehen, der aus Grammatik, Dialektik und Rhetorik bestand. Trotz des erkennbaren Anspruchs, eine klare logisch fundierte Definition zu entwickeln, zeigt bereits dieser erste Paragraph eine systematisch nicht ganz stringente Argumentation, die mehrere Varianten anbietet, um ein Assoziationsfeld abzustecken. Entscheidend sind aber die beiden nahezu synonymen Begriffe »gnoseologia inferior« und »scientia cognitionis sensitivae«. Damit wird diese philosophische Wissenschaft als auf das »untere Erkenntnisvermögen« spezialisierte Disziplin deklariert. Sie befaßt sich also mit den subrationalen psychischen Potenzen, mit Wahrnehmung (sinnlichen Empfindungen), Phantasie (Einbildung) und Erinnerung, schließlich auch mit dem Begehrungsvermögen. Während die Sinnesqualitäten bei Descartes nur eine biologische Bedeutung ohne jeglichen objektiven Erkenntniswert hatten, sind sie bei Baumgarten erheblich aufgewertet, in der Weise sogar, daß ihnen ein der »ratio«, der Vernunft, analoger gnoseologischer Charakter zugesprochen wird. (Der Begriff des »analogon rationis« stammt von Leibniz, der ihn auf das seiner Meinung nach rein triebartige und assoziativ-begriffslose Denken der Tiere bezog.)

Die Ästhetik hat es nach Baumgarten also auch mit der Erkenntnis von Wahrheit zu tun. Das Medium des Er-

kenntniszugangs zur Wahrheit sind die Sinne, deren Urteile
eine eigene Qualität besitzen. (Schon Tommaso Campanella
hatte in seiner Abhandlung *Del senso delle cose e della magia*, Frankfurt a. M. 1620, gesagt, daß »die Sinne sicherer
sind als jedes andere unserer Erkenntnisvermögen«, sogar
sicherer als der Intellekt, aber so weit geht Baumgarten als
Rationalist nicht.)[3]

Ihr sprachliches Äquivalent bzw. ihre literarische Ausdrucksform sind nicht abstrakte metaphysische Beweisführungen, sondern unmittelbare konkrete Bilder und Tropen.
Daß sich Baumgarten die Hierarchie der Erkenntnisvermögen in Analogie zu sozialen Gegensätzen dachte, läßt sich
mittelbar aus anderen Kontexten erschließen. So hebt er
z. B. (in § 53) die – letztlich aus der Alltagserfahrung hervorgehenden – ästhetischen Fähigkeiten eines einfachen Menschen hervor, der, ohne gelehrt zu sein, vor aller kunsttheoretischen Begründung, spontan Schönes erschafft oder
erfassen kann. Als »Archetypen« führt Baumgarten hier
Homer und Pindar an, deren Werke eher die Urbilder der
gelehrten Künste waren als deren »ectypa« (Ausprägungen). Menschen dagegen, die einen geschulten Geist haben,
über gelehrte Bildung verfügen, könnten durchaus im Hinblick auf die Schönheit roh (»satis rudis«) erscheinen.

Es fällt auf, daß Baumgarten den Schönheitsbegriff mit
dem der Wahrheit vermischt. Kunst – bei ihm als stets vorrangig die Dichtung – zielt auf Schönheit, vermittelt dabei
aber Erkenntnisse, die subjektiv, aus den Gemütskräften,
zustande kommen, aber durchaus einen objektiven Status
erlangen oder repräsentieren können. Auch sinnliche Erkenntnis ist vollkommen, mag sie auch noch so tief verborgen und dunkel, im cartesianischen Sinne also eine »idea
confusa«, eine verworrene Idee, sein. Bei dieser Aufwertung
der »obscuritas« folgt Baumgarten bis zu einem gewissen
Grade der tenebristischen Tradition, die seit der Renaissance von pansophischen, der Mystik nahestehenden Systemen immer wieder gegen rationalistische Modelle aufgegrif-

fen wurde. Mit seiner Theorie von der fast seherischen,
intuitiv die Wahrheit (ursprünglich: das Göttliche) erfassenden Qualität des dichterischen Wortes bewegt sich Baumgarten, Sohn eines Assistenten des pietistischen Theologen
und Pädagogen August Hermann Francke, im geistigen
Umfeld der Sprachursprungslehren der Stürmer und Drän-
ger. So ist die Nähe zur Position des »Magus im Norden«,
Johann Georg Hamann, unübersehbar, der Dichtung als
»Muttersprache des Menschengeschlechts« bezeichnet hatte.
Und auch Johann Gottfried Herders Auffassung, der zufolge im Wort Gefühle, Empfindungen und Leidenschaften
verdichtet zum Ausdruck gelangen, kündigt sich hier bereits an.[4]

Baumgarten bleibt im großen und ganzen jedoch in den
Grenzen der alten Schönheitslehren. Rehabilitiert er gelegentlich die »obscuritas«, so ist das vorherrschende begriffliche Paradigma für ihn nach wie vor die »claritas«, die mit
»certitudo« (Gewißheit) in Verbindung gebracht wird, besonders aber mit der bei ihm auf den Sprach- oder Schreib-
stil bezogenen Vorstellung von der Harmonie, die vormals
kosmologisch gedacht wurde. Er greift hier also auf die antiken »concinnitas«- und »consonantia«-Anschauungen zurück, die in der Schulphilosophie bis ins 18. Jahrhundert
modifiziert weitergepflegt wurden. Hatte schon Thomas
von Aquin, prototypisch für die Hochscholastik, Schönheit
durch »integritas sive perfectio« und eine »debita proportio
sive consonantia« (*Summa theologica*, I, q. 39 a. 8) definiert,
so war es in der speziellen Kunst- und Architekturtheorie
besonders Leone Battista Alberti, der das »consonantia«-
Ideal weitervermittelt hatte. In *De re aedificatoria* (IX,5)
heißt es: »Che la bellezza, è un certo consenso, e concor-
dantia delle parti [. . .]« (»Schönheit ist eine Art Übereinstimmung und Zusammenklang der Teile [. . .]«).[5]

Schließlich dürfte auch Leibniz' Theorie von der »prästabilierten Harmonie« für Baumgarten von Einfluß gewesen
sein. Mit der Harmonie-Vorstellung verbindet sich der

Ordo-Gedanke (»nulla perfectio sine ordine«, § 19): Ordnung muß sich sowohl auf der – wie wir heute sagen würden – Ebene der Syntax manifestieren, im »consensus signorum«, als auch in der semantischen Beziehung der Signifikanten, der Zeichen (»signa«), zu den Dingen (»res«). Die Semantik muß also dem Modell der »adaequatio«, der Übereinstimmung, gerecht werden.

Dieses Prinzip ist es, das die Verschmelzung von Schönheits- und Wahrheitsbegriff ermöglicht, wurde doch die Wahrheitserkenntnis in der Scholastik als »adaequatio rei et intellectus« beschrieben.

Im Anschluß an Leibniz definiert Baumgarten Vollkommenheit (»perfectio«) nicht durch Einfachheit – im Gegensatz zum späteren Ökonomie-Ideal des Positivismus –, sondern durch Zusammengesetztheit: »nulla perfectio simplex« (§ 24). Wenn Vollkommenheit durch Heterogenität, durch ein Nebeneinander von Verschiedenem gekennzeichnet ist, ist es naheliegend, daß sie viele Ausnahmen (»exceptiones«) zuläßt, die demzufolge nicht als Fehler zu werten sind. Auf diese Weise hat Baumgarten eine Rechtfertigung für das Diskontinuierliche, logisch nicht immer Begründbare poetischer Produktion gefunden. Dennoch lehnt er Deformationen, Fehler und Flecken in der sinnlichen Erkenntnis ab, ebenso billige Effekte (»vilitas«) und schwer durchschaubare Dunkelheiten.

Um gegen diese Mängel gewappnet zu sein, bedarf es einer Reihe von Voraussetzungen, die sich Baumgarten wie die meisten seiner Zeitgenossen kaum anders denn als angeborene, naturgegebene Eigenschaften vorstellen kann. Wenn er im 2. Abschnitt seiner *Aesthetica* die Fähigkeiten eines »felix aestheticus« zu klassifizieren versucht, so weiß man nicht genau, ob er damit einen philosophischen Theoretiker oder einen praktizierenden Künstler bzw. Dichter meint. Vielleicht läßt er dies bewußt in der Schwebe, denn die Punkte, die er aufführt, weisen alle in die Richtung einer allgemeinen Kunstkritik, die sowohl vom Rezipienten wie

auch vom Künstler zu beherzigen ist. Zum »pulchre cogi-
tare« gehört zuvörderst ein feiner, eleganter Geist, ein »ingenium«, das fähig ist, scharf zu empfinden (§ 30), phanta-
siereich sich etwas vorzustellen, das den Sinnen und der
Einbildungskraft Zugeführte einsichtsvoll zu durchdringen
und es auf diese Weise zu verfeinern. Wichtig ist auch die
Fähigkeit der Wiedererkennung, der »memoria«, deren
Bedeutung Baumgarten unter Hinweis auf Mnemosyne
herausstellt, die von den Alten die »Mutter der Musen«
genannt worden sei (§ 33): eingebildete Vorstellungen zu
reproduzieren sei eine der Hauptvoraussetzungen für
künstlerisches Handeln. So könne z. B. jemand, der schön
erzählen will, auf diese Fähigkeit nicht verzichten. Wie die
»memoria« ist auch die »dispositio ad praevidendum et
praesagiendum« für einen Dichter unerläßlich, die Fähigkeit, in die Zukunft zu schauen, eine Qualität, die in der
Antike den Sehern (»vates«) zugeschrieben wurde (§ 36).
Baumgarten modifiziert diese Auffassung von einer ora-
kelnden Sehergabe (»dispositio divinatrix«) dahingehend,
daß sie in der Ästhetik das Vermögen bedeute, Erkenntnisse
in lebendiger Weise (»vita cognitionis«) vorzutragen; nur so
könne Schönheit im eigentlichen Sinne (»pulchritudo pri-
maria«) entstehen. Bei all diesen psychischen Fähigkeiten
sei die Vernunft jedoch nicht inaktiv, vielmehr rege sie die
unteren Erkenntnisvermögen an. Baumgarten rekurriert
hier, ohne sie ausdrücklich zu nennen, auf die platonische
Vorstellung von der Vernunftseele (logistikón, noetikón),
die das Mutartige (thymoeidés) und das Triebhaft-Begehr-
liche (epithymetikón) regiert (Platon, *Staat* 439 B, 441 E;
Phaidros 246, *Timaios* 69 E, 77 B).

Diese Einzelvermögen reichen jedoch für sich nicht aus,
um schöne Werke zu schaffen; unerläßlich ist nach Baumgarten nicht nur eine angeborene »dichterische Anlage«
(»dispositio poetica«, § 34), sondern auch ein angeborenes
»ästhetisches Temperament«, das sich mit besonderen ethischen Tugenden und der glücklichen Ausstattung mit äuße-

ren Gütern und Werten (Geld, Macht, Arbeit, Muße, Gesundheit usw.) verbinden müsse. Daraus erwachse eine Größe der Gesinnung (»magnitudo pectoris«, § 45), die sich besonders in einem ausgeprägten Instinkt für das Große und Bedeutende (»instinctum in magna potissimum«) äußere. Baumgarten greift hier also die Theorie des Sublimen auf, ohne allerdings, wie Burke und später Kant, das Erhabene bereits zu einem eigenen Gegenstand der Ästhetik zu machen. Als ästhetische Kategorie spielt es bei ihm keine Rolle. Auch die Dimension des Unendlichen und Schreckenerregenden ist in der Vorstellung von der »magnitudo« nicht enthalten, sie soll vielmehr nur eine Form seelischer Hochgestimmtheit und Erregung bezeichnen, die sich an bedeutenden Gegenständen begeistert.

Bewegt sich Baumgarten bei dieser etwas schematischen Aufzählung der Komponenten, die einen »geborenen Ästhetiker« ausmachen, in den Bahnen herkömmlicher Poetiken, so ist innerhalb seiner *Aesthetica* innovativ die Theorie von der »ästhetischen Falschheit« (28. Abschnitt, §§ 445 bis 477). Gegenüber der strengen Forderung nach Wahrscheinlichkeit des Dargestellten, die in der klassischen französischen Literaturdoktrin des späten 17. Jahrhunderts erhoben wurde, postuliert Baumgarten die Anerkennung spezifischer Gesetze. Freilich gestattet er dem Dichter nicht einen sorglosen Umgang mit Einzelheiten. Baumgarten ist doch in einem solchen Maße Rationalist, daß er Verstöße gegen das allgemeine Wahrheitsprinzip auch in der Kunst nicht zulassen kann. Der Ästhetiker müsse stets ein »Freund der Wahrheit« (§ 477) bleiben, ohne jedoch ein Sklave eines abstrakt angewandten Mimesis-Prinzips zu werden. Unter Berufung auf Horaz (*Carmina*, 3,11,35 f.), der dem Dichter das Recht einräumt, fein zu erfinden und Wahres mit Falschem zu mischen, und dies in einer Weise, daß die einzelnen Teile des Werkes einander nicht widersprechen, entwickelt Baumgarten eine maßvolle Fiktionalitätstheorie, die »surreale« Effekte und Launen des Zufalls ausschließt. Er fordert, sowohl die Wahrheit des in der Kunst Thematisierten zu überprüfen als auch die innere Stimmigkeit des Werkes selbst, etwa seinen Handlungsablauf. Das Kunstwerk ist für Baumgarten ein »Heterokosmos«, eine zur tatsächlichen Welt hinzugeschaffene Wirklichkeit, der eine relative Autonomie zukommt.[6] Bemerkenswert ist, daß Baumgarten zur Bestimmung der »heterokosmischen Wahrheit« historische Kriterien anlegt. Mögen manche Geschichten wie die Ovidischen Metamorphosen für uns Heutige unwahr, falsch sein, für die Zeitgenossen des Dichters waren sie als »Traum aus einer Fabelwelt«, an die sie glaubten, jedoch heterokosmisch wahr.

GOTTHOLD EPHRAIM LESSING

Man kann sich heute kaum noch vorstellen, worauf in ihrer Zeit die ungeheure Wirkung der Schriften Johann Joachim Winckelmanns[1] (1717–1768) beruhte, von dem heute wenig mehr als die Formel von der »edlen Einfalt und stillen Größe« im Gedächtnis ist. Allzusehr assoziiert man mit ihm einen purifizierten Klassizismus, ein geläutertes »apollinisches« Schönheitsideal, das in seiner bildungsbürgerlichen Adaptierung zu einem sterilen Formbegriff verkam. Im späten 19. Jahrhundert, als die lange Zeit selbstgewisse Kultur des Bildungsbürgertums ihrerseits in eine Krise geriet, war es Friedrich Nietzsche, der in der *Geburt der Tragödie* mit seiner Kritik an dessen obsolet gewordenem Antikenbild auch dem Schönheitsideal Winckelmanns den Todesstoß versetzte.[2]

In seiner der Herzogin Anna Amalia von Sachsen-Weimar und Eisenach gewidmeten Schrift *Winckelmann und sein Jahrhundert*[3] von 1805 hat Goethe, 37 Jahre nach Winckelmanns gewaltsamen Tod (er fiel bekanntlich einem Attentat zum Opfer), noch einmal zusammengefaßt, was aus seiner Sicht und der vieler Zeitgenossen das unvergleichlich Neue in der Auffassung der Antike bei Winckelmann war. Es ist für ihn zuvörderst der »heidnische Sinn«[4], der aus seinen Handlungen und Schriften hervorleuchtet: »Diese seine Denkweise, diese Entfernung von aller christlichen Sinnesart, ja seinen Widerwillen dagegen muß man im Auge haben, wenn man seine sogenannte Religionsveränderung beurteilen will. Diejenigen Parteien, in welche sich die christliche Religion teilt, waren ihm völlig gleichgültig, indem er, seiner Natur nach, niemals zu einer der Kirchen gehörte, welche sich ihr subordinieren.«[5]

Die Hinwendung Winckelmanns zur Antike wird von Goethe also als ein kritischer Akt gesehen, als Versuch, aus der philiströsen Enge seiner Heimat auszubrechen, dem tadelsüchtig-kleinlichen Denken der kirchlichen Moralprediger zu entfliehen, die es ihm verwehrten und unmöglich machten, Homosexualität als Existenzform zu leben. Unter der Überschrift »Freundschaft« spricht Goethe verständnisvoll dieses Thema an: »Zu einer Freundschaft dieser Art fühlte Winckelmann sich geboren, derselben nicht allein sich fähig, sondern auch im höchsten Grade bedürftig; er empfand sein eigenes Selbst nur unter der Form der Freundschaft, er erkannte sich nur unter dem Bilde des durch einen Dritten zu vollendenden Ganzen.«[6]

Diese Freundschaft, deren Legitimität Goethe noch mit dem Hinweis auf die Tatsache meint erklären zu müssen, daß das »Verhältnis zu den Frauen, das bei uns so zart und geistig geworden, [...] sich kaum über die Grenze des gemeinsten Bedürfnisses« erhob, wird nun in Goethes Interpretation zur Grundlage für Winckelmanns Schönheitsideal. Der antike Mensch, als eine besonders beseelte Gestalt, wird von Winckelmann vergöttert, um ihn für all das zu entschädigen, was ihm die Gegenwart vorenthält. »Der Gott war zum Menschen geworden, um den Menschen zum Gott zu erheben. Man erblickte die höchste Würde, und ward für die höchste Schönheit begeistert [...]. Für diese Schönheit war Winckelmann, seiner Natur nach, fähig, er ward sie in den Schriften der Alten zuerst gewahr; aber sie kam ihm aus den Werken der bildenden Kunst persönlich entgegen, aus denen wir sie erst kennen lernen, um sie an den Gebilden der lebendigen Natur gewahr zu werden und zu schätzen.«[7] Das Neue an Winckelmann erkennt Goethe darin, daß er eine gänzlich andere Ästhetik entwickelt als die von den Franzosen vertretene: »Wir finden bei Winckelmann das unnachlassende Streben nach Ästimation und Konsideration; aber er wünscht sie durch etwas Reelles zu erlangen. Durchaus dringt er auf das Reale der Gegenstände, der Mitte und der Behandlung; daher hat er eine große Feindschaft gegen den französischen Schein.«[8]

Goethe macht also auf den empirischen Charakter von

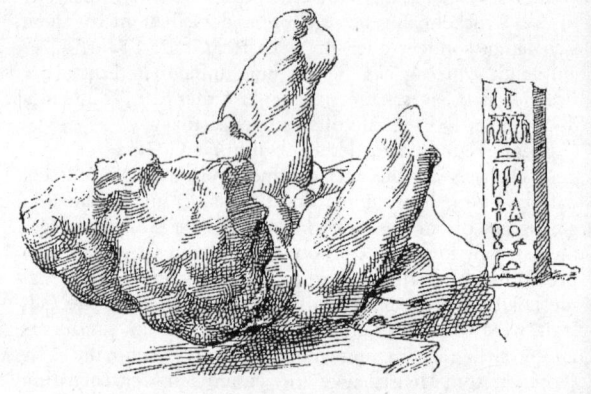

Maerten van Heemskerck: Der Torso vom Belvedere
Zeichnung (um 1535)

Winckelmanns Kunstauffassung aufmerksam (der nicht auf das Connaisseurhafte[9] zu reduzieren wäre). Ihm zufolge verkündet Winckelmann nicht bloße papierene Ideale, sondern geht der ästhetischen Erscheinung durch genaue Beobachtung aller Details auf den Grund. Dies ist für Goethe offensichtlich das in der Ästhetik Revolutionäre bei dem zu Weltruhm aufgestiegenen Schuhmachersohn aus Stendal, und darauf gründet sich seine Wertschätzung.

Wie sehr Goethes Beobachtung zutrifft, mag Winckelmanns Beschreibung des Torso des Herkules von 1759 belegen.[10] Hier wird an einer fragmentarisch überkommenen antiken Skulptur in der Form einzelner Partien und des gesamten »Umrisses« (hier noch ein Begriff aus der französischen Kunsttheorie, wie er etwa von Roger de Piles verwendet wurde) zu zeigen versucht, welche Bedeutung sie für dieses »Bild des Helden« hat, das zu den »höchsten Hervorbringungen der Kunst zu zählen ist«, trotz der Tatsache, daß es »so gemißhandelt und verstümmelt« wie eine von ihren Zweigen und Ästen entblößte prächtige Eiche dasitzt. »In jedem Teile dieses Körpers offenbaret sich, wie in einem Gemälde, der ganze Held in seiner besonderen Tat, und man siehet, so wie die richtigen Absichten in dem vernünftigen Baue eines Palastes, hier den Gebrauch, zu welcher Tat ein jedes Teil gedienet hat.« Winckelmann präformiert also einen Gedanken, den später die Gestalttheorie aufgreifen und ausbauen wird: die Vorstellung von der Repräsentanz des Ganzen in den Teilen und umgekehrt. Die Vorgeschichte für diese Auffassung dürfte in der antiken Rhetorik aufzusuchen sein, wo die Trope oder Redefigur der Synekdoche bzw. Metonymie (»pars pro toto«) dieses Verhältnis von Teil und Ganzem implizit zum Gegenstand hat.[11]

Zugleich ist Winckelmanns Art der Beobachtung schon eine Methode der Einfühlung und Sinnprojektion. »Ich kann das Wenige, was von der Schulter noch zu sehen ist, nicht betrachten, ohne mich zu erinnern, daß auf ihrer ausgebreiteten Stärke, wie auf zwei Gebirgen, die ganze Last

der himmlischen Kreise geruhet hat.«[12] Der vornehme Bau
der »Gebeine dieses Leibes, der Ursprung der Muskeln«
wird in ihrer Lage und Bewegung mit einer Landschaft verglichen, »über welche die Natur den mannigfaltigen Reichtum ihrer Schönheiten ausgegossen« habe. Unbegreiflich erscheint es Winckelmann, wie es möglich ist, »außer dem
Haupte, in einem andern Teile des Körpers eine denkende
Kraft zu zeigen«.[13]

1756 erfuhr Lessing (durch Moses Mendelssohn) von
Winckelmanns Abhandlung *Gedanken über die Nachahmung der Griechischen Wercke in der Mahlerey und Bildhauer-Kunst.* Seit 1762 (bis 1765) begann er, sich mit Winckelmanns zentraler These von der edlen Einfalt und stillen
Größe auseinanderzusetzen, die jede affektive Verzerrung
als Ideal einer klassischen Skulptur ausschloß. Lessing trug
seine Überlegungen in der Fragment gebliebenen Schrift
*Laokoon oder Über die Grenzen der Malerei und Poesie.
Mit beiläufigen Erläuterungen verschiedener Punkte der
alten Kunstgeschichte* vor, die 1766 in Berlin erschien.[14]

Winckelmann hatte die 1506 auf dem Esquilin aufgefun-
dene Marmorgruppe, die den Tod des Laokoon und seiner Söhne zeigt und nach Plinius (*Naturalis historia*
XXXVI,37) als Werk der drei rhodischen Bildhauer Hagesandros, Polydoros und Athanodoros galt, selbst eingehend
am Original studiert. Für ihn war sie ein Werk aus der Epoche des Phidias, während sie nach neueren Forschungen in
die Zeit zwischen dem 1. Jahrhundert vor und dem 1. Jahrhundert nach Christus zu datieren ist (Reinhard Lullies).[15]
Diese ganz auf Frontalansicht berechnete Figurengruppe
zeigt den trojanischen Priester Laokoon, der der Sage nach
mit dem Tod bestraft wurde, weil er durch seine Ehe gegen
das Gebot des Gottes verstoßen hatte und am Altar Kinder
gezeugt haben soll. Schlangen umwinden ihn und seine
Söhne. Während man heute in dieser Skulptur eher ein
»manieristisches« Pathos der hellenistischen Spätzeit glaubt
erkennen zu können, war Winckelmann noch davon überzeugt, daß sie Ausdruck der klassischen Epoche sei, wo-

Die Gruppe des Laokoon. Geschaffen von den Bildhauern
Hagesandros, Polydoros und Athanodoros
2. Jh. v. Chr. bis 1. Jh. n. Chr.

für angeblich sprach, daß der Bildhauer den Ausdruck des Schmerzes vermieden, affektive Extreme also gerade ausgeschlossen habe.

Winckelmanns Auffassung schloß sich Lessing, der das antike Werk nie gesehen hatte und nur aus Beschreibungen kannte, weitgehend an. Er akzeptiert also die daran demonstrierte These, daß beim »Laokoon« – als Prototyp einer antiken Skulptur – die Affekte gedämpft seien. Winckelmann hatte geschrieben: »So wie die Tiefe des Meeres allezeit ruhig bleibt, die Oberfläche mag noch so wüten, ebenso zeiget der Ausdruck in den Figuren der Griechen bei allen Leidenschaften eine große und gesetzte Seele.« In dem Gesicht des Laokoon schildere sich die Seele. Der große Schmerz, den man in allen Muskeln und Sehnen durchaus entdecken könne, äußere sich dennoch nicht mit irgendeiner Wut im Gesicht und in der ganzen Stellung. »Er erhebt kein schreckliches Geschrei, wie Virgil von seinem Laokoon singet; die Öffnung des Mundes gestattet es nicht: es ist vielmehr ein ängstliches und beklemmtes Seufzen, wie es Sadolet beschreibet. Der Schmerz des Körpers und die Größe der Seele sind durch den ganzen Bau der Figur mit gleicher Stärke ausgeteilet und gleichsam abgewogen. Laokoon leidet, aber er leidet wie des Sophokles Philoktet: sein Elend gehet uns bis an die Seele; aber wir wünschten, wie dieser große Mann das Elend ertragen zu können.«[16]

Lessing macht an diesem sonst unbeanstandet gelassenen Zitat lediglich der Hinweis auf Sophokles stutzig. Dort, in der griechischen Dichtung, sei es ja gerade ganz anders gewesen. Philoktet leidet verzweifelt, klagt, jammert, winselt mit abgebrochenen Wehlauten (»â, â, pheû, atattaí, ó moí, moi!«). Sein Schreien ist Ausdruck des natürlichen Schmerzes. Unter den Schriften des Sophokles soll sich ein *Laokoon* befunden haben; Lessing ist sich sicher, daß er ihn nicht stoischer als den Philoktet oder den Herkules geschildert haben dürfte.

Lessing geht davon aus, daß die bildenden Künstler der

Antike ihren Stoff anders als die Dichter behandelten. Die
»Grazien« hätten ihrer Kunst Grenzen gesetzt (wie bei dem
Maler Timanthes, der die Opferung der Iphigenie schil-
derte). Die Verhüllung und Abmilderung war für die
Künstler das Opfer, das sie der Schönheit, die zu erstreben
ihr erklärtes Ziel war, bringen mußten. Eine bloße, weite
Öffnung des Mundes hätte ekelhaft wegen ihrer Verzerrung
ausgesehen. Sie sei »in der Malerei ein Fleck und in der
Bildhauerei eine Vertiefung, welche die widrigste Wirkung
von der Welt tut«.[17]

Im 2. Buch der *Aeneis* (V. 199–244) schildert Vergil die
Leidensgeschichte des Laokoon. Nach Lessing unterscheidet sie sich diametral von der motivgleichen Skulptur; hier
werde das Leiden sehr viel intensiver dargestellt. Was ihn
aber besonders wundert, ist, daß die Kunstrichter die Verschiedenheit nicht bemerkt, sie diese sogar mit Stillschwei-
gen übergangen hätten.[18] Und nun kommt er auf ein ganz
anderes Thema zu sprechen. Nicht mehr die Frage nach der
Differenz in der Darstellung der Affekte interessiert ihn,
sondern das grundsätzliche, von dem griechischen Dichter
Simonides eingeführte Theorem, daß die Malerei eine
stumme Poesie und die Poesie eine redende Malerei sei.
Durch Horazens *De arte poetica* war dieser kunst- und
dichtungstheoretische Satz in der Formel »Ut pictura poesis« zu einem in den Kunsttraktaten immer wieder zitierten
Axiom geworden. Gegenüber dem Grafen Caylus, der in
seinen *Tableaux tirés de l'Iliade, de l'Odyssée d'Homère et
de l'Enéide de Virgile* (Paris 1757) das Verlangen äußerte,
daß der Dichter analog zur Malerei seine Gestalten der Einbildung mit allegorischen Attributen ausschmücken solle,[19]
wendet Lessing ein, daß zwischen Malerei und Poesie
grundlegende Unterschiede bestünden. Im 17. Kapitel seines *Laokoon* demonstriert er dies an der Art, wie Homer in
der *Ilias* den Schild des Aeneas beschreibt.[20]

Homer zähle nicht trocken Eigenschaften auf, sondern
entwickle eine Geschichte, er führe den Entstehungsprozeß

des dargestellten Motivs vor Augen. Bei dem Bogen des
Pandarus (*Ilias* Δ, V. 105–111) fange er mit der Jagd des
Steinbockes an, aus dessen Hörnern der Bogen verfertigt
wurde. Lessing entdeckt an Homer als Prototyp der Dichtung das Prinzip zeitlich aufeinanderfolgender Zeichen. Dagegen gilt für die Malerei das Prinzip der Simultaneität der
Zeichen im Raume:

»Wenn es wahr ist, daß die Malerei zu ihren Nachahmungen ganz andere Mittel oder Zeichen gebrauchet als die Poesie, jene nämlich Figuren und Farben in dem Raume, diese
aber artikulierte Töne in der Zeit; wenn unstreitig die Zeichen ein bequemes Verhältnis zu dem Bezeichneten haben
müssen: so können nebeneinandergeordnete Zeichen auch
nur Gegenstände, die nebeneinander oder deren Teile nebeneinander existieren, aufeinanderfolgende Zeichen aber
auch nur Gegenstände ausdrücken, die aufeinander- oder
deren Teile aufeinanderfolgen.

Gegenstände, die nebeneinander oder deren Teile nebeneinander existieren, heißen Körper. Folglich sind Körper
mit ihren sichtbaren Eigenschaften die eigentlichen Gegenstände der Malerei.

Gegenstände, die aufeinander oder deren Teile aufeinanderfolgen, heißen überhaupt Handlungen: Folglich sind
Handlungen der eigentliche Gegenstand der Poesie.«[21]

Lessing entwickelt also eine Semiotik von Poesie und
Malerei,[22] die er als differente Zeichensysteme bestimmt
(Konsekutivität versus Simultaneität, Zeitkunst versus
Raumkunst). Er vertritt dabei die These, daß die Zeichen
der Malerei vorwiegend »natürliche«, die der Poesie dagegen vorwiegend »willkürliche« seien. Dahinter steht die
Auffassung, daß die Malerei als sichtbare Kunst eine grö-
ßere Nähe zum Vorbild der Natur habe, die Poesie sich jedoch stärker von diesem entferne. Lessing greift damit –
ohne sich dessen bewußt zu sein – Leonardos *Paragone*
auf,[23] den dieser aus naheliegenden Gründen mit ähnlichen
Argumenten zugunsten der Malerei als der »natürlicheren«

Kunst entschieden hatte. (Noch Lukács[24] läßt sich in seiner Unterscheidung der »Signalsysteme« 1 – Wahrnehmung – und 2 – Sprache – von ähnlichen Überlegungen leiten: die visuellen Systeme liegen als Widerspiegelungsformen seiner Meinung nach näher an der Realität.)

Als Modalanalyse war Lessings Versuch der Differenzierung der Künste innerhalb der Kunst- und Gattungstheorie gewiß ein zukunftweisender Schritt, der unerachtet manch ähnlicher Vorstöße in dieser Richtung bei Shaftesbury und Diderot seine bleibende eigene Leistung darstellt. Übersehen werden darf freilich nicht, daß Lessing in vielem noch der Kunstdoktrin verpflichtet ist, die er zu überwinden hoffte. Seine weitgehende Anerkennung der Winckelmannschen Thesen ließ ihn nicht aus dem Normenkanon des sich gerade etablierenden Klassizismus heraustreten. Auch bezeichnet die Ineinssetzung von Malerei und Skulptur (den Horazschen »pictura«-Begriff wendet er undifferenziert auf die Laokoon-Plastik an) eine argumentative Schwachstelle, wie schon Herder feststellte.

Für die Interpretationstheorien der Kunstwissenschaft und Archäologie des 20. Jahrhunderts hat Lessings Theorie des »fruchtbaren Moments« eine große Bedeutung gehabt. Da es dem bildenden Künstler verwehrt sei, die Handlung konsekutiv, in narrativer Ausbreitung, zu schildern, müsse er sich, so Lessing, auf einen einzigen Augenblick beschränken und konzentrieren, der es dem Betrachter sowohl gestattet, die voraufgegangene Handlung semiotisch zu rekonstruieren, als auch die erst noch kommende schon zu antizipieren. Lessing bezieht sich im *Laokoon* auf Anton Raphael Mengs (1728–1779), der in seinen für die spätere Doktrin der Kunstakademien in Deutschland einflußreichen Schrift *Gedanken über die Schönheit und über den Geschmack in der Malerei* (1762; S. 69) ausgeführt hatte, daß man selbst in der Draperie bei Raffael solche fruchtbaren Momente als künstlerische Absicht erkennen könne: »Alle Falten [...] haben bei ihm ihre Ursache, es sei durch ihr eigen Gewichte oder durch die Ziehung der Glieder. Manchmal siehet man in ihnen, wo sie vorher gewesen; Raffael hat auch sogar in diesem Bedeutung gesucht. Man siehet an den Falten, ob ein Bein oder Arm vor dieser Regung vor oder hinten gestanden, ob das Glied von Krümme zur Ausstreckung gegangen oder gehet, oder ob es ausgestreckt gewesen und sich krümmet.«[25]

Nach dem Erscheinen des _Laokoon_ kam in der Kunstkritik eine große, lang anhaltende Debatte auf, bei der nicht selten Lessing gegen Winckelmann ausgespielt wurde und vice versa. 1769 schrieb Herder (der 1778 selbst eine Schrift – unter dem Titel _Plastik_[26] – zu dem von Lessing aufgeworfenen Problem verfaßte) über Winckelmann und Lessing, um ausgleichend ihre Bedeutung im Parteiengezänk der »Kunstrichter unsrer Zeit, eine(r) Herde der kleinen Geschöpfe«[27], mit einem Machtwort in der Öffentlichkeit zu würdigen: »Winckelmanns Stil ist wie ein Kunstwerk der Alten. Gebildet in allen Teilen, tritt jeder Gedanke hervor, und stehet da, edel, einfältig, erhaben, vollendet: er ist. [...] Lessings Schreibart ist der Stil eines Poeten, d. i. eines Schriftstellers, nicht der gemacht hat, sondern, der da machet, nicht der gedacht haben will, sondern uns vordenkt, wir sehen sein Werk w e r d e n d, wie das Schild Achilles bei Homer. Er scheint uns die Veranlassung jeder Reflexion gleichsam vor Augen zu führen, stückweise zu zerlegen, zusammenzusetzen; nun springt die Triebfeder, das Rad läuft, ein Gedanke, ein Schluß gibt den andern, der Folgesatz kommt näher, d a i s t das Produkt der Betrachtung.«[28]

Wie man sieht, appliziert Herder die unterschiedlichen Bestimmungen der Gegenstände durch beide Autoren auf sie selbst und erklärt sie zu ihrem jeweiligen Charakterzug. (Er nimmt dabei schon Fichtes nicht unproblematischen Satz vorweg, daß, was für eine Philosophie man wähle, davon abhänge, was für ein Mensch man sei.) Im Gegensatz zu den zeitgenössischen Kritikern akzeptiert Herder die divergierenden Denkstile: »So dürfen beide sein: und wie unterschieden! Weg also mit der Brille, durch die man von einem zum andern schielen will, um durch Kontrast zu loben! Wer Lessing und Winckelmann nicht lesen kann, wie jeder derselben ist, der soll keinen von beiden, der soll sich selbst lesen! – –«[29]

IMMANUEL KANT

Bereits 1764 – acht Jahre nach Burkes epochemachender Abhandlung über das Sublime – hatte Kant sich, als er seine *Beobachtungen über das Gefühl des Schönen und Erhabenen* niederschrieb, mit kunsttheoretischen Fragen befaßt.[1] Daneben hatte er – um nur einiges zu nennen – Untersuchungen über den Optimismus (1759), den Syllogismus (1762), *Krankheiten des Kopfes* (1764) oder über den Gottesbeweis (1763) veröffentlicht. Wie die vielen heterogenen Themen, denen sich Kant damals als nichtbezahlter Privatdozent an der Universität Königsberg zur Aufbesserung seiner kärglichen Einnahmen publizistisch zuwenden mußte, war auch dies ein Gegenstand, der eines öffentlichen Interesses gewiß sein konnte, zumal Kant ihn in allgemeinverständlicher und zudem witziger Form darzustellen wußte.

Erst 1790, ein Vierteljahrhundert später, griff er diesen Stoff wieder auf, und zwar in der *Kritik der Urteilskraft*. In der Zwischenzeit hatte er in der *Kritik der reinen Vernunft* (1781) seine Erkenntnistheorie und in der *Kritik der praktischen Vernunft* (1788) sein ethisches System vorgelegt. Beide Kritiken waren Versuche, einen Standpunkt zu gewinnen, der zum einen die Unzulänglichkeiten der rationalistischen Metaphysik überwand, die Kant in der von Christian Wolff (1679–1754) stark beeinflußten deutschen Schulphilosophie selbst noch kennengelernt hatte, und zum andern gegen den empiristischen Skeptizismus und Sensualismus eines Hume ein kritisches Gegengewicht setzte.

Denn, dies war Kants Auffassung, sowohl dem Rationalismus als auch dem Empirismus (wie er in England gepflegt und propagiert wurde) fehle eine kritische Einstellung; beide seien auf ihre Weise letztlich dogmatisch. Im einen Fall, beim Rationalismus, bleibt die Frage ungestellt und unerörtert, wie denn überhaupt Erkenntnis, die er voller Zutrauen in seine Setzungen glaubt deduktiv erreichen zu können, möglich ist. Und gleiches gilt für den Empirismus, der sich keine großen Gedanken darüber macht, wie man von der Erfahrung induktiv zu einer allgemeingültigen Erkenntnis gelangen kann.

Dies also war Kants Hauptproblem: wie sich eine Synthese aus Rationalität, der man schon immer eine gleichsam gesetzgeberische Kraft in Fragen der Erkenntnis, d. h. der Realitätserfassung und -beurteilung glaubte zuerkennen zu können, und Erfahrung, d. h. einer aus der Rezeption äußerlicher Sinnesdaten gewonnenen Anschauung, herstellen läßt. Kant schlägt somit einen Mittelweg zwischen Rationalismus und Empirismus ein, den des Kritizismus, der für ihn eine alle Zweifel ausräumende Methode ist, die Bedingungen zu erkunden, unter denen Erkenntnis und Erfahrung möglich sind, damit das Urteil den Charakter der Notwendigkeit und Allgemeinverbindlichkeit erhält.

Dieser zu überwindende Dualismus von Rationalität und Sinnlichkeit kommt in der Frage zum Ausdruck, die Kant in der *Kritik der reinen Vernunft* stellt: Wie sind synthetische Urteile a priori möglich? Gemeint ist damit: Wie kann ich zu Erkenntnissen gelangen, die einerseits vor aller Erfahrung (a priori) Bestand haben, »rein« sind (daher die Bezeichnung »reine Vernunft«), d. h. nur meinem Denken, meiner Vernunft sich verdanken, andererseits aber auch durch Erfahrung fundiert sind? (An Stelle der Begriffe »rein« und »a priori« gebraucht Kant auch häufig den Terminus »transzendental«, womit nicht das »Transzendente«, d. h. das die Erfahrung in Richtung auf letzte Wahrheiten oder göttliche Prinzipien Überschreitende, gemeint ist, sondern umgekehrt dasjenige, was vor aller Erfahrung liegt, als kategoriale Grundlage unseres Denkens.)

Mit diesem Problem der Vereinbarkeit von transzendentaler Vernunft und sinnlicher Erfahrung setzt sich Kant nicht nur in seiner Erkenntnistheorie auseinander, es ist auch das Hauptthema seiner Ethik, die es mit Fragen des Guten zu tun hat, darüber hinaus mit dem subjektiven Vermögen des Willens, dessen Bestrebungen Kant den Charakter der Allgemeingültigkeit verleihen will. Sowohl in der Erkenntnistheorie als auch in der Ethik geht Kants Bemühung dahin, das Fundament für eine Realitätseinstellung im Denken und Handeln zu sichern, die nicht aus theologischen bzw. – daraus in säkularisierter philosophischer Form weiterentwickelt – metaphysischen Dogmen normativ geformt ist. Der menschlichen Vernunft wird also von Kant nicht wenig zugemutet, und man sieht es Kants Kritiken an, welche ungeheuren Anstrengungen er unternimmt, die Vernunft so zu bestimmen, daß ein widerspruchsfreier Einklang entsteht zwischen dem erkennenden und praktisch tätigen Subjekt und der Gesellschaft, also den anderen Menschen, für die die vom Subjekt entwickelten Prinzipien ebenfalls gelten sollen, denen sie somit ohne jeglichen Einwand zustimmen können. Das Modell eines Pluralismus ist noch nicht am Horizont Kants. In der Phase der Aufklärung – und Kant verstand sich als dezidierter Aufklärer (»Sapere aude – habe Mut, dich deines eigenen Verstandes zu bedienen«, war bekanntlich sein Motto) – galt es zunächst einmal, in der Frontstellung gegen eine von den Feudalmächten gestützte Religion aus bürgerlicher Sicht Denk- und Handlungsregulative zu entwickeln, die den Beifall der Gesellschaft insgesamt, nicht etwa nur des »Dritten Standes«, fanden. Kants Philosophie prätendiert also, so etwas wie eine allgemeine Legislative (fast könnte man sagen: ein bürgerliches Gesetzbuch) für die Grundbedingungen der menschlichen Existenz: Denken und Handeln, nachvollziehbar und überprüfbar zu statuieren. Lenin, der manche erkenntnistheoretische Inkonsistenzen in Kants Argumentation klar herausstellte,[2] beurteilte ihn jedoch ungerecht, weil er ihn nur unter dem Blickwinkel des Neukantianismus um 1900 sah, und unter diesem Gesichtspunkt erschien ihm Kant als kompromißlerischer Versöhner von Materialismus und Idealismus. Lenin übersah die politische Dimension von Kants »kritischem Geschäft«, die so gering nicht

gewesen sein kann, denn sonst hätte sein philosophisches
Werk zum Zeitpunkt seines Erscheinens nicht allgemein als
eine geradezu revolutionäre Tat begrüßt werden können.
Ganz offensichtlich entsprach die doch eher spröde Argumentation den Bedürfnissen und Hoffnungen der bürgerlichen Intelligenz, den Apologien der bestehenden feudalab-
solutistischen Ordnung in Religion und Metaphysik ein
aufklärerisches System entgegenzustellen, das nicht einmal
radikal kämpferisch auftrat, sondern nur durch die Kraft
der Überzeugung wirkte. In dem Anspruch auf Allgemeingültigkeit, den Kant stellte, war implizit die Forderung nach
Gleichheit aller Menschen gesetzt. Das Prinzip der rational
und zugleich empirisch begründeten Widerspruchsfreiheit
war daher auch eine symbolische Form für das Egalitäts-
prinzip (bei dem hier freilich unterstellt wird, daß die Vernunft und ihre Gesetze bei allen Menschen gleich seien).
   Als sich Kant nach Beendigung der beiden ersten Kritiken entschloß, noch eine weitere zu verfassen, die besonders Fragen des Schönen und der Kunst (aber auch der
Teleologie in der Natur) gewidmet sein sollte, geschah die
Durchführung auf eine Weise, die sich grundlegend von
dem Stil der Erörterung unterschied, der noch für die Frühschrift *Beobachtungen über das Gefühl des Schönen und Erhabenen* kennzeichnend war. Hatte er damals, noch ganz
unter dem Eindruck der englischen Philosophie stehend
(nicht nur Burke war hier das Vorbild, sondern auch Shaftesbury und Hume), psychologisch argumentiert, indem er
sagte: »Das Erhabene rührt, das Schöne reizt«, so übertrug
er jetzt die erarbeiteten Prinzipien seines Kritizismus auch
auf diesen Gegenstandsbereich. So wie er bei der Erkenntnistheorie und der Ethik rigoristisch argumentierte, Kategorien einer transzendentalen Vernunft suchte, einen kategorischen, unbedingt und allgemein gültigen Imperativ, der
unmittelbar bestimmend für das Wollen sein sollte, er-
schloß und ein reines Pflichtbewußtsein als Forderung der
Vernunft postulierte, so sollten nun auch auf dem Gebiet

der Ästhetik a priori geltende (und doch auch erfahrungsge-
stützte) Urteile gefunden werden.

Ganz so selbstverständlich war Kants Hinwendung zu
dieser dritten Kritik, derjenigen der Urteilskraft, nicht. Wie
Arseni Gulyga dargelegt hat,[3] war dies erst das Ergebnis
längerer Überlegungen, die darauf hinausliefen, eine Brücke
bzw. ein Verbindungs- und Vermittlungsglied zwischen Er-
kenntnis- und Begehrungsvermögen (Willen) zu schaffen,
und diese sah Kant im Gefühl der Lust und Unlust. War die
Kritik der reinen Vernunft als Erkenntniskritik applikativ
auf die Natur, also die äußeren sinnlich gegebenen Objekte,
bezogen, die *Kritik der praktischen Vernunft* dagegen auf
Fragen der Sittlichkeit und Moral, in der sich, wie Kant emphatisch forderte, die Freiheit eines jeden Menschen entfalten solle, so sollte nun die *Kritik der Urteilskraft*[4] auf das
Gebiet der Kunst bezogen sein. Die Kunst, deren Zentral-
begriff seit seiner Subjektivierung und Entontologisierung
in der frühen Neuzeit »das Schöne« war (zuvor war es ja
vorwiegend eine Bezeichnung für die Harmonie des Kosmos und wurde erst in der Folgezeit auf die Künste übertragen, die dann die »schönen Künste« genannt wurden),
sollte nun die Überwindung des Dualismus von naturbezo-
gener Wissenschaft und sittlichkeitsbezogener Ethik leisten.

Kant stellt also die Trias von Wahrem, Gutem und Schö-
nem wieder her und diskutiert nun Fragen, die in den Bereich der Kultur gehören. Denn es geht um Fragen der
Empfindungsfähigkeit des Menschen und damit der kulturellen Werte, die, über den Sinn für das Schöne und Erhabene entwickelt, ein eigenes Universum bilden, dessen der
Mensch zur Entfaltung seiner Persönlichkeit, seiner »Wesenskräfte«, wie Marx später sagen wird, bedarf.

Was ist nun unter »Urteilskraft« zu verstehen? Kant
macht zunächst deutlich, daß seine dritte Kritik keine
»Doktrin« sein soll, was bedeutet, daß sie nicht direkt eine
»eigene Gesetzgebung« geben will, sondern nur »ein ihr eigenes Prinzip, nach Gesetzen zu suchen« (30). Es geht also

um das Vermögen, Urteile zu bilden. Dies unterscheidet die Urteilskraft vom Verstand, der Regeln bildet, und der Vernunft, die nach diesen Regeln schließt. Schon in der Scholastik, aus der der Begriff der Urteilskraft stammt – sie hieß damals »vis aestimativa« –, war damit ein Vermögen benannt, das in engem Bezug zur Sinnlichkeit stand. Es wurde sogar bei den Tieren angenommen und bezeichnete den Sinn für Erkenntnis der Zweckmäßigkeit der Dinge in der Natur, um so die Fähigkeiten auszubilden, sich lebenserhaltend in der Umwelt zu orientieren. Dieses Junktim zwischen Urteilskraft und Zweckmäßigkeit findet sich noch bei Kant: »Weil nun der Begriff von einem Objekt, sofern er zugleich den Grund der Wirklichkeit dieses Objekts enthält, der Zweck und die Übereinstimmung eines Dinges mit derjenigen Beschaffenheit der Dinge, die nur nach Zwecken möglich ist, die Zweckmäßigkeit der Form desselben heißt: so ist das Prinzip der Urteilskraft, in Ansehung der Form der Dinge der Natur unter empirischen Gesetzen überhaupt, die Zweckmäßigkeit der Natur in ihrer Mannigfaltigkeit«, heißt es in der Einleitung (35 f.).

Man sieht also, daß Kant nicht sogleich auf das Gebiet der Kunst kommt, sondern erst, der System- und Begriffstradition folgend, die mit dem Terminus der Urteilskraft gegeben war, sich dem Problem der Zweckmäßigkeit von Naturprodukten zuwendet. Eine »Beziehung der Natur an ihnen auf Zwecke« könne man den Naturprodukten nicht beilegen, der Begriff der Zweckmäßigkeit lasse sich nur analogisch verwenden, denn wir wissen nicht, ob überhaupt und (wenn ja) welche Zwecke in der Natur wirken oder verfolgt werden. Wenn wir von Zweckmäßigkeit in der Natur sprechen, dann übertragen wir damit einen Gedanken bzw. ein Prinzip aus der Sphäre menschlicher Kultur, nämlich der Kunst, auf sie. Wir verwenden, auf Natur bezogen, den Begriff des Zwecks nur in einem Als-ob, fiktional bzw. hypothetisch.

An dieser Stelle wird bereits erkennbar, daß ein großes

Thema der *Kritik der Urteilskraft* die Zweckmäßigkeit in Kunst und Natur ist. Sie wird unter anderem definiert durch die »Empfänglichkeit einer Lust aus der Reflexion über die Formen der Sachen (der Natur sowohl als der Kunst)« (53). An dieser Formulierung wird wieder die Synthese von Sinnlichkeit (Lust) und Ratio (Reflexion) deutlich, die Kant schon in den beiden voraufgegangenen Kritiken beschäftigt hatte. »Die Lust ist [. . .] im Geschmacksurteile zwar von einer empirischen Vorstellung abhängig, und kann a priori mit keinem Begriffe verbunden werden [. . .]; aber sie ist doch der Bestimmungsgrund dieses Urteils nur dadurch, daß man sich bewußt ist, sie beruhe bloß auf der Reflexion und den allgemeinen, obwohl nur subjektiven, Bedingungen der Übereinstimmung derselben zum Erkenntnis der Objekte überhaupt, für welche die Form des Objekts zweckmäßig ist.« (52 f.) Im Begriff der Zweckmäßigkeit wird ausgesagt, daß sie etwas anderes ist als Zweck, der dadurch definiert ist, daß er ein Bedürfnis stillt und daher für uns mit Lust verknüpft ist. »Zweckmäßig aber heißt ein Objekt, oder Gemütszustand, oder eine Handlung auch, wenn gleich ihre Möglichkeit die Vorstellung eines Zwecks nicht notwendig voraussetzt« (94). »Die Zweckmäßigkeit kann also ohne Zweck sein« (95). Eine Zweckmäßigkeit der Form können wir nach Kant also auch dann beobachten, wenn wir ihr keinen Zweck zugrunde legen können. Sie läßt sich aber nicht nur im Akt eines Lustgefühls allein bemerken, sondern bedarf zu ihrer Erkenntnis stets der Reflexion.

Kant hat die Urteilskraft in eine ästhetische und eine teleologische geschieden. Beiden widmet er eine ausführliche Analytik. Den Terminus »ästhetisch« übernahm er in der spezifischen Orientierung auf die Kunst und das Schöne von Alexander Gottlieb Baumgarten. Noch in der *Kritik der reinen Vernunft* hatte Kant unter »Ästhetik« eine allgemeine Theorie der Wahrnehmung oder »Anschauung« verstanden, mit dem Raum als Anschauungsform des äußeren Sinnes und der Zeit als Anschauungsform des inneren.

Nur der erste Teil der *Kritik der Urteilskraft* kann daher als Ästhetik im eigentlichen Sinne angesprochen werden, der zweite befaßt sich mit der objektiven Zweckmäßigkeit in der Natur, geht also den schon genannten Problemen nach (z. B., wie die Zweckmäßigkeit in »organisierten Wesen« beurteilt werden kann und soll oder wie das Prinzip der Teleologie als inneres Prinzip der Naturwissenschaft aussieht). Kants Analysen kulminieren in der Frage nach den letzten Zwecken, berühren somit theologische Probleme, wobei er bei der Bestimmung der Naturzwecke wegen ihrer Hypothetik Defizite sieht, die seiner Meinung nach nur durch moralische Zweckbestimmungen ergänzt und kompensiert werden können. Nur so lasse sich vermeiden, daß die Theologie zu einer bloßen Dämonologie verkümmere, welche keines bestimmten Begriffs fähig sei (450, § 86).

Die Kritik der teleologischen Urteilskraft kann also, was zur Kenntnis der Kantschen Ästhetik notwendig ist, hier weitgehend außer Betracht bleiben. Sie ist aber mit der ästhetischen Urteilskraft in dem einen Punkt des Naturschönen verknüpft. Für Kant ist dessen Erörterung noch sehr wichtig gewesen, anders als für Hegel, der das Naturschöne gleich zu Beginn seiner Ästhetik aus dem Kreis der Überlegungen ausschließt. Für Kant hat die Schönheit der Natur sogar noch einen »Vorzug« vor der der Kunst: »Wenn ein Mann, der Geschmack genug hat, um über Produkte der schönen Kunst mit der größten Richtigkeit und Feinheit zu urteilen, das Zimmer gern verläßt, in welchem jene, die Eitelkeit und allenfalls gesellschaftlichen Freuden unterhaltenden, Schönheiten anzutreffen sind, und sich zum Schönen der Natur wendet, um hier gleichsam Wollust für seinen Geist in einem Gedankengange zu finden, den er sich nie völlig entwickeln kann; so werden wir diese seine Wahl selber mit Hochachtung betrachten, und in ihm eine schöne Seele voraussetzen, auf die kein Kunstkenner und Liebhaber, um des Interesse willen, das er an seinen Gegenständen nimmt, Anspruch machen kann.« (224, § 42)

An dieser Stelle wird unübersehbar, daß Kant die Natur
wertmäßig höher setzt als die Kunst und alle von der Gesellschaft hervorgebrachten Produkte. Er steht damit noch
ganz unter dem Eindruck der Naturbegeisterung seiner
Zeit, wie sie sich exemplarisch in dem berühmten fragmen-
tarischen Text von Georg Christoph Tobler äußerte, den
man lange Zeit Goethe zuschrieb: »Natur! Wir sind von ihr
umgeben und umschlungen – unvermögend aus ihr heraus-
zutreten, und unvermögend tiefer in sie hineinzukommen.
Ungebeten und ungewarnt nimmt sie uns in den Kreislauf
ihres Tanzes auf und treibt sich mit uns fort, bis wir ermü-
det sind und ihrem Arme entfallen [. . .]. Wir leben mitten
in ihr und sind ihr fremde. Sie spricht unaufhörlich mit uns
und verrät uns ihr Geheimnis nicht. Wir wirken beständig
auf sie und haben doch keine Gewalt über sie. Sie scheint
alles auf Individualität angelegt zu haben und macht sich
nichts aus den Individuen. Sie baut immer und zerstört immer und ihre Werkstätte ist unzugänglich. Sie lebt in lauter
Kindern, und die Mutter, wo ist sie? – Sie ist die einzige
Künstlerin: aus dem simpelsten Stoffe zu den größten Kontrasten: ohne Schein der Anstrengung zu der größten Vollendung [. . .].«[5]

Daß die Natur die einzige Künstlerin sei und menschliche
Kunst nur etwas Sekundäres, Abgeleitetes, ist im Grunde
auch Kants Meinung. Andererseits läßt sich das Naturschöne nur nach Analogie des Kunstschönen bestimmen.
Die Analytik des Schönen hat es vorzugsweise mit ästhetischen Geschmacksurteilen zu tun, die mit dem Gefühl der
Lust und Unlust verbunden sind. Das Vermögen, das im
Subjekt dabei angesprochen wird, ist weniger (eigentlich sogar überhaupt nicht) die Vernunft als Instanz der Erkenntnis als die Einbildungskraft, die Kant als ein »produktives
Erkenntnisvermögen« auffaßt (sie sei nämlich »sehr mächtig
in Schaffung gleichsam einer andern Natur, aus dem Stoffe,
den ihr die wirkliche gibt«; 246, § 49). Kant gibt somit der
Ästhetik eine subjektivistische Fundierung, da es ihm um

die Beschreibung zunächst der Affizierungen geht, die
schöne oder erhabene Gegenstände im Subjekt als Lust-
oder Unlustgefühl auslösen, dann aber auch um die Möglichkeiten, Potenzen und Fähigkeiten des Subjekts, ästhetisch produktiv zu sein und von seiner Phantasie Gebrauch
zu machen. Eng verknüpft mit der Theorie der Einbildungskraft ist die des Genies. In beiden Aspekten kommen
naturmetaphorische Gedankenmodelle zum Tragen. Denn
die Einbildungskraft wird, wie schon bei Edward Young,[6]
gleichsam als ein im Menschen wirksames Naturprinzip
aufgefaßt, mit der er scheinbar aus dem Nichts neue Realitäten (einen Heterokosmos, wie Baumgarten sagen würde)
schafft. Die Analogie zur Theorie der Physiokraten (Ques-
nay und Turgot) ist dabei nicht zu übersehen, ja von dieser
ökonomischen Lehre her können die Bestimmungen des
Genies letztlich allein nur adäquat verstanden werden.
Denn der Physiokratie zufolge basiert die Erzeugung von
Mehrwert in der Produktion auf der Erdfruchtbarkeit, also
nicht auf der menschlichen Arbeit: die Natur selbst ist es,
die den Wertüberschuß organisch schenkt.[7] Das Genie ist
nun nach Kant das »Talent (Naturgabe), welches der Kunst
die Regel gibt. Da das Talent, als angebornes produktives
Vermögen des Künstlers, selbst zur Natur gehört, so
könnte man sich auch so ausdrücken: Genie ist die ange-
borne Gemütsanlage (ingenium), durch welche die Natur
der Kunst die Regel gibt.« (235, § 46) Das Genie handelt
nicht als ein gesellschaftliches Wesen, sondern gleichsam als
Naturwesen in der Gesellschaft. Es bringt ständig etwas
Neues hervor (wie der sich selbst grenzenlos verschenkende
Boden), daher ist seine wichtigste Eigenschaft Originalität,
was im »produktiven Erkenntnisvermögen« (man beachte
auch hier das der Ökonomik entlehnte Wort »Produktivität«!) bereits mitgesetzt war. (Übrigens geht noch Heidegger in seinem Kunstwerk-Aufsatz bei der Beschreibung von
van Goghs »Bauernschuhen« davon aus, daß die Erde – bei
ihm ist sie, allerdings in einem anderen Sinne als bei den

Ästhetikern des 18. Jahrhunderts, für die Bestimmung des Wesens der Kunst ebenfalls relevant – ihr »reifendes Korn« »still verschenkt«.[8])

Es ist selbstverständlich, daß unter solchen Prämissen die Nachahmung von Kant als ästhetisches Prinzip nur abgelehnt werden konnte. Er folgt damit den Theoretikern seiner Zeit. Eingesetzt hatte die Lobpreisung der Einbildungskraft bereits bei Johann Jacob Bodmer und Johann Jacob Breitinger, bei denen dieses Vermögen aber im wesentlichen noch in der reproduktiven Fähigkeit der Imaginierung dessen liegt, was den Sinnen aktual fern steht, also abwesend ist. Sie griffen damit die Definition Quintilians in seiner *Institutio oratoria* (VI,2,29) auf, wo es heißt: »Was die Griechen phantasiai nennen, bezeichnen wir als visiones; dies sind Bilder, mit denen die Repräsentation abwesender Objekte so deutlich vor dem Intellekt erscheint, daß wir sie mit unseren Augen zu sehen scheinen und sie vor uns haben.«[9]

Kant dagegen steigert gegenüber Bodmer und Breitinger bei der Imagination noch das produktive Moment, indem er den Inventio-Gedanken der antiken Rhetorik aufnimmt und ihn umdeutet. War »inventio« zunächst nur ein Verfahren des Redners, in einem von ihm zu behandelnden Stoff die darin verborgenen Topoi zu entdecken, somit eine Heuristik oder Findungskunst, so wird bei Kant daraus eine Er-findungskunst, die Fähigkeit, Innovatives zu erzeugen.

Ist beim Genie mehr die Rede von der produktiven Seite der Kunst, so betrifft die Analytik des Schönen und des Erhabenen wesentlich die rezeptive Seite des ästhetischen Prozesses. Kant bestimmt das Schöne in einer Reihe von Abgrenzungen. Einmal setzt er es ab vom Angenehmen, dann vom Guten, womit eine ethische Kategorie in seinen Diskurs hineingenommen wird. Beides sei mit Interesse verbunden. Interesse bzw. Interessiertheit lehnt Kant jedoch entschieden ab, da auf diese Weise nicht das als petitio principii gesetzte Reinheitspostulat realisiert werden kann. Das Wohlgefallen oder der Geschmack soll ähnlich beschaffen sein wie die reine Vernunft oder der »schlechterdings gute Wille«. Kant will eine Beziehung auf das Begehrungsvermögen ausschalten, das als Bestimmungsgrund nicht zuzulassen sei. Die Aversion gegen den Interesse-Begriff hängt über den Systemzwang hinaus auch mit der latent politischen Funktion zusammen, die im »interesselosen Wohlgefallen« impliziert ist. Denn sie richtet sich gegen Vorstellungen des Luxus, gegen alles, was als begehrliche Ware die Blicke umbuhlt. Diese nur zu rekonstruierende politische Dimension hat sich aber, nachdem das Ideal der Interesselosigkeit von Kant einmal eingeführt war, geradezu ins Gegenteil verkehrt: Die Vorstellung vom »interesselosen Wohlgefallen« ist in den letzten zwei Jahrhunderten zum Paradigma einer Kunsttheorie geworden, die die Autonomie der Kunst proklamiert. Alle ästhetizistischen Richtungen berufen sich darauf.

Kant hat noch zwischen freier Schönheit (»pulchritudo vaga«) und anhängender Schönheit (»pulchritudo adhaerens«) unterschieden. Die erstere setze im Gegensatz zur zweiten keinen Begriff von dem voraus, was der Gegenstand sein soll (§ 16). Er macht das an Vögeln wie Papageien und Kolibris oder Schalentieren des Meeres deutlich, mit denen die Natur angeblich keine Zwecke verfolge und die nur rein für sich existierten. In der Kunst seien »Zeichnungen à la grecque, das Laubwerk zu Einfassungen oder auf Papiertapeten usw. für sich nichts« (109 f.). Sie sind daher autonom. Kant benennt damit Beispiele, die für Friedrich Schlegels Theorie der Arabeske den Grund legen sollten, und er antizipiert damit weiterhin auch die Theorie der abstrakten Kunst, der zufolge das Ästhetische sich nur in der reinen Form manifestiert. Daß Kant selbst auch in Fragen der Kunst formalistisch denkt, zeigte sich bei seiner Zurückweisung des Mimesis- bzw. Nachahmungsbegriffs, mit der Inhalte als Gegenstand der Kunst für nebensächlich er-

Philipp Otto Runge: Lilien. Scherenschnitt

klärt wurden. Der »Grund der Lust« liege für die Reflexion »bloß in der Form des Gegenstandes« (51).

Neben dem Schönen hat Kant dem Erhabenen eine lange Untersuchung gewidmet. Förderte beim Schönen der Natur die Form des Gegenstandes, die in der Begrenzung bestehe, das Wohlgefallen, so weicht das Erhabene davon insofern ab, als es sich (auf der Objektseite) vorwiegend an einem formlosen Gegenstand findet. Es hat somit etwas Unbegrenztes. Während bei der Schönheit das Wohlgefallen mit Qualität verbunden ist, ist es beim Erhabenen mit Quantität gekoppelt. »Auch ist das letztere der Art nach von dem ersteren Wohlgefallen gar sehr unterschieden: indem dieses (das Schöne) direkt ein Gefühl der Beförderung des Lebens bei sich führt, und daher mit Reizen und einer spielenden Einbildungskraft vereinbar ist; jenes aber (das Gefühl des Erhabenen) eine Lust ist, welche nur indirekt entspringt, nämlich so daß sie durch das Gefühl einer augenblicklichen Hemmung der Lebenskräfte und darauf sogleich folgenden desto stärkern Ergießung derselben erzeugt wird, mithin als Rührung kein Spiel, sondern Ernst in der Beschäftigung mit der Einbildungskraft zu sein scheint.« (134, §23)

Das eigentlich Erhabene kann nach Kant in keiner sinnlichen Form enthalten sein; es treffe nur Ideen der Vernunft. Diese werde durch die Unangemessenheit des erhabenen Objekts rege gemacht, in Bewegung gesetzt. Der »durch Stürme empörte Ozean« sei lediglich gräßlich, aber noch nicht erhaben. Das Gemüt müsse schon mit bestimmten Gefühlen angefüllt sein, damit es überhaupt für das Erhabene empfänglich werde. Das Gemüt verlasse dann die Sinnlichkeit und werde angereizt, sich mit Ideen zu beschäftigen, die höhere Zweckmäßigkeit enthalten.

Kant hat zwei Arten des Erhabenen unterschieden: das mathematisch und das dynamisch Erhabene. Für beides gilt, daß es schlechthin groß ist, und zwar über alle Vergleichung groß. Nicht bloß Vielheit, sondern auch die Größe des Maßes sei hier wichtig. Alles andere sei im Vergleich zum Er-

habenen klein. Das Mathematisch-Erhabene ist über allen
Maßstab der Sinne groß, es evoziert das Gefühl, daß wir
eine selbständige Vernunft haben. Beim Dynamisch-Erha-
benen ist es indessen so, daß die Natur »im ästhetischen Urteile als Macht, die über uns keine Gewalt hat«, erscheint
(159, § 28). Sie ist zwar furchtbar, aber man muß sich nicht
vor ihr fürchten: »Wer sich fürchtet, kann über das Erhabene der Natur gar nicht urteilen, so wenig als der, welcher
durch Neigung und Appetit eingenommen ist« (160). Mehr
als das Urteil über das Schöne, das sich dem Gegenstand
kontemplativ ganz überlassen kann, bedarf das Urteil über
das Erhabene der Natur der Kultur (167), da, durch es ge-
mütsmäßig in Bewegung gesetzt, das Subjekt gezwungen
wird, sich seiner eigenen Bestimmung bewußt zu werden.
Damit schafft Kant einen Übergang von der Ästhetik in
die Ethik, letztlich sogar in eine metaphysische oder theologische Dimension. Kant hat das Sublime, das bei
Pseudo-Longinus noch eine Stillage bezeichnete, im 17. und
18. Jahrhundert dann zum »grand goût« wurde, im Anschluß an Edmund Burke in eine Objektqualität der Natur
verwandelt, um es so zu einer Quelle für Reflexionen des
Subjekts zu machen. Gegenüber Burke, dem er in seiner
Frühschrift sich noch weitgehend angeschlossen hatte, lehnt
er in der *Kritik der Urteilskraft* jedoch eine anthropologische oder psychologische Interpretation der Wirkung erha-
bener Gegenstände auf das Subjekt ab. Das Erhabene soll
uns im Akt der Anschauung erheben, die auf Gefühl gegründete reflektierende Urteilskraft soll uns zu Bewußtsein
kommen lassen, daß wir »Vernunftwesen« sind, die in dieser scheinbaren Unterlegenheit eine Stärkung des Ich erfahren. Im Bilde der Natur formuliert Kant an der Kategorie
des Erhabenen eine politische Zuversicht. Angesichts der
revolutionären Ereignisse in Frankreich wird es, auf die
deutschen Verhältnisse bezogen, zu einer symbolischen
Form für die Hoffnungen des seine tatsächliche Schwäche in
Mentalreservationen kompensierenden Dritten Standes.[10]

Friedrich Schiller

Obwohl Schiller keine eigenständige Ästhetik verfaßt hat, lassen sich doch die meisten seiner theoretischen Schriften[1] zur Literatur (hier besonders zum Theater) und zur Kunst als kohärente Argumentationseinheit auffassen, deren integrales Problem die Frage nach dem Verhältnis von Natur und Kultur ist. An dieser Naht- oder besser: Konfliktstelle sucht Schiller das Wesen des Menschen bzw. der Menschheit zu bestimmen. Es geht ihm also um eine anthropologische Fragestellung, die zugleich eine kulturtheoretische Dimension hat. Aber ihre Beantwortung erschöpft sich nicht im Konstatieren von Wesensmerkmalen, sondern tritt mit dem Anspruch eines Postulats auf: Schiller entwickelt innerhalb ästhetischer Überlegungen eine Ethik und setzt damit bei einer Tendenz an, die am Beispiel der Erörterung des Schönen und des Erhabenen schon in Kants *Kritik der Urteilskraft* deutlich wurde. Kant hatte das Schöne als »Symbol des Sittlich-Guten« definiert und durch diesen Verweis einen Übergang von der Ästhetik zur Ethik ermöglicht. Noch stärker war die Komponente eines moralischen Als-ob bei seiner Bestimmung des Erhabenen (ohne »eine Stimmung des Gemüts, die der zum moralischen ähnlich ist«, sei das Gefühl des Erhabenen nicht denkbar[2]).

Für Schiller wird diese ästhetische Kategorie zum begrifflichen Brennpunkt, an dem er das Verhältnis von fremdbestimmtem Gewalterleiden und einer Behauptung des Anspruchs auf »absolute Befreiung« demonstriert. »Umgeben von zahllosen Kräften, die alle ihm überlegen sind und den Meister über ihn spielen, macht er durch seine Natur Anspruch, von keiner Gewalt zu leiden.«[3]

Schiller erkennt dem Menschen als »Begriff«, d. h. als providentielle Bestimmung, eine sich in seinem Wollen äußernde uneingeschränkte Freiheit zu. Dieser Wille nun ist (als geistiges Vermögen) die Instanz der Naturbeherr-

schung, die Schiller unermüdlich apostrophiert und zu seinem Grundmodell der Konstituierung von Kultur macht.
Die Beherrschung der Natur sei auf zweierlei Weise möglich: »Entweder realistisch, wenn der Mensch der Gewalt
Gewalt entgegensetzt, wenn er als Natur die Natur beherr-
schet; oder idealistisch, wenn er aus der Natur heraustritt
und so, in Rücksicht auf sich, den Begriff der Gewalt vernichtet. Was ihm zu dem ersten verhilft, heißt physische
Kultur. Der Mensch bildet seinen Verstand und seine sinnlichen Kräfte aus, um die Naturkräfte nach ihren eigenen Gesetzen entweder zu Werkzeugen seines Willens zu machen
oder sich vor ihren Wirkungen, die er nicht lenken kann, in
Sicherheit zu setzen. Aber die Kräfte der Natur lassen sich
nur bis auf einen gewissen Punkt beherrschen oder abweh-
ren; über diesen Punkt hinaus entziehen sie sich der Macht
des Menschen und unterwerfen ihn der ihrigen.

Jetzt also wäre es um seine Freiheit getan, wenn er keiner
andern als physischen Kultur fähig wäre. Er soll aber ohne
Ausnahme Mensch sein, also in keinem Falle etwas gegen
seinen Willen erleiden. Kann er also den physischen Kräften
keine verhältnismäßige physische Kraft mehr entgegensetzen, so bleibt ihm, um keine Gewalt zu erleiden, nichts anderes übrig als ein Verhältnis, welches ihm so nachteilig
ist, ganz und gar aufzuheben und eine Gewalt, die er
der Tat nach erleiden muß, dem Begriff nach zu vernichten. Eine Gewalt dem Begriffe nach vernichten, heißt
aber nichts anders, als sich derselben freiwillig unterwerfen.
Die Kultur, die ihn dazu geschickt macht, heißt die moralische.«[4]

Damit konstruiert Schiller den »moralisch gebildeten
Menschen«, der der Natur nicht physisch gewalttätig begegnet, vielmehr sie sich assimiliert. Was an der Natur Gewalt
ist, setzt der Mensch in die Form einer eigenen Handlung
um, die zugleich geistig-moralische Schranken aufbaut, damit die »dynamische Natur« ihn nicht ganz erreichen kann.
Das passive Moment von Resignation oder Ergebenheit ist

von Schiller damit aber nicht gemeint, denn es wird transzendiert durch »eine höhere Energie des Willens, als dem Menschen im handelnden Leben eigen zu sein pflegt«.[5]

Mit dem Begriff der »höheren Energie« beschreibt Schiller den Vorgang der Sublimierung, der nicht nur ein bewußtseins- und handlungsmodellierender Akt ist, der sich auf die Natur als Außenwelt bezieht, sondern im gleichen Maße auch auf die eigene Natur des Menschen. Demonstriert wird dies an Verhaltens- oder Bewegungsformen des Körpers, für deren Erscheinung Schiller die Begriffe »Anmut« und »Würde« einführt. Auch bei ihnen ist das Moment des Willkürlichen (als Manifestation des freien Willens) wichtig. Die Bewegungen müssen Ausdruck moralischer Empfindungen sein, also aus einem inneren geistigen Zentrum heraus erwachsen. Wären sie lediglich sinnlicher Qualität, dann würden sie noch ganz der Natur angehören. Für Schiller aber ist entscheidend, daß die »Seele das bewegende Prinzip« ist und daß nur sie den »Grund von der Schönheit der Bewegung« darstellt. »Und so löst sich denn jene mythische Vorstellung in folgenden Gedanken auf: Anmut ist eine Schönheit, die nicht von der Natur gegeben, sondern von dem Subjekte selbst hervorgebracht wird.«[6]

Am Beispiel der ästhetischen Kategorie der Anmut verdeutlicht Schiller die von ihm postulierte Koinzidenz von Pflicht und Neigung, denn hier wird die Strenge der Tugendmoral durch Beimischung von Lust als einem sinnlichen Element, das Freude bereitet (und bereiten soll), gemildert, zugleich aber auch der rohe Naturtrieb, indem er vom Subjekt ohne Gewaltanwendung modelliert wird, vergeistigt und versittlicht. Dahinter steht die Vorstellung von der Versöhnung der antagonistischen Prinzipien, doch mit einem deutlichen Akzent auf dem gemäßigt hedonistischen Moment, somit auf der Sinnlichkeit.

Nur aufgrund dieser Konstruktion kann Schiller in der Tat von ästhetischen Aspekten sprechen. Hier ist denn auch

der theoretische Ort, wo er den Begriff der Schönheit einsetzen kann. Sie wird nicht mehr – wie noch in der antiken
und mittelalterlichen Theorie – als Kategorie des objektiven
Seins aufgefaßt, sondern als ein Prinzip, das in der Seele des
Menschen verankert ist, die im Falle der Anmut die Bewegungen des gesamten Körpers mit größter Leichtigkeit,
geradezu instinktmäßig, steuert, ohne daß ihr dies dabei
bewußt ist. Die Bewegungen folgen somit nicht irgendwel-
chen Regeln: hier zeigt sich, daß auch Schiller, ohne im
engeren Sinne von Kunstwerken zu sprechen (freilich immerhin von einem ästhetischen Phänomen, nämlich der
Körperbewegung des Menschen), den Affekt vieler seiner Zeitgenossen gegen den Regelkanon der Akademien
teilt. »Regel«, »Gesetz« usw. werden im letzten Drittel des
18. Jahrhunderts innerhalb der Kunsttheorie zunehmend zu
negativ gefärbten Begriffen; vollends polemisieren gegen sie
die Romantiker, z. B. Caspar David Friedrich.[7] Es wird hier
das in der Antike noch mehr integral gedachte Begriffspaar
von »poíesis« und »téchne« in einen Gegensatz aufgespal-
ten, indem man ersterer mehr – angeblich aus dem Inneren
hervorströmende – Spontaneität zuspricht, die andere hingegen auf die Erlernung von äußerlichem Wissen, von Fähigkeiten und Fertigkeiten verkürzt.[8]

»In einer schönen Seele ist es also, wo Sinnlichkeit und
Vernunft, Pflicht und Neigung harmonieren, und Grazie ist
ihr Ausdruck in der Erscheinung. Nur im Dienst einer
schönen Seele kann die Natur zugleich Freiheit besitzen
und ihre Form bewahren, da sie erstere unter der Herrschaft eines strengen Gemüts, letztere unter der Anarchie
der Sinnlichkeit einbüßt. Eine schöne Seele gießt auch über
eine Bildung, der es an architektonischer Schönheit man-
gelt, eine unwiderstehliche Grazie aus, und oft sieht man sie
selbst über Gebrechen der Natur triumphieren. Alle Bewegungen, die von ihr ausgehen, werden leicht, sanft und dennoch belebt sein. Heiter und frei wird das Auge strahlen,
und Empfindung wird in demselben glänzen. Von der

Sanftmut des Herzens wird der Mund eine Grazie erhalten, die keine Verstellung erkünsteln kann. Keine Spannung wird in den Mienen, kein Zwang in den willkürlichen Bewegungen zu bemerken sein, denn die Seele weiß von keinem. Musik wird die Stimme sein und mit dem reinen Strom ihrer Modulationen das Herz bewegen.«[9]

Schiller rekurriert hier, ohne es zu nennen oder sich dessen bewußt zu sein, auf das antike Modell des »Rhythmus«, der, wie Ernesto Grassi[10] gezeigt hat, von Platon und Aristoteles als Ordnung der Bewegung bestimmt wird (Platon, *Nomoi* 664c; Aristoteles, *Metaphysik* 1077b 23). Er verbindet diese in der antiken Philosophie vertretene Auffassung, die dort möglicherweise eine Reminiszenz an eine vermutbare musische Urkunst darstellt, mit einer Affektentheorie von jenem Typus, den René Descartes in seinen *Passions de l'âme* (Amsterdam/Paris 1649) vertrat. Auch hier wird die Seele (mit der Zirbeldrüse als Organ) als Zentrum von Handlungen des Körpers aufgefaßt; die Bewegungen verdanken sich dem Impuls sogenannter »Lebensgeister«.[11]

Schiller grenzt den Korrelatsbegriff der Anmut, die Würde, auf die Weise ab, daß er Würde im Leiden (»páthos«) erscheinen läßt, Anmut dagegen als Form eines Betragens (»êthos«) auffaßt.[12] Während Anmut in gedanklicher Nachbarschaft zum Schönen gesehen wird, ist Würde in die Nähe des Erhabenen gerückt. Denn sie wird erlangt durch Widerstand und Kraftaufbietung gegen Naturtriebe und Naturgewalten. Eine weitere Parallelisierung nimmt Schiller zum Begriffspaar von Tugend und Neigung vor: »So wie wir Anmut von der Tugend fordern, so fordern wir Würde von der Neigung. Der Neigung ist die Anmut so natürlich, als der Tugend die Würde, da sie schon ihrem Inhalt nach sinnlich, der Naturfreiheit günstig und aller Anspannung feind ist.«[13]

Im Grunde genommen laufen Schillers auf einer Reihe von Begriffsoppositionen (Anmut – Würde, Tugend – Neigung, Schönes – Erhabenes usw.) aufgebaute Überlegungen

auf eine Transformation älterer kunsttheoretischer Termini
in eine neue Definition hinaus. Erkennbar ist bei der
»Würde« z. B. noch der alte rhetorische Begriff der »gravi-
tas«[14], der in der italienischen Kunsttheorie der Renaissance
ein vergleichsweise strenges Stilideal repräsentierte. Im späten 17. Jahrhundert verband er sich eng mit der Vorstellung
des »grand goût«, die dann ihrerseits in die Auffassung vom
Erhabenen bzw. Sublimen einmündete, das ebenfalls der
rhetorischen Tradition entstammt.[15] Das Neue an Schillers
Argumentationen ist die Bemühung, eine Alltagsmoral zu
fundieren, die nicht mehr auf Standeskonventionen ruht,
sondern sich aus dem egalitär gedachten Wesen des Menschen selbst ergibt. Daher polemisiert Schiller gegen Ziere-
rei, Schwulst, affektiertes Gehabe und aufgesetzte Grimas-
sen im Umgang der Menschen miteinander. Er will, daß die
Natur (freilich nicht die »rohe Natur«[16]) des Menschen un-
verkrampft in Erscheinung tritt, ohne Anspannung, mit
selbstverständlicher Leichtigkeit, und, was besonders wichtig ist: ohne Verstellung. Er will also genau jenes Prinzip der
»dissimulatio«, das Baldassare Castiglione in seinem *Libro
del Cortegiano* als höfisches Ideal einführte[17], das Verhüllen
der wahren Gefühle im äußeren Gestenapparat, in Mimik
und Physiognomik, wieder aufheben und so – aus der Sicht
des »citoyen« – all diese aus dem Interesse an sozialer Abgrenzung und kommunikativer Taktik sich ergebenden Formen der Heuchelei durch eine angebliche Naturalisierung
der Gefühlsäußerung überwinden. Zugleich liegt ihm aber
auch daran, daß diese Leichtigkeit und Mühelosigkeit nicht
in Amoralität ausartet, sondern aus Tugendprinzipien erwächst bzw. sie verwirklicht. Schiller, der mit der Französischen Revolution weitgehend sympathisiert hatte, hatte
erkennen müssen, daß die reale politische Entwicklung
keineswegs alle ethischen Ideale, besonders die Forderung
nach Freiheit und Selbstbestimmung als Grundlagen der
Humanität, praktisch umgesetzt hatte. Da er an ihnen als
noch einzulösenden Idealen aber weiterhin festhielt, muß-

ten sie zwangsläufig einen postulativ-utopischen Charakter annehmen.

Dies ist auch der Grund, warum in Schillers ästhetischen Konzeptionen die Theorie des Scheins eine so zentrale Rolle spielt. In seiner Abhandlung *Über die ästhetische Erziehung des Menschen in einer Reihe von Briefen* von 1795 wird (besonders im 26. Brief) diese imaginative Verschiebung deutlich: Schiller spricht hier von der »Welt des Scheins« (manchmal auch, womit die politische Dimension ins Bewußtsein gehoben wird, vom »Staat des schönen Scheins«[18]). Er greift damit eine alte patristische bzw. scholastische Unterscheidung auf, nämlich die von »mundus sensibilis« und »mundus intelligibilis«[19], und bisweilen fühlt man sich auch an die »civitas«-Lehre Augustins erinnert.[20] Während der Mensch als Sinnenwesen den durch Notwendigkeit gekennzeichneten Handlungszwängen der sozialen und politischen Realität kaum entrinnen kann, hat er über seine Einbildungskraft[21] die Möglichkeit, evasiv auszubrechen und sich in der Freiheit der Gedanken eine Welt vorzustellen, die die Mängel der tatsächlichen Wirklichkeit harmonisch ausgleicht. Dies ist die Welt der Schönheit, die schon immer durch »perfectio«, also einen in der Realität selten oder nicht erreichbaren Vollkommenheitszustand, definiert war. »Die Schönheit ist allerdings das Werk der freien Betrachtung, und mit ihr treten wir in die Welt der Ideen – aber was wohl zu bemerken ist, ohne darum die sinnliche Welt zu verlassen«.[22]

Mit der Betonung der Einbildungskraft als der entschädigenden Kompensationsinstanz des Bewußtseins hängt Schillers Theorie des Spieltriebs zusammen. Indem er ihn einführt, legitimiert er eine Verhaltensform, die ganz den Kontrast zur Arbeit bildet, welche – im Dienste der Bedürfnisbefriedigung – unter dem Signum der Notwendigkeit steht, Freiheit daher kaum zuläßt. Diese aber kann sich im Spiel entfalten, das »am Scheine Gefallen findet«.[23] Das Spiel ist die Vorbedingung der Realisierung der Schönheit,

die letztlich durch einen Gleichgewichtszustand, durch
Ruhe und Ausgeglichenheit gekennzeichnet wird, Defini-
tionsmerkmale, die an die Proportionsvorstellungen in den
alten »pulchritudo«-Theorien erinnern, sich von diesen ontologischen Auffassungen jedoch durch ihre subjektivierte,
auf den psychischen Zustand des Menschen bezogene Interpretation unterscheiden.

Der Spieltrieb überwindet nach Schiller den Dualismus
von Stofftrieb und Formtrieb. Unter dem einen versteht er
eine Abhängigkeit vom Sinnlichen, von momentanen Empfindungen, während der andere das Prinzip der Vernunft zu
Geltung kommen lasse. Hinter diesem Dualismus verbirgt
sich das alte aristotelische Modell von »hýle« (»Stoff«, »ma-
teria«) und »morphé« (»Form«, »forma«), wobei letztere
schon bei dem Stagiriten als ein geistiges Prinzip galt und –
als »eîdos« – mit dem Logos als dem Wesen in Verbindung
gebracht wurde (vgl. *De anima* I,1; *Metaphysik* VII 7,
1932b).

Schiller möchte aber den Dualismus von Sinnlichkeit und
Vernunft (der sein endlos variiertes theoretisches Grund-
schema bildet) nicht radikal und einseitig zugunsten der Ratio entscheiden, weil dann die Kunst kaum noch ein Exi-
stenzrecht hätte. Daher leistet der Spieltrieb diese Synthese
von Sinnlichem und Rationalem, aber im wesentlichen innerhalb der Sphäre der Imagination. Das Geheimnis der
Kunst liegt daher darin, daß sie »den Stoff durch die
Form vertilgt«.[24]

Schiller versuchte mit seiner Spieltheorie eine Anthropologie zu fundieren, denn – wie der Kernsatz seiner Abhandlung sagt – der Mensch ist »nur da ganz Mensch, wo er
spielt«[25]. Herbert Marcuse hat Schillers Konzept, das
schon zu seiner Zeit, wie wir sahen, eine latent politische
Dimension hatte, noch einmal politisch aktualisiert: In seinem primär freilich von Freud und seiner Unterscheidung
von Lust- und Realitätsprinzip ausgehendem Buch *Triebstruktur und Gesellschaft*[26] (*Eros and Civilization*, 1955)

entwirft er die Utopie einer »nicht-repressiven Kultur«, in der die Sinnlichkeit sublimiert und die Vernunft entsublimiert wird. Schillers Spieltheorie scheint ihm in einer Gesellschaft, in der »alle Grundbedürfnisse mit einem Minimum an körperlicher und geistiger Energie, in einem Minimum an Zeit befriedigt werden können«, Aussichten auf Verwirklichung zu haben, wenn es gelingt, die Produktion und Distribution so zu organisieren, »daß die geringst mögliche Zeit dafür aufgewendet wird, allen Mitgliedern der Gesellschaft alles Notwendige zugänglich zu machen.«[27] Jetzt, wo in den westlichen Gesellschaften trotz der hohen – durch die Dritte Welt mitfinanzierten – Arbeitslosigkeit im Reproduktionsbereich derlei Möglichkeiten tatsächlich freigesetzt sind, erkennen wir auch, wie Schillers hehres Ideal des Humanität ermöglichenden Spieltriebs unter den Bedingungen einer grenzenlos expandierenden Elektronik- und Computerindustrie pervertiert worden ist in ein nicht zu sättigendes Bedürfnis nach »Spielotheken«, nach Mega Drives, Game und Booster Boys und anderen Videospielen. Schillers »Welt des Scheins« hat in den Simulakren von Werbung und Television ihre nicht erwartete Erfüllung gefunden.[28]

Für die Kunstauffassung der deutschen Romantik sind
Schellings Reflexionen über Kunst und Künstler von größter Bedeutung gewesen. Im Jahre 1800, damals gerade 25
Jahre alt, legt er, nachdem er bereits eine Abhandlung zur
Naturphilosophie hatte erscheinen lassen,[1] sein umfassendes *System des transzendentalen Idealismus* vor, in dessen
sechstem Hauptabschnitt er in den Paragraphen 2 und 3
sich programmatisch mit dem »Charakter des Kunstprodukts« auseinandersetzt.[2] Die Argumentation ist sprachlich
äußerst komprimiert und teilweise wegen der von Schelling
neu geschaffenen idealistischen Terminologie nicht ganz
leicht nachzuvollziehen. Für manche Begriffe, die dort auftauchen, wie »absolutes Identisches« bedarf es zu ihrer Klärung der Kenntnis der theoretischen Vorgeschichte, die bei
Schelling eine Kritik des zuvor dominierenden Systems Johann Gottlieb Fichtes war. In seiner Naturphilosophie
sucht Schelling den mechanistischen Naturbegriff Fichtes,
dessen Vorstellung, daß das Nicht-Ich, die Natur, dem
Menschen (Ich) nur als »tote« Produktionsressource zur
Verfügung steht, mit der er nach Gutdünken schalten und
walten kann, zugunsten eines Modells zu überwinden, innerhalb dessen der Natur ein Eigenrecht zuerkannt wird.
Dies geschieht bei Schelling nicht zuletzt unter dem Einfluß
der Lektüre Baruch Spinozas und Giordano Brunos.

Die Natur, die er als »objektives Sein« bezeichnet, wird
bei Schelling also zu einem gleichgewichtigen Korrelat des
Menschen, der den philosophischen Namen »subjektives
Sein« erhält. Beide gehen aus einem gemeinsamen Weltgrunde hervor – man erkennt hier noch Spuren der alten
theologischen Auffassung, bei der indessen die personalistische Gottesvorstellung einem begrifflichen Abstraktum,
einer Hypostasierung, gewichen ist. Den für Mensch und
Natur gemeinsamen Weltgrund nennt Schelling in einem

Nachhall scholastischer Terminologie das »Absolute« oder die »absolute Vernunft«. Aus diesem Absoluten gehen ihm zufolge zwei Entwicklungsreihen hervor, die nur scheinbar verschieden sind, faktisch aber identisch seien. Im Weltgrund selbst sind sie denn auch eine »absolute Einheit«; in ihm besteht eine »völlige Indifferenz des Objektiven und Subjektiven«, d. h. des Realen und Idealen, der Natur und des Geistes. Erst indem sich diese Entwicklungsreihen oder Stufenfolgen von Potenzen entfalten – ein Vorgang, der bei Schelling weniger als Geschichtsprozeß denn als logischer Ablauf zu verstehen ist, da die verschiedenen »Potenzen« durchaus zu gleicher Zeit bestehen können –, »entzweien« sie sich. Aufgabe der Philosophie ist es nun, in »intellektueller Anschauung« oder, wie Schelling auch sagt, »genialer Intuition« das Absolute zu erfassen.

Dies zu leisten ist indessen noch mehr die Kunst berufen, der Schelling innerhalb der geistigen Hervorbringungen den höchsten Rang zuerkennt. »Das Kunstwerk reflektiert uns die Identität der bewußten und der bewußtlosen Tätigkeit«,[3] sein Gegenstand ist sowohl die Sphäre des Geistes und der menschlichen Freiheit als auch die Natur, die den Charakter des »Bewußtlosen« hat. Es leistet die »Synthesis von Natur und Freiheit« (112). Selbst hat das Kunstwerk als »Grundcharakter« »eine bewußtlose Unendlichkeit«, es ist also – nicht ganz logisch, sondern nur als dekretierte Wunschvorstellung Schellings zu erklären – dem Naturbegriff angenähert, geht aber über ihn wertmäßig hinaus. Interessant ist, daß Schelling auch dem Kunstwerk als Wesenszug das »Instinktmäßige« beilegt, einen Ausdruck mithin, der später in naturalistischen Konzeptionen wie denen Darwins und Haeckels eine maßgebliche Rolle spielen sollte (dort freilich ohne die idealistisch-spekulativen Prämissen, die für Schelling kennzeichnend sind). (Ebd.)

Nach Schelling handelt der Künstler also »bewußtlos«; ohne eigentlich zu wissen, was er da schafft, gelingt es ihm, das Unendliche und Absolute intuitiv zu gestalten. Zumindest manifestiert sich dieser unendliche Gehalt, der nie vollends ausdeutbar ist – man kann hier bereits eine Wurzel der modernen Vorstellung von der Polyfunktionalität der Kunst erkennen –, im Kunstwerk selbst. »So ist es mit jedem wahren Kunstwerk, indem jedes, als ob eine Unendlichkeit von Absichten darin wäre, einer unendlichen Auslegung fähig ist, wobei man doch nie sagen kann, ob diese Unendlichkeit im Künstler selbst gelegen habe, oder aber bloß im Kunstwerk.« (Ebd.) Das Kunstwerk ist für Schelling letztlich noch bedeutungsvoller als sein Urheber, und man darf sagen, daß er mit dieser Fixierung auf das Werk eine theoretische Tradition eingeleitet hat, die im 20. Jahrhundert besonders in den immanentistischen Interpretationskonzeptionen kulminierte, aber auch, wie bereits der Titel des berühmten Essays von Walter Benjamin (*Das Kunstwerk im Zeitalter seiner technischen Reproduzierbarkeit*) erkennen läßt, bei marxistischen Autoren zu bemerken ist, die es jedoch in seinem sozialen Funktionszusammenhang zu bestimmen suchen. Hinzuweisen ist schließlich auf Heideggers Kunstwerk-Aufsatz, in dem ebenfalls der Akzent auf die Objektivation im Werk und weniger auf den Urheber gesetzt wird.

Eine Parallele zu dieser »bewußtlosen Unendlichkeit« des Kunstwerks sieht Schelling in der von ihm hoch geschätzten griechischen Mythologie, »von der es unleugbar ist, daß sie einen unendlichen Sinn und Symbole für alle Ideen in sich schließt« (ebd.). Ihre Bilder seien gänzlich absichtslos hervorgebracht. Schelling rekurriert damit auf Vorstellungen vom Mythos, wie sie seit dem 18. Jahrhundert, etwa bei Vico und Herder, im Schwange waren. Von diesen Autoren war die in der Antike, z. B. in einigen Schriften Platons, negative Charakterisierung des Mythos als »kindliches Geschwätz« positiviert, das Kindliche gerade in einem Umkehrakt als Form einer unmittelbaren göttlichen Offenbarung gedeutet worden, wobei die Bildlichkeit als der besondere, über das bloße Wort hinausgehende Ausdruck dieser Entschleierung göttlicher Mysterien begriffen wurde[4] (so besonders bei Johann Georg Hamann). Die Theorie von der Prävalenz des Bildes (oder der Anschauung, die später geradezu zu einer Ideologie werden sollte) ist gewiß auch für Schellings Vorstellung vom »Kunstprodukt« grundlegend gewesen.

Zwar enthält das Kunstwerk Spannungen, denn es hat das »Gefühl eines unendlichen Widerspruchs« (113) zu verarbeiten, aber dadurch, daß es diesen Widerspruch löst, tritt Befriedigung ein und es erhält den »Ausdruck der Ruhe und der stillen Größe« (womit Schelling an die bekannte, damals bereits topische Formel Johann Joachim Winckelmanns von der »edlen Einfalt und stillen Größe« anknüpft, mit der dieser in den *Gedanken über die Nachahmung der griechischen Werke in der Malerei und Bildhauerkunst*, 1755, die griechischen Statuen – als nachahmungswürdiges Vorbild für die Künstler seiner Zeit – pries).

Dadurch, daß das Kunstwerk das Unendliche endlich darstellt – Schelling bereitet hier bereits Hegels These vom »sinnlichen Scheinen der Idee« vor –, erzeugt es Schönheit. Deren Grundzug ist also einmal die (unbewußte) Reflexion des Absoluten, zum andern der harmonische Ausgleich von Spannungen und Widersprüchen. Schönheit ist ein unverzichtbares Merkmal des Kunstwerks, letztlich decken sich sogar beide Begriffe. Es war naheliegend, daß Schelling nach dem Vorgang Kants in diesem Zusammenhang auch die Kategorie des Erhabenen erörtert. Schönheit und Erhabenheit seien zwar einander entgegengesetzt, doch nur auf der Objektebene, nicht auf der des anschauenden Subjekts. »[I]mmer, wenn ein Objekt erhaben genannt wird«, werde »durch die bewußtlose Tätigkeit eine Größe aufgenommen [...], welche in die bewußte aufzunehmen unmöglich ist, wodurch denn das Ich mit sich selbst in einen Streit versetzt wird, welcher nur in einer ästhetischen Anschauung enden kann, welche beide Tätigkeiten in unerwartete Harmonie setzt, nur daß die Anschauung, welche hier nicht im Künst-

ler, sondern im anschauenden Subjekt selbst liegt, völlig
unwillkürlich ist, indem das Erhabene [...] alle Kräfte des
Gemüts in Bewegung setzt, um den die ganze intellektuelle Existenz bedrohenden Widerspruch aufzulösen.« (114)
Durch diesen sich unbewußt vollziehenden intellektuellen
Rettungsakt wird das als Gefährdung Empfundene wieder
harmonisiert. Insofern erscheint dann das Erhabene als eine
– wenngleich untergeordnete – Variante des Schönen.

Hatte Schelling postuliert, daß das Kunstwerk Resultat
einer bewußtlosen, naturähnlichen Produktion sei, so ergab
sich jetzt für ihn die Notwendigkeit, den Unterschied zwischen dem Naturprodukt und dem Kunstprodukt herauszuarbeiten. Das »organische« Naturprodukt stelle das »organische Wesen« noch ungetrennt dar. Indem Schelling den
Naturdingen die Fähigkeit des Darstellens prädiziert, verleiht er auch ihnen eine semiotische Qualität, einen Zeichencharakter. Er bewegt sich damit in der alten metaphorischen und theologisch-hermeneutischen Tradition von der
Natur als »Buch« (etwa bei Alanus ab Insulis),[5] und er sagt
an anderer Stelle denn auch: »Was wir Natur nennen, ist ein
Gedicht, das in geheimer wunderbarer Schrift verschlossen
liegt. Doch könnte das Rätsel sich enthüllen, würden wir
die Odyssee des Geistes darin erkennen, der wunderbar ge-
täuscht, sich selbst suchend, sich selber flieht; denn durch
die Sinnenwelt blickt nur wie durch Worte der Sinn, nur wie
durch halbdurchsichtigen Nebel das Land der Phantasie,
nach dem wir trachten.« (121)

Während die organische Produktion, also die Natur,
nicht vom Bewußtsein ausgehe, sei dies – trotz der halb unbewußten Art der Hervorbringung – Wesensmerkmal der
ästhetischen Produktion: ihr Gegenstand ist die Bewältigung des »unendlichen Widerspruchs«. Da Kunst Schönheit
schaffen will, diese aber – wegen des defizitären Charakters
der Natur, die allenfalls zufällig gelegentlich schön sein
kann, ohne daß dies aber ein ihr zugrundeliegendes Telos
wäre – in der Natur nicht vorfindbar ist, kann und darf sich

Kunst nicht an ihr orientieren. So sehr Schelling die ästhetische Produktion prädikativ mit Naturvorstellungen auflädt, sie selbst als einen quasi-organischen Prozeß bestimmt, trennt er sie doch radikal von der Natur ab. Er folgt damit letztlich immer noch Fichtes Dichotomie von Ich und Nicht-Ich, mit der zugleich die Vorrangstellung und Überlegenheit des durch Freiheit gekennzeichneten menschlichen Geistes und seiner Hervorbringungen gesetzt war. Mit dieser Abwertung der Natur, die in einem merkwürdigen Widerspruch zu ihrer von Schelling in der Phase seiner »Transzendentalphilosophie« sonst vorgenommenen Rehabilitation steht, kündigt Schelling zugleich folgenschwer den aus der Antike stammenden »Ars imitatur naturam«-Satz auf, der bis an die Schwelle der Romantik weitgehend normative Kraft besaß. In seiner Schrift *Über das Verhältnis der bildenden Künste zu der Natur* (1807) hat Schelling diese Forderung nach einer Abkehr vom Grundsatz der Naturnachahmung noch konsequenter vertreten und das Kunstwerk bzw. den ästhetischen Prozeß zu einer selbsttätigen »Natura naturans« erklärt. Damit näherte er sich Friedrich Schlegels Auffassung von der »Universalpoesie« als »romantischer Dichtart« an, der zufolge »die Willkür des Dichters kein Gesetz über sich leide«.[6]

Die Naturalisierung der Kunstproduktion in Schellings Theorie bewirkt gerade, nur scheinbar paradox, deren Autonomisierung. Sie wird dadurch zweckfrei, und daraus »entspringt jene Heiligkeit und Reinheit der Kunst«, welche für Schelling so weit geht, daß sie die Verwandtschaft der Kunst zur Moralität ausschlägt. Auch dies ist wieder ein folgenreicher Gedanke, denn er bereitet, hier noch quasireligiös dimensioniert, ethikfreie, um nicht zu sagen: antiethische ästhetizistische Kunstkonzeptionen vor. Bei Nietzsche wird dann die Kunst, gleichfalls als etwas Instinktmäßiges aufgefaßt, vollends an die Stelle der (christlichen) Moral treten, »jenseits von Gut und Böse«. »Der Kampf gegen den Zweck in der Kunst ist immer der Kampf gegen die

moralisirende Tendenz in der Kunst, gegen ihre Unterordnung unter die Moral«, sagt Nietzsche in der *Götzen-
Dämmerung* (1888).[7]

Schellings Erörterungen des Kunstwerk-Charakters be-
handeln abschließend noch ein weiteres für wichtig erach-
tetes Problem, nämlich die Frage nach dem Verhältnis von
Kunst und Philosophie. Zwar haben seiner Meinung nach
beide dieselbe Aufgabe, dennoch sei diese für die Wissenschaft eine unendliche. Schelling meint damit, daß die
Naturerkenntnis und Erkenntnis des Absoluten in der
Wissenschaft – für ihn weitgehend gleichbedeutend mit der
Philosophie – ein nie abgeschlossener diskursiver Prozeß der Approximation ist, während bei der Kunst, aufgrund ihres intuitiven Charakters, diese Erkenntnis sich
unmittelbar und dann auch schon in sich abgeschlossen
vollzieht.

Hier kommt endlich die Person des Künstlers ins Spiel
(oder zu ihrem Recht), denn Schelling vermag diese Fähigkeit der Kunst nicht anders als mit dem Genie-Modell zu
erklären. Für ihn ist fraglich, ob es in der Wissenschaft
überhaupt Genies gebe. In der Kunst sei jedoch das, was sie
hervorbringe, allein »und nur durch Genie« möglich. »Das
Genie ist dadurch von allem anderen, was bloß Talent oder
Geschicklichkeit ist, abgesondert, daß durch dasselbe ein
Widerspruch aufgelöst wird, der absolut und sonst durch
nichts anderes auflösbar ist. In allem, auch dem gemeinsten
und alltäglichsten Produzieren wirkt mit der bewußten Tätigkeit eine bewußtlose zusammen; aber nur ein Produzieren, dessen Bedingung ein unendlicher Gegensatz beider
Tätigkeiten war, ist ein ästhetisches und nur durch Genie
mögliches.« (117) Wie die Auflösung des Widerspruchs,
der der Kunst angeblich gleichsam mühelos gelingt, sich
konkret vollzieht, dies zu erläutern bleibt Schelling seinen
Lesern schuldig. Indem er in einer nicht näher begründenden Weise der Kunst eine Vorrangstellung vor der Wissenschaft einräumt, hat er auch hier eine Position formuliert,

die im 20. Jahrhundert, zuletzt in der Debatte um die Postmoderne, in der nicht selten die These proklamiert wurde,
Wissenschaft sei durch »bricolage« (Bastelei) zu ersetzen,
wieder aufgegriffen wurde.

JEAN PAUL

Kernstück von Jean Pauls *Vorschule der Ästhetik*[1], die er erstmals 1804 bei Friedrich Perthes in Hamburg veröffentlichte und später, 1813, bei J. G. Cotta in Stuttgart und Tübingen in erweiterter Fassung herausbrachte, ist die Analyse der Strukturprinzipien des Humors und des Witzes. In diesen Vermögen manifestiert sich dem Autor zufolge das Wesen der »romantischen Poesie«, wobei der Begriff »romantisch« mehr gattungsmäßig denn (schon) als Epochencharakterisierung gemeint ist. Der Humor ist die komische Variante des Romantischen, Romanhaften. Indem er dessen Momente zu bestimmen sucht, legt Jean Paul zugleich die Methode seines eigenen Schreibens offen. (Die *Vorschule der Ästhetik* ist somit eine Art selbstreflexiver Literaturkritik.) Dies geschieht nicht selten auf die Art, daß die Beschreibung humoristischer Wirklichkeitsinszenierung sich in der Modalität des Thematisierten vollzieht, die Analyse also selbst als Form humoristisch angelegt ist und ihren Gegenstand so potenziert.

Das Komische besteht nach Jean Paul im Kontrastieren des Endlichen mit dem Endlichen; beim Humor jedoch verhalte es sich so, daß die Endlichkeit als subjektiver Kontrast der Idee (die durch Unendlichkeit definiert wird) als objektivem untergeschoben werde. Es wird ein Gegensatz hergestellt zwischen dem Endlichen, Unzulänglichen, und dem Unendlichen, letztlich Göttlichen (oder in der Sprache des deutschen Idealismus: Absoluten). Die Welt ist für den Humor insgesamt eine »tolle Welt«, von Torheit durchdrungen; insofern geht der Humor zunächst auf »Totalität« und nicht aufs Einzelne (dieses darf mit dem Endlichen daher auch nicht verwechselt werden). Gleichwohl bedarf der Humor zur Darstellung dieses Einzelnen.

Der Humor erniedrigt das Große, Erhabene. In ihm wird sozusagen die Idee selbst zum Individuum gemacht, von dem her die ganze Endlichkeit zusammengefaßt wird. Er ist das »umgekehrt Erhabene«. Das Erhabene wird vom Humor relativiert, es dient ihm als »Lachstoff«. Jedoch unterscheidet sich der Humor nach Jean Paul vom gemeinen Spott: eines seiner wesentlichen Merkmale ist »humoristische Milde und Duldung gegen einzelne Torheiten, weil diese alsdann in der Masse weniger bedeuten und beschädigen, und weil der Humorist seine eigene Verwandtschaft mit der Menschheit sich nicht leugnen kann; indes der gemeine Spötter, der nur einzelne abderitische Streiche des gemeinen und gelehrten Wesens wahrnimmt und aufzählt, im engen, selbstsüchtigen Bewußtsein seiner Verschiedenheit – als Hippozentaur durch Onozentauren zu reiten glaubend – desto wilder von seinem Pferde herab die Kapuzinerpredigt gegen die Torheit hält, als Früh- und Vesperprediger in hiesiger Irrenanstalt der Erde. O, wie bescheidet sich dagegen ein Mann, der bloß über alles lacht, ohne weder den Hippozentaur auszunehmen noch sich!« (136)

Für den Humor ist – wie für das Komische überhaupt – Sinnlichkeit konstitutives Merkmal. Als »Exponent der angewandten Endlichkeit« könne sie nie zu farbig werden, sagt Jean Paul: »Die überfließende Darstellung sowohl durch die Bilder und Kontraste des Witzes als der Phantasie, d. h. durch Gruppen und durch Farben, soll mit der Sinnlichkeit die Seele füllen und mit jenem Dithyrambus sie entflammen, welcher die im Hohlspiegel eckig und lang auseinandergehende Sinnenwelt gegen die Idee aufrichtet und sie ihr entgegenhält« (148). Der Humor als dichterisches Strukturprinzip entfaltet sich also nie abstrakt, sondern stets über Tropen und Bilder vermittelt. Auf diese Weise individualisiert er »bis ins Kleinste, und wieder die Teile des Individualisierten«. Diese Individualisierung vollzieht sich dergestalt, daß sich der Komiker ganz eng an das sinnlich Bestimmte heftet, »und er fällt z. B. nicht auf die Kniee, sondern auf beide Kniescheiben, ja er kann sogar die Kniekehle gebrauchen.« (148)

Eine komische Wirkung entsteht hier also durch die Überpräzisierung, so daß gar bei metaphorischen Wendungen das Bild in nicht erwarteter Weise noch mikroskopierend differenziert und derart sein anspruchsvoller, bedeutungsgeladener Charakter (der bis zur höchsten Rangstufe des Erhabenen gehen kann) vernichtet wird. Erzähltechnisch, narrativ, artikuliert sich das individualisierende Strukturprinzip des Humors darin, daß die Situation ganz präzis eingeschränkt und konkretisiert, also nicht bloß eine allgemeine Lokalisierung vorgenommen wird. Der Erzähler muß bis zum Kleinsten vordringen und es zur Anschauung bringen – dies aber in ständiger ironischer Brechung. Die äußere erzähltechnische Form ist oft der umständliche Periodenbau (für Jean Paul ist hier Laurence Sterne, besonders dessen *Tristram Shandy*, das große Vorbild), der aber nicht mit einem selbstbehaglichen Plaudern verwechselt werden darf.

Jean Paul hat, was an dieser Stelle nicht näher ausgeführt werden kann, diese Darstellungsform selbst oft praktiziert, etwa in seinem *Leben des Quintus Fixlein, aus 15 Zettelkästen gezogen, nebst ein Mußteil und einigen Jus de Tablette* von 1796, einer Idylle, in der ein Kontrast zwischen der umständlich beschriebenen Enge der Lebensverhältnisse und der Unendlichkeit des sie durchleuchtenden Gefühls aufgebaut wird. Fritz Martini hat hier von einer »nuancierten Kleinmalerei« gesprochen, die für den Roman des 19. Jahrhunderts (Keller, Gotthelf, Raabe) vorbildlich werden sollte. Trotz der Reflexion der Grenzen dieses narrativen Verfahrens – dem Umschlagen in philiströse Behaglichkeit – ist Jean Paul gelegentlich dieser Gefahr erlegen. Dennoch haben seine Erzählungen und Romane, in denen sich der Humor bis zur Evokation des Tragisch-Grotesken steigern kann, eine Dimension, in der unter der Trivialität kleinbürgerlicher Alltagsverhältnisse Gefühle freigelegt werden, denen Legitimität zugestanden wird, weil sie seiner Meinung nach Menschliches und Göttliches zugleich zum

Ausdruck bringen. Das Gefühl ist für ihn – in der Nachfolge der freilich kaum als solcher erkennbaren pietistischen
Tradition (weshalb ihn nicht zuletzt Herder sehr schätzte
und gegen Goethe und Schiller auszuspielen suchte) – eine
Quelle der Offenbarung.

Die sprachlich-stilistische Form der Durchführung humoristischer Prinzipien ist nach Jean Paul der Witz. Schon
in der poetologischen Diskussion des 18. Jahrhunderts
spielte er eine zentrale Rolle, etwa bei den »Schweizern«,
Bodmer und Breitinger, den Antipoden Gottscheds. In seiner *Critische(n) Abhandlung von der Natur, den Ansichten
und dem Gebrauche der Gleichnisse*, in der er eine »Logik
der Phantasie« zu formulieren hatte, hatte Johann Jacob
Breitinger ausgeführt: »Die Aehnlichkeiten und Verwandt-
schaften der Dinge, samt ihrem besonderen Verhältniß gegen einander, werden vermittelst eines Vermögens des Verstandes wahrgenommen. Dasselbe wird der Witz oder
Geist, Lateinisch I n g e n i u m, und Französisch E s p r i t genannt. Demnach sind die Gleichniß-Bilder die erste Wür-
ckung des Witzes oder Geistes. Jedoch entstehet diese Wür-
ckung von dem Verstande gantz alleine; die Phantasie vereinigt sich mit ihm in der Hervorbringung desselben.« Nach
Breitinger besteht das Prinzip des Witzes darin, »einige
Aehnlichkeit zwischen gantz verschiedenen und dem Schein
nach überall ungleichen Dingen zu entdecken, welches auch
der Phantasie mehr Vergnügen bringet.«[2]

Jean Paul schließt sich dieser Theorie des Witzes zwar
weitgehend an, er hält aber die Charakterisierung des Witzes als einer Kraft, entfernte Ähnlichkeiten zu finden, für zu
unbestimmt: »Hier ist weder ›entfernte‹ bestimmt, noch
›Ähnlichkeit‹ wahr. Denn f e r n e Ähnlichkeit ist, aus dem
Bildlichen übersetzt, eine u n ä h n l i c h e, d. i. ein Widerspruch; soll es eine s c h w a c h e oder scheinbare bedeuten, so
ist es falsch, da Ähnlichkeit, als solche, ewig wahre Gleichheit, obwohl nur eine von w e n i g e r e n Teilen ist, Gleichheit
aber, als solche, keinen Grad und Schein zuläßt. Ebendas-

selbe gilt, nur umgekehrt angewandt, von der Unähnlichkeit.« (179 f.)

Das Wesen des Witzes besteht im unvermittelten, überraschenden Erfinden, in ihm kommt eine »fragmentarische Genialität« zum Ausdruck. Was beim Witz wie aus der Wolke fährt, ist beim Scharfsinn, den Jean Paul davon deutlich abgrenzt, über eine lange Kette von Begriffen vermittelt. Der Scharfsinn ist also nur der Witz in der zweiten Potenz. Der Tiefsinn dagegen ist auch durch Vernunft geprägt, er ist für Jean Paul, wie er metaphysisch klassifiziert, die höchste Instanz des Witzes, ein »höherer, göttlicher Witz«, der über den Scharfsinn hinaus, welcher das höchste Wissen anstrebe, sich ins höchste Sein, also eine noch höhere Seinsstufe, verliere.

Jean Paul unterscheidet den unbildlichen und den bildlichen Witz. Beim unbildlichen hat vorwiegend der Verstand Anteil, beim bildlichen hingegen die Phantasie. Letzterer ist für ihn der eigentliche, dem unbildlichen hafte der »Trug der Geschwindigkeit und Sprache« an. Jean Paul rekurriert hier unausgesprochen auf die alte rhetorisch-theologische Tradition, wonach Bilder das Eigentliche zum Ausdruck bringen. Johann Georg Hamann, der »Magus aus dem Norden«, hatte in seinen »Kreuzzügen eines Philologen« die von Mystik und Pietismus herrührende Auffassung vertreten, daß Bilder (die das Gefühl unmittelbar ansprechen, somit ihr Äquivalent sind) an göttliche Ursprünge rühren: »Sinne und Leidenschaften reden und verstehen nichts als Bilder.«[3]

Die Fähigkeit, metaphorisch zu empfinden, somit poetisch zu sein, findet Jean Paul bei den Deutschen nur unzulänglich ausgeprägt: »Wie wenig poetisch und musikalisch wir z. B. gegen Indier sind, beweist unsere Herabsetzung der Nase selber, welche über ihren Namen sich selber rümpft, als sei sie der Pranger des Gesichts, und besonders unsere Armut an Geruchswörtern bei unserem Reichtum der Zunge. Denn wir haben nur den abstoßenden Pol (Ge-

stank), nicht einmal den anziehenden [. . .]. Ja, ganze deutsche Kreise riechen gar nicht an Blumen, sondern ›schmek-
ken an sie‹ und nennen, z. B. in Nürnberg und Wien, einen
Blumenstrauß eine ›Schmecke‹.« (194 f.)

Jean Pauls *Vorschule der Ästhetik* hat trotz der skurrilen
und eigenwilligen, in ihrem Assoziationsreichtum heute
manchmal kaum noch aufschlüsselbaren Beispiele,[4] mit denen sie angefüllt ist, eine metaphysische Dimension. Für ihren Autor gilt, was Friedrich Theodor Vischer später einmal
sagte: »Der Humorist treibt immer Metaphysik.«[5] Letztlich
steht also hinter den Ausführungen noch ein religiöses
Weltbild, das aber – wie Jean Pauls »Rede des toten Christus vom Weltgebäude herab, daß kein Gott sei«, die berühmte Traumvision im *Siebenkäs*, beweist[6] – nicht mehr
intakt ist und durch die Säkularisierung eine Erschütterung
erfahren hat. Jean Pauls Ästhetik sucht das »Unendliche«
noch zu retten, und der Humor hat die Funktion, den sich
abzeichnenden Sinnschwund aufzufangen und ihm eine Be-
wußtseinshaltung entgegenzusetzen, die sowohl diesen Verlust erträglich macht als auch es ermöglicht, sich in den als
unzulänglich und bedrückend empfundenen kleinbürger-
lichen Verhältnissen einzurichten.

GEORG WILHELM FRIEDRICH HEGEL

Gegenüber Kants *Kritik der Urteilskraft* repräsentieren Hegels *Vorlesungen über die Ästhetik* eine qualitativ neue Stufe. Denn sie entwickeln in Absetzung vom Kritizismus, der weitgehend formalistisch angelegt war, eine inhaltliche Konzeption, was nicht zuletzt damit zusammenhängt, daß Hegel die Notwendigkeit sah, angesichts der gewaltigen Umwälzungen, die mit (und nach) der Französischen Revolution in Politik, Ökonomie und Kultur vonstatten gingen, ein Gedankengebäude zu errichten, das den neuen Verhältnissen Rechnung trug. Denn auch der Status der Kunst hatte sich grundlegend geändert. Die alten feudalen Auftraggeberverhältnisse waren weitgehend zerfallen und die Künstler mußten sich mehr denn je auf dem kapitalistischen Markt anbieten. Dies hatte Konsequenzen bis in die interne Struktur der Kunst selbst, für ihre Themenwahl und formale Gestaltung. (Wie sehr sich Hegel schon früh mit der neuen ökonomischen Situation und ihren sozialen Folgen auseinandergesetzt hatte, belegen Äußerungen in der *Jenenser Realphilosophie* von 1805/06, wo auf die »ganz abstumpfenden, ungesunden und unsichern und die Geschicklichkeit beschränkenden Fabrik-, Manufakturarbeiten, Bergwerken usf.« hingewiesen wird, zu denen die »Menge« verdammt sei. Hegel entgeht es nicht, daß sie »der Armut, die sich nicht helfen kann, preisgegeben« ist.)[1]

Gleich zu Beginn, in der »Einleitung«, die schon für sich eine Aesthetica in nuce ist und konzentratartig Hegels kunsttheoretisches System entfaltet, wird, nicht ohne eine gewisse Trauer, von ihm festgestellt: »[...] so ist es einmal der Fall, daß die Kunst nicht mehr diejenige Befriedigung der geistigen Bedürfnisse gewährt, welche frühere Zeiten und Völker in ihr gesucht und nur in ihr gefunden haben, – eine Befriedigung, welche wenigstens von seiten der Religion aufs innigste mit der Kunst verknüpft war. Die schönen Tage der griechischen Kunst wie die goldene Zeit des späten Mittelalters sind vorüber. Die Reflexionsbildung unseres heutigen Lebens macht es uns, sowohl in Beziehung auf den Willen als auch auf das Urteil, zum Bedürfnis, allgemeine Gesichtspunkte festzuhalten und danach das Besondere zu regeln, so daß allgemeine Formen und Gesetze, Pflichten, Rechte, Maximen als Bestimmungsgründe gelten und das hauptsächlich Regierende sind. Für das Kunstinteresse aber wie für die Kunstproduktion fordern wir im allgemeinen mehr eine Lebendigkeit, in welcher das Allgemeine nicht als Gesetz und Maxime vorhanden sei, sondern als mit dem Gemüte und der Empfindung identisch wirke, wie auch in der Phantasie das Allgemeine und Vernünftige als mit einer konkreten sinnlichen Erscheinung in Einheit gebracht enthalten ist. Deshalb ist unsere Gegenwart ihrem allgemeinen Zustande nach der Kunst nicht günstig.« (I,24 f.)[2]

An diesem Zitat fällt unter anderem auf, daß Hegel die Kunst ursprünglich und eigentlich in enger Verbindung mit der Religion sieht: dieser Konnex ist aber nach der Säkularisierung nicht mehr gegeben. Mit dem Niedergang des Ancien régime, das ähnlich wie in Novalis' Abhandlung *Die Christenheit oder Europa* (1799) mit der Epoche des bis an die Schwelle der Moderne reichenden »Mittelalters« gleichgesetzt wird, hat auch die Kunst ihre Substanz verloren. Da sie so gewissermaßen an ihr Ende gekommen ist – Hegel weiß und sieht natürlich, daß sie weiter produziert wird, aber eben nicht mehr in diesem hehren Sinne –, muß sie im wesentlichen als ein Vergangenes betrachtet werden. Daraus ergibt sich für Hegel die Notwendigkeit ihrer historischen Betrachtung, die zugleich eine reflexive ist: »Die Wissenschaft der Kunst ist darum in unserer Zeit noch viel mehr Bedürfnis als zu den Zeiten, in welchen die Kunst für sich als Kunst schon volle Befriedigung gewährte. Die Kunst lädt uns zur denkenden Betrachtung ein, und zwar nicht zu dem Zwecke, Kunst wieder hervorzurufen, son-

dern, was die Kunst sei, wissenschaftlich zu erkennen.«
(I,25 f.)

Dieser Satz ist gleichsam die Geburtsurkunde der Kunstwissenschaft als historischer Disziplin. Kaum verwunderlich daher, daß sehr viele bedeutende Kunsthistoriker des 19. Jahrhunderts, die diese Wissenschaft erst etablierten (wie Schnaase, Hotho, Kugler u. a.), von Hegel herkamen. Hegel selbst legt seine Ästhetik, und das ist das Neue, historisch an: Über weite Strecken – das betrifft besonders die großen Abteilungen seiner Abhandlung über die symbolische, die klassische und die romantische Kunstform – läßt sie sich als »Kunstgeschichte« lesen, wobei für diese historische Interpretation eine enge Verbindung von kulturellen Bedeutungen und formalen Aspekten charakteristisch ist. Diese inhaltsbezogene Methode der Darstellung ist es denn auch gewesen, an die kunstwissenschaftliche Konzeptionen, die an der formalistischen Betrachtungsweise Kritik übten, immer wieder angeknüpft haben. In der neomarxistischen Ästhetik, deren erster großer Vertreter Georg Lukács war, ist der Inhaltsaspekt in Anlehnung an Hegel, jedoch in kritischer Transformierung seines objektiv-idealistischen Systems, ebenfalls stark betont worden.

Das Verhältnis von Inhalt und Form wird von Hegel mehrfach eingehend erörtert. Grundsätzlich stellt er fest, daß das Kunstwerk – und er bezieht sich fast durchgehend nur auf Kunstwerke als Objektivationen der Kunst – dadurch gekennzeichnet sei, daß es sich »für das sinnliche Auffassen« darbietet. »Es ist für die sinnliche Empfindung, äußerliche oder innerliche, für die sinnliche Anschauung und Vorstellung hingestellt, wie die äußere, uns umgebende oder wie unsere eigene innerlich empfindende Natur. Denn auch eine Rede z. B. kann für die sinnliche Vorstellung und Empfindung sein. Dessenungeachtet ist aber das Kunstwerk nicht nur für die sinnliche Auffassung, als sinnlicher Gegenstand, sondern seine Stellung ist von der Art, daß es als Sinnliches zugleich wesentlich für den Geist ist, der Geist davon affiziert werden und irgendeine Befriedigung darin finden soll.« Und noch einmal, verstärkend: »[...] das Sinnliche des Kunstwerks soll nur Dasein haben, insofern es für den Geist des Menschen, nicht aber insofern es selbst als Sinnliches für sich selber existiert.« (I,57)

Hegel geht also noch von der alten, aus Platonismus und Scholastik herrührenden ontologischen bzw. erkenntnistheoretischen Hierarchie aus, nach der der Geist die höchste Stufe darstellt, Sinnlichkeit ihm jedoch nachgeordnet ist. Ein Kunstwerk, das nur sinnlich wäre, hätte für Hegel keine Dignität. Würde erhält es nur durch den »Geist«. Dieser wird von Hegel im wesentlichen mit der menschlichen Freiheit gleichgesetzt. Wenn Kunstwerke schön genannt zu werden verdienen, so verdanken sie dies dem menschlichen Geist, dessen Hervorbringungen denen der Natur weit überlegen sind. Dies ist auch der Grund, warum Hegel das Naturschöne (obwohl er ihm über längere Strecken Reflexionen widmet) aus seiner Ästhetik kategorisch verbannt. »Ja formell betrachtet, ist selbst ein schlechter Einfall, wie er dem Menschen wohl durch den Kopf geht, höher als irgendein Naturprodukt, denn in solchem Einfalle ist immer die Geistigkeit und Freiheit präsent.« (I,14) »Das Höhere des Geistes und seiner Kunstschönheit der Natur gegenüber ist aber nicht nur ein relatives, sondern der Geist erst ist das Wahrhaftige, alles in sich Befassende, so daß alles Schöne nur wahrhaft schön ist als dieses Höheren teilhaftig und durch dasselbe bezeugt.« (I,14 f.) Hinter dieser Auffassung steht auch der Gedanke, daß das Genießen der Schönheit eines Kunstwerks zugleich ein Genuß der Wesenskräfte des Menschen ist, seiner Phantasie, aber auch seiner Beherrschung natürlich gegebener Gegenstände in der ästhetischen Praxis: die Gattungsgeschichte des Menschen ist also in der Reflexion des Kunstwerks stets gegenwärtig.

Aus dem Vorrang des menschlichen Geistes vor der Natur ergibt sich für Hegel, daß der Zweck der Kunst kaum darin liegen kann, die Natur nachzuahmen. Zwar geht er nicht wie die Romantiker des »Athenäums«-Kreises (z. B. Friedrich Schlegel) so weit, eine absolute Kunst der »Arabeske« zu fordern, doch lehnt er eine reine Wiedergabe der Natur durch die Kunst ab. Noch Goethe hatte in seinem Aufsatz _Einfache Nachahmung der Natur, Manier, Stil_ dieser Art von Mimesis ihr Recht eingeräumt. Er demonstriert diese künstlerische Leistung der Nachahmung an Stilleben wie denen von Huysum oder Rachel Ruysch und schätzt daran gerade das Illusionistische, weil in ihm der Tendenz nach eine wissenschaftliche Aneignung der Natur enthalten ist.[3] Für Hegel ist jedoch der Illusionismus zu verdammen, da er, wie er meint, »bei dem formellen Zweck bloßer Nachahmung stehenbleibt, statt wirklicher Lebendigkeit überhaupt nur die Heuchelei des Lebens« (I,65). In diesem Zusammenhang berichtet er die Äußerung eines Türken, dem der englische Forschungsreisende James Bruce gemalte Fische vorzeigte: »Wenn dieser Fisch am Jüngsten Tage gegen dich aufstehen und sagen wird, du hast mir wohl einen Leib gemacht, aber keine lebendige Seele, wie wirst du dich dann gegen diese Anklage rechtfertigen?« (I,65) Die Tatsache, daß Hegel dieses »magische« Argument gelten läßt, belegt, daß er dem Kunstwerk mehr Qualitäten beilegt als nur die einer fiktionalen Autonomie. Überdies erhellt aus ihr, daß er den Illusionismus nicht historisch auffaßt, weil er das, was den unterschiedlichen Epochen als Illusion galt, nicht entsprechend relativiert, obwohl er sonst durchaus z. B. die Geschmacksdifferenzen zwischen den Nationen oder zwischen Europäern und außereuropäischen Völkern sowie die Funktionsunterschiede der von ihnen hervorgebrachten Kunstwerke sich bewußt zu machen in der Lage ist, unterschiedliche Einstellungen oder Wahrnehmungen also kulturanalytisch erfaßt.

Wenn Hegel vom Inhalt der Kunst spricht, so denkt er beim Durchprüfen seiner Möglichkeiten zunächst an den ihr oft beigelegten Zweck, »die schlummernden Gefühle, Neigungen und Leidenschaften aller Art zu wecken und zu beleben, das Herz zu erfüllen und den Menschen, entwickelt oder noch unentwickelt alles durchfühlen zu lassen, was das menschliche Gemüt in seinem Innersten und Geheimsten tragen, erfahren und hervorbringen kann, was die Menschenbrust in ihrer Tiefe und ihren mannigfaltigen Möglichkeiten und Seiten zu bewegen und aufzuregen mag« (I,70). Dieser Funktionsbestimmung kann Hegel durchaus zustimmen. Es geht ihm dabei aber nicht bloß um eine vordergründige Befriedigung der Affekte oder um die Reduzierung der Kunst auf einen sentimentalen Gehalt.

Daß die Künstler sich mit den »Tiefen und Höhen des menschlichen Gemüts als solchen« befassen, das sie »zu ihrem neuen Heiligen den Humanus« machen (II,237), ist ein letztlich notwendiges Resultat der Tatsache, daß sie nach dem Verlust ihrer Bindungen an Feudalinstitutionen und Kirche reflexiv ganz auf sich selbst verwiesen sind und daher eigentlich nur noch ihre eigene affektive Befindlichkeit thematisieren können.

Die emotionale Funktion der Kunst wird von Hegel also zwar nicht ganz zurückgewiesen, doch für nicht hinreichend erklärt. Aber auch die der Kunst als Zweck traditionell unterlegte Bestimmung der Kunst, eine Reinigung (»Katharsis«) der Leidenschaften zu bewirken (es ist dies bekanntlich die These des Aristoteles), um damit eine moralische Vervollkommnung zu erreichen, ist für Hegel nicht zulänglich, zumal hier nicht immer genau geregelt und geklärt ist, welche Moral mit welchen ästhetischen Mitteln und aus welcher moralischen Sicht gemeint ist. Ähnliches gilt für ihn bezüglich der didaktischen Seite der Kunst, die durch den Horazschen Satz »Et prodesse volunt et delectare poetae« (*De arte poetica*, V. 333) traditionell legitimiert wurde.

Hegel will also das Kunstwerk nur in begrenztem Umfang an äußere Zwecke gebunden wissen. Den eigentlichen Endzweck der Kunst machen Bestimmungen »wie Belehrung, Reinigung, Besserung, Gelderwerb, Streben nach Ruhm und Ehre« nicht aus. Er liegt vielmehr, wie er in einer längeren »historischen Deduktion des wahren Begriffs der Kunst« (I,83 ff.) ermittelt, darin, daß »das Kunstschöne als eine der Mitten erkannt worden ist, welche [den] Gegensatz und Widerspruch des in sich abstrakt beruhenden Geistes und der Natur – sowohl der äußerlich erscheinenden als auch der innerlichen des subjektiven Gefühls und Gemüts – auflösen und zur Einheit zurückführen.« (I,83) Die Kunst vermittelt also zwischen Objektivität und Subjektivität. Diese Vermittlungsleistung ist ihr »Inhalt«.

In der *Phänomenologie des Geistes* (1806) hatte Hegel eine Theorie aufgestellt, welche Entwicklungsformen der menschliche Geist durchläuft – von der unmittelbaren Gewißheit über Formen der Reflexion und Selbstentfremdung bis hin zur absoluten Erkenntnis. Als Hauptstufen erkannte er dabei: Bewußtsein, Selbstbewußtsein, Vernunft, sittlicher Geist, Religion, absolutes Wissen. Bis zu einem gewissen Grade greift Hegel damit Schellings Transzendentalphilosophie auf, in der Stufen (oder »Potenzen«) der Höherentwicklung von der Natur zur Intelligenz beschrieben wurden.[4]

Die *Enzyklopädie der philosophischen Wissenschaften im Grundrisse* von 1830 dekliniert die Formen des Geistes systematisch durch: vom subjektiven Geist (Seele; Bewußtsein und Vernunft; praktischer und freier Geist) über den objektiven Geist (Recht; Moralität; Sittlichkeit) bis hin zum absoluten Geist. Dieser ist nun gestaffelt in Kunst, geoffenbarte Religion und Philosophie. Hegel weist also der Kunst in seinem allesumfassenden System eine sehr hohe Position zu. Indem er sie dem absoluten Geist zuordnet, verleiht er ihr den Nimbus der Gottnähe. Denn unter dem »Absoluten« verstand man seit der Scholastik stets Gott selbst, als »actus purus« und letzten Grund des Weltganzen. Mit dem Absoluten, dem von allen Bedingtheiten »Losgelösten«, verband sich die Vorstellung von Unendlichkeit oder Grenzenlosigkeit, die nur Gott zukommen konnte.

Der Tatsache, daß die Religion in der jüngsten Geschichte ihre Geltung real eingebüßt hat, wird Hegel dadurch gerecht, daß er ihr nur den zweiten Platz einräumt. An ihre zenitale Stellung ist nun die Philosophie getreten, die, in der Gestalt des Selbstbewußtseins des Geistes, nicht zuletzt aufgrund ihrer im Geschichtsprozeß letzten Stellung, die Totalität des Geistes erfassen und so zur absoluten Wahrheit vordringen kann. Sie setzt sich somit, genau besehen, an die Stelle Gottes.

Der Gottesbegriff ist, obwohl er im Kontext der Erörterung der geoffenbarten Religion bei Hegel durchaus affirmativ auftaucht, jedoch schon säkularisiert. Er erscheint nun gewandelt im Begriff der »Totalität«, der das Infinite des Absoluten bewahrt, jetzt aber die Gesamtheit der Wirklichkeit meint. Damit hat Hegel nur ins Reale übersetzt, was im theologischen oder religiösen Gottesbegriff immer schon mitassoziiert war. Verbunden war damit weiterhin der Begriff der Wahrheit. Wenn nun der absolute Geist in seinen verschiedenen Formen auf Totalität zielt, so ist sein Gegenstand zugleich das Wahre.

Hegel führt dazu aus: »Diese Totalität ist die Idee. [...] Nach beiden Seiten des subjektiven und objektiven Begriffs ist die Idee ein Ganzes, zugleich aber die sich ewig vollbringende und vollbrachte Übereinstimmung und vermittelte Einheit dieser Totalitäten. Nur so ist die Idee die Wahrheit und alle Wahrheit.« (I,150)

Für die Kunst gilt nun, und das ist Hegels zentrales Diktum, daß das S c h ö n e , ihre Manifestationsform, zu bestimmen sei »als das sinnliche S c h e i n e n der Idee« (I,151). Da die Idee (im alten platonischen Sinne) mit der Wahrheit identisch ist, ist auch das Schöne mit dem Wahren gleichzusetzen. Damit bekommt Hegels Ästhetik eine erkenntnistheoretische oder gnoseologische Ausrichtung. In dieser lehrsatzhaften Formulierung bleibt die Definition des Schö-

nen sehr abstrakt. Konkretion nimmt sie erst an in Hegels
Ausführungen in dem Kapitel »Das Kunstschöne oder das
Ideal«, in dem er sich, neben dem »Ideal als solchem«, auf
dessen Bestimmtheit als Kunstwerk und die hervorbrin-
gende Subjektivität des Künstlers bezieht.

Für Hegel ist wichtig, daß in den Kunstwerken die Darstellung natürlich erscheinen soll, doch so, daß sie gleichsam
die sinnliche Materialität tilgt. »Wir erfreuen uns an einer
Manifestation, welche erscheinen muß, als hätte die Natur
sie hervorgebracht, während sie doch ohne deren Mittel
eine Produktion des Geistes ist; die Gegenstände erfreuen
uns nicht, weil sie so natürlich, sondern weil sie so natürlich
gemacht sind.« (I,216) Verdeutlicht wird das u. a. an der
Porträtmalerei, die alle in der natürlichen Beschaffenheit
vorfindlichen Details zu ignorieren, allenfalls nur anzudeu-
ten hat, um das Geistige voll zur Geltung kommen zu lassen. Denn nur »der Ausdruck des Geistigen ist das Wesentliche in der menschlichen Gestalt« (I,217). Hegel fordert
also – im ursprünglichen und tiefer reichenden Sinne – eine
»Idealisierung«, die Herstellung eines Ideals, die dadurch
erreicht wird, daß der Inhalt und die »Erscheinungsweise
des Alltäglichen« abgestreift und das »an und für sich Vernünftige zu dessen wahrhafter Außengestalt durch geistige
Tätigkeit aus dem Innern« herausgearbeitet wird (I,373).

Hegels Untersuchungen zum Thema des »schöpferischen
Subjekts«, also zum Künstler, bewegen sich in den theoretischen Konventionen, die sich in den Ästhetiken des
18. Jahrhunderts herausgebildet hatten. Da er dem Verdikt
der Naturnachahmung folgt, ergibt sich zwangsläufig eine
besondere Exponierung der Phantasie als des allgemeinen
Vermögens zur künstlerischen Produktion (I,363). Ihren
schaffenden Charakter, d. h. die Fähigkeit, Neues zu erzeugen, hebt er besonders hervor und läßt die Einschränkung
auf eine bloß passive Einbildungskraft nicht gelten. Dennoch ist eine sensitive Aufnahmefähigkeit und das Festhalten des Erschauten ein wichtiges Erfordernis – im gleichen

Maße wie die Vertrautheit »mit den Leidenschaften des Gemüts« (I,364). Notwendig sind also ein wacher Sinn für die
äußere Realität und die Fähigkeit zur psychologischen Introspektion. Die Gegenstände, die der Künstler wählt und
behandelt, müssen »vernünftig« sein, sie müssen ihn gleichsam ganz durchdringen. Damit ist nun nicht eine Darstellung abstrakter philosophischer Gedanken gemeint, womit
die Kunst ja ihren sinnlichen Charakter verlieren würde,
sondern eine beseelte Darstellung »in konkreter Gestalt
und individueller Wirklichkeit« (I,365).

Wie bereits Kant unterscheidet Hegel zwischen Talent
und Genie. Die nativistische These (wonach das Genie auf
eine reine Naturanlage zurückgeführt wird) übernimmt
Hegel jedoch nur mit Einschränkungen. Denn es reiche eine
mit der Geburt gegebene Anlage nicht aus, hinzukommen
müsse eine »spezifische Anlage, in welche auch ein natürliches Moment als wesentlich hineinspielt« (I,367). Diese
spezifische Anlage muß für das jeweilige sinnliche Material
(und dies schließt auch die künstlerischen Techniken mit
ein) vorhanden sein und ausgebildet werden. Eine »Leichtigkeit der inneren Produktion und der äußeren technischen
Geschicklichkeit« (I,369) ist zwar Voraussetzung; sie bedarf
aber der Ergänzung durch weitläufiges Studium und anhal-
tenden Fleiß.

Bei der Beschreibung der Fähigkeiten des Genies kommt
Hegel auch auf die schon seit der Antike (Platon[5], Pseudo-
Longinus[6]) damit topisch assoziierte »Begeisterung« (Enthusiasmus) zu sprechen. Während in den Ästhetiken des
späten 18. Jahrhunderts diese Haltung oder Einstellung
meist unkritisch als ein voraussetzungslos nur aus sich
selbst schöpfendes Vermögen des Genies behauptet wurde,
versucht Hegel hierfür eine genetische Theorie zu entwik-
keln. Diese Fähigkeit bilde sich, wie er betont, durch Auseinandersetzung mit der äußeren Realität aus. Oft seien die
größten Kunstwerke »auf eine ganz äußerliche Veranlassung geschaffen worden« (I,372). »Eine solche Äußer-

lichkeit und der Anstoß zur Produktion ist hier das Moment der Natürlichkeit und Unmittelbarkeit« (ebd.). Hegel hält die landläufige Vorstellung für abwegig, der Dichter schaffe, »wie der Vogel singt, der in den Zweigen wohnet« (I,372).

Die Verbindung von Innerlichkeit und Realitätssinn ist auch konstitutives Merkmal der Originalität, die ja traditionsgemäß ebenfalls zu den Eigenschaften des Genies gezählt wird. Dadurch, daß Hegel bei der Originalität ein Befolgen der Gesetze des Stils verlangt, versucht er sie aus der üblichen subjektivistischen Fixierung zu lösen und ihr eine objektive Grundlage zu geben. Er greift eine empirisch gewonnene Theorie des Stils von Carl Friedrich von Rumohr auf,[7] der Stil in Vorwegnahme der Auffassung von der Materialgerechtigkeit bei Gottfried Semper »als ein zur Gewohnheit gediehenes Sichfügen in die inneren Forderungen des Stoffes« erklärt, »in welchem der Bildner seine Gestalten wirklich bildet, der Maler sie erscheinen macht« (zit. in I,379).

Das Thema der Originalität gibt Hegel Gelegenheit, sich kritisch mit der romantischen Theorie des Witzes und Humors auseinanderzusetzen. Danach gehe »der Künstler von seiner eigenen Subjektivität aus und kehrt immer wieder zu derselben zurück, so daß das eigentliche Objekt der Darstellung nur als eine äußerliche Veranlassung behandelt wird, um den Witzen, Späßen, Einfällen und Sprüngen der subjektivsten Laune vollen Spielraum zu geben. Dann fällt aber der Gegenstand und dies Subjektive auseinander, und mit dem Stoff wird durchaus willkürlich verfahren, damit ja die Partikularität des Künstlers als Hauptsache hervorleuchten könne. Solch ein Humor kann voll Geist und tiefer Empfindung sein und tritt gewöhnlich als höchst imponierend auf, ist aber im ganzen leichter, als man glaubt. Denn den vernünftigen Lauf der Sache stets zu unterbrechen, willkürlich anzufangen, fortzugehen, zu enden, eine Reihe von Witzen und Empfindungen bunt durcheinanderzuwür-

feln und dadurch Karikaturen der Phantasie zu erzeugen ist
leichter, als ein in sich gediegenes Ganzes im Zeugnis des
wahren Ideals aus sich zu entwickeln und abzurunden. [. . .]
jetzt aber sollen die mattesten Trivialitäten, wenn sie nur die
äußere Farbe und Prätention des Humors haben, für geist-
reich und tief gelten.« (I,382)

An anderer Stelle erörtert Hegel das mit den Prinzipien
des Witzes und Humors eng verschwisterte poetische Verfahren der Ironie, die zuerst von Friedrich Schlegel als neue
romantische Kunstform gefordert und teilweise auch litera-
risch realisiert wurde. Bei den frühromantischen »Aposteln
der Ironie« (I,99) sieht Hegel das Individualitätsprinzip auf
die Spitze getrieben. Vor lauter Grillen und Kaprizen ließen
sie nichts Ernstes mehr gelten. So kann er hier nur einen
Verlust an Substanz, einen anarchischen Nihilismus entdek-
ken. Dagegen sieht er bei dem frühverstorbenen Karl Wilhelm Ferdinand Solger, der in seinem *Erwin. Vier Gesprä-*
che über das Schöne und die Kunst[8] eine umfassende Theorie der Ironie entwickelt hatte, zwar auch das Moment der
Negativität, doch sei dies nur ein Moment, es erfasse nicht
die Totalität des Kunstschaffens. (Solger hatte die Ironie, die
er anders als Schlegel metaphysisch bestimmt, als Symptom
der »Nichtigkeit der Erscheinung« aufgefaßt, als Zeichen
für die mit der Sterblichkeit und Zeitlichkeit verbundene
Unvollkommenheit, bei der uns Wehmut ergreift. Sie wird
bei ihm zu einem melancholischen Vanitasmotiv.)

Einen wichtigen Teil der Hegelschen Ästhetik bildet der
große zweite Teil, der sich mit der »Entwicklung des Ideals
zu den besonderen Formen des Kunstschönen« befaßt. Je
nach der Art, wie sich die »Idee« mit dem Stoff verbindet, gehen daraus die – in historischer Aufeinanderfolge zu
denkenden – Kunstformen der symbolischen, klassischen
und romantischen Kunst hervor. Bei der symbolischen
Kunstform, die für die frühen Kulturstufen des Orients charakteristisch sei, suche »die Idee noch ihren echten Kunst-
ausdruck, weil sie in sich selbst noch abstrakt und unbe-

stimmt ist und deshalb auch die angemessene Erscheinung
nicht an sich und in sich selber hat, sondern sich den ihr
selbst äußeren Außendingen in der Natur und den menschlichen Begebenheiten gegenüber findet« (II,391). Die symbolische Kunst ist durch Erhabenheit gekennzeichnet, bei
ihr prävaliert noch die Religion bzw. der Mythos, den sie in
zur Abstraktion neigenden Symbolen gestaltet. (Hegel ar-
beitet in diesem Kontext eine ausführliche Theorie des
Symbols aus und setzt sich dabei mit dem zu seiner Zeit
heftig diskutierten Buch von Friedrich Creuzer *Symbolik
und Mythologie der alten Völker*[9] auseinander.)

Hegels Sympathie gilt ganz der klassischen Kunst der
Griechen, die er von ihren Anfängen bis zu ihrer Auflösung
verfolgt. Am Beginn steht eine Degradation des Tierischen,
das in der symbolischen Kunstform besonders verehrt
wurde, und damit eine Aufwertung des Menschlichen. Dies
manifestiert sich in der Herausbildung der neuen Götter,
die menschliche Gestalt annehmen und nicht mehr bloße
Personifikationen von Naturmächten sind. Gleichwohl bewahren sie noch die Verbindung mit den Naturmächten,
»weil Gott hier noch nicht als die in sich absolut freie Geistigkeit zur Darstellung kommen soll« (II,47). Die griechischen Götter sind keine Abstraktionen geistiger Allgemein-
heiten, sondern schon auch Individuen, die in vollendeter
Harmonie und Idealität dargestellt werden. In der klassischen Kunst erblickt Hegel den Gipfel der Kunst überhaupt: »Schöneres kann nicht sein und werden.« (II,128)

Dennoch fehlt ihr bei aller schönen Erscheinung der
»adäquat erschaffenen sinnlichen Gestalt« (ebd.) zur Vollendung noch die »Welt der Empfindung, des Gemüts, überhaupt der Innerlichkeit« (ebd.). Diese Komponente kommt
nun in die Kunst durch die romantische Kunstform hinein. Denn der wahre Inhalt des Romantischen ist »die absolute Innerlichkeit«. Insofern verlagert sich bei ihr das
Schönheitsideal von der äußerlichen Erscheinung ins Innere
des Gemüts, es wird jetzt erst »geistig«. Damit korrespon-

diert im Religiösen eine Überwindung des Polytheismus, der »plastischen Vielgötterei« (II,130), zugunsten der absoluten Selbständigkeit des einen Gottes, der, wie Hegel nun nicht mehr historisch-genetisch erklärt, sondern dogmatisch behauptet, kein aus der Phantasie erzeugtes Ideal sei, sondern die Wahrheit schlechthin. Die romantische Kunstform ist weitgehend identisch mit der des Mittelalters, wie Hegels Ausführungen zum Rittertum mit seinen Idealen der Ehre, der Liebe und der Treue deutlich werden lassen. Sie reicht aber bis zu seiner Gegenwart, in der sie in Auflösung begriffen ist.

Das also, was man heute in den Kunst- und Literaturgeschichten als Epoche der Romantik zu etikettieren pflegt, ist bei Hegel die Phase des Endes der romantischen Kunstform, wie er sie definiert. Kennzeichnend für diese Auflösung ist die extreme Subjektivierung der Kunst, die sich besonders im Humor und im Prinzip des Witzes zeigt, der keine Tiefe der Empfindung, keine »subjektive Sehnsucht« (II,242) mehr besitze, sondern sich in äußerlichem Spiel erschöpfe. Damit hat die Kunst, wie Hegel in einem Anflug von Kulturpessimismus feststellt, ihren Gehalt verloren. Ziel aller weiteren Bemühungen müsse es sein, dieses Gehaltvolle wieder zurückzugewinnen.

Im dritten Teil seiner Ästhetik gibt Hegel einen Aufriß des Systems der einzelnen Künste. Er behandelt nacheinander die Architektur, die Skulptur, die Malerei, die Musik und die Poesie, die er nach ihren jeweiligen Untergattungen zugleich historisch darstellt. Bewundernswert ist die Vertrautheit Hegels mit den technischen Besonderheiten, aber auch mit den ikonographischen und motivischen Aspekten, schließlich mit den Ausdrucks- und Gestaltungsmitteln. Die Poesie steht bei Hegel nicht von ungefähr am Schluß, denn sie bildet innerhalb des Gesamtsystems der Künste den nicht überschreitbaren Kulminationspunkt. Sie, die redende Kunst, repräsentiert die »Totalität, welche die Extreme der bildenden Künste und der Musik auf einer höheren Stufe, in dem Gebiete der geistigen Innerlichkeit selber, in sich vereinigt« (III,224).

Auch hier wird wieder das in Hegels Ästhetik mit einer Konsequenz ohnegleichen vindizierte Prinzip des Geistigen emphatisch geltend gemacht. Die Intensität, mit der Hegel darauf beharrt, beweist, gegen welche geistzerstörerischen Tendenzen seiner Zeit er glaubte ankämpfen zu müssen. Es ist ein großer letzter Versuch, sich gegen die unabwendbar gewordene Korrosion des alten Kunstbegriffs aufzulehnen und ihm eine neue, den Verhältnissen angepaßte Legitimation zu geben. Hegels Nachfolger (wie Vischer und Rosenkranz) können sich diesem Glauben an das Schöne als sinnliches Scheinen der Idee nur noch bedingt anschließen, denn die »Idee« war in der Vormärz-Periode realiter längst diskreditiert. Sie verlegen sich auf eine Analyse dessen, was Hegel als Frevel am Geist der Kunst zurückgewiesen hatte: das Subjektivitätsprinzip des Humors und die Kategorie des Häßlichen.

KARL ROSENKRANZ

Unter den zahlreichen kunstphilosophischen Entwürfen in der Hegel-Nachfolge ragt als konzeptionell eigenwilliges Werk die *Ästhetik des Häßlichen* (Königsberg 1853) von Karl Rosenkranz heraus. Rosenkranz, 1805 in Magdeburg geboren, wurde 1831, also im Alter von 26 Jahren, als Philosophie-Professor nach Königsberg berufen; die Lehrtätigkeit fand nur in der Zeit von Juli 1848 bis 1849 durch eine Anstellung im Ministerium zu Berlin eine Unterbrechung. Ursprünglich war in dieser historischen Situation vorgesehen, ihm im Kabinett des ostpreußischen Liberalen Rudolf von Auerswald das Kultusministerium zu übertragen. Da er aber dem König politisch suspekt war, erhielt er nur den Posten eines Vortragenden Rats, den er jedoch angesichts des Scheiterns seiner Hoffnungen und Ziele bald wieder aufgab, um zu seinem akademischen Amt an der abgeschiedenen und entlegenen ostpreußischen Peripherie zurückzukehren.[1]

Berühmt geworden ist Rosenkranz durch seine im Auftrag der Familie verfaßte Hegel-Biographie[2], die aber heute leicht seine umfangreiche sonstige schriftstellerische Tätigkeit vergessen läßt, die sich auf nahezu alle geisteswissenschaftlichen Bereiche erstreckte. Neben 250 Beiträgen in Zeitschriften und Sammelbänden verfaßte er 65 Bücher; um nur einige der Themen zu nennen: Spinoza (Dissertation), Calderón, die Naturreligionen, Schleiermachers Glaubenslehre, die Kantische Philosophie, die Glaubenslehre von David Friedrich Strauss, Goethe und seine Werke, die Pädagogik als System (im Revolutionsjahr 1848 erschienen), die Poesie und ihre Geschichte.

Rosenkranz empfand seine extensive Schriftstellerei, deretwegen er von den Zeitgenossen mitunter verspottet wurde, als eine Form der Lebensbewältigung: »[...] die Schriftstellerei ist einmal mein größtes, mein idealstes Vergnügen, ist meine Rettung aus den Jämmerlichkeiten des Lebens, mein Anker, den ich in eine höhere Welt hinaus werfe.«[3]

Rosenkranz griff mit seinen Schriften in alle wichtigen Diskussionen seiner Zeit ein. Er stand den Junghegelianern, z. B. Arnold Ruge, nahe, ohne jedoch ihre radikalen Ansichten zu teilen. Wie er auf die sozialistischen Forderungen im Jahr 1848 reagierte, wird aus einem Artikel (*Die wahrscheinliche Bedeutung des Pariser Junikampfes*) deutlich, in dem er gegen die »rothe Republik« (die er den »negativen Kommunismus« nannte) eine gemäßigt-liberale Position setzte: »Die Gleichheit kann zwar auf dem Papier decretirt werden. Der egalisierende Fanatismus wüthet doch umsonst, die physischen und ethischen Weltgesetze zu vernichten! Die wirkliche Gleichheit kann nur durch die Einheit der Sitte, die Gleichheit des Rechts und die Freiheit der Bildung erworben werden. Die Einheit der Sitte erzeugt der Verkehr, die Gleichheit der Berechtigung giebt der Staat; aber die wirkliche Freiheit muß der Einzelne durch seine Bildung sich selbst geben.«[4]

Günther Oesterle und Dieter Kliche haben überzeugend dargelegt, daß Rosenkranz' *Ästhetik des Häßlichen*, fünf Jahre nach dem revolutionären Ereignissen des Jahres 1848 herausgekommen, auf die neuen politischen Erfahrungen reagiert bzw. sie zu verarbeiten sucht. Oesterle spricht von einer »Resignationsästhetik«[5]. Das Bewußtwerden der gesellschaftlichen Antagonismen hatte bei Rosenkranz den Sinn für die Schattenseiten der sozialen Verhältnisse geschärft, ohne daß er sich, wie das eben angeführte Zitat zeigt, zu einem Engagement für die pauperisierten und politisch unterdrückten Massen entschließen konnte. Sich auf den bürgerlich-liberalen Bildungsbegriff zurückziehend, von dem er sich eine Bewältigung und Harmonisierung der Widersprüche versprach, nahm er eine sich distanziert verhaltende Position ein. Aber gerade dieser Abstand zu den streitenden Parteien ließ ihn erkennen, daß eine Schönheitsästhetik, das Komplement zu einer politischen Affirmation des Bestehenden, nicht mehr aufrechtzuerhalten war.

In der mittelalterlichen Theorie des Schönen war »pulchritudo« ein Terminus, der die Harmonie des Kosmos, seine »consonantia« und »debita proportio«, bezeichnete, und somit auch den theologisch daraus abgeleiteten gesellschaftlichen Ordo. In der *Summa theologiae* (I, q. 39 a. 8) sagt Thomas von Aquin: »Das Schöne verlangt, daß drei Bedingungen erfüllt werden: die erste ist die Vollständigkeit, d. h. Vollkommenheit, denn das, was Mängel aufweist, ist schon deswegen häßlich; das zweite ist die richtige Proportion und Harmonie; das dritte ist der helle Glanz, darum nennen wir die Dinge, die eine leuchtende Farbe aufweisen, schön.«[6]

Wie sehr das Häßliche lange Zeit aus den ästhetischen Erörterungen noch ausgeblendet wurde, belegt Kants *Kritik der Urteilskraft*, in der nur an einer Stelle davon die Rede ist, nämlich im § 48, wo es heißt: »Die schöne Kunst zeigt darin eben ihre Vorzüglichkeit, daß sie Dinge, die in der Natur häßlich oder mißfällig sein würden, schön beschreibt. Die Furien, Krankheiten, Verwüstungen des Krieges, u. dgl. können, als Schädlichkeiten, sehr schön beschrieben, ja sogar im Gemälde vorgestellt werden; nur eine Art Häßlichkeit kann nicht der Natur gemäß vorgestellt werden, ohne alles ästhetische Wohlgefallen, mithin die Kunstschönheit, zugrunde zu richten: nämlich diejenige, welche E k e l erweckt.«[7]

Rosenkranz geht nicht so weit, im Gegensatz zur voraufgegangenen Ästhetik-Tradition das Schöne gänzlich zu relativieren – es bleibt für ihn durchaus eine normative Größe, an der sich alle anderen ästhetischen Kategorien zu orientieren haben –, aber er stellt dialektisch fest, daß das Häßliche unzertrennlich zum Schönen gehört. »Der Begriff des Häßlichen als des Negativschönen macht also einen Teil der Ästhetik aus«, schreibt er im Vorwort und fährt fort: »Es gibt keine andere Wissenschaft, welcher derselbe überwiesen werden könnte, und es ist also richtig, von der Ästhetik des

Häßlichen zu sprechen. Niemand wundert sich, wenn in der
Biologie auch vom Begriff der Krankheit oder wenn in der
Ethik vom Begriff des Bösen, in der Rechtswissenschaft
vom Begriff des Unrechts, in der Religionswissenschaft
vom Begriff der Sünde gehandelt wird.«[8]

Rosenkranz begreift den Begriff des Häßlichen als »Mitte
zwischen dem des Schönen und dem des Komischen«. Das
Komische war überhaupt das Hauptthema der nachhegelia-
nischen Ästhetik der Vormärz-Periode. So verfaßte Rosenkranz' Freund Arnold Ruge eine *Neue Vorschule der Ästhetik* mit dem Untertitel *Das Komische mit einem komischen
Anhange* (Halle 1837), und auch Friedrich Theodor Vischer
schrieb noch vor seiner großen mehrbändigen *Ästhetik*
(1846–57) eine kleinere Abhandlung »Über das Erhabene
und Komische«.[9]

Ohne eine Beimischung des Häßlichen ist das Komische
nach Rosenkranz' Meinung nicht zu denken. Es ist, wie er
sagt, »eine Aufheiterung des Häßlichen ins Schöne«. »Ohne
einen Widerspruch, der durch einen Schein aufgelöst wird,
weil er selber nur ein Schein ist, kann das Komische nicht
gedacht werden.«[10]

Das Häßliche ist für Rosenkranz also ein Relatives, das
mit der Idee des Schönen verbunden ist, die eine Einheit des
Inhalts und der Form, also Maßverhältnisse, erfordert. Insofern steht Rosenkranz hier noch in der klassischen Tradition. Die Legitimität des Häßlichen erwächst aber aus der
Tatsache, daß auch der geistigste Inhalt, um schön zu sein,
der »Vermittlung der sinnlichen Manifestation« bedarf. Insofern ist er an die Natur gebunden, in der sich die Idee
zwangsläufig »verendlichen« und individualisieren muß.
Die Natur, deren »Wahrheit« dem »Schönen die Korrekt-
heit« geben soll, ist aber nicht durchgängig schön, besonders, »wenn sie durch irgendwelche Verirrung von ihrem
Gesetz abfällt.« (Rosenkranz denkt dabei an Monstrositäten, Kakerlaken, Wasserköpfe usw.)[11]

Das Häßliche manifestiert sich als Inkorrektes, Defizitä-

res, das zur Formlosigkeit tendiert. Rosenkranz assoziiert
es mit dem Moment der Unfreiheit, wie er denn – ganz in
der Tradition Hegels – im Gegensatz dazu Schönheit als
Ausdruck von Freiheit und Selbstbestimmung auffaßt, ihr
also eine geistige Qualität prädiziert. »Wahre Freiheit ist
allewege die Mutter des Schönen, Unfreiheit die des Häßlichen. Das Häßliche wird aber, wie das Schöne, als der negative Doppelgänger desselben, die Unfreiheit nach zwei
Seiten entfalten können: einmal nach der Seite hin, daß die
Unfreiheit da eine Schranke setzt, wo, nach dem Begriff der
Freiheit, keine sein sollte; und sodann nach der Seite, daß
die Unfreiheit da eine Schranke aufhebt, wo eine solche,
nach dem Begriff der Freiheit, sein sollte.«[12] Im letzteren
Fall handelt es sich also um eine Form der Tabuverletzung,
einer Durchbrechung von Normen, die, angeblich aus Freiheit erwachsen, die öffentliche Moral repräsentieren.

Das Kernstück von Rosenkranz' *Ästhetik des Häßlichen*
ist seine Erörterung der Karikatur, die als Verkehrung des
Ideals ihn besonders interessiert. Er bezieht sich dabei
u. a. auf Carl Friedrich Flögels *Geschichte des Groteskkomischen*[13], in der – in der Gattung der Literatur – das
Satyrspiel der Griechen, die Hanswurstiaden und Nar-
rengeschichten des Spätmittelalters erörtert werden, Erscheinungsformen des – wie Rosenkranz es klassifiziert –
Niedrigkomischen, also des Derbsinnlichen, Unzüchtigen
und Rohen. Rosenkranz ist von diesen Formen des Burles-
ken, Grotesken und »Barocken« als Ausdruck eines »schöpferischen Übermuts« und »tollen Sprudelgeists« sichtlich
fasziniert. Hier zeige sich bereits das Moment der Übertreibung, die konstitutiv für die Karikatur sei. Aber nicht jede
Übertreibung – als Vergrößerung und Verstärkung – sei bereits Karikatur. Swifts Zwergmenschen von Liliput seien
zwar phantastische Geschöpfe, jedoch noch keine Karikaturen. Ein quantitatives Kriterium allein zugrunde zu legen
reiche nicht aus. »Zum Begriff der Übertreibung muß also,
um den der Karikatur zu begründen, noch ein anderer hin-

zukommen, nämlich des Mißverhältnisses zwischen einem Moment einer Gestalt und ihrer Totalität, also die Aufhebung der Einheit, welche nach dem Begriff der Gestalt dasein sollte.« Die verzerrende Deformation eines Teils muß also stets in Relation zum Ganzen, zur Einheit der Figur, gesehen werden, und die Totalität wird zwangsläufig in Mitleidenschaft gezogen. Erst dadurch gewinnt sie ihre über das rein Quantitative, also über äußere körperliche Anomalien und Regellosigkeiten hinausgehende geistige Bedeutung: »Die Disproportion nötigt uns, immerfort die proportionale Gestalt zu subintelligieren. Eine kräftige Nase z.B. kann eine große Schönheit sein. Wird sie aber zu groß, so verschwindet das übrige Gesicht zu sehr gegen sie. Es entsteht eine Disproportion. Wir vergleichen unwillkürlich ihre Größe mit derjenigen der übrigen Teile des Gesichts und urteilen, daß sie nicht so groß sein sollte.«[14]

Das Geheimnis der Karikatur besteht nach Rosenkranz also darin, daß ihre »Desorganisation« wieder organisch werden muß, daß die Gravitierung nach einer Seite hin das Ganze zwar abnorm entstellt, in dieser verzerrenden Durchdringung aber wieder an das Ideal erinnert und seine Einhaltung einklagt. Sie ist also – in diesem mitgedachten Widerspiel zur Schönheitsnorm – durch »Entzweiung« charakterisiert: »Die Karikatur weist unruhig über sich hinaus, weil sie mit sich zugleich etwas anderes darstellt. Sie ist eine entzweite, wenn auch in dieser Entzweiung mit sich relativ harmonische Gestalt.«[15]

CHARLES BAUDELAIRE

Hugo Friedrich hat in seinem Buch *Die Struktur der modernen Lyrik* die radikal neue literarische Qualität Baudelaires herausgestellt. Baudelaire empfand sich selbst als Dichter der »Modernität«, der den Versuch unternahm, ungewohnte Formen der Dichtung zu erfinden, die eine adäquate Reaktion auf die als rasant erlebte ökonomische und technische Entwicklung in der Phase des »Hochkapitalismus« (Walter Benjamin) sein sollten. »Der Weg führt zu einem möglichst großen Abstand von der Banalität des Wirklichen, hin zu einer Zone des Geheimnishaften, jedoch so, daß die zivilisatorischen Reizstoffe der Wirklichkeit in diese Zone mit einbezogen, poetisch schwingungsfähig gemacht werden. Das ist der Auftakt zur modernen Lyrik und ihrer ebenso ätzenden wie magischen Substanz.«[1]

Baudelaire löst sich von der Form der Konfessionslyrik, somit von der Vorstellung, daß Gedichte (bzw. Literatur überhaupt) unmittelbare Kundgabe und Ausdruck von Gefühlen seien. Statt dessen versucht er Lyrik zu entpersönlichen, das empirische Ich in den Hintergrund zu drängen, alle Sentimentalität zu meiden und sich mehr auf die konstruktiven Momente, das operative Verfahren der Hervorbringung evokativer Bilder und Metaphern zu konzentrieren. In seinen *Fleurs du mal* nimmt er sich vor, der »Trunkenheit des Herzens« zu entgehen. »Der zur Dichtung führende Akt heißt Arbeit, planmäßiges Errichten einer Architektur, Operieren mit den Impulsen der Sprache«.[2] Für Baudelaire wird der Begriff des »calcul« wichtig. In seiner Methode der lyrischen Konstruktion lehnt er sich eng an Edgar Allan Poes *The Poetic Principle*[3] an, an dessen Theorie und Postulat, daß poetische Produktion ein Akt kühl planender Rationalität sei. Der Intellekt hat für ihn also die führende Rolle, daneben aber auch der Wille, dessen leitende Funktion für so wichtig erklärt wird, daß er in seiner Abhandlung *Les paradis artificiels – Opium et ha-schisch* (Paris 1860), in der er über seine Erfahrungen mit Rauschmitteln als möglichen Formen imaginationssteigernder Bewußtseinserweiterung reflektiert, in den Drogen eine Schwächung des Willens erkennt (»von allen Fähigkeiten die kostbarste«).

Neu an Baudelaires Lyrik ist die »Ästhetik des Häßlichen« (Friedrich)[4], die jedoch nur einen neuen Schönheitsbegriff repräsentiert, dessen Konstituentien im Prinzip der Paradoxie, der Bizarrerie, der Verfremdung liegen. Auf diese Weise soll ein »neuer Zauber« geweckt werden. Baudelaire radikalisiert und aktualisiert hier poetologische Vorstöße wie die Friedrich Schlegels von der »transzendentalen Buffonerie« oder Victor Hugos Theorie des Grotesken. Er proklamiert das »Gesetz des Absurden« (so seine eigene Formulierung), dem er eine besondere Berechtigung zuspricht. Mit der bewußten und vorsätzlichen Verletzung von Normen der klassischen Schönheitsästhetik, mit der Einführung des Schockmoments ist für Baudelaire zugleich eine Aggression gegen ein saturiertes bourgeoises Publikum verbunden, von dem er sich geistesaristokratisch abzugrenzen sucht.

Provokativ verherrlicht er den »Dandy«, dessen einziger Beruf die Eleganz sei; er sei verwöhnt, im Luxus groß geworden, ganz dem Müßiggang hingegeben. Der Dandy strebe nicht nach Geld als eine Sache von wesentlicher Bedeutung (189).[5] Der »Dandy kann niemals ein gewöhnlicher Mensch sein. Beginge er ein Verbrechen, so würde das vielleicht nichts ausmachen, hätte er's aber aus irgendeinem alltäglichen Grunde begangen, so verfiele er auf ewig der Schande.« (190) Hellsichtig werden die materiellen Voraussetzungen des Dandysmus soziologisch bestimmt: »Der Dandysmus erscheint hauptsächlich in Übergangsepochen, wenn die Demokratie noch nicht allmächtig ist und die Aristokratie noch nicht gänzlich abgewirtschaftet hat. In der Wirrnis solcher Zeiten können einige aus der Bahn geworfene, angewiderte, unbeschäftigte, aber an ursprünglicher Kraft reiche Leute den Plan aushecken, eine neue Art der Aristokratie zu gründen, die um so schwieriger zu sprengen ist, da sie sich auf die kostbarsten und unzerstörbarsten Fähigkeiten stützt, auf die Himmelsgaben, die Arbeit und Geld nicht zu verleihen vermögen. Der Dandysmus ist das letzte Aufleuchten des Heroismus in Zeiten des Verfalls.« (191)

Diese Sätze finden sich in seinem Essay zu Constantin Guys (1805–92), einem heute kaum noch bekannten, aus Holland stammenden autodidaktischen Maler und Zeichner, den Baudelaire als »peintre de la vie moderne« bezeichnet und den er deswegen rühmt, weil es ihm gelungen sei, die neuen flüchtigen Erscheinungen des Großstadtlebens in Skizzen (zumeist Aquarellen) festzuhalten. Guys ist für ihn der Typus des ständig beobachtenden Flaneurs: »So geht er, läuft und sucht. Was sucht er? Sicherlich hat dieser Mann, [...] dieser mit einer tätigen Einbildungskraft begabte Einsiedler, dieser beständige Wanderer durch die ungeheure Menschenwüste, ein höheres Ziel als das eines blossen Bummlers, ein allgemeineres Ziel als ein flüchtiges Zufallsvergnügen. Er sucht jenes etwas, das ich als Moderne bezeichnen möchte, denn mir fällt kein besseres Wort ein, um die in Frage stehende Idee auszudrücken. Es handelt sich für ihn darum, die Mode von ihrem poetisch-geschichtlichen Inhalt loszulösen, das Bleibende aus dem Vergänglichen zu entwirren.« (167) Guys' Wahrnehmung wird als passives, von den Verhältnissen selbst aufgenötigtes Registrieren aufgefaßt (»Von der Natur geleitet, von den Umständen vergewaltigt«, 171). Sein selektiver Blick – als Voraussetzung seiner künstlerischen Methode – richte sich auf Haltungen, Blicke, Gesten. Guys mache damit prinzipiell nichts anderes, als was frühere Künstler vor ihm nicht auch schon getan hätten. Seine Besonderheit liege aber darin, daß er das aktual Neue, Moderne erfasse und festhalte.

Mit Baudelaire erreicht die K u n s t k r i t i k in Frankreich eine neue Qualität. Nicht nur handelt es sich bei ihm um einen Autor, der mit einer vorher kaum dagewesenen Unbestechlichkeit die Prozeduren seines eigenen lyrischen Schaffens reflektiert, neu ist auch seine Art der Auseinandersetzung mit der aktuellen Kunst, die er in seinen Salonbesprechungen auf ihren Progressionsgehalt hin analysiert. In den *Curiosités esthétiques*, einer Textsammlung, in der später (nämlich in Band 2 der ein Jahr nach seinem Tode, 1868, erschienenen *Œuvres complètes*) die Aufsätze zur Malerei und Literatur zusammengefaßt wurden, stellt er anläßlich des Salons von 1846 die Frage nach dem Zweck der Kritik und beantwortet sie so: »Was jedoch die Kritik in der eigentlichen Bedeutung des Wortes anbetrifft, so hoffe ich, daß die Philosophen das Folgende verstehen werden: um gerecht zu sein, d. h. ihre Daseinsberechtigung zu erweisen, sollte die Kritik parteiisch, leidenschaftlich und politisch, d. h. von einem einzigen Standpunkt ausgehend sein, freilich von einem, der die meisten Gesichtspunkte darbietet.« (221) Es wird hier deutlich, daß Baudelaire sich durchaus als sozialkritischer Autor versteht; seine Option für das von Théophile Gautier oder der »École parnassienne« vertretene »L'art-pour-l'art«-Prinzip, das ihn zur »Poésie pure« führte, steht dazu keineswegs im Widerspruch. Baudelaire distanziert sich entschieden von philosophischen Ästhetik-Systemen. Die »»modernen beeidigten Professören‹ der Ästhetik, wie sie Heinrich Heine nennt, dieser reizvolle Geist« (228), seien mit ihrer Pedanterie und »tintenbeklecksten Wissenschaft« nicht in der Lage, die »Beschwörung« und das »magische Verfahren« der Malerei zu erfassen.[6]

Die Kunst der Moderne belegt Baudelaire noch mit dem Begriff der Romantik, dem er aber einen neuen Bedeutungsgehalt gibt. »Wer von Romantik spricht, spricht von der modernen Kunst, d. h. von Vertrautheit, Vergeistigung, Farbe, Sehnsucht nach dem Unendlichen, durch alle Mittel wiedergegeben, die den Künsten zu Gebote stehen.« (224) Das Wesen der Romantik liege »weder in der Wahl des

Stoffes noch in der Naturtreue, sondern in der Art des Empfindens«. (223) Ausschlaggebendes Kriterium für den ästhetischen Wert der Kunst ist ihr Innovationspotential. Baudelaire überträgt also, nicht ohne ein Oszillieren zwischen Affirmation und Mißbilligung der neuen kapitalistischen Strukturen, in seiner Kunstkritik den aus der industriellen Entwicklung abgeleiteten ökonomischen und technischen Fortschrittsgedanken (Dampfkraft, Elektrizität und Gasbeleuchtung sind hier die demonstrativen Symbole der, wie er sagt, »amerikanisierten« »Industriephilosophie«, 234) auf die Kunstentwicklung.

Den Künstler sieht er dabei im Sinne der aus dem 18. Jahrhundert stammenden nativistischen, vegetationsmetaphorischen Genietheorie (zu erinnern ist etwa an Edward Youngs *Conjectures on Original Composition*, 1759) freilich als autonomes Individuum, das nur aus seinen eigenen Potenzen heraus schafft: »In der Sphäre des Dichterischen und Künstlerischen hat der Neuschöpfer nur selten einen Vorläufer. Alles Blühen ist spontan und individuell. War etwa Signorelli wirklich der Erzeuger von Michelangelo? Oder war Raffael schon in Perugino enthalten? Der Künstler geht nur bei sich selbst zu Lehen. Er verheißt den kommenden Jahrhunderten nichts als seine eigenen Werke. Er bürgt nur für sich. Er stirbt ohne Nachkommen.« (235)

Baudelaires Kunsttheorie ist also eine Originalitätsästhetik, in der die Phantasie bzw. Imagination das zentrale Vermögen des künstlerischen Prozesses darstellt. Wie viele deutsche Ästhetiker des 19. Jahrhunderts (Jean Paul, Friedrich Theodor Vischer und Karl Rosenkranz seien hier stellvertretend genannt) erkennt er eine besondere Manifestationsform der Einbildungskraft im Komischen. In dem Aufsatz *Über das Wesen des Lachens und besonders über das Komische in der darstellenden Kunst* (*De l'essence du rire et généralement du comique dans les arts plastiques*) von 1855 unternimmt er es, den Ursachen des Lachens auf den Grund zu gehen. Dabei demonstriert er das Problem hauptsächlich an der Karikatur, die damals im offiziellen Kanon noch nicht als Gattung akzeptiert, in der Tagespresse und eigenen Publikationsformen jedoch omnipräsent war. Erwähnt seien hier Grandville (eigtl. Jean-Ignace Isidore Gérard) mit seinem zweibändigen Werk *Les fleurs animées* (Paris 1847) oder der von Baudelaire sehr geschätzte Honoré Daumier.

Im Lachen entdeckt Baudelaire ein subversives Spontanverhalten, das sich in den Organen ausdrückt. Baudelaire ist noch insofern von christlichen Vorstellungen, die er sonst illusionslos entmythologisiert, geprägt, als er den Akt des Lachens »mit dem Unheil eines uralten Sündenfalles« (251) in Verbindung bringt. Im »Paradies der Seligkeiten« sei Lachen unbekannt gewesen. Mithin ist es ein »verwerfliches und seinem Ursprung nach teuflisches Element«. Man müsse versuchen, sich »eine absolut ursprüngliche, gewissermaßen aus den Händen der Natur gekommene Seele vorzustellen« (252). Das Lachen als »Ausdruckserscheinung der Narrheit« ist somit Signum des »Satanismus«. »Das Lachen ist satanisch, also im tiefsten menschlich.« (257) In ihm kommt Überlegenheit zum Ausdruck, jedoch in einer widersprüchlichen Form: einmal repräsentiert es unendliche Größe im Verhältnis zu den Tieren, zum andern ist es ein Zeichen »eines unendlichen Elends, gemessen an der dem Menschen zugänglichen Vorstellung des absoluten Wesens.« Das Komische, der Auslöser des Lachens, wird unterschieden in das Groteske (als das absolut Komische) und das gewöhnliche Komische, das er das bedeutungsvoll Komische nennt. Das absolut Komische hat ihm zufolge ein »höchst erhabenes Wesen«. Besonders entfaltet sei es bei E. T. A. Hoffmann, den Baudelaire zumal deswegen bewundert und schätzt, weil seine Darstellungsform doppelbödig sei. Das hervorstechendste Merkmal des Grotesken als des absolut Komischen sei die Tatsache, daß es von sich nichts wisse. E. T. A. Hoffmann jedoch sei sich dieser Tatsache bewußt, wisse aber auch, »daß das Wesen dieser Komik ist, anschei-

nend nicht um sich zu wissen und im Zuschauer oder vielmehr im Leser die Freude an der Überlegenheit und an der
Überlegenheit des Menschen über die Natur zu entwickeln«
(273). An Hoffmann exemplifiziert Baudelaire die These,
daß der Künstler ein »Doppelwesen« sei, dies freilich nur
unter der Bedingung, »um alle Erscheinungen seiner zwei-
fachen Natur zu wissen« (274).

Arthur Schopenhauer

Im System der vier Bücher von *Die Welt als Wille und Vor-stellung*, dem Hauptwerk Schopenhauers, das er, was ange-sichts der erst sehr spät einsetzenden Rezeptionsgeschichte leicht vergessen wird, zur Zeit des Höhepunkts romanti-scher Philosophie verfaßte (nämlich 1819), bildet der im wesentlichen im dritten Buch untergebrachte kunsttheoreti-sche Teil den Kulminationspunkt, weil hier dem pessimisti-schen Grundzug, von dem Schopenhauers Werk durch-drungen ist, ein tröstender Gegenhalt, die Aussicht auf Überwindung des Leidens entgegengesetzt wird.

Wie der Titel des Buches bereits erkennen läßt, läßt sich nach Schopenhauer die Welt unter zweifachem Aspekt be-trachten. Einmal als Vorstellung, und damit ist in Entspre-chung zu Kants Begriff der »Erscheinung« die Welt, soweit sie erkennbar ist, gemeint. Schopenhauer geht aber über Kant, der dies nie gebilligt hätte, insofern hinaus, als er die Welt der Erscheinung als eine Welt des Scheins begreift, der sich wie ein dreifacher Schleier – der »Schleier der Maya« – illusionär und phantomhaft zwischen uns und dem Ansich der Dinge ausbreitet, nämlich in Raum, Zeit und Ursäch-lichkeit.

Zum andern stellt sich die Welt dem erkennenden Subjekt als Wille dar. (»Sobald das Erkennen, die Welt als Vorstel-lung, aufgehoben ist, bleibt überhaupt nichts übrig, als blo-ßer Wille, blinder Drang.«[1]) Der Wille bildet den Urgrund des Weltgeschehens und ist von aller Kausalität frei, die sonst, wie Schopenhauer in seiner Dissertation *Über die vierfache Wurzel des Satzes vom zureichenden Grunde* (1813) darzulegen suchte, die Welt als Nexus durchzieht. Wenngleich Schopenhauer den Willen in Anlehnung an die platonische Ideenlehre mit diesen unerreichten Musterbil-dern gleichsetzt, die ewig, nie geworden und keinem Wech-sel unterworfen, jenseits von Raum und Zeit, den katego-

rialen Medien der Individuen, existieren, so füllt er diesen
Begriff in seinen theoretischen Durchführungen inhaltlich
doch mehr mit vegetativen Vorstellungen aus, indem er ihn
– in Anlehnung an die romantische Naturphilosophie – als
allwaltendes Naturprinzip auffaßt, das sich z. B. in der Gra-
vitation, im Wachstumstrieb, im Magnetismus, in Elastizität
und Elektrizität und ähnlichem manifestiert. Diese Kräfte
der Natur bilden die unterste Basis, auf der sich dann eine
Folge von Objektivationsstufen (man erkennt hier un-
schwer eine Analogie zu Schellings Reihe der »Potenzen«)
erhebt, die über die anorganische und organische Sphäre
(Pflanzen- und Tierwelt) immer mehr der Ausbildung der
Individualität zustrebt, wobei im Menschen dieser Individu-
ationsprozeß seinen Gipfelpunkt erreicht.

Dem Subjekt des Erkennens ist ein Zugang zum Willen
über seine eigene Leiblichkeit möglich, denn der Wille artikuliert sich, und dies faßt Schopenhauer im Gegensatz zu
dem sonst von ihm vertretenen idealistischen Ansatz ganz
»materialistisch«, in den unbewußten Aktionen und Funktionen des Leibes wie Verdauung, Atmung, Hunger usw.
Eine wichtige Bedeutung kommt auch dem Willen zur
Fortpflanzung zu, der der Überwindung des Todes dient.
Man sehe die Geschlechtlichkeit, so Schopenhauer, »jeden
Augenblick sich als den eigentlichen und erblichen Herrn
der Welt, aus eigener Machtvollkommenheit, auf den angestammten Thron setzen und von dort herab mit höhnenden
Blicken der Anstalten lachen, die man getroffen hat, sie zu
bändigen, einzukerkern, wenigstens einzuschränken und
womöglich ganz verdeckt zu halten oder doch so zu bemei-
stern, daß sie nur als eine ganz untergeordnete Nebenange-
legenheit des Lebens zum Vorschein komme.«[2] Diese berühmte Stelle läßt deutlich werden, daß Schopenhauer die
Libido- und Neurosentheorie Freuds tendenziell vorweg-
nimmt.

Selbst das Denken, der Intellekt als Werkzeug der Selbstreflexion, muß als Objektivationsform des Willens aufge-

faßt werden, denn im Organ des Gehirns hat sich, wie Schopenhauer sich ausdrückt, der Wille eine Fackel angezündet, um sich selbst zu beleuchten. Der Wille zum Erkennen wird also durchaus mit vegetativen Körperfunktionen parallelisiert.

Fortwährend, unaufhörlich ist dieser blinde Drang aktiv, der bewußtloser Trieb zur Existenz ist, allgegenwärtig: »hèn kaì pân« (»Ein und Alles«). Die Naturkräfte bilden nach Schopenhauer gleichsam den Grundbaß, die Zwischensphäre von Organischem und Unorganischem übernimmt die Mittelstimme, während der Mensch in dieser Symphonie der Welt die Oberstimme spielt.

Die Höherentwicklung der Organismen wird von Schopenhauer nicht perfektibilistisch wie bei Leibniz gesehen, der die vorfindliche Welt als die beste aller möglichen glaubte bezeichnen zu können, als »prästabilierte Harmonie«, sondern in einer düsteren pessimistischen Perspektive: »Denn wie die Erscheinung des Willens vollkommener wird, so wird auch das Leiden mehr und mehr offenbar. In der Pflanze ist noch keine Sensibilität, also kein Schmerz; ein gewiß sehr geringer Grad von Leiden wohnt den untersten Tieren, den Infusorien und Radiarien, ein; sogar in den Insekten ist die Fähigkeit, zu empfinden und zu leiden, noch beschränkt; erst mit dem vollkommenen Nervensystem der Wirbeltiere tritt sie in hohem Grade ein und in immer höherem, je mehr die Intelligenz sich entwickelt. In gleichem Maße also, wie die Erkenntnis zur Deutlichkeit gelangt, das Bewußtsein sich steigert, wächst auch die Qual, welche folglich ihren höchsten Grad im Menschen erreicht, und dort wieder um so mehr, je deutlicher erkennend, je intelligenter der Mensch ist; der, in welchem der Genius lebt, leidet am meisten.«[3]

Schopenhauer kann gar nicht genug die unerträgliche Qual des Daseins beschreiben. Der Wille, der doch eigentlich ein Wille zum Leben ist, handelt fortwährend selbstdestruktiv: »Der Wille zum Leben [zehrt] durchgängig an sich

selbst [. . .] und [ist] in verschiednen Gestalten seine eigene
Nahrung [. . .], bis zuletzt das Menschengeschlecht, weil es
alle anderen überwältigt, die Natur für ein Fabrikat zu seinem Gebrauch ansieht, dasselbe Geschlecht jedoch auch
[. . .] in sich selbst jenen Kampf, jene Selbstentzweiung des
Willens zur furchtbarsten Deutlichkeit offenbart und *homo
homini lupus* wird.«[4] Schopenhauer betrachtet also die Welt
als unter dem Gesetz der Zerstörung, der Vernichtung und
des Todes stehend, der in allen Lebensfunktionen nur auf-
geschoben wird. Insofern sei das Leben des einzelnen nur
ein »Trauerspiel«, und er illustriert dies mit Beispielen der
sozialen Realität seiner Zeit: »[. . .] im Alter von fünf Jahren
eintreten in die Garnspinnerei oder sonstige Fabrik, und
von dem an erst 10, dann 12, endlich 14 Stunden täglich
darin sitzen und dieselbe mechanische Arbeit verrichten,
heißt das Vergnügen, Atem zu holen, teuer zu erkaufen.
Dies aber ist das Schicksal von Millionen, und viele andere
Millionen haben ein analoges.«[5] Schopenhauer imaginiert
in einem nicht enden wollenden Crescendo der Beschreibung das Grauen der Krankenhospitäler, der »chirurgischen
Marterkammern«, der Schlachtfelder und der Gerichtsstät-
ten. Erträglich wird diese Qual für das Individuum nur dadurch, daß der Erkenntnis nicht alles zugänglich ist und es
vieles verdrängt.

Ein Remedium (oder »Quietiv«) gegen das Leiden ist
nun, wie eingangs bereits angedeutet, die Kunst, die sich in
unterschiedlichen Gattungen – als Objektivationsstufen –
manifestiert. Zweck der Baukunst sei beispielsweise die
»Verdeutlichung der Objektivation des Willens auf der
niedrigsten Stufe seiner Sichtbarkeit [. . .], wo er sich als
dumpfes, erkenntnisloses, gesetzmäßiges Streben der Masse
zeigt und doch schon Selbstentzweiung und Kampf offenbart, nämlich zwischen Schwere und Starrheit.«[6] Diese niedrige Bewertung der Architektur hängt bei Schopenhauer natürlich mit dem Material zusammen, aus dem sie errichtet
wird, dem Stein als anorganischen Stoff. Den Gegenpol zu

dieser dumpfesten Sichtbarkeit des Willens bildet die Tragödie bzw. das Trauerspiel, welches »auf der höchsten Stufe
der Objektivation« »seinen Zwiespalt mit sich selbst, in
furchtbarer Größe und Deutlichkeit uns vor die Augen
bringt.«[7] Dazwischen sind noch Malerei (in ihren Gattungen Historienmalerei, Porträt und Genremalerei) und
Skulptur angesiedelt, schließlich auch die Poesie. Schopenhauer zufolge verhält sich die Geschichte zur Poesie wie das
Porträt zur Historienmalerei. Tiere lassen sich nicht porträ-
tieren, weil bei ihnen der Gattungscharakter überwiege;
hingegen sei dies nur bei dem zum »rein ästhetischen An-
schauen« hinreißenden Antlitz des Menschen und seiner
Gestalt möglich.[8]

Den höchsten Rang unter den Künsten nimmt nach Schopenhauer die Mu s i k ein. »Sie steht ganz abgesondert von
allen anderen. Wir erkennen in ihr nicht die Nachbildung,
Wiederholung irgend einer Idee der Wesen in der Welt: dennoch ist sie eine so große und überaus herrliche Kunst,
wirkt so mächtig auf das Innerste des Menschen, wird dort
so ganz und so tief von ihm verstanden, als eine ganz allgemeine Sprache, deren Deutlichkeit sogar die der anschaulichen Welt selbst übertrifft; – daß wir gewiß mehr in ihr zu
suchen haben, als ein *exercitium arithmeticae occultum nes-
cientis se numerare animi*, wofür sie Leibniz ansprach und
dennoch ganz Recht hatte, sofern er nur ihre unmittelbare
und äußere Bedeutung, ihre Schale, betrachtete. Wäre sie jedoch nichts weiter, so müßte die Befriedigung, welche sie
gewährt, der ähnlich sein, die wir beim richtigen Aufgehn
eines Rechnungsexempels empfinden, und könnte nicht
jene innige Freude sein, mit der wir das tiefste Innre unsers
Wesens zur Sprache gebracht sehn.« Zwar lasse sich das
Zahlenmoment als notwendige und unverzichtbare Grundlage der Musik nicht leugnen – ohne es würde sie aufhören,
Musik zu sein –, doch liege das Wesen der Musik noch sehr
viel tiefer verborgen. Letztlich ist es etwas Unausssprech-
liches, und Schopenhauer vermag dem Leser auch keinen

anderen Rat zu geben, als »daß man oft mit anhaltender Reflexion [...] der Musik zuhöre, und hiezu wieder ist erforderlich, daß man mit dem ganzen von mir dargestellten Gedanken schon sehr vertraut sei.« Dieser Gedanke läuft darauf hinaus, daß die Musik, die das »Innerste der Welt und unsers Selbst« zur Sprache bringt, eine »nachbildliche Beziehung zur Welt« repräsentiert. Sie ist selbst ein »Zeichen« und nicht etwas »Bezeichnetes«. Schopenhauer faßt die Musik mimetisch auf, jedoch nicht in einem enger abbildlichen Sinne als vielmehr in dem einer strukturellen Affinität zur Welt. Die Musik transzendiert die Sphäre der Erscheinung der Ideen in ihrer Vielheit, die nach dem *principium individuationis* zustande kommt, sie »übergeht« die Ideen und ist von ihnen gänzlich unabhängig. »Die Musik ist also keineswegs, gleich den andern Künsten, das Abbild der Ideen, sondern Abbild des Willens selbst, dessen Objektität auch die Ideen sind: deshalb eben ist die Wirkung der Musik sehr viel mächtiger und eindringlicher, als die der andern Künste: denn diese reden nur vom Schatten, sie aber vom Wesen.«[9]

Das Wesen der Künste wird von Schopenhauer darin gesehen, daß sie – wie auch die Philosophie – darauf hinarbeiten, »das Problem des Daseins zu lösen.« Jedes Kunstwerk beantwortet also – sofern es »gelungen« ist – »auf seine Weise« die Grundfrage: »Was ist das Leben?«[10] Schopenhauer gibt somit der Ästhetik – wie annähernd zeitgleich mit ihm Kierkegaard[11] – eine lebensphilosophische Dimension. Diese Ausrichtung wird später, freilich ohne die dezidiert pessimistische Komponente, von Dilthey und Bergson fortgesetzt, und schließlich orientiert der französische Existentialismus die künstlerische Produktion ganz auf diesen Aspekt des Lebens.

Schopenhauer prädiziert den Kunstwerken »die naive und kindliche Sprache der Anschauung.«[12] Er rekurriert damit – schon von der Verwendung des Wortes her – auf die emphatische Bestimmung des »Naiven« bei Schiller und belebt den Anschauungsbegriff Goethes neu. Während »Anschauung« bei Goethe jedoch vielleicht mehr die Funktion hatte, das Verhältnis des Menschen zur Natur als ein rein visuelles zu bestimmen, um dadurch dem praktischen Eingriff in die Natur, ja ihrer Zerstörung vorzubeugen, ist dieser Terminus bei Schopenhauer ganz zu einem Synonym für Kontemplation geworden. Schopenhauer hat damit zu einer Rezeptionshaltung den Grund gelegt, die um die Jahrhundertwende in der Kunsterziehungsbewegung und in der Musischen Erziehung, schließlich auch in kunstwissenschaftlichen Interpretationstheorien normativ gefordert wurde. Bezeichnend ist Schopenhauers Satz: »Vor ein Bild hat jeder sich hinzustellen, wie vor einen Fürsten, abwartend, ob und was es zu ihm sprechen werde; und, wie jenen, auch dieses nicht selbst anzureden: denn da würde er nur sich selbst vernehmen.«[13]

Was vom Kunstwerk gesagt wurde, gilt mutatis mutandis auch für den Künstler, das G e n i e, dessen Haltung ebenfalls weitgehend durch Kontemplation zu charakterisieren sei. Die Grundbedingung des Genies »ist ein abnormes Überwiegen der Sensibilität über die Irritabilität und Reproduktionskraft«.[14] Schopenhauer schließt sich Kants Begriff des »interesselosen Wohlgefallens« an, wenn er erklärt, daß die Fähigkeit des Genies darin bestehe, »sein Interesse, sein Wollen, seine Zwecke ganz aus den Augen zu lassen, sonach seiner Persönlichkeit sich auf eine Zeit völlig zu entäußern«.[15] Der misogyne Zug Schopenhauers macht sich darin bemerkbar, daß er Frauen Genie grundsätzlich abspricht und ihnen allenfalls Talent zuerkennt. Er begründet dies damit, daß die Frauen als Verkörperung der Fortpflanzung den Intellekt dem Willen zum Leben oder der Hervorbringung von Leben unterwürfen. »Weiber können bedeutendes Talent, aber kein Genie haben, denn sie bleiben stets subjektiv.«[16]

Schopenhauer hat damit ein verhängnisvolles Ideologem wenn nicht gerade eingeführt, so doch mit größtem

Aplomb vertreten, das in der Folgezeit sich im allgemeinen Bewußtsein immer mehr festsetzte. Um die Jahrhundertwende, als die Frauenfrage diskutiert wurde und sich die Männer in ihren angestammten gesellschaftlichen Positionen bedrängt und bedroht fühlten, wurde dieses Scheinargument aufgegriffen und noch aggressiver vorgetragen, so etwa bei Otto Weininger.[17]

Schopenhauers Ästhetik hat – nicht zuletzt wegen der großen Bedeutung, die die Musik darin spielt – auf Richard Wagner einen großen Eindruck gemacht. Im »Fliegenden Holländer« findet sich im Motiv des rastlosen Umhergetriebenseins und des Unerfülltseins ein Reflex der Schopenhauerschen Philosophie.

Auch der junge Nietzsche stand anfangs ganz unter ihrem Bann, distanzierte sich jedoch später, als er den lebensbejahenden »Willen zur Macht« als »Umwertung aller Werte« verkündete, radikal davon. Nietzsche wirft Schopenhauer eine »nihilistische Gesamt-Abwertung des Lebens« vor, und dies gerade dort, wo es sich um »Gegen-Instanzen« der Selbstbejahung des Willens zum Leben handle, nämlich bei der Kunst, dem Heroismus, dem Genie, der Schönheit: »die grösste psychologische Falschmünzerei, die es, das Christenthum abgerechnet, in der Geschichte giebt«.[18]

Friedrich Nietzsche

Bei kaum einem zweiten Philosophen der Moderne dominiert der Grundzug ästhetischen Denkens so sehr wie bei Nietzsche. Darauf beruhte nicht zuletzt seine (teilweise politisch sehr problematische und die Geister scheidende) Wirkung in der ersten Hälfte des 20. Jahrhunderts. Auch jetzt, im Zeitalter der ausgerufenen »Postmoderne«, ist es seine Idee der »künstlerischen Kultur«, die ihn wieder aktuell erscheinen läßt.

Über alle Stadien seines Lebens, die sogenannte »positivistische« Phase vielleicht ausgenommen, in der er sich nach der an Richard Wagner erlebten Enttäuschung eher nüchtern-skeptisch aufklärerischen Ideen zuwendet (Voltaire wird zeitweilig seine Leitfigur, so in *Menschliches, Allzumenschliches*, 1878–80), reflektiert Nietzsche, der sich einmal als »Artisten mit wissenschaftlicher Nebenanlage« bezeichnete, über eine Neubestimmung der Kunst, die ihm als das einzige Mittel erscheint, der Heuchelei in Metaphysik, Moral, Religion und Wissenschaft eine Anschauung entgegenzusetzen, die eine gänzlich neue Qualität des Lebens ermöglicht.

Nietzsches Ästhetik hat demnach eine stark ethische Komponente, die bis ins Politische hineinreicht. Denn es geht ihm um eine Umwälzung der kulturellen Werte, deren Überholtheit er unnachsichtig brandmarkt. Insofern ist seine Ästhetik zugleich eine Kritik der herrschenden bürgerlichen Lebensauffassung. Der Preis, den er für sein Aushaltenmüssen verhaßter Verhältnisse zu zahlen hatte, war seine lange Krankheit und spätere geistige Umnachtung (seit 1889), die sich nicht allein medizinisch erklären läßt, wie man es früher immer wieder versucht hat. Ernst Bertram sah bei Nietzsche eine »Theodizee der Krankheit« und brachte sie in einen Zusammenhang mit seiner Idee des Künstlers. Im *Zarathustra* verkündet Nietzsche den Kultus des Künstlers als des Großen Arztes: »der Künstler ist nun nicht bloß der notwendig Kranke, er ist, gleich jenen bacchantischen Griechen, Kranker und Arzt zugleich, der Magier, der aus der nächsten Nähe des Todes den Zauber des ewigen Lebens holt.«[1] Die *Fröhliche Wissenschaft*, die Nietzsche verkündet, ist seine Antwort auf das eigene Leiden, er spricht von ihr als den »Saturnalien eines Geistes, der einem furchtbaren langen Drucke geduldig widerstanden hat – geduldig, streng, kalt, ohne sich zu unterwerfen, aber ohne Hoffnung –, und der jetzt mit Einem Male von der Hoffnung angefallen wird, von der Hoffnung auf Gesundheit, von der Trunkenheit der Genesung.«[2] Von der »Krankenoptik« aus sehe er, sagt Nietzsche, zu den gesünderen Werten und Begriffen hinunter und nehme dort eine »Fülle und Selbstgewissheit des reichen Lebens« wahr. In der Struktur der Krankheit erfährt Nietzsche die Differenz zweier Naturen, die nicht zur Identität gelangen: das somatische Substrat und dessen kulturelle Überformung. Im Leiblichen, das den Konflikt bewältigen muß, sind jedoch die Potentiale der Gesundung enthalten: in der Form der Instinkte als vitalen Prinzipien.

Noch bevor im Spätwerk der biologische Begriff des Instinkts für Nietzsches Ästhetik zentral wird, ist er der Sache nach schon da in der *Geburt der Tragödie aus dem Geiste der Musik. Oder: Griechenthum und Pessimismus* aus dem Jahr 1871. Sie geht auf eine intensive Schopenhauer-Lektüre zurück (1865) und übernimmt auch gedankliche Muster aus der *Welt als Wille und Vorstellung*. In seiner Kritik am klassisch-humanistischen Griechenland-Ideal, das seit Winckelmann die deutsche Kultur und die Vorstellungen des deutschen Bildungsbürgertums, aber auch der klassischen Philologie beherrschte, wird für ihn Schopenhauers Polarität von Wille als universeller Triebstruktur, der vom Subjekt in seiner Leiblichkeit erfahren wird, und Vorstellung, verstanden als taghelle Erkenntnis, zu einem Strukturprinzip, das ihn in der griechischen Lebensform einen Dualismus rekon-

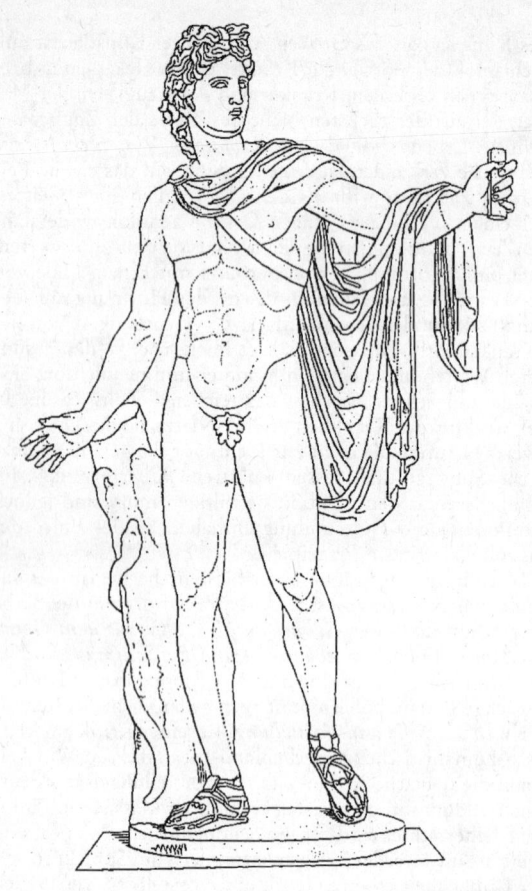

Der Apoll vom Belvedere. Römische Marmorkopie
nach einem attischen Bronzeoriginal aus dem 4. Jh. v. Chr.

struieren läßt, der sich wie Natur zu Kultur verhält. So unterscheidet er zwei Prinzipien, das Dionysische und das Apollinische, und führt dazu aus: »Diese Namen entlehnen wir von den Griechen, welche die tiefsinnigen Geheimlehren ihrer Kunstanschauung zwar nicht in Begriffen, aber in den eindringlich deutlichen Gestalten ihrer Götterwelt dem Einsichtigen vernehmbar machen. An ihre beiden Kunstgottheiten, Apollo und Dionysus, knüpft sich unsere Erkenntniss, dass in der griechischen Welt ein ungeheurer Gegensatz, nach Ursprung und Zielen, zwischen der Kunst des Bildners, der apollinischen, und der unbildlichen Kunst der Musik, als der des Dionysus, besteht: beide so verschiedne Triebe gehen neben einander her, zumeist im offnen Zwiespalt mit einander und sich gegenseitig zu immer neuen kräftigeren Geburten reizend, um in ihnen den Kampf jenes Gegensatzes zu perpetuieren, den das gemeinsame Wort ›Kunst‹ nur scheinbar überbrückt; bis sie endlich, durch einen metaphysischen Wunderakt des hellenischen ›Willens‹, mit einander gepaart erscheinen und in dieser Paarung zuletzt das ebenso dionysische als apollinische Kunstwerk der attischen Tragödie erzeugen.«[3]

Für Nietzsche ist die Welt der Bilder, die Apollo, der Lichtgott, »als der Gott der bildnerischen Kräfte« (27) repräsentiert, eine Welt des schönen Scheins und der Harmonie. Apollo geht nicht allein in der reinen Erkenntnis auf, denn er ist zugleich der Gott des Traumes, in dessen »Erzeugung jeder Mensch voller Künstler« ist (26), aber es gibt eine »zarte Linie, die das Traumbild nicht überschreiten darf, um nicht pathologisch zu wirken, widrigenfalls der Schein als plumpe Wirklichkeit uns betrügen würde« (28). Apollo verkörpert schon eine Stufe der Sublimation und der maßvollen Vergeistigung. Nietzsche ist aber weit davon entfernt, diese »Heiligkeit« des Apollinischen mit modernen Formen einer asketischen Ratio gleichzusetzen: »Hier erinnert nichts an Askese, Geistigkeit und Pflicht: hier redet nur ein üppiges, ja triumphierendes Dasein zu uns, in dem alles

Vorhandene vergöttlicht ist, gleichviel ob es gut oder böse ist.« (34 f.) Unter dieser Decke der Kunstwelt des Apollinischen (Nietzsche spricht vom »olympischen Zauberberg«), das die griechischen Göttergestalten verkörpern, ist jedoch eine Welt des Grausens und der Schrecken verborgen, die in der griechischen Frühgeschichte immer mehr unterdrückt wurde. Dieser dunkle Grund mußte verdrängt werden, um die Leiden, zu denen die Griechen angeblich »so einzig befähigt« waren, erträglich zu machen. Aber dieses Dionysische ist nicht nur eine Welt des Entsetzlichen, sondern auch des Rausches, der das Subjektive zu völliger Selbstvergessenheit steigert und das *principium individuationis* in kollektiven Handlungen wie Chorgesang und Tanz wieder aufhebt. »Unter dem Zauber des Dionysischen schließt sich nicht nur der Bund zwischen Mensch und Mensch wieder zusammen: auch die entfremdete, feindliche oder unterjochte Natur feiert wieder ihr Versöhnungsfest mit ihrem verlorenen Sohne, dem Menschen.« (29) »Jetzt ist der Sclave freier Mann, jetzt zerbrechen alle die starren, feindseligen Abgrenzungen, die Noth, Willkür oder ›freche Mode‹ zwischen den Menschen festgesetzt haben. Jetzt, bei dem Evangelium der Weltenharmonie, fühlt sich Jeder mit seinem Nächsten nicht nur vereinigt, versöhnt, verschmolzen, sondern eins, als ob der Schleier der Maja zerrissen wäre und nur noch in Fetzen vor dem geheimnissvollen Ur-Einen herumflattere.« (29 f.)

Die Welt des Dionysischen ist eine Welt der Musik (bzw. der musischen Urkunst: dieser Theorieteil sollte um die Jahrhundertwende fundamentale Bedeutung für Konzeptionen wie die der »musischen Erziehung« erlangen, die die Gattungsdifferenzierung wieder aufheben wollte). Hier schließt sich Nietzsche wieder Schopenhauer an, der ja die Musik als besonders mächtig und eindringlich geschildert hatte, der Sagbarkeit entzogen, als reines »Abbild des Willens selbst«. Sie gewähre als einzige angesichts der unaufhebbaren Leiden in der Welt Trost.

Das Apollinische dagegen assoziiert Nietzsche mit Kunstgattungen wie Plastik, Architektur und Epos. Den Gipfel künstlerischer Leistungen in der antiken griechischen Kultur – ein historisches Ergebnis der Auseinandersetzungen zwischen diesen beiden Prinzipien des Dionysischen und Apollinischen – stellt nach Nietzsche die attische Tragödie dar, bei der er im Chor Residuen des Chors der Satyrn rekonstruiert, die nun in »fingirte Naturwesen« (55) verwandelt erscheinen. Im Chorgesang der Tragödie seien noch Bilder erkennbar, die ekstatischen Charakter haben und an die alten Mysterien erinnern. Für Nietzsche stellt die Tragödie letztlich eine Art Pazifizierung des Dionysischen durch das Apollinische dar, denn der Chor ist gleichsam gezwungen, die »apollinische Vollendung« zu schauen. Ob Nietzsches Theorie philologisch-historisch zutrifft, mag umstritten bleiben. Neu war jedenfalls seine Destruierung des Idealbildes, das man sich von der griechischen Kultur geschaffen hatte. Daß Nietzsche diese Analyse der Vorgeschichte der Tragödie in aktueller Perspektive vornahm, erhellen auch die weiteren Ausführungen, die Sokrates gewidmet sind, in dem er idealtypisch den Zuschauer sieht, der die Tragödie in einem theoretischen Optimismus rational aufnehmen will, dabei jedoch ihre dionysischen Tiefenschichten ausblendet:

»Sokrates aber war jener z w e i t e Zuschauer, der die ältere Tragödie nicht begriff und deshalb nicht achtete; mit ihm im Bunde wagte Euripides, der Herold eines neuen Kunstschaffens zu sein. Wenn an diesem die ältere Tragödie zu Grunde ging, so ist also der aesthetische Sokratismus das mörderische Princip: insofern aber der Kampf gegen das Dionysische der älteren Kunst gerichtet war, erkennen wir in Sokrates den Gegner des Dionysus, den neuen Orpheus, der sich gegen Dionysus erhebt und, obschon bestimmt, von den Mänaden des athenischen Gerichtshofes zerrissen zu werden, doch den übermächtigen Gott selbst zur Flucht nöthigt: welcher, wie damals, als er vor dem Edonerkönig

Lykurg floh, sich in die Tiefen des Meeres rettete, nämlich in die mystischen Fluthen eines die ganze Welt allmählich überziehenden Geheimcultus.« (87 f.)

Sokrates, den Nietzsche den »specifische[n] Nicht-My-stiker« (90) nennt, ist für ihn der Vertreter des neuen Rationalismus, der selbst dem Tod »ohne den natürlichen Schauder« entgegengeht; dadurch wird er – über Platons Vermittlung – zum neuen Vorbild der athenischen Jugend. Dennoch ist dieser Rationalismus nur ein Oberflächenphä-nomen: Sokrates täuscht sich darüber hinweg, daß gleich-sam hinter ihm ein »ungeheure[s] Triebrad« (91) in Bewe-gung ist, daß Instinkte und Monstrositäten hinter seinem scheinbar klaren logischen Denken lauern. Genau dies kriti-siert Nietzsche auch an der gegenwärtigen Kultur: daß sie sich in gigantischem Selbstbetrug am apollinischen Schein ihres vermeintlich unanfechtbaren Geistes naiv vergnügt.

Das Prinzip des Dionysischen war von Nietzsche in ei-ner philologischen Analyse erschlossen worden (die freilich Ulrich von Wilamowitz-Moellendorff[4], der später führende Altphilologe, in dem Nietzsche zweifellos einen Vertreter des modernen Sokratismus sah, in einer scharfen Rezension als unwissenschaftlich zurückwies). Worauf er damit gesto-ßen war, war die Welt des Rausches, der Triebe und der enthusiastischen Ekstase, aber auch der existentiellen Er-schütterung. Stand er zu diesem Zeitpunkt noch ganz unter dem Eindruck von Schopenhauers Pessimismus, so daß das Trostmoment des Dionysischen noch von großer Bedeu-tung für ihn war, so wandelte sich in der Folgezeit seine Auffassung von den Affekten dahingehend, daß er sie als Quelle der Lebensenergie begriff. Diese Umdeutung voll-zog sich nicht zuletzt unter dem Einfluß des neuesten Stands der Naturwissenschaften, speziell der Biologie und einer sich ihr annähernden Psychologie, die nach Fechners Vorbild experimentell vorging und den Zusammenhang von Psychischem und Physischem im Zentralnervensystem er-forschte.

Der entscheidende Anstoß kam aber von der Entwicklungslehre Charles Darwins. Seine Theorie der Auslese des Stärkeren und der natürlichen Zuchtwahl, die er in der Schrift *On the Origin of Species by Means of Natural Selection* (London 1859) niedergelegt hatte, erschütterte die idealistischen Konzeptionen der Geisteswissenschaften, da sie als neue These die Auffassung von der Veränderlichkeit der Arten und, noch revolutionärer, der Herkunft des Menschen aus dem Tierreich in die Diskussion brachte. Nietzsche hat darwinistisches Gedankengut weitgehend von Paul Rée (1849–1901) übernommen, der mit Schriften wie *Der Ursprung der moralischen Empfindungen* (Chemnitz 1877) oder *Die Entstehung des Gewissens* (Berlin 1885) auf Nietzsches *Zur Genealogie der Moral* (1887) eingewirkt hat. Auch Herbert Spencer, der mit seinem Evolutionismus sich eng an Darwin anschließt, hat mit seiner These, daß die elementaren Erregungen des Nervensystems elementaren Bewußtseinszuständen entsprächen, aus deren Integration und Differenzierung das gesamte geistige Leben abzuleiten sei, Nietzsches Denken beeinflußt.[5]

Entscheidend in diesem Zusammenhang ist der durch den Darwinismus proklamierte biologische Lebensbegriff, der ganzheitlich aufgefaßt wird, als eine dynamisch-energetische Kategorie. Dessen Rezeption erklärt Nietzsches »Konversion« vom Pessimismus Schopenhauerscher Prägung zu einem willensbetonten Optimismus, der sich aus dem Gefühl der Macht speist, die einzig für gut und »schön« erklärt wird. Alles Schwächliche und Mißratene, in der natürlichen Zuchtwahl nicht positiv Selektierte erscheint daher als »hässlich«. Hier liegt unleugbar eine präfaschistische Tendenz bei Nietzsche, auf die seine Philosophie insgesamt, die ja sehr widersprüchlich ist und an vielen Stellen eine sympathetische Sensibilität für eben jenes Schwache und Ohnmächtige, für zarte Nuancen offenbart, nicht reduziert werden darf.

Mit dieser Vorstellung vom vitalen Machtgefühl verbin-

det sich bei Nietzsche die hedonistische Auffassung, daß die
Kunst das »große Stimulans des Lebens« ist. Ihre Aufgabe
ist die Potenzierung des Lebensgefühls, der kraftvollen Affekte, der »Lust«. Leben soll weiterhin (wie schon in der
Konzeption des Dionysischen) als Rausch erfahren werden:
»Rausch, der im Gefolge aller grossen Begierden, aller starken Affekte kommt; der Rausch des Festes, des Wett-
kampfs, des Bravourstücks, des Siegs, aller extremen Bewegung; der Rausch der Grausamkeit; der Rausch in der Zerstörung [. . .]. Das Wesentliche am Rausch ist das Gefühl
der Kraftsteigerung und Fülle.«[6] So steht es in der *Götzen-
Dämmerung*, und in den *Nachgelassenen Fragmenten*, die
eine Fülle von Notaten und Aperçus enthalten, variiert
Nietzsche immer wieder dieses Thema. Sein neuer Lebensbegriff (als Ferment des Kunstbegriffs) wird nun auch auf
die Theorie der Tragödie bezogen: Nietzsche wendet sich
gegen das »große Mißverständniß des Aristoteles«, der zwei
»deprimirende Affekte«, Schrecken und Mitleid, eingeführt habe. Dagegen wendet er ein, daß sich dort Kunst
selbst verneine, weil, was »habituell Schrecken oder Mitleid
erregt, desorganisirt, schwächt, entmuthigt [. . .]. Tragödie
bedeutete dann einen Auflösungs-prozeß: die Instinkte des
Lebens sich im Instinkt der Kunst selbst zerstörend. Christenthum, Nihilismus, tragische Kunst, physiologische dé-
cadence: das hielte sich an den Händen, das käme zur selben
Stunde zum Übergewicht, das triebe sich gegenseitig vor-
wärts – abwärts! . . . Tragödie wäre ein Symptom des Verfalls.

Man kann diese Theorie in der kaltblütigsten Weise wi-
derlegen: nämlich indem man vermöge des Dynamometers
die Wirkung einer tragischen Emotion mißt. Und man
bekommt als Ergebniß, was psychologisch zuletzt nur
die absolute Verlogenheit eines Systematikers verkennen
kann –: daß die Tragödie ein tonicum ist.«[7]

Kunst ist für Nietzsche eine integral das Leben durch-
dringende Existenzform. Deshalb polemisiert er scharf ge-

gen ihre Partikularisierung als »Kunst der Erholung«, die den Feierabend ausfüllt und bloß unterhaltenden Charakter hat. Er erkennt, daß sich sein Kunstbegriff gegen den Primat der Arbeit, die den Alltag beherrscht, nicht durchsetzen läßt; denn unter diesen ökonomischen Bedingungen kann sie nur in das Reservat der arbeitsfreien Zeit abgedrängt werden. So bleibt Nietzsches Kunstbegriff letztlich utopisch: »Ich beschreibe das Glück, wie ich es mir bei unserer jetzigen gehetzten, machtdürstigen Gesellschaft Europa's und Amerika's denke.«[8] Diesen Glückszustand imaginiert sich Nietzsche im Bilde des »Fests«, dessen Stimmung das Gefühl eines Taumels sei. Wie in einem Strudel sinke man dahin. Im Fest werde die große Last abgeworfen, man lasse sich die Zügel aus der Hand reißen. Dadurch verliere man zwar vorübergehend Macht, gewinne sie aber durch diese Befreiung und Erholung wieder zurück. Nietzsche will also der Kunst eine möglichst breite Basis geben, eine Verkürzung auf die »Kunst der Kunstwerke«, die nur »Anhängsel« seien, lehnt er entschieden ab. Auch die Genieästhetik ist für ihn nicht akzeptabel. Obwohl immer mehr einem Aristokratismus zuneigend, vertritt Nietzsche in diesem Punkt eine eher »demokratische« Position. In der Übergangsphase zu *Menschliches – Allzumenschliches* heißt es: »[...] es kommt nur auf die Grade und Quantitäten an: alle Menschen sind künstlerisch, philosophisch, wissenschaftlich usw. Unsere Werthschätzung bezieht sich auf Quantitäten, nicht auf Qualitäten. Wir verehren das Grosse, das ist freilich auch das Unnormale.«[9]

GUSTAV THEODOR FECHNER

Fechners *Vorschule der Ästhetik*, die 1876 in zwei Teilbänden herauskam, bedeutete bei ihrem Erscheinen einen radikalen Paradigmenwechsel, denn das ihr zugrunde liegende Konzept brach mit der seit dem deutschen Idealismus (Schelling, Hegel und seiner Schule) üblichen spekulativen Methode kunsttheoretischer Reflexion und versuchte, gegen diese »Ästhetik von oben«, wie er sagte (an einer Stelle heißt es noch deutlicher, um das Anmaßende und Vermessene zu charakterisieren: »von oben herab«), eine »Ästhetik von unten« zu setzen. Damit war eine Ästhetik als Erfahrungswissenschaft gemeint, die experimentell vorgeht (als Prolegomenon zur *Vorschule der Ästhetik* hatte Fechner schon 1871 die Schrift *Zur experimentellen Ästhetik* vorausgehen lassen) und nicht mit begrifflichen Deduktionen aus nicht bewiesenen oder beweisbaren Setzungen.

Mit dieser empiristischen Konzeption fügt sich Fechners Ästhetik in zeitgenössische Bestrebungen einer Anpassung philosophischen Denkens an die neuen wissenschaftlichen Erkenntnisse und Standards. Idealistische Modelle waren im Bereich der Naturphilosophie gänzlich obsolet geworden und gerieten unter dem wachsenden Primat der »positiven Wissenschaft« unter Legitimationsdruck. Fechner, der selbst von romantischen Anschauungen, z. B. der pantheistischen Theorie Lorenz Okens, der zufolge alles Sichtbare Gedanken Gottes verkörpert, her kam, bemühte sich, diesen Riß zwischen dem alten und neuen Weltbild zu kitten und die Bedürfnisse des Gemüts mit den neuen Forschungsresultaten in Einklang zu bringen. Dies geschah besonders in seiner Schrift *Zend-Avesta oder über die Dinge des Himmels und des Jenseits* (3 Bde., Leipzig 1851) oder in der Abhandlung *Über die Seelenfrage, ein Gang durch die sichtbare Welt, um die unsichtbare zu finden* (Leipzig 1861).

Das romantische Denken Fechners, das wie Gotthilf

Heinrich Schubert noch von der Vorstellung der »Nachtseite der Naturwissenschaft«[1] ausging, zeigt sich in Äußerungen wie: »Wenn ein Sturm rauscht, die Erde bebt, eine Flut braust, der Frühling die Säfte aus dem Boden aufwärts pumpt, ist das alles für das Fühlen der Erde nicht gleichgültig.« Die Sonnenstrahlen bezeichnet er als »lange Lichtfinger, Fühlfäden, die sie ausstreckt«.[2] Er meint dies durchaus substantialiter, nicht bloß metaphorisch. Wie Carus (1789 bis 1869) unterstellt auch Fechner der Natur holistisch ein »Erdleben«, psychische Vorgänge sind nicht etwas Spezifisches nur für die Individuen, sondern vielmehr Besonderungen eines universellen Geschehens. Aus dieser fest geglaubten metaphysischen Supposition gewinnt Fechner Trost, denn dieser Gedanke der universellen Einheit, bei dem jedes Teilphänomen nur ein Analogon zum Ganzen darstellt, in das es zugleich integriert ist, vermag die angstbesetzte Vorstellung von der isolierenden und damit vereinsamenden Individuation zu lindern, wenn nicht gar aufzuheben.

Das von Fechner in die Psychologie eingeführte Verfahren der Psychophysik, das nach dem Vorbild der quantitativ vorgehenden Naturwissenschaften unter strenger Handhabung von Meßmethoden operiert, steht, genau besehen, zu dieser romantischen Weltsicht nicht in Widerspruch. Denn es geht Fechner darum, die »Abhängigkeitsbeziehungen zwischen Seele und Leib« und damit den Ganzheitszusammenhang im psychischen Geschehen zu beweisen. Dies hatte schon der romantische Psychologe Karl Adolf Eschenmayer in seiner *Psychologie* (Tübingen 1817) gefordert, der die Anwendung des mathematischen Prinzips durchaus für legitim hielt. Auch Herbart, der eine *Psychologie als Wissenschaft* begründen wollte (so der Titel einer seiner Schriften mit dem bezeichnenden Untertitel *neu gegründet auf Erfahrung, Metaphysik und Mathematik*, Königsberg 1824–25) bereitete einer exakt messend vorgehenden Psychologie den Boden.

Trotz des holistischen Ansatzes war Fechner gezwungen, bei der Durchführung dieses Meßverfahrens atomistisch vorzugehen. So ist es denn eine Konsequenz seiner »Psychophysik« gewesen, daß sie die ältere Vermögenspsychologie (die sich freilich weiter hielt und ständig aktualisierte) zugunsten eines Empfindungsatomismus aufgab. Denn die einzige Größe, an oder in der Psychisches sich somatisch manifestiert, ist die Empfindung, die auf einen Reiz reagiert. Fechner hat in Fortführung von Ernst Heinrich Webers (1795–1878) bereits 1834 am Tastsinn entwickelten Gesetz, daß die Empfindungsintensität in arithmetischer Reihe wächst, wenn die Reizstärke geometrisch zunimmt, Messungen solcher Intensitäten vorgenommen und dabei drei Methoden der Unterschiedempfindlichkeitsprüfung eingeführt: die Methode der eben merklichen Unterschiede, der richtigen und falschen Fälle und die der mittleren Fehler.[3] Lassen wir die beiden letztgenannten Prüfungsverfahren einmal beiseite, bei denen es um Verifikations- bzw. Falsifikationsmethoden geht, so ist das erste (und für Fechner ja auch wichtigste) insofern von größter Relevanz, als es ein Prinzip angibt, das Fechner auch in seiner experimentellen Ästhetik zugrunde legt.

Dort ist die Feststellung von Unterschieden in der Tat von zentraler Bedeutung. Fechner untersucht im engeren Bereich des Ästhetischen jedoch weniger Empfindungsunterschiede, die sich bei einzelnen Probanden in einer bestimmten zeitlichen Folge zeigen, als Differenzen in der Auffassung und Beurteilung ästhetischer Gegenstände bei mehreren Personen. Ziel seiner Versuche ist es also, empirisch, durch statistische Auswertung eines intersubjektiven Spektrums zur Feststellung von Werten zu gelangen, die es gestatten, daraus eine normative Ästhetik, und somit wieder eine »Ästhetik von oben«, zu entwickeln. (»Man sieht hieraus wohl, daß ich eine Ästhetik von Unten selbst zu den wesentlichsten Vorbedingungen der Aufstellung einer Ästhetik von Oben rechne; und da ich, bei der bisher unzulänglichen Erfüllung dieser wie andrer Vorbedingungen dazu, den Weg von Oben eben so wenig klar, sicher und er-

folgreich einzuschlagen vermöchte, als ich ihn bisher einge-
schlagen finde, so werde ich vielmehr durch strenge Einhaltung und Verfolgung des Weges von Unten ein Scherflein
zu dieser Erfüllung beizutragen suchen, womit ich zum
Voraus alle wesentlichen Vortheile desselben in Anspruch
nehme, ohne den, in dessen Wesen liegenden, Nachtheilen
entgehen zu können. Den blossen Gefahren zu entgehen,
darauf soll wenigstens das Streben gerichtet sein.«)[4]

Vorbild hierfür sind ihm die englischen Empiristen wie
Hutcheson und Burke (und auch Hogarth, den er mit dazu
zählt). Was seine Zeitgenossen betrifft, so schließt er sich
bei Betonung der unterschiedlichen Auffassungen u. a. Julius Hermann von Kirchmann, Karl Köstlin, Rudolf Hermann Lotze (*Mikrokosmos*, Leipzig 1856–58), Hans Christian Oerstedt und Robert Zimmermann an und nimmt
auch Bezug auf die Forschungen in einzelnen Spezialgebie-
ten, etwa von Eduard von Brücke (der sich mit der Psychologie bzw. Physiologie der Farben befaßt hatte) oder Hermann von Helmholtz. Zimmermann, ein Anhänger Her-
barts, hatte 1865 in Wien seine *Allgemeine Aesthetik als
Formwissenschaft* veröffentlicht, in der erstmals programmatisch der Formbegriff ins Zentrum gerückt wird. Ihm
geht es ausschließlich um die Quantität oder Qualität ästhetischer Vorstellungen, um ihre Intensität (so im § 84). Kennzeichnend für diesen spröden Formalismus ist etwa der
Satz: »Die überwiegende Identität der Formglieder gefällt,
der überwiegende Gegensatz derselben mißfällt unbedingt«
(§ 91). Zimmermann, gegen den Fechner hin und wieder
sanft ironisch polemisiert – er konnte wohl mit dessen
trockener Begriffsspalterei und der schier unendlichen Para-
graphengliederung wenig anfangen –, verfährt aber noch
konstruierend, nicht empirisch erhebend. Darum hatte sich
jedoch bereits Adolf Zeising bemüht (*Neue Lehre von den
Proportionen des menschlichen Körpers aus einem bisher
unbemerkt gebliebenen, die ganze Natur und Kunst durchdringenden morphologischen Grundgesetze*). Wie der Titel

seiner Schrift bereits erkennen läßt, legt Zeising den menschlichen Körper als Maß aller Dinge zugrunde; er schließt sich also älteren anthropometrischen Modellen der Antike oder bei Leonardo an. Erklärlich bei dieser etwas einfältigen Zielsetzung und geradezu monomanischen Beweisführung war das Motiv, das Zeising leitete: In einer Umbruchphase, in der die Dominanzstellung des Menschen durch materialistische Welterklärungen und die evolutionistische Deszendenztheorie in Frage gestellt wurde – zu erinnern ist an Darwins Schrift, die vier Jahre später (1859) herauskam –, wird über die Ermittlung eines anthropozentrischen Proportionskanons noch einmal der Mensch physikotheologisch und -teleologisch gefeiert: »[...] überall finden wir, dass der höchste Grad von Befriedigung von solchen Gestaltungen ausgeht, die mehr oder minder mit dem hier entwickelten Urtypus der menschlichen Gestalt harmoniren oder dem ihm zum Grunde liegenden Proportionsgesetz entsprechen.«[5] Zeising vermag daraus sogar ethische und religiöse Folgerungen zu ziehen.

Der Gegensatz der Fechnerschen Ästhetik zur voraufgegangenen idealistischen liegt vor allem darin, daß er sich nur bedingt für den Gehalt der Kunst interessiert. Sein Bemühen konzentriert sich hauptsächlich auf die Feststellung der Lust-Unlust-Reaktionen seiner Versuchspersonen, wobei ihm durchaus klar ist, daß Lust und Unlust relative Begriffe sind, daß also ein ausgelöstes Unlustgefühl durchaus Vorbedingung einer Lust sein kann und umgekehrt. In dieser Polarität oder Skalierung ist zugleich gesetzt, daß Fechners Ästhetik einen hedonistischen Charakter hat, und er kann es nicht oft genug wiederholen, daß »Wohlgefühl, Glück, Glückseligkeit« das Erstrebenswerte sei. »Beides, Lust und Unlust, fasst man unter dem Namen Gefühle zusammen. Insofern jedoch dieser Name sonst auf mancherlei Seelenzustände oder Seelenbestimmungen angewandt wird, welche nicht auf klare Vorstellungen oder Begriffe zu bringen, ohne Rücksicht ob Lust oder Unlust dabei ins Spiel kommt, kann man Lust und Unlust zur bestimmteren Unterscheidung ästhetische Gefühle nennen.« (12)[6] Fechner richtet bei seinen Erkundungen der seelischen Äußerungsformen des Gefallens oder Mißfallens seine Aufmerksamkeit auf deren »höheren Charakter«, während er »niedrige« Lustäußerungen als Ausdruck einfacher Sinnlichkeit weitgehend ablehnt. Es zeigt sich an dieser Stelle, daß er kulturell bedingte, nämlich bildungsbürgerliche Wertvorstellungen als normative Zielsetzungen in seine methodischen Prämissen aufnimmt. Wenn er von »Lust« spricht, ist er noch meilenweit von dem entfernt, was wenig später Sigmund Freud unter »Lustprinzip« verstehen wird.[7] (Freud selbst freilich bezieht sich sehr häufig auf Fechner.) Dennoch: bei aller Sublimierungstendenz hat Fechners Ästhetik darin einen innovativen Charakter, daß sie sich verstärkt dem Alltag zuwendet und danach fragt, was der »gemeine Mann« denn unter »Schönheit« versteht, was er bei dargebotenen ästhetischen Reizen empfindet und wie er diese Empfindung benennt. In der Tat hat Fechner neben Personen aus der höheren Gesellschaftsschicht – er nennt sie die »Gebildeteren, denen feinere Unterscheidungen geläufig sind« – auch Handwerker und Arbeiter befragt. »Auch höhere Lust [. . .] hat nur insofern grösseren Werth als niedere, als sie zugleich Quell von mehr Lust ist. Die Lust des Kindes an seinem unschuldigen Spiele, die Lust des fleissigen Arbeiters an seinem einfachen Male [sic] aber, obwohl niedriger, ist doch werthvoller, als die Lust an einer schlechten Intrike [sic] oder einem unsittlichen Romane.« (26)

Da Fechner wissen will, woran die Menschen denken, wenn ihnen bestimmte ästhetische Phänomene vorgelegt werden, hat er als wichtiges Prinzip das der »ästhetischen Assoziation« herausgestellt. Hierbei spielt die Erinnerung der Personen, ihre Lebenserfahrung eine wichtige Rolle. Etwa bei der Farbe Rot kann, wenn man sie auf einer Wange sieht, sich die Assoziation an Jugend, Gesundheit, blühendes Leben einstellen, bei Händen erinnere sie jedoch meist mehr an Waschen, Scheuern, »Manschen« (so Fechner). In die Farben werden also vitale Befindlichkeiten oder Erlebniskonventionen (z. B. Grün = Natur im Ganzen, Rot = Blut oder Glut) hineingelesen. Im Grunde genommen geht Fechner kaum anders vor als die spätere an »Lebenswelten« interessierte Phänomenologie, nur daß er noch sehr viel unvermittelter und unverkrampfter sich dem realen Alltag zuwendet. »Als nach Leipzig zum erstenmal ein Lama kam, sah jeder dasselbe mit Wohlgefallen an, ungeachtet niemand vorher ein solches Thier gesehen hatte. Warum? Weil seine Füsse an alles Schlanke, Leichte, Rege, seine Augen an alles Sanfte, Fromme, sein Haar an alles Ordentliche, Reinliche, Reichliche, Warme erinnerten.« (96)

Bei all diesen Beispielen handelt es sich noch um konkrete Fälle des Alltagslebens. Der Mensch ist auch für Fechner, aber nicht in dem Sinne von Zeising, das »Centrum von Assoziationen«, da beim Wahrnehmungsakt alles in irgendeiner Weise auf menschliche Handlungen oder Erscheinungsformen bezogen wird. Fechner bereitet damit die Einfühlungspsychologie vor, die später Theodor Lipps zu einem eigenständigen System ausbaute. Der eigentliche Kern von Fechners Ästhetik ist aber die Bewertung formaler Muster, bei denen wiederum geometrischen Strukturen besondere Aufmerksamkeit gewidmet wird. Seinen Versuchspersonen legte Fechner Quadrate, Rechtecke und anderes vor und ließ sie erklären, was ihnen am wohlgefälligsten sei und was sie verwürfen. Dabei wandte er drei Methoden der Untersuchung an: die Methode der Wahl, die Methode der Herstellung und die Methode der Verwendung. Es zeigte sich, daß sein Publikum mit Vorliebe dem Muster des Goldenen Schnitts den Vorzug gab (es also perzeptiv eingeschliffene Patterns reproduzierte) und Rechtecke mit diesem Seitenverhältnis besonders schätzte. (»Man braucht nur die durchschnittlich vorkommenden Büchereinbände, Druckformate, Schreib- und Briefpapierformate, Cassenbillets, Wunschkarten, photographische Karten, Brieftaschen,

Schiefertafeln, Chokolaten- und Bouillontafeln, Pfefferkuchen, Toilettenkästchen, Schnupftabaksdosen, Ziegelsteine u. a. anzusehen, um sogleich an den goldnen Schnitt dadurch erinnert zu werden, wenn man sich das Verhältniss desselben durch Anschauung hinreichend imprimirt.« (200) Damit noch nicht genug: Fechner untersuchte auch Couverts, Adreßkarten, Galeriebilder mit und ohne Rahmen, Sitzkissen, Zuckerdosen, Schachkästchen, Fenster und Scheunentore und fand hier fast überall das Muster des Goldenen Schnitts bestätigt.)

Daß dennoch viele Probanden Quadrate sehr schätzten, konnte Fechner sich nur damit erklären, »dass nach Massgabe abnehmenden Bildungsgrades das Quadrat an relativer Wohlgefälligkeit steigt«, so besonders bei Handwerkern verschiedenen Gewerbes, von denen er 28 befragte (199). Einfache Leute huldigten wohl der »theoretischen Voransicht [. . .], ein Quadrat müsse das Wohlgefälligste sein, weil es das regelmässigste sei« (197 f.).

Alle diese Beispiele geben zu erkennen, daß Fechners Ästhetik eine formalistische Perzeptionsweise stark beeinflußt hat, nicht zuletzt über zahlreiche psychologische Schulen, die sich ausdifferenzierend an seine Konzeption anschlossen, bis hin zur Gestaltpsychologie. Wie die im angeführten Zitat genannten Beispiele von Einrichtungsgegenständen und Utensilien zeigten, war schon bei Fechner das Interesse auf kunstgewerbliche Fragen ausgerichtet. In diese Richtung tendierte auch der von ihm begründete Formalismus, so besonders in den sich um und nach 1900 häufenden Studien zu den *Elementargesetzen der bildenden Kunst* (so der Titel einer mehrfach aufgelegten Schrift aus dem Jahre 1908 von Hans Cornelius, dem späteren akademischen Lehrer Theodor W. Adornos), die ihren primären Anwendungsbereich aber in der Werbung (Plakate, Verpackung) hatten und von dort wiederum – wegen ihrer »Empfindungsintensität« – Gestaltungsprinzipien der avantgardistischen Kunst beeinflußten.[8]

THEODOR LIPPS

Die Bedeutung, die Theodor Lipps' Ästhetik um die Jahrhundertwende (und noch bis in die zwanziger Jahre) gehabt hat, läßt sich heute kaum noch ermessen. Sein Schlüsselbegriff der »Einfühlung« hat über die Erörterung ästhetischer Fragen hinaus als elementare psychologische Kategorie in den Alltag gewirkt. Nach dem Zweiten Weltkrieg begegnete man diesem Begriff aber zunehmend mit Skepsis und Zurückhaltung; man witterte in ihm eine irrationale, allzu gefühlsbetonte Haltung, die sich mit jener angesichts der wissenschaftlich-technischen Revolution geforderten nüchternsachlichen, auf logische Rationalität bedachten Einstellung nicht mehr vereinbaren ließ. Dennoch kehrte der Begriff unter der Bezeichnung »Empathie« wie ein Wechselbalg als aus dem Amerikanischen entlehnter Terminus wieder zurück; als Wort aus der Fremde schien er seine emotionale, um nicht zu sagen: sentimentale Komponente verloren zu haben, ja er konnte in der Interaktionssoziologie[1], innerhalb derer er den Dreh- und Angelpunkt bildete, den Eindruck erwecken, als sei mit ihm eine intersubjektiv überprüfbare sozialpsychologische Kategorie gegeben.

Lipps' psychologische Konzeption ist bereits eine Reaktion auf das erste Stadium des von Gustav Theodor Fechner inaugurierten Forschungsansatzes der Psychophysik, der ursprünglich philosophisch, ja sogar metaphysisch motiviert war, sich aber im Zeichen des Paradigmas der Naturwissenschaften immer mehr der experimentellen Methode verschrieben hatte, mit dem Anspruch, die Wechselbeziehungen von Psychischem und Physischem im Zentralnervensystem sogar logarithmisch exakt bestimmen zu können. Um die Jahrhundertwende, seit etwa 1890, setzt indessen eine latente Kritik an diesem Primat der Sinnesphysiologie, an dieser »naturalistischen« Konzeption ein. Wissenssoziologisch darf dies wohl als ein Versuch des durch den technischen Fortschritt in die Defensive gedrängten Bildungsbürgertums gewertet werden, geistig-ideelle Gehalte gegenüber dem Vordringen der Naturwissenschaften (wie bei E. du Bois-Reymond, Virchow u. a.) zu reklamieren. Um die Wiederherstellung dieses emphatischen Geistes- und Seelenbegriffs als Kernbereich der im Gefüge der wissenschaftlichen Disziplinen als Überinstanz hoch anzusetzenden Philosophie war besonders Friedrich Paulsen bemüht, vor allem in seiner in bildungsbürgerlichen Kreisen vielgelesenen *Einleitung in die Philosophie* (Berlin 1892, 25. Aufl. 1912!).

Die Forschungen erhalten somit erneut einen stärker introspektiven Charakter, werden also im überkommenen Sinne wieder »psychologisch«. Die Fragestellungen, die von der Psychophysik gestellt worden waren, bleiben jedoch erhalten; sie werden jetzt nur unter einem neuen Blickwinkel beantwortet. Besonders die Würzburger Schule unter Oswald Külpe versuchte mit dieser Renaissance der deskriptiven Psychologie, die sich besonders auf Willens- und Denkvorgänge konzentrierte, wieder Anschluß an die Philosophie zu gewinnen. Richtungweisend war in diesem Zusammenhang Wilhelm Diltheys lebensphilosophische Konzeption der Hermeneutik, die er in verschiedenen Essays niedergelegt hatte, die 1906 unter dem Titel *Das Erlebnis und die Dichtung* zusammengefaßt erschienen. Analogien zu Dilthey, der die Forderung aufgestellt hatte, Dokumente der Kunst und besonders der Literatur als »Lebensäußerungen« aufzufassen, als unmittelbaren Ausdruck von Erlebnissen und »Lebensgefühlen«, finden sich auch bei Theodor Lipps.

In seiner *Ästhetik*, die 1903 und 1905 in Hamburg und Leipzig in zwei Bänden herauskam, der erste mit dem Untertitel *Grundlegung der Ästhetik*, der zweite unter der Bezeichnung *Die ästhetische Betrachtung und die bildenden Künste*, wird der in Diltheys Konzeption zentrale Begriff des »Verstehens« ebenfalls in den Mittelpunkt gerückt. Auf-

gabe der Ästhetik sei es nicht vorzuschreiben, was oder
wie ästhetisch gewertet werden soll, »sondern das ästhetische Werten zu verstehen«. Aus diesem hermeneutischen
Akt, der auf die Erkenntnis von Gesetzmäßigkeiten zielt,
soll dann jedoch eine normative Setzung hervorgehen:
»[. . .] denn wenn einmal feststeht, wie es um das Wesen und
die Bedingungen des ästhetischen Wertes bestellt ist, und
unter welchen Bedingungen der künstlerische Zweck, d.h.
der Zweck der Schaffung eines Schönen, erreicht wird und
seiner Natur zufolge einzig erreicht werden kann, so weiß
ich damit auch, wie ästhetisch gewertet werden, und wie
in einem gegebenen Falle der Künstler verfahren ›soll‹.«[2]
Lipps prätendiert also nicht nur, durch ein subjektives Verfahren, die »Einfühlung«, objektive Strukturen oder Gestalten erschließen, sondern diese so gewonnenen Erkenntnisse
auch in den Rang verbindlicher Normen für die Künstler
erheben zu können.

Charakteristisch für Lipps' Modell ist sein formorientier-
ter Ansatz. Ihn interessieren an der bildenden Kunst und
Musik, den hauptsächlichen Feldern seiner Untersuchun-
gen, weniger die Themen, Stoffe und Sujets als die Form-
verläufe. Formen sind für ihn das Korrelat von Gefühlen.
Dies war schon die Prämisse in Fechners experimenteller
Ästhetik, und auch Wilhelm Wundt hatte in seinen zahlreichen psychologischen Handbüchern immer wieder diese
Entsprechung von Elementarformen (als dem ästhetischen
Reiz) und Elementargefühlen (als Reaktion darauf) betont.[3]
Bei Fechner und seinen Nachfolgern hatte sich dieser Formalismus methodenbedingt zwangsläufig ergeben, denn
nur wenn das Reizmaterial hinreichend elementarisiert worden war – und das hieß: formalisiert –, konnte die Empfindungsintensität bei den Probanden mit einem Anspruch auf
größtmögliche Genauigkeit gemessen werden.

Die durch Formen ausgelösten Elementargefühle sind für
Lipps Lustgefühle. Sie werden seiner Meinung nach durch
die Weise der Verbindung von Teilen oder Elementen zu

einem Ganzen. Hier zeigt sich bereits eine konzeptio-
nelle Nähe der Einfühlungspsychologie und -ästhetik zum
Ganzheitsansatz der Gestaltpsychologie, wie sie in dem
epochemachenden Aufsatz von Christian Freiherr von Ehrenfels aus dem Jahre 1890[4] erstmals grundlegend vorgestellt wurde. Lipps erkennt in dieser Beziehung von Teilen
und Ganzem das Prinzip der »Einheit in der Mannigfaltigkeit«. Was er aber hier zu entdecken glaubt, ist bereits mehr
die projektive Applikation einer in der Geschichte der
Ästhetik seit langem aufgestellten Norm. So hatte schon
Charles Batteux (1713–80) in seiner Schrift *Les beaux-arts
réduits à un même principe* (Paris 1746), die Johann Adolf
Schlegel 1751 unter dem Titel *Einschränkung der Künste
auf einen einzigen Grundsatz* in deutscher Übersetzung
herausbrachte, als dieses eine Prinzip eben jene »Einheit in
der Mannigfaltigkeit« postuliert, mit deren Feststellung er
den Wust an Regeln in der Kunsttheorie vereinfachen
wollte. So sieht auch Batteux einfachste Ordnungsprinzi-
pien in der Beziehung zwischen Vielheit und Einheit, in der
Symmetrie und in der Proportion.

Lipps dekretiert nun: »Lustvoll ist nur die Einheit in der
Mannigfaltigkeit, die darin besteht, daß innerhalb eines
Ganzen aus verschiedenen und eventuell zueinander gegen-
sätzlichen Teilen oder Elementen ein durch dieses Ganze
hindurchgehender gemeinsamer, überall mit sich identischer
Grundzug den Momenten der Verschiedenheit oder der
Gegensätzlichkeit gegenübertritt, derart, daß das Ganze in
jenes Gemeinsame und in diese Momente der Verschiedenheit und Gegensätzlichkeit apperzeptiv sich zerlegen läßt,
daß beide Momente im Vergleich zueinander ein relativ
selbständiges psychisches Dasein haben, und daß doch zugleich das Verschiedene und Gegensätzliche nicht neben
dem Gemeinsamen steht, sondern sich darstellt als die Differenzierung des Gemeinsamen in sich selbst, als verschiedene und gegensätzliche Entfaltung und Ausgestaltung
eben dieses Gemeinsamen.«[5] Die »Differenzierung des Ge-

meinsamen« zeigt sich vornehmlich im rhythmischen Wechsel (so bei der Architektur des griechischen Tempels etwa von Metopen und Triglyphen, im Astragal oder in der Säulenreihe).

Neben dieses Formprinzip tritt nach Lipps das der »monarchischen Unterordnung«. Hier hat die Vereinheitlichung einen verdichteteren Charakter, sie tritt konzentrierter auf. Der Unterschied liegt hier darin, daß die Subordination nicht unter ein durchgehendes Gemeinsames erfolgt (das entspräche ungefähr dem gestaltpsychologischen Grundsatz der Übersummativität der Teile), sondern unter eines oder mehrere Elemente, die die Führung übernehmen. Beispiele hierfür liegen nach Lipps in der Metrik vor, bei den Taktarten wie Trochäus, Daktylus oder Anapäst, deren akzentuierte Teile ein »Gravitationszentrum«[6] bilden, einen Schwerpunkt, auf den hin alle anderen Elemente subordinativ ausgerichtet sind. Die Differenzierung des Gemeinsamen manifestiere sich weiterhin sehr klar beim griechischen Tempel, während die monarchische Unterordnung den gotischen Dom mit seinem das Ganze weit überragenden Turm kennzeichne.

Hinter diesen beiden Prinzipien liegt als Richtmaß und Axiom der Harmoniegrundsatz, der für Lipps unbefragt die oberste Norm im ästhetischen Geschehen darstellt. Das Harmoniepostulat schließt, gerade beim Prinzip der Differenzierung des Gemeinsamen, dissonantische Strukturen, insofern auch »Häßliches«, nicht aus, sie können aber, da sie auf einen Ziel- und Ruheort, nach Auflösung hindrängen, auf der einen Seite zwar Spannung erzeugen, andererseits in der Auflösung noch das harmonische Moment verstärken; sie potenzieren so die seelische Erregung als Lustqualität.

Demonstriert wird das Harmonieprinzip fernerhin an der Konsonanz der Farben, die ebenfalls auf dem Prinzip der Differenzierung beruhe. Dies verdeutlicht etwa der seit Chevreul[7] bekannte Grundsatz des »Simultankontrasts«. In diesem Begriff wird die Ambivalenz von Gegensätzlichkeit und Gemeinsamkeit bereits offenkundig. Bei dem Kontrast gibt es also eine einheitliche Basis: »Eine solche einheitliche Basis besteht, nach Aussage unseres Gefühls, schon bei den großen Kontrasten: Gelb und Blau, Rot und Grün usw. Die Einheitlichkeit steigert sich noch, wenn ein gemeinsamer Farbenton in den miteinander verbundenen kontrastierenden Farben deutlich heraustritt. In unmittelbarster Weise leuchtet die Einheit in der Mannigfaltigkeit oder im Gegensatze ein bei der Verbindung verschiedener Helligkeitsstufen der gleichen Farbe. Auch der stetige Übergang von Farbe in Farbe endlich ist ein Prinzip der Vereinheitlichung.«[8] Bei dieser Beschreibung, die auffallend nur abstrakte Farbqualitäten untersucht, fällt die Nähe zu Postulaten und zur ästhetischen Praxis der klassischen Avantgarde auf, etwa zum Fauvismus Henri Matisses, bei dem sich die Elementarqualitäten der Farbe, vom Motiv immer mehr abstrahierend, autonomisieren. In der Tat kann mit aller Vorsicht die These aufgestellt werden, daß abstraktive Formbeschreibungen, wie sie in der psychologischen Ästhetik um 1900 üblich wurden, einen entscheidenden Impuls für die künstlerische Praxis gebildet haben, die diese Deskriptionen gleichsam in den Bildern symbolisch thematisiert, so daß es danach ein zirkulärer Effekt war, wenn die ständig formalistischer werdende Theorie darin Belege und Bestätigungen für ihre Behauptungen fand.

Auch der Begriff der »Einfühlung« selbst hat Konsequenzen für die avantgardistische Bildauffassung gehabt. (Eine Vermittlerrolle hat hier zweifellos Wilhelm Worringers sich an Lipps' Thesen öffentlichkeitswirksam anlehnendes Buch *Abstraktion und Einfühlung* von 1908 gespielt.[9]) Lipps geht davon aus, daß der Gegenstand der ästhetischen Betrachtung dadurch innerlich angeeignet oder »apperzipiert« wird[10], daß die eigene Bewegung und Tätigkeit in die Formen hineinverlegt wird. Das gelte besonders für die Linie: »Es ist in dieser, wenn ich sie betrachte, eine Bewegung, ein sich Strecken, sich Ausdehnen, sich Begren-

zen, ein schroffes Einsetzen und Absetzen, oder ein stetiges
Gleiten, ein Auf- und Abwogen, ein sich Biegen, sich
Schmiegen, ein sich Einengen, sich Ausweiten.«[11] Hier
werden also Tätigkeiten des Subjekts von ihm in die Form
»eingefühlt«. Genau dieses geschieht aber auch, dem theoretischen Anspruch nach, z.B. in den »Improvisationen«
Kandinskys, bei denen die Linien symbolische Repräsenta-
tionen solcher psychischen Energien sein sollen. Kraft und
Energie – Begriffe übrigens, die sowohl eine idealistische als
auch eine materialistische Fixierung zu vermeiden suchen,
als Elektrizitätsmetaphern in einem diffusen Zwischenbe-
reich angesiedelt sind[12] – sind auch bei Lipps die Momente,
die im Einfühlungsakt projiziert werden, wodurch das Objekt der Betrachtung – es kann sich neben ästhetischen Gegenständen auch um Naturdinge, z.B. einen Felsen, handeln
– vermenschlicht und beseelt wird, ein Vorgang, der sich
Lipps zufolge – er schließt sich hier ganz offensichtlich
den Forschungen Wilhelm Wundts zur *Völkerpsychologie*
(1900–20)[13] an – auch bei Kindern und den »Naturvölkern«
nachweisen lasse.

Lipps hat den Begriff der Einfühlung nicht nur auf ästhetische Phänomene und Gegenstände der Natur eingeschränkt. Er ist für ihn durchaus eine allgemeine, für
den kommunikativen Verkehr wichtige Kategorie. Lipps
entwickelt daraus sogar eine Symboltheorie, denn nur
durch die Einfühlung in sinnliche Erscheinungen oder Lebensäußerungen werde etwas symbolisch: »Eine Gebärde
etwa, die an sich nichts ist, als eine bestimmte Veränderung
in der sinnlichen Erscheinung eines Menschen, wird zur
Gebärde der Trauer.«[14] Hier finden wir bereits die bei Wittgenstein, Danto u. a.[15] später immer wieder ventilierte Frage
nach dem Verhältnis eines gegen sein Wahrgenommenwer-
den indifferenten Vorgangs und seiner Semantik, die in der
Tat nicht anders als über ein kommunikativ-hermeneuti-
sches Sinnerschließen zustande kommt, welches Lipps sich
nur als Ergebnis eines Einfühlungsakts vorstellen kann.

BENEDETTO CROCE

Das Interesse an Benedetto Croces Ästhetik, die 1902 in Bari unter dem Titel *Estetica come Scienza dell'Espressione e Linguistica Generale* erstmals erschien, ist heute, zumindest in Deutschland, eher verblaßt.[1] Einstmals stand sie hoch im Kurs, nicht nur in Italien, wo eine Hegel-Renaissance ihre Rezeption begünstigte, auch im deutschsprachigen Raum wurde sie als wichtiges Werk begrüßt. Sie fand hier sogar in kunstwissenschaftlichen Konzeptionen einen Widerhall wie in der des Verfassers der *Kunstliteratur*, des Wiener Gelehrten Julius von Schlosser.[2]

1930 kam im Rahmen der *Gesammelten philosophischen Werke* Benedetto Croces eine deutsche Übersetzung heraus, die von Hans Feist und Richard Peters besorgt wurde. In dieser Ausgabe ist dem eigentlichen Theorieteil noch eine Geschichte der Ästhetik von Croce beigefügt[3], die auf eigenem Quellenstudium aufbaut und heute noch lesenswert ist, wenngleich man seine teilweise sehr apodiktischen Bewertungen und Abqualifizierungen einzelner Autoren schwerlich teilen kann.

Croce, Neffe und Adoptivsohn des italienischen Philosophen Silvio Spaventa, war in seiner Jugend, nicht zuletzt unter dem Einfluß von Antonio Labriola, der in Italien das *Kommunistische Manifest* von Marx herausgegeben hatte, anfangs marxistisch orientiert, ging dann aber immer mehr zu Hegel über, der für ihn zum Vorbild für eine neue historische Betrachtungsweise, den »storicismo assoluto«, werden sollte. Croce lehnt sich also mit seiner »filosofia dello spirito« weitgehend an Hegels Lehre vom absoluten Geist an, in der Kunst, Religion und Philosophie als höchste Stufen des sich im geschichtlichen Prozeß verwirklichenden Geistes begriffen werden.[4]

An Hegels System faszinierte ihn – wie später auch Lukács – der Aspekt der Totalität, d. h. das Erfassenwollen der

gesamten Wirklichkeit, die für ihn zugleich immer auch eine
historische war. Dennoch war innerhalb seiner eigenen Philosophie dessen Anverwandlung nur eine Komponente,
wenngleich schon die tragende. Wie bereits die Bezeichnung
»Wissenschaft vom Ausdruck« erkennen läßt, steht er mit
seiner Referenz auf den Expressionsbegriff deutlich unter
dem Einfluß zeitgenössischer philosophischer Richtungen.
Zur Vorgeschichte der Ausdruckstheorie im 20. Jahrhundert
gehört Charles Darwins deszendenztheoretische Studie[5],
die noch ganz biologisch angelegt war. Sie wurde in der Fol-
gezeit zu einem wichtigen Vorbild für kunsttheoretische
Entwürfe. Sogar in Conrad Fiedlers Abhandlung *Der Ur-
sprung der künstlerischen Tätigkeit* (1887) und in Adolf
Hildebrands Buch *Das Problem der Form in der bildenden
Kunst* (1893) findet man Reflexe dieser Ausdruckslehre.
Selbst eine neukantianische Ästhetik wie die von Jonas
Cohn (1901)[6] bezog sich in ihrem Ausdruckskapitel auf
Darwin. Noch deutlicher war die Referenz darauf in Oskar
Kohnstamms biologischer Ausdrucksästhetik.[7] Schriften
wie diese dürften dem zeitgleich (etwa mit der Gründung
der Künstlergemeinschaft »Brücke« als neuer Kunstrich-
tung) verkündeten Expressionismus theoretische Argu-
mente geliefert haben. In Frankreich war es Henri Bergson,
der, obgleich mehr spiritualistisch ausgerichtet, Darwins
Lehre vom Ausdruck in seiner Abhandlung *Le rire* (1901)
zugrunde gelegt hatte.[8]

Mit Bergson verbindet Croce der zweite tragende Begriff seines Systems, die Intuition.[9] Für Bergson war die
Intuition das Erkenntnisorgan, das uns das eigene Ich in
seinem tiefsten Wesen und damit zugleich das Wesen der
Welt erschließt. Die Intuition erahnt unmittelbar die »durée
réelle«, die als innere Zeit sich von der physikalisch meß-
baren qualitativ stark unterscheidet und ein seelisches Geschehen bezeichnet, das individuell ist und sich in steter
Wandlung befindet. Eine wichtige Funktion hat dabei das
Gedächtnis, bei dem Bergson das wiederholende, bloß re-

produzierende, und das vorstellende, aktiv bewahrende und in Phantasie übergehende, unterscheidet.[10] Die Intuition wird von ihm somit in der Nähe der Imagination angesiedelt, sie ist ein schöpferisches Organ, das eine »évolution créatrice« ermöglicht.[11]

Gleich zu Beginn seiner *Ästhetik* nimmt auch Croce den Begriff der Intuition auf und grenzt ihn von dem der logischen Erkenntnis ab. Er schlägt ihn wie Bergson auf die Seite der Phantasie, als gegen den Verstand gerichtet. Sie erfasse das Individuelle, gehe also nicht auf Erkenntnis des Universalen aus, schließlich bringe sie Bilder hervor, nicht abstrakte Begriffe. Croce stellt fest, daß man im Alltagsleben – in Politik und Erziehung – immer wieder an die intuitiven Kräfte appelliere, sie dort also ein weitverbreitetes oder erwünschtes Prinzip sei, die Dinge aufzufassen. In die Wissenschaft und Philosophie sei die Intuition als Erkenntnishaltung jedoch noch nicht eingedrungen, das logische Denken herrsche dort vor.

Für Croce ist die Intuition durchaus eine selbständige Form der Erkenntnis. Es gebe sowohl Intuitionen, die einer begrifflichen Beimengung entraten könnten, als auch solche, die Reste von ursprünglichen Ideen in sich bewahrten. »Ein Kunstwerk kann voll von philosophischen Begriffen sein; es kann zahlreichere und tiefere philosophische Begriffe als eine philosophische Dissertation enthalten, welche ihrerseits Überfluß an Beschreibungen und Intuitionen haben kann.« (4)[12] Croce will die Intuition aber nicht ausschließlich an die Wahrnehmung gebunden wissen, wozu man wegen ihres bildlichen Rezeptionscharakters leicht neige. Denn sie sei nicht nur auf die Aktualwahrnehmung reduzierbar, repräsentiere vielmehr ein Gemisch aus konkret, unmittelbar Erfaßtem und gedächtnishaft durch das Bewußtsein Gehendem. »Die Unterscheidung zwischen Realität und Nicht-Realität [ist] dem eigentlichen Wesen der Intuition fremd [. . .], sie ist sekundär« (5). Eine Idee dieses Zustands könne das Kind vermitteln mit seiner naiven Anschauung

der Wirklichkeit, bei der Realität und Schein sich unauflöslich vermischen.

Croce liegt sehr daran, daß die Intuition nicht mit Empfindung identifiziert wird, die in seinem erkenntnistheoretischen System, das ein hierarchisch gestaffelter Stufenbau
nach Art der »arbor Porphyriana« ist, als eine niedere psychische Eigenschaft gilt; sie sei noch ganz Materie, insofern
roh, ungeformt und primitiv. Man müsse sich klarmachen:
»die Materie verleiht uns Animalität, alles das, was im Menschen brutal und impulsiv ist, nicht aber das geistige Reich,
in dem die wahre Menschlichkeit besteht.« (8)

Auch mit der Assoziation, verstanden als Gedächtnis,
Mnemotechnik oder Komplex von Empfindungen lasse sich
die Intuition nicht gleichsetzen, denn ihr fehle der Charakter der· Synthese, die eine geistige Aktivität sei. Auch
mangle es ihr an Produktivität und Aktivität, die kennzeichnend für die Intuition sei. Seine psychologische Son-
dierung schließt Croce mit einer Differenzierung zwischen
Intuition und Vorstellung ab. Letztere könne den Charakter einer Intuition annehmen, sie müsse dann aber »etwas
aus dem psychischen Untergrund Hervorspringendes und
von ihm Losgelöstes« sein (9 f.), in der Regel werde sie jedoch nur als komplexe Empfindung aufgefaßt; dies reiche
aber nicht aus und führe wieder in den Bereich der Materie
zurück.

An diesen Begriffsdistinktionen erkennt man Croces
konzeptualistische Sicht, die den Nomina, den Benennun-
gen, manchmal fast schon einen ontologischen Status einräumt. Zugleich macht sich seine normative Beurteilung der
Realität bemerkbar, die dem Geist den Primat zuerkennt.
Von Marx' Materialismus ist hier nichts mehr festzustellen,
die Wertungen geschehen ganz aus der Hegelschen Perspektive einer Bewußtseinstheorie im Sinne des »absoluten Geistes«.

Nachdem Croce diese Abgrenzungen vorgenommen hat,
wendet er sich seiner eigentlichen These zu, die die Grund-

lage seiner *Ästhetik* ist. Sie lautet: »Jede wahre Intuition oder Vorstellung ist zugleich Ausdruck (Expression). Alles das, was nicht in einem Ausdruck objektiviert wird, ist weder Intuition noch Vorstellung, es ist Empfindung und gehört dem Reich der Natur an. Der Geist erkennt nur dadurch intuitiv, daß er schöpferisch ist, daß er ausdrückt. Wer die Intuition vom Ausdruck trennt, dem gelingt es nie, sie wieder mit ihm zu vereinigen.« (10)

Croces Ausdrucksästhetik ist in vielem der Einfühlungsästhetik von Theodor Lipps verwandt.[13] Dies zeigt sich etwa an dem von ihm angeführten Beispiel, daß man den Ausdruck von Linien, Farben und Tönen spontan erfassen könne, was ja nahezu auf dasselbe hinausläuft, wie wenn man in diese Elementarqualitäten etwas »einfühlt«. Die Einfühlungsästhetik geht von der Prämisse aus, daß die ästhetischen Gegenstände Träger von Ausdruck sind, den es erlebend (und zugleich projizierend) zu deuten gelte. Die These, daß intuitive Erkenntnis expressiv ist, daß sie sich unabhängig und autonom gegenüber der intellektuellen Erkenntnis vollzieht, wird von Croce nun auf die Kunst bezogen, in der sie sich hauptsächlich entfaltet. Croce will sich jedoch nicht der häufig geäußerten Meinung anschließen, daß in der Kunst die Intuition ein Mehr gegenüber der alltäglichen hervorbringe, daß sie dort folglich intensiver sei: »Die Intuition eines einfachen, volkstümlichen Liebesliedes, die nichts anderes oder kaum mehr als eine Liebeserklärung zum Ausdruck bringt, wie sie in jedem Augenblick Tausende von gewöhnlichen Menschen auf den Lippen haben, kann in ihrer armseligen Einfachheit intensiv vollkommen sein, obgleich sie extensiv viel begrenzter ist, als die komplexe Intuition eines Liebesliedes von Giacomo Leopardi. Der ganze Unterschied ist also qualitativer Art und als solcher für die Philosophie als einer *scientia qualitatum* indifferent. Um gewisse, komplexe Seelenzustände ganz zum Ausdruck zu bringen, gibt es Berufenere und Geeignetere als andere; und in der landläufigen Sprache heißen sie

Künstler: einige recht komplizierte und schwierige Expres-
sionen werden nur selten erreicht, und diese heißen Kunstwerke.« (15) Die Grenzen zwischen den populären Expres-
sions-Intuitionen und denen der Kunst seien nur schwer zu
ziehen; wo sie verlaufen, vermag Croce nicht anzugeben.
Interessant ist, daß er an dieser Stelle sein hierarchisches
Konzept aufgibt und die bewertende Gattungsdifferenzierung außer Kraft setzt. Das Beispiel des volkstümlichen
Liebesliedes zeigte dies schon. Aber er gewahrt auch keine
prinzipiellen Unterschiede zwischen einer Novelle und
journalistischen Zeitungsnotizen, zwischen Landschaftsbil-
dern und topographischen Skizzen (15 f.). Croce bemerkt
die Gefahr, daß man, wenn man die Kunst zu sehr vom Alltag separiere, in einen »aristokratischen *circulus*« gerate,
man dabei also den organischen Zusammenhang aller
Dinge, den jedermann doch in der Physiologie gelernt habe,
wo alle Zellen eine Synthese ergäben, aus dem Blick verliere. In dieser vereinheitlichenden Sicht wird Croces »tota-
lità«-Vorstellung deutlich.

Die Enthierarchisierung der Gattungen wurde wenig
später zu einem Prinzip und Programm der avantgardistischen Kunst. Besonders im revolutionären Rußland erhoben Proletkult-Künstler wie Tretjakov und Arvatov die
Forderung, Kunst und Leben wieder miteinander zu verbinden. An Reportagen z. B. wurde – wie bei Croce – das
literarische bzw. künstlerische Moment entdeckt. In der
Folgezeit erfuhren journalistische Augenzeugenberichte
(wie die von John Reed, Egon Erwin Kisch oder Günter
Wallraff) eine starke Aufwertung.

Was Croce für die Kunst allgemein feststellt, wendet er
analog auf das »Genie« an. Auch bei diesem läßt sich nach
Croce nur ein quantitativer Unterschied zum Nicht-Genie
angeben. »Dadurch, daß man aus diesem quantitativen Unterschied einen qualitativen gemacht hat, hat man den Kultus und Aberglauben an das Genie ermöglicht, indem man
dabei vergessen hat, daß die Genialität nicht vom Himmel

fällt, sondern die Menschlichkeit selber ist.« (17) Croce entmythologisiert also den Geniebegriff, und er wendet sich scharf gegen das romantische Künstlerideal, wie er weiterhin auch Nietzsches von ihm als lächerlich empfundene Verkündigung des »Übermenschen« entschieden zurückweist.

Mit den zahlreichen Ästhetiken seiner Zeit hat Croces gemeinsam, daß sie keine Inhalts-, sondern eine Formästhetik ist. Den Primat der Form leitet Croce aus der von ihm behaupteten Tatsache ab, daß Form die »Verarbeitung oder die geistige Aktivität der Expression« ist, sie sich also eng mit dem Zentralprinzip des Ausdrucks verbindet. Nur in der Form manifestiert sich Ausdruck. Damit geht einher, daß Croce dem Grundsatz der Naturnachahmung in der Kunst eine Absage erteilt. Er denkt dabei, zweifellos Hegel folgend, vorwiegend an illusionistische Reproduktionen, die seiner Meinung nach keine ästhetischen Intuitionen vermitteln können. Sofern Nachahmungen jedoch Erkenntnisse ermöglichen, sie einen »idealisierenden« Charakter haben, seien sie jedoch »statthaft« (18). Croces Kritik an der Illusion dürfte sich auf Konrad Langes um 1900 weitverbreitete Lehre von der bewußten Selbsttäuschung beziehen, nach der die Vorstellung des Schönen gerade im Illudieren als intensiver Naturanschauung besteht.[14]

Merkwürdig ist an Croces *Ästhetik* ihre prädikative Bestimmung als »allgemeine Sprachwissenschaft«. Croce sieht in der Sprache einen ästhetischen Prozeß wirksam, den der Übertragung von Bildern oder Wahrnehmungen in sprachliche Gebilde, z. B. Sätze mit Redeteilen wie Verb (als Zeichen der Bewegung oder der Handlung), Nomen (Materie oder Agens) und Eigennamen (z. B. bei dem Satz »Peter geht auf einem Feldweg«; 154). In der Sprache wird allerdings das Ästhetische durch das Logische zerstört. Croce will den Satz als solchen jedoch nicht »in der üblichen Weise der Grammatiken verstehen, sondern als expressiven Organismus von vollendetem Sinn, der in gleicher Weise einen sehr einfachen Ausruf und eine ausgedehnte Dichtung um-

faßt. Das klingt paradox, ist aber auch einfachste Wahrheit.«
(154)

Croces These von der Identität des Sprachlichen mit dem
Ästhetischen verdankt Anregungen der Beschäftigung mit
Giovanni Battista Vico[15], dem Anreger Johann Gottfried
Herders – eines anderen Vorbilds von Croce. Vico, der
schon radikal historistisch dachte und ein Fortschritts-
modell bei seiner Geschichtsbetrachtung zugrunde legte,
sieht in der Sprache, ebenso wie in der Religion und in den
Gesetzen, eine Offenbarung der göttlichen Vorsehung.
Sprache ist also schon bei ihm ein Ausdrucksorgan, wenn-
gleich noch in religiöser Weise.

Mit der Einbeziehung der Linguistik in die Ästhetik hat
Croce ein Signal gesetzt, das später im tschechischen und
französischen Strukturalismus zu einem methodischen Programm wurde. Dort griff man aber weniger eine Sprachtheorie auf, die wie bei Croce Worte organologisch noch als
etwas Inneres auffaßt, als geistigen Ausdruck, sondern man
bezog sich mehr auf streng funktionale Modelle wie das von
Ferdinand de Saussure.

ROMAN INGARDEN

Der polnische Philosoph Roman Ingarden hat mit seinem Buch *Das literarische Kunstwerk* (Halle 1931) auf die Methodendiskussion in der Literaturwissenschaft eine zwar nicht spektakuläre, so doch unterschwellig intensive Wirkung ausgeübt. Mit Recht läßt er sich als eigentlicher Begründer des Immanentismus bezeichnen, jenes hermeneutischen Ansatzes also, der ein Kunstwerk nur aus seinen eigenen Voraussetzungen, unter Ausschaltung aller äußeren Faktoren, verstehen will. So sind namentlich die Vertreter des amerikanischen New Criticism nachhaltig von Ingardens Position beeinflußt, nicht zuletzt vermittelt über René Welleks und Austin Warrens Buch *Theory of Literature*[1], das in dem Kapitel »Die Seinsweise des literarischen Kunstwerks« Ingardens »glänzende Analyse« des inneren Aufbaus eines poetischen Textes preist. Auch Emil Staigers *Kunst der Interpretation*[2] ist Ingarden in wesentlichen Punkten verpflichtet.

Ingarden ist Phänomenologe, und er hat noch selbst – nach einem Studium bei Kasimierz Twardowski in Lwow – bei Edmund Husserl, zunächst in Göttingen, dann in Freiburg studiert. Husserl betreute auch seine 1918 vorgelegte Dissertation *Intuition und Intellekt bei Henri Bergson*[3]. 1921 wurde Ingarden Privatdozent in Lwow. Während der faschistischen Okkupation erhielt er Lehrverbot. 1945 erhielt er an der Jagellonischen Universität Krakau den Philosophielehrstuhl, bekam aber wegen seines »Idealismus« bald Schwierigkeiten mit der Partei. Erst 1956, mit Beginn der Gomułka-Ära, wurde er wieder auf einen Lehrstuhl berufen; 1961 erfolgte seine Emeritierung.

Ingarden schließt sich methodisch eng an Husserl an, wobei er freilich dessen transzendentalen Idealismus ablehnt. Für die Phänomenologie ist das Moment der Intuition, des Schauens, konstitutiv, womit einhergeht, daß ein diskursi-

ves Erkennen ausgeschlossen wird. Bei der »Wesensschau«
spielt der Realitätsgehalt eine nur untergeordnete Rolle.
Unabhängig von der Existenz, dem Dasein, der Art und
Weise des Gegebenseins des Gegenstandes konzentriert sich
die Wesensschau lediglich auf sein Fürsichsein. Der Gegenstand soll rein geistig, »ideierend«, erfaßt werden, unter
Ausklammerung aller psychischen Akte (insofern hat die
Phänomenologie eine radikal antipsychologistische Tendenz), aber auch die Außenwelt darf die Wesensschau nicht
stören. Die phänomenologische Methode ist also durch »Intentionalität«, durch ein Gerichtetsein des Geistes auf das
ihm Erscheinende und somit unmittelbar bewußt Werdende, gekennzeichnet. In dieser Zwischensphäre zwischen
psychischen Akten und realer Außenwelt konstruiert Husserl eine »Wirklichkeit«, der er einen objektiven Status
glaubt zuschreiben zu können. Seine Theorie versucht einerseits subjektivistische Konsequenzen des Neukantianismus zu vermeiden, andererseits stellt sie eine Bemühung
dar, dem Geltungsanspruch des philosophischen Materialismus eine feste und unerschütterbare Position entgegenzusetzen. Husserl umgeht also die Frage nach dem Verhältnis
von Materie (Natur, Sein) und Bewußtsein (Geist, Denken).
Es kann aber kein Zweifel daran bestehen, daß sein phäno-
menologischer Ansatz eine Variante des objektiven Idealismus darstellt, die freilich in ihrer Vollzugsform, dem intentionalen Akt, extrem subjektivistisch angelegt ist, da die
Gewißheiten sich ausschließlich dem Schauen und der Intuition des Subjekts verdanken.[4]

Im Gegensatz zu Husserl hat Ingarden den Antipsycho-
logismus nicht so rigoros verfochten; unter dem Einfluß
von Max Scheler, der in seinen ethischen Schriften beispielsweise den emotionalen Faktor stark betonte, hat er bei
seiner Beschreibung der ästhetischen Erfahrung dem Ge-
fühlsmoment durchaus eine zentrale Rolle zuerkannt. Das
»ästhetische Erlebnis« setzt ihm zufolge mit einer spezifischen »Ursprungsemotion« ein, dem also, das die Psycholo-

gen den »ersten Eindruck« nennen. Diese werde durch eine »ästhetisch aktive Qualität am Kunstwerk« ausgelöst und führe schließlich zur »Konstitution eines ästhetischen Gegenstandes, der dann zur anschaulichen und wertfühlenden Erfassung gebracht wird«. Das Ziel der Beschreibung des ästhetischen Erlebnisses sei es, eine »emotionale Wertantwort« zu erhalten, womit lapidar ausgedrückt gemeint ist: eine positive oder negative Einstellung zum ästhetischen Gegenstand.[5]

Dieser ist nicht einfach identisch mit dem Kunstwerk. Ingarden definiert ihn folgendermaßen: »Der ästhetische Gegenstand ist das konkrete wertbehaftete Angesicht, unter dem das Kunstwerk zur Erscheinung gelangt und das zugleich die Vollendung einer Möglichkeit seiner Vollbestimmung bildet.«[6] Es geht ihm also nur – im Wortsinne phänomenologisch – um die »Erscheinung« des Kunstwerks, nicht um seinen tatsächlichen Realitätsgehalt, etwa seine materiellen Entstehungsbedingungen. Das Kunstwerk ist nach Ingarden lediglich ein »Werkzeug«, seine Werte seien lediglich operativer Natur. Insofern ist es (sozusagen als materielles Substrat) nicht so wertvoll wie der durch das Angeschautwerden konstituierte ästhetische Gegenstand, dem ein »absoluter« Wert prädiziert wird.

Den ästhetischen Gegenstand mit dem Kunstwerk zu identifizieren bilde die »Quelle der meisten Fehlurteile«.[7] Aufgabe der Analyse sei es, den ästhetischen Gegenstand, also das am Kunstwerk rein Ästhetische, unmittelbar zu erschauen und zu fühlen und dieses Erlebnis deskriptiv festzuhalten. Ingarden hat dies mehrfach modellhaft durchgeführt und dabei – in Anlehnung an die deutsche geisteswissenschaftliche Psychologie, die sehr gern mit »Typen« und »Schichten« klassifikatorisch operierte – Schichtungsunterscheidungen vorgenommen. Beim literarischen Kunstwerk bildet die Basis die Lautschicht, die nicht identisch ist mit der tatsächlichen Lautung, auf der sich die Schicht der Bedeutungseinheiten aufbaut. Diese ergeben einen syntakti-

schen Zusammenhang, auf dem die dritte Schicht, die der
dargestellten Gegenständlichkeiten oder beschriebenen Objekte, beruht. Gemeint sind damit z. B. die in einem Roman
inszenierten Charaktere. Diese Schicht der »Welt« kann
nun von innen oder von außen gesehen werden; es gibt hier
verschiedene »Ansichten«, also einmal von den handelnden
Personen her, ein anderes Mal gleichsam in unmittelbarer
Vorstellung durch den Leser. Ingarden differenziert sein
Schichtenmodell in der Weise aus, daß er eine Schicht
»metaphysischer Qualitäten« wie das Erhabene, Tragische,
Furchtbare und Heilige einführt, die den gedanklichen Gehalt des ästhetischen Gegenstandes, seine poetische Bedeutung, repräsentiert.[8] Für ihn ist das Kunstwerk also poly-
phon orchestriert. So sehr er das Wesen des Poetischen bzw.
der Kunst in seiner ideellen Struktur erfassen will, so ist
doch sein abstrakt geratenes stratifikatorisches Modell von
einem mechanistischen Schematismus nicht frei, der sich
auch in seiner Vorliebe für ein Durchnumerieren der
Aspekte manifestiert.

Der ästhetische Gegenstand enthält nach Ingarden ein
Potential von Möglichkeiten, die vom »erlebenden Subjekt«
aktualisiert werden können, von ihm aber meistens nicht
vollständig erfaßt werden. Durch diese Offenheit entsteht
an einigen Stellen Nichteindeutigkeit. Solche Stellen nennt
Ingarden daher »Unbestimmtheitsstellen«[9]. Das erlebende
Subjekt muß also eine Fähigkeit entwickeln, »auf Grund
der am Kunstwerk erfaßten Bestimmtheiten die weiteren
konkreten Momente zu erraten und zu konstruieren, welche seine Unbestimmtheitsstellen beseitigen und den ästhetischen Gegenstand näher bestimmen«.[10] Es zeigt sich hier,
daß Ingarden mit seiner phänomenologischen Methode unversehens zum Begründer der modernen Rezeptionsästhetik geworden ist, der zufolge etwa bei einem literarischen
Kunstwerk der Akt des Lesens – als Aktualisierung von im
Werk angelegten Möglichkeiten – einen produktiven Vorgang darstellt, der sogar manchmal als dem durch den Autor

Intendierten gleichgewichtig gewertet wird. Ingardens ganz auf den Betrachter zentrierte Theorie – der Urheber des Kunstwerks wird zwar nominell für relevant erachtet, tritt aber in den Untersuchungen faktisch ganz in den Hintergrund – geht im Regelfall von nur einem rezipierenden Subjekt aus. Zur Beseitigung der Unbestimmtheitsstellen läßt er jedoch einen Pluralismus mehrerer Betrachter zu: »Als Ergebnis des Zusammentreffens verschiedener Betrachter mit dem Kunstwerk kann er [gemeint ist der ästhetische Gegenstand] in verschiedener Gestalt zur Konkretion gebracht werden. So kann es zu einem Kunstwerk viele verschiedene ästhetische Gegenstände geben, in denen es sich zeigt.«[11] Bemerkenswert ist die emphatisch gemeinte Formulierung »sich zeigt«, die den Epiphaniecharakter, somit ein latent religiöses Moment, des ästhetischen Gegenstandes deutlich werden läßt. Eine Affinität zu Heideggers Auffassung vom Ins-Werk-Setzen der Wahrheit ist nicht zu übersehen. Überhaupt scheint Heidegger, der ja auch von Husserl her kommt, in seinem Aufsatz *Der Ursprung des Kunstwerks* Ingarden zumindest in dem Punkt nahezustehen, daß er das Kunstwerk ebenfalls nicht in seinem Dingcharakter aufgehen lassen will. Anders aber als Ingarden wendet sich Heidegger gegen das ästhetische »Erlebnis« (»Alles ist Erlebnis. Doch vielleicht ist das Erlebnis das Element, in dem die Kunst stirbt.«[12]). Heidegger ist also nicht rezeptionsästhetisch orientiert, sondern versucht das Kunstwerk ontologisch zu bestimmen. Zwar gibt es auch bei Ingarden den Begriff der »Ontologie«. Hier handelt es sich aber nur darum, den phänomenologisch »geschauten« ästhetischen »Qualitäten« den Rang objektiver Gegebenheiten zu verleihen. Mit dieser bei vielen Phänomenologen der zweiten Generation (etwa Hedwig Conrad-Martius u. a.) feststellbaren Wendung zu einer »Real-Ontologie« wird also verdeckt, daß die Erkenntnisse weitgehend auf Anmutungserlebnissen fundiert sind und nicht »von den Sachen her« erschlossen werden.

MARTIN HEIDEGGER

Schon von seinem Titel her, aber auch in der sprachlichen Durchführung, einer bewußt archaisierenden Diktion, die – wie bereits in *Sein und Zeit* (1927) – etymologisch den kurrenten Alltagsbegriffen eine tiefere Sinnschicht abzugewinnen sucht, erweckt *Der Ursprung des Kunstwerks*[1] den Eindruck, als stelle sich dieses kleine Werk Heideggers außerhalb der Denkstrukturen der überkommenen Ästhetikgeschichte. Die begrifflichen Traditionen werden darin folglich immer wieder angegriffen. Heidegger sieht die Terminologie der Ästhetik zu einem Begriffsschematismus erstarrt, der die Dinge »überfällt«, sie selbst also nicht zum Sprechen bringt oder »vernehmen« läßt. Schon im Übergang zur lateinischen Begrifflichkeit seien die alten griechischen Wörter ihrer eigentlichen Substanz beraubt worden: *»Das römische Denken übernimmt die griechischen Wörter ohne die entsprechende gleichursprüngliche Erfahrung dessen, was sie sagen, ohne das griechische Wort.«* (14 f.) Heidegger demonstriert dies an Wörtern wie »hypokeímenon«, das zu »subiectum« wurde, »hypóstasis« zu »substantia«, »symbebekós« zu »accidens«. Nach dem Vorbilde Hölderlins, »dessen Werk zu bestehen den Deutschen noch bevorsteht« (81), war das Griechische für Heidegger eine Sprache, in der sich Wahrheit unmittelbar, unverfälscht ereignete. In seinem Rückgang auf das Griechische fügt sich Heidegger Denkmodellen aus der Zeit des Sturm und Drang bzw. der Gegenaufklärung ein, die – wie Herder, der den Geist der »ebräischen Poesie« beschwor und darin der göttlichen Offenbarung unmittelbar nahezukommen glaubte – nach der geschichtstheologischen Denkfigur des in die Menschheitsgeschichte dauerhaft übergegangenen Sündenfalls als der Zerstörung des paradiesischen Urzustandes in den Ursprüngen, im Urbeginn das Heil erblicken. (Herder preist übrigens in seinen *Ideen zur Philosophie der Geschichte der*

Menschheit die griechische Sprache als die »gebildetste der
Welt« und parallelisiert sie mit der deutschen: »Einst war sie
[die deutsche] eine nahe Schwester der griechischen Sprache,
und jetzt, wie fernab von dieser ist sie gebildet!«[2] Auch
Heidegger geht von dieser Wesensverwandtschaft des Griechischen mit dem Deutschen aus.)

Alles Nachfolgende, der Überlieferungsprozeß und auch
die Auslegungsgeschichte, die die Ursprünge »verschüttet«,
steht somit unter dem Signum des Verfalls, einer dekaden-
ten Denkform. Bei Heidegger zeigt sich dies nicht nur in
seinen verhalten vorgetragenen Invektiven gegen diese von
ihm als denaturierend empfundene hermeneutische Tradition, sondern auch in der Kritik am modernen Kunstbetrieb, der das Kunstwerk ausstellt, klassifiziert und unge-
säumtes ästhetisches »Erleben« fordert. (»Sobald jener Stoß
ins Un-geheure im Geläufigen und Kennerischen abgefan-
gen wird, hat um die Werke schon der Kunstbetrieb begon-
nen. Selbst die sorgfältige Überlieferung der Werke, die
wissenschaftlichen Versuche zu ihrer Rückgewinnung erreichen dann nie mehr das Werksein selbst, sondern nur eine
Erinnerung daran.« 69 f.)

Heideggers archaisierende Sprache und auch der umständliche, jeden Denkschritt ausführlich beschreibende Stil
der Darstellung sind Versuche, sich dieser Dekadenz, die
mit der Moderne stillschweigend gleichgesetzt wird, zu ver-
weigern. Dem korrespondiert sein Bemühen, strukturkon-
servativ in eine Erfahrungswelt einzutauchen, die der modernen kapitalistischen gänzlich entgegengesetzt ist, die
einer agrarischen Gesellschaft, in der bäuerlich-handwerkli-
che Lebensformen und Denkstrukturen noch dominierten.
Dies wird deutlich an den von ihm eingeführten Beispielen,
etwa dem der von van Gogh gemalten Bauernschuhe oder
dem Begriff der »Erde«, die in eine sich öffnende Welt zum
»Ragen« komme. Dabei bedient sich Heidegger sogar implizit marxistischer Argumente. Im imaginativen Auswei-
chen vor den modernen ökonomischen Strukturen in eine

vergangene Welt, die Heidegger dem Leser glaubt authentisch vermitteln zu können, manifestiert sich, freilich ins Restaurative gewendet, eine Kritik an der Entfremdung und Verdinglichung. (»Wir scheuen uns [. . .], den Bauer auf dem Feld, den Heizer vor dem Kessel, den Lehrer in der Schule für ein Ding zu nehmen.« 12). Unübersehbar ist hier die gedankliche Anleihe bei Georg Lukács (*Geschichte und Klassenbewußtsein*, 1923, ein theoretisches Werk, das in den zwanziger Jahren für alle Intellektuellen, auch die des rechten Lagers, die sich dadurch herausgefordert sahen, bewußtseinsprägend war). Lucien Goldmann hat, gerade was Lukács' Begriff der Verdinglichung betrifft, die modifizierende Übernahme durch Heidegger schon in *Sein und Zeit* nachgewiesen. (Heidegger hat auch später, besonders in der frühen Nachkriegszeit, etwa in seinem *Brief über den Humanismus*, versucht, das Gespräch mit dem Marxismus anzuknüpfen. Marx allein billigte er zu, das Wesen der Geschichte adäquat begriffen zu haben.)

Wenngleich sich Heidegger gegen die Konventionen der Ästhetik wendet (die er natürlich sehr genau kennt und auch, gelegentlich aus seinem Sprachduktus ausbrechend, in der traditionellen Terminologie zu referieren weiß), so ist doch die seinem großen Aufsatz zugrunde liegende Begriffsstruktur dieser Theoriegeschichte ganz entnommen. Feststellbar wird das an Termini wie Stoff und Form, Allegorie, Mimesis, ästhetische Wertung usw. Der Ästhetik hält er vor: »Die Art, wie sie das Kunstwerk im voraus betrachtet, steht unter der Herrschaft der überlieferten Auslegung alles Seienden.« (34) Diese Konvention will Heidegger »erschüttern«. Schaut man aber näher hin, so transponiert er diese Termini in sein eigenes neu geschaffenes Begriffssystem. So wird etwa der Begriff der Funktion, der in den zwanziger Jahren, beim Bauhaus und im Funktionalismus überhaupt, eine große Rolle spielte, übersetzt in den der »Dienlichkeit«. Der Begriff des »Materials«, der z. B. in der Ästhetik der Zwölftonmusik als neutraler, sachlich-nüchter-

ner Terminus verwendet wurde,[3] kehrt bei Heidegger tendenziell in dem des »Zeugs« wieder. Mit diesem Hinweis
auf die Transpositionen soll allerdings nicht die These vertreten werden, Heidegger habe vorfindliche Argumentationen lediglich kopiert oder variiert. In der Tat hat die latente
Übersetzung in seine eigene Sprache ja die programmatische
Funktion, sich kritisch von diesen den Begriffen anhaften-
den Denkformen zu lösen und sich der Kunst bzw. dem
Kunstwerk auf eine Weise zu nähern, die nicht im Zeichen
der psychologischen Ästhetik steht, die das ästhetische Erleben oder die Wertfrage in den Vordergrund rückte. Dies erscheint Heidegger als ein nur äußerliches Herangehen, das
vom Wesen des Kunstwerks nichts erfaßt.

Seine Zielsetzung ist somit eine ontologische, das Verfahren aber, diese Aufgabe zu lösen, muß als phänomenologisch bezeichnet werden. Denn Heidegger will etwas an den
Kunstwerken »in den Blick bringen« (z.B. das »Dinghafte
des Werkes«), er will ihr Dingsein »kennenlernen« und »erfahren« (11). Es geht also – auch wenn er dies bestritten
hätte – um Anmutungsqualitäten, letztlich damit um eine
psychologische Dimension. Aber diese phänomenologische
Einkreisung des Kunstwerks tritt auf mit dem Anspruch
auf Objektivität. Insofern haben Heideggers Ausführungen
immer einen leicht apodiktischen Charakter; sie geben sich,
als verdankten sie sich nicht der eigenen Wahrnehmung,
sondern als seien sie vom Objekt selbst her gedacht. Dieses
offenbart sich ja – wie er statuiert – unmittelbar selbst. Im
Kunstwerk, so seine Hauptthese, ereignet sich Wahrheit, die
die »Unverborgenheit des Seienden als des Seienden« sei
(85). Heidegger verschiebt das Ästhetische aus dem ihm seit
der Jahrhundertwende angestammten eigenen Bezirk (man
denke an Prinzipien wie das der »Isolierung« bei Richard
Hamann[4] oder der Autonomie der Kunst) in den der Ale-
thiologie, der Lehre von der Wahrheit, somit in den Zwi-
schenbereich von Erkenntnistheorie und Ontologie. Was
Heidegger verlangt, ist das »ekstatische Sicheinlassen des

existierenden Menschen in die Unverborgenheit des Seins«
(68). Dabei denkt er jedoch nicht anthropozentrisch, bei
diesem Wollen sei nicht »an das Leisten und an die Aktion
eines sich selbst als Zweck setzenden und anstrebenden
Subjektes gedacht« (68 f.).

Heidegger will sich der Kunst nicht als Abstraktum nähern, sondern – und das entspricht der Grundtendenz der
»neuen Sachlichkeit« der zwanziger Jahre, die bekanntlich
bis in die Zeit des Nationalsozialismus nachwirkte – über
die Dinglichkeit oder Dinghaftigkeit des Kunstwerks. Dieses steht für ihn im Mittelpunkt, und nur von ihm her versucht er zu bestimmen, was Kunst ist, bzw. wie künstlerisches Schaffen aufzufassen sei. Er zeigt zunächst ganz ele-
mentar, daß sich ein Kunstwerk prinzipiell von anderen
Dingen nicht unterscheide: »Die Werke sind so natürlich
vorhanden wie Dinge sonst auch. Das Bild hängt an der
Wand wie ein Jagdgewehr oder ein Hut. Ein Gemälde, z. B.
jenes von van Gogh, das ein Paar Bauernschuhe darstellt,
wandert von einer Ausstellung in die andere. Die Werke
werden verschickt wie die Kohlen aus dem Ruhrgebiet und
die Baumstämme aus dem Schwarzwald. Hölderlins Hymnen waren während des Feldzugs im Tornister mitverpackt
wie das Putzzeug. Beethovens Quartette liegen in den La-
gerräumen des Verlagshauses wie die Kartoffeln im Keller.«
(9) Allen Kunstwerken sei dieses Dinghafte gemeinsam, an
dem man nicht vorbeikomme, auch in dem »vielberufenen
ästhetischen Erlebnis« nicht. »Das Steinerne ist im Bauwerk. Das Hölzerne ist im Schnitzwerk. Das Farbige ist im
Gemälde. Das Lautende ist im Sprachwerk. Das Klingende
ist im Tonwerk. Das Dinghafte ist so unverrückbar im
Kunstwerk, daß wir sogar eher umgekehrt sagen müssen:
Das Bauwerk ist im Stein. Das Schnitzwerk ist im Holz.
Das Gemälde ist in der Farbe. Das Sprachwerk ist im Laut.
Das Musikwerk ist im Ton.« (10) Für Heidegger ist die
Feststellung dieses materiellen Untergrunds der Kunst äu-
ßerst wichtig, und er widmet seiner Analyse (»Das Ding

und das Werk« heißt ein Kapitel) lange Ausführungen. Dennoch will er dabei nicht ausgeblendet wissen, daß das Kunstwerk darüber hinaus noch etwas anderes ist, daß es mehr sagt, als was es bloß ist. Er führt hier – im Sinne des alten Sprachgebrauchs – den Begriff der Allegorie ein, des »anders Sprechens«, also des Verweisens auf etwas anderes. In diesem Zusammenhang sei daran erinnert, daß der Begriff der Allegorie, die lange Zeit in der Nachfolge Goethes zugunsten des Symbolbegriffs als etwas Veräußerlichtes zurückgewiesen und verstoßen war, auch in Walter Benjamins Trauerspiel-Buch (übrigens gleichfalls ein »Ursprung«-Buch!) von 1928 von zentraler Bedeutung ist.

Wie bereits erwähnt, will Heidegger den Dingbegriff nicht auf die belebte Welt, besonders die der Menschen, angewendet wissen, da er darin ein unzulässiges Verdinglichungsmoment sehen würde. Vielmehr gelte: »Die Natur- und Gebrauchsdinge sind die gewöhnlich so genannten Dinge.« (12) Dies präzisiert er unter anderem an einem (»diesem«) Granitblock (bei diesem Beispiel kommt dem Leser natürlich Goethes berühmter Aufsatz *Über den Granit* in den Sinn), an dem sich zahlreiche Merkmale (»hart, schwer, ausgedehnt, massig, unförmig, rauh, farbig, teils matt, teils glänzend«, 13) entdecken lassen. Diese »symbebékóta« (Merkmale, im Lateinischen zu »Akzidentien« abgeschwächt) reichen aber zur Bestimmung des Kerns, des »hypokeímenon« (daraus später »substantia«) nicht aus. Erfassen kann man den Kern, das Wesen des Dings, eigentlich nur über eine »Stimmung«, man müsse es »vernehmen«, dem Ding sei »gleichsam ein freies Feld« zu gewähren, so daß es uns »begegnen«, »auf den Leib« rücken könne. Es darf jedoch nicht zu weit weggestellt werden, aber auch nicht zu nahe rücken, denn in solchen Auslegungen verschwinde dann das Ding (18). »Das Ding selbst muß bei seinem Insichruhen belassen bleiben. Es ist in der ihm eigenen Standhaftigkeit hinzunehmen«. (18) Erkennen müsse man das »Ständige eines Dings«, seine Konsistenz. Von der Analyse des Dinghaften kommt Heidegger zur Bestimmung des Stoffs, einem Begriff, den er von den Konnotationen der Ästhetik freihalten will (vgl. Stoff und Form), und von dieser zum Begriff des »Zeugs«.

»Dieser Name nennt das eigens zu seinem Gebrauch und Brauch Hergestellte. Stoff und Form sind keinesfalls ursprüngliche Bestimmungen der Dingheit des bloßen Dinges.« (21) Am »Zeug« sei hervorzuheben der Grundzug der »Dienlichkeit«, die über das Eigenwüchsige hinausgehe, das dem Granitblock als Naturding eigne. »So ist das Zeug halb Ding [...], und doch mehr; zugleich halb Kunstwerk und doch weniger, weil ohne die Selbstgenügsamkeit des Kunstwerkes.« (21 f.) Der Mensch ist an seiner Hervorbringung beteiligt, er fertigt es an. Um vom bloß Dinghaften zum Zeughaften vorzudringen, um zu erfahren, »was das Zeug in Wahrheit ist« (26), wählt Heidegger als Beispiel ein Paar Bauernschuhe aus, aber nun nicht reale, wie man erwarten könnte, um bei der eigentlichen Dinghaftigkeit im ontologischen Sinne zu bleiben, sondern ihre Reproduktion im Bilde bei Vincent van Gogh. Zwar läßt sich hier ein Bruch in der fortschreitenden Argumentation feststellen, doch löst Heidegger mit diesem Überwechseln in die Sphäre ästhetischer Repräsentation bei dieser Gelegenheit die Frage der Mimesis, der »Abschilderung des Wirklichen« im Kunstwerk (31), die für Gemälde typisch sei, während bei der Architektur – und er bezieht sich da auf den griechischen Tempel – die »Übereinstimmung« (»homoíosis«, »adaequatio«) in der Darstellung der »Idee des Tempels« liege; gleiches gelte auch für bestimmte Gedichte, wie etwa Conrad Ferdinand Meyers *Römischen Brunnen*, bei dem das »allgemeine Wesen eines römischen Brunnens« als Wahrheit ins Werk gesetzt sei (32).

Van Goghs Bild beschreibt Heidegger so: »Aus der dunklen Öffnung des ausgetretenen Inwendigen des Schuhzeuges starrt die Mühsal der Arbeitsschritte. In der derbgediegenen Schwere des Schuhzeuges ist aufgestaut die Zähigkeit

Vincent van Gogh: Schuhe. Öl auf Leinwand. 1886

des langsamen Ganges durch die weithin gestreckten und immer gleichen Furchen des Ackers, über dem ein rauher Wind steht. Auf dem Leder liegt das Feuchte und Satte des Bodens. Unter den Sohlen schiebt sich hin die Einsamkeit des Feldweges durch den sinkenden Abend. In dem Schuhzeug schwingt der verschwiegene Zuruf der Erde, ihr stilles Verschenken des reifenden Korns und ihr unerklärtes Sichversagen in der öden Brache des winterlichen Feldes. Durch dieses Zeug zieht das klaglose Bangen um die Sicherheit des Brotes, die wortlose Freude des Wiederüberstehens der Not, das Beben in der Ankunft der Geburt und das Zittern in der Umdrohung des Todes. Zur *Erde* gehört dieses Zeug und in der *Welt* der Bäuerin ist es behütet. Aus diesem behüteten Zugehören ersteht das Zeug selbst zu seinem Insichruhen.« (27 f.)

In der teilweise inversiven, rhythmisierten Prosa wird Heideggers Intention kenntlich, das Bild lyrisch, dichtend zu beschreiben. Er geht bei seiner dithyrambischen Hymne projektiv weit über das rein Dargestellte hinaus, erfüllt sie mit Assoziationen und Konnotationen. So kommt das in *Sein und Zeit* (dort §§ 61–66) zentrale Motiv der »Sorge« ins Spiel (»das klaglose Bangen«), auch das Motiv des »adventus Christi« wird in der »Ankunft der Geburt« alludiert. Schließlich projiziert Heidegger das existentialistische Motiv des Todes in das Bild. Die Fixierung auf die Erde, die still verschenkt, kann leicht als »Blut-und-Boden-Mystik« abgetan werden. Doch sowohl von der bemerkenswert sicheren, von Peinlichkeiten freien Stillage her, in der fast Traklsche Töne hörbar werden, als auch in der Vermeidung aller rassistischen Assoziationen unterscheidet sich Heideggers Text erheblich von der Phraseologie eines Hans Grimm, einer Johanna Behrens-Totenohl oder anderer NS-Autoren. Daß Heidegger ein Bild van Goghs wählte, sollte freilich nicht als Parteinahme für die klassische Moderne gewertet werden. Van Gogh galt als Vorläufer der Expressionisten, die vom »linken« Strasser-Flügel, zu dem anfangs, bevor er in Aussicht auf hohe politische Ämter opportunistisch umschwenkte, auch Joseph Goebbels gehörte, kulturpolitisch stark favorisiert wurden.

Das Bild van Goghs vermittelt Heidegger die Erkenntnis, daß das Zeugsein des Zeuges in der »Verläßlichkeit« bestehe, die mit wachsendem Gebrauch, ihrer Vernutzung, hinschwinden könne, so daß am Schluß nur noch die blanke Dienlichkeit sichtbar wird. »Van Goghs Gemälde ist die Eröffnung dessen, was das Zeug, das Paar Bauernschuhe, in Wahrheit *ist*. Dieses Seiende tritt in die Unverborgenheit seines Seins heraus. Die Unverborgenheit des Seienden nannten die Griechen ἀλήθεια. Wir sagen Wahrheit und denken wenig genug bei diesem Wort. Im Werk ist, wenn hier eine Eröffnung des Seienden geschieht in das, was und wie es ist, ein Geschehen der Wahrheit am Werk.« (30)

Wahrheit ist nach Heidegger an das Werk gebunden, der Künstler ist im Hinblick darauf gleichsam nur ein Medium (er nennt ihn einen »im Schaffen sich selbst vernichtende[n] Durchgang für den Hervorgang des Werkes«; 35). Wahrheit wird als Geschehnis aufgefaßt, also nicht, wie man in Erinnerung an die platonische Ideenlehre denken könnte, als etwas Ewiges, Dauerhaftes, zudem Transzendentes. Sie ist an den ereignishaften Vorgang der Erscheinung, einer »Eröffnung«, gebunden. (Der Begriff der Geschichte wird von Heidegger also im wesentlichen auf den des »Geschehens«, des »Ereignisses« reduziert, was zur Alltagsorientierung der Phänomenologie paßt, die für ihn regulativ ist, wie schon das 4. Kapitel von *Sein und Zeit* mit der Überschrift »Zeitlichkeit und Alltäglichkeit« belegt, §§ 67–71.)

Heidegger ist insofern der alten Lichtmetaphysik als Wahrheitslehre verpflichtet, als er mit Vorliebe Lichtmetaphern verwendet. So spricht er vorzugsweise von der »Lichtung«, in die die Wahrheit tritt. Bereits in *Sein und Zeit* (§ 44) war von der »Lichtung des Da« die Rede.

Kunst, die im Werk in die »Gestalt« »festgestellt« ist, ist stets ein nicht gewaltsamer, zunächst unscheinbarer »Stoß«

ins »Offene«, der die »Beständigkeit des Insichruhens am
Werk« ausmacht (66). »Je wesentlicher dieser Stoß ins Offene kommt, um so befremdlicher und einsamer wird das
Werk.« (66) Auch in diesem Wort des »Befremdlichen«
wird Heideggers Vertrautheit mit dem marxistischen, ursprünglich vom russischen Formalismus entwickelten Begriff der »Verfremdung« deutlich, der seit Brechts Theorie
des epischen Theaters ins allgemeine Bewußtsein der Intellektuellen gedrungen war.[5] Während Brecht jedoch damit
kritische Erkenntnis beim Publikum provozieren will, ist
dieser Aspekt bei Heidegger nicht thematisch. Mit dem
Hinweis auf die »Vereinsamung« entzieht er sogar dem
Kunstwerk das Potential, solidarisierend zu wirken, und
bringt eine existentialistische Komponente in die Definition
ein. Eine politische Dimension des Kunstwerks wird von
Heidegger ohnehin stillschweigend negiert.

Wahrheit wird – ohne daß es ausgesprochen wird: wohl
in Assoziation an Heraklit – als Ergebnis eines »Streits«
verstanden, womit Heidegger dialektisch das Sicheinrichten
der Wahrheit faßt. Das Kunstwerk in seiner »Gestalt« –
nicht zufällig dieser Begriff, der an die damals im Schwange
befindliche Gestalttheorie erinnert – ist der »festgestellte
Streit« (64). Dadurch erhält das Kunstwerk den Charakter
eines »Gestells«. Notwendig ist hier aber wieder ein Brauchen der Erde, die dabei nicht mißbraucht, sondern erst zu
sich selbst befreit wird. Mit ihr wird quasi-handwerklich
verfahren, aber das Brauchen der Erde geht über Hand-
werkliches hinaus.

Heidegger hat mit seinem Kunstwerk-Aufsatz einen
neuen Zugang zur Kunst schaffen wollen, die er auch als
»Dichtung« und »Stiftung«, »stiftende Bewahrung« der
»Wahrheit des Seienden« begreift. Daß letztlich doch kunst-
politische Überlegungen mit am Werk waren, belegen seine
Äußerungen zum Schluß, in denen er den richtigen Um-
gang mit der Kunst als für das »geschichtliche Dasein eines
Volkes« (80) wesentlich bezeichnet. 1935 vorgetragen, hatte

dies, obwohl sich Heidegger mit öffentlichen politischen Bekenntnissen wie seiner berühmt-berüchtigten Freiburger Rektoratsrede zurückhielt, durchaus eine politische Dienlichkeit. Es ist freilich auffallend, daß er eigene Wege geht. Die Verherrlichung des Brutalen und Aggressiven hat er nicht mitgemacht. Er plädiert mehr für die leisen Töne, für das »Verschwiegene«, das Gewaltfreie, und läßt sogar auch ökologische Töne vernehmen, Vorstellungen, die in Wahrung der Interessen der Dinge, die sich gegen kapitalistische Vernutzung nicht wehren können, ihnen die Würde ihres Sichbehauptens zurückerstatten.

GEORG LUKÁCS

An Georg Lukács scheiden sich noch immer die Geister: Wie kaum ein zweiter Denker des 20. Jahrhunderts hat er polarisierend gewirkt, nicht zuletzt aufgrund der konsequenten Weiterentwicklung, die sein Philosophieren im Rahmen der mit größter Bewußtheit wahrgenommenen politischen Verhältnisse unablässig vollzog. Von denen, die gerade einen seiner Anstöße aufgenommen hatten, wurde die sich alsbald einstellende gedankliche Neubewertung und Selbstkritik durch den Autor nicht selten als Verrat am Voraufgegangenen empfunden. Das betrifft in hohem Maße auch seine Ästhetik, auf deren Gebiet er weltweit zweifellos als einer der bedeutendsten Theoretiker dieses Jahrhunderts gelten kann, dem noch im Widerspruch andere Konzeptionen und Systeme sehr viele Anregungen und Impulse verdanken.

Seine frühen Entwürfe kurz nach der Jahrhundertwende stehen noch ganz im Zeichen der Lebensphilosophie, unter dem Einfluß Henri Bergsons, Wilhelm Diltheys und Georg Simmels, von welch letzterem er die aphoristische Form des Essays übernimmt, um auch in dieser der Dichtung selbst angenäherten wissenschaftlichen Darstellungsweise das intuitive Moment seiner Reflexionen artikulieren zu können. Dies geschieht besonders in seinen ursprünglich ungarisch (*A lélek és a formák*) in der Budapester Zeitschrift »Nyugat« (»Westen«) seit 1908 erschienenen Aufsätzen, die deutsch als Sammelband unter dem Titel *Die Seele und die Formen* in Berlin 1911 herauskamen. Lukács thematisiert in diesem Buch an verschiedenen Beispielen (wie Rudolf Kassner, Søren Kierkegaard, Novalis, Theodor Storm, Stefan George, Richard Beer-Hoffmann, Lawrence Sterne u.a.) das Problem des »Zerschellens der Form am Leben«[1]. In der Form wird in der Nachfolge Nietzsches ein »lebenschaffende[r], lebensteigernde[r] Wert« gesehen. Sie ist »der einzige

Weg des Absoluten im Leben«[2]. »Kunst ist: Suggestion mit
Hilfe der Form«[3] heißt es im Kapitel über George, zu dessen Bewunderern Lukács damals noch gehört. Die Vorstellung vom »suggérer« entstammt symbolistischen Konzeptionen; so stand sie beispielsweise im Zentrum von Mallar-
més poetologischen Reflexionen (»Nommer un objet, c'est
supprimer les trois quarts de la jouissance du poème qui est
faite du bonheur de deviner peu à peu; le suggérer, voilà le
rêve. C'est le parfait usage de ce mystère qui constitue le
symbole: évoquer petit à petit un objet pour montrer un
état d'âme [...]«).[4]

Die physische Repräsentanz der Form, die als diffus-
dynamisches Prinzip der Seelentätigkeit immer auch etwas
Drängendes, Sehnsuchtsvolles zum Ausdruck bringt, ist die
»Geste«. Wie Croce fundiert auch Lukács in seiner Früh-
phase die Ästhetik auf den physiognomischen Begriff des
Ausdrucks als des Äquivalents der psychischen Intuition.
Der leibexpressive Begriff der »Geste« verdankt sich zwei-
fellos der Charakterologie Kassners und Klages', die im
George-Kreis und seinem Umfeld diskutiert wurde.

Die »starre Gewißheit der Geste« (ein Begriff, der unklar
bleibt und wenig konkretisiert wird) lasse sich nicht auf-
rechterhalten, betont Lukács jedoch. An Kierkegaard und
seinem Verhältnis zu Regine Olsen sucht er zu demonstrieren, daß die Geste immer auch auf die Seele zurückwirkt,
daß es also nicht nur einen unilinearen Weg der Entäußerung von Seelischem in der Form gibt. Die für die Lebensphilosophie charakteristische Hinwendung zur deutschen
Romantik zeigt sich bei Lukács in seinem Novalis-Kapitel.
»Eine scheinbar bewußte Abkehr vom Leben war der Preis
der romantischen Lebenskunst; jedoch nur an der Oberfläche, nur im Gebiet des Psychologischen war diese Wendung
bewußt [...].«[5]

Die Seele und die Formen ist durchzogen von einem tiefen Pessimismus und Pantragismus. Literarisches Schaffen
erscheint Lukács als einzige, wenngleich selten glücken-

de, Möglichkeit der Bewältigung der modernen Lebens-
probleme, die sich in Gefühlen der Einsamkeit, Isolierung
und Verlassenheit, des Nichtverstandenseins manifestieren.
Dem korrespondiert auf der Ebene der Form nicht selten
»Intimität und Versinnlichung«[6]. Was Lukács bereits hier,
spätere Gedanken intonierend, herausstellt, ist, daß Lyrik
z. B. nicht eine hermetische literarische Form darstellt, sondern auch »menschliche Beziehungen« zum Gegenstand hat
und bei aller Ästhetisierung und geistesaristokratischen Sti-
lisierung (wie bei George) Lebensgefühle und Stimmungen
wiedergeben kann.

Daß »menschliche Beziehungen« auch in die Form einge-
hen, war eines der Hauptaxiome von Simmels »formaler
Soziologie«[7]. Adorno, der Lukács' Frühwerk schätzte, hat
diesen Aspekt später in seiner *Ästhetischen Theorie* unter
der Kategorie der »Vermittlung« des Sozialen in der inneren Struktur des Kunstwerks aufgegriffen und noch stärker
esoterisiert. Es ist somit kein Zufall, daß Adorno in seiner
Rede über Lyrik und Gesellschaft[8] das Soziale gerade in
Klang und Rhythmus eines George-Gedichts (»In windes-
weben [...]«) zu rekonstruieren sucht, wobei er als Substanz des Gedichts die »Erfahrung der eigenen [Georges]
Einsamkeit«[9] herausarbeitet. Damit kehrt er demonstrativ
zum frühen Lukács zurück, den er unausgesprochen gegen
den von ihm perhorreszierten mittleren und späten aus-
spielt.

Lukács selbst hat sich in der Phase seiner Politisierung
und Hinwendung zum Marxismus von dieser düster-
melancholischen Formauffassung (die als »Formalismus« zu
bezeichnen das eigentümlich Vage und Unscharfe, My-
stisch-Ungreifbare seines lebensphilosophischen Formbe-
griffs verfehlen würde) distanziert. In seinem großen Werk
Die Zerstörung der Vernunft (ungarisch zunächst 1954 erschienen) wird, unter dem Eindruck des Faschismus, in der
Lebensphilosophie und den ihr voraufgehenden geistigen
Strömungen der Romantik die Vorgeschichte dieser reaktio-

nären Ideologie gesehen. Hier werden nahezu alle Gewährsleute seiner frühen Aufsätze einer radikalen Kritik unterzogen (Kierkegaard, Dilthey, Simmel und besonders Nietzsche »als Begründer des Irrationalismus der imperialistischen Epoche«[10]). Gewiß war dies auch ein Versuch, sich von seiner eigenen intellektuellen Frühphase zu befreien und gegenüber der bürgerlichen Öffentlichkeit, die seine lebensphilosophischen Werke schätzte und in den späteren marxistischen Arbeiten eine Verirrung und Verfehlung sah, ein deutliches Signal zu setzen.

Dennoch hat Lukács zeitlebens durchaus Erkenntnisse und Einsichten, die aus dieser Zeit stammten, bewahrt. Das Neue aber war seit Beginn der zwanziger Jahre ihre materialistische Interpretation. Das Motiv der Vereinsamung und Verlassenheit begegnete ihm wieder in Marx' Kategorie der »Entfremdung«, die aber von diesem nicht metaphysisch, sondern ökonomiekritisch aufgefaßt wurde,[11] abgeleitet aus der Struktur des Warenverhältnisses in der kapitalistischen Gesellschaft. In ihr erkennt Lukács in seiner großen Abhandlung *Geschichte und Klassenbewußtsein* (1923), die für die marxistische Theorie, aber auch für andere philosophische Richtungen (z. B. Heideggers Existentialontologie) des 20. Jahrhunderts epochemachende Wirkung zeitigen sollte, »das Urbild aller Gegenständlichkeitsforderungen und aller ihnen entsprechenden Formen der Subjektivität in der bürgerlichen Gesellschaft«[12].

Lukács geht von Marx' Analyse des »Fetischcharakters der Ware« aus und entwickelt im Anschluß daran seine Theorie der »Verdinglichung«. Marx hatte geschrieben: »Das Geheimnisvolle der Warenform besteht also einfach darin, daß sie den Menschen die gesellschaftlichen Charaktere ihrer eigenen Arbeit als gegenständliche Charaktere der Arbeitsprodukte selbst, als gesellschaftliche Natureigenschaften dieser Dinge zurückspiegelt, daher auch das gesellschaftliche Verhältnis der Produzenten zur Gesamtarbeit als ein außer ihnen existierendes gesellschaftliches Verhältnis von Gegenständen. Durch dies quid pro quo werden die Arbeitsprodukte Waren, sinnlich übersinnliche gesellschaftliche Dinge [. . .]. Es ist nur das bestimmte gesellschaftliche Verhältnis der Menschen selbst, welches hier für sie die phantasmagorische Form eines Verhältnisses von Dingen annimmt.«[13]

Lukács' große Leistung war es, die Marxsche Analyse für die Situation in der Produktion, Distribution und Konsumtion (bzw. Reproduktion) des frühen 20. Jahrhunderts aktualisiert zu haben. So untersucht er besonders eingehend die Formen der Massenarbeit als »rationell mechanisierter Arbeit«, die inneren Organisationsformen des industriellen Betriebes, unter deren Bedingungen »Isolierung und Atomisierung« entstehen, die jedoch »bloßer Schein« seien[14]. Das neue betriebswirtschaftliche Rationalisierungsmodell des Taylorismus, das übrigens in der jungen Sowjetunion zur Effektivitätssteigerung zunehmend praktisch angewandt wurde, wird von Lukács unter dem Gesichtspunkt seiner verdinglichenden Wirkung, die es im Kapitalismus ausübe, eher kritisch beurteilt.

Der Prozeß der »Kapitalmystifikation«, den Marx beschrieben hatte, erstreckt sich Lukács zufolge auf alle Lebensverhältnisse, auch auf »Überbauphänomene« wie Rechtsprechung und Gesetzgebung, die sich mit ihrem Prinzip der Kalkulation diesen kapitalistischen Strukturen anschmiegen. Lukács folgt hier weitgehend Max Weber[15], mit dem er sich bereits in seiner Heidelberger Zeit intensiv auseinandergesetzt hatte.

Entscheidend für Lukács' neue Theorie ist aber seine Beobachtung der Vereinheitlichung der »Bewußtseinsstruktur« in der kapitalistischen Gesellschaft, die ganz der einheitlichen Wirtschaftsstruktur folge. Die hochgradige Arbeitsteilung, die zu einer »Verkrüppelung« des Arbeiters führe, hat eine Trennung der Arbeitskraft von der Persönlichkeit des Arbeiters zur Konsequenz, der somit in ein Ding, in einen Gegenstand verwandelt wird, »den er auf

dem Markte verkauft«. Aber auch alles von ihm Hervorge-
brächte, die Produkte, die im Distributionsprozeß – unter
dem Tauschwertgesichtspunkt – sich in Waren verwandeln,
unterliegt dieser Verdinglichung.

An der Erörterung des Phänomens der Verdinglichung
wird bereits Lukács' Bestreben deutlich, die soziale und
ökonomische Realität nicht bloß partikular, unter einem bestimmten Blickwinkel zu betrachten, sondern in ihrer
Ganzheit. Der Begriff der »Totalität« spielt demgemäß eine
große Rolle in einem anderen Aufsatz in *Geschichte und
Klassenbewußtsein* (»Rosa Luxemburg als Marxist«). Dort
heißt es: »Das Zerreißen der Totalitätsbeziehung zerreißt
die Einheit von Theorie und Praxis. Das Handeln, die Praxis [...] ist ihrem Wesen nach ein Durchdringen, ein Verwandeln der Wirklichkeit. Die Wirklichkeit kann aber nur
als Totalität erfaßt und durchdrungen werden.«[16]

Schon in der *Theorie des Romans*, die zunächst 1916 in
Max Dessoirs »Zeitschrift für Ästhetik und allgemeine
Kunstwissenschaft« und dann 1920 bei Paul Cassirer in Berlin erschienen war, wird der Roman bzw. die Epopöe als
eine Kunstform gesehen, die nur als »Totalität« begriffen
werden könne.[17]

Mit diesem Konzept der Erfassung der Totalität, deren
Begriff Lukács der *Phänomenologie des Geistes* von Hegel
entlehnt, hängt es zusammen, daß Lukács stets für realistische Kunstkonzeptionen eingetreten ist. In der heftigen
praxisbezogenen Debatte um den »richtigen« sozialistischen
Kunstbegriff, die in der »Linkskurve« geführt wurde, polemisiert er scharf gegen die Auffassung, Kunst müsse eine
»Tendenz« zum Ausdruck bringen oder sie vertreten. Er
setzt dagegen den Begriff der »Parteilichkeit«, die dialektisch die objektiven Gesamtprozesse mit reflektiert und sich
nicht nur auf eine tagesaktuelle Klassenkampfhaltung reduzieren läßt. »Diese Parteilichkeit steht nicht – wie ›Tendenz‹, wie ›tendenziöse‹ Darstellung – im Widerspruch zur
Objektivität in der Wiedergabe und Gestaltung der Wirk-

lichkeit. Sie ist im Gegenteil die Voraussetzung zur wahren
– dialektischen – Objektivität. Im Gegensatz zur ›Tendenz‹
[...] wird in dieser Parteilichkeit gerade jene Stellungnahme
erfochten, die die Erkenntnis und die Gestaltung des Ge-
samtprozesses als zusammengefaßte Totalität seiner wahren
treibenden Kräfte, als ständige, erhöhte Reproduktion der
ihm zugrunde liegenden dialektischen Widersprüche mög-
licht macht.«[18]

Hier ist bereits in nuce Lukács' Realismus-Konzept erkennbar, das für seine weiteren ästhetischen Reflexionen
konstitutiv werden sollte. Charakteristisch dafür ist ein Ob-
jektivismus, der daher den von ihm in den dreißiger Jahren
als Trotzkismus attackierten subjektivistischen, aktualisti-
schen Kunstanschauungen kritisch gegenübersteht. Verbunden war damit eine Option für ästhetische bzw. literarische
Modelle, die mehr der Tradition des »poetischen Realismus« des 19. Jahrhunderts entsprachen (Balzac, Tolstoj,
Fontane, Raabe, Keller u. a.). An ihnen rühmt Lukács die
Weite des die gesellschaftliche Komplexität auch in Hand-
lungsdetails erfassenden Blicks. Der Roman, den diese Autoren vorzugsweise pflegen, ist für Lukács dabei »die Gattung, die der entwickelten bürgerlichen Gesellschaft am
meisten entspricht; seine Originalität, Gestaltungshöhe und
Gehaltstiefe sind der beste Gradmesser für die moderne literarische Entwicklung«[19].

Lukács mußte sich angesichts dieser Präferenz den Vorwurf eines hinter den aktuellen Verhältnissen zurückblei-
benden Traditionalismus gefallen lassen. Bertolt Brecht,
sein Antipode, der auch für Realismus (mit kleinen Spitzen
gegen Lukács) eintrat, faßte diesen ganz anders auf: durchaus im Einklang mit avantgardistischen Formprozeduren
und Formauffassungen, die für ihn (wie auch für den von
ihm beeinflußten späten Benjamin) ein Äquivalent zum
neuesten Stand der Produktivkraftentwicklung bildeten.

So sagt Brecht in der Expressionismusdebatte über den
Realismus: »Es ist gefährlich, den großen Begriff ›Realis-

mus‹ an ein paar Namen zu knüpfen, so berühmt sie auch
sein mögen, und ein paar Formen zur alleinseligmachenden
schöpferischen Methode zusammenzufassen, auch wenn es
nützliche Formen sein mögen. Über literarische Formen
muß man die Realität befragen, nicht die Ästhetik, auch
nicht die des Realismus. Die Wahrheit kann auf viele Arten
verschwiegen und auf viele Arten gesagt werden. Wir leiten
unsere Ästhetik, wie unsere Sinnlichkeit, von den Bedürfnissen unseres Kampfes ab.«[20]

Lukács hat erst im Alter, mit 78 Jahren, seine große Ästhetik vorgelegt. Das Besondere an diesem Werk liegt darin,
daß der Autor versucht, auf der theoretischen Grundlage
des historischen Materialismus eine genetische Erklärung
des Ästhetischen zu liefern. Dazu wählt er zwei Zugänge:
einmal von der Analyse des Alltagslebens her, zum andern
durch Rekurs auf die Ur- und Frühgeschichte des Menschen. Was die Theorie des Alltagslebens betrifft, so darf
Lukács als deren wesentlicher Initiator im 20. Jahrhundert
bezeichnet werden. Sein Konzept des Alltags ist von Henri
Lefèbvre und seiner eigenen Schülerin Agnes Heller[21] aufgegriffen und weiterentwickelt worden. Lukács' Alltags-
theorie ist der marxistische Gegenentwurf zu phänomenologischen Konzeptionen der Lebenswelt (Husserl) oder der
»Alltäglichkeit« (Heidegger in *Sein und Zeit*) und zu Ansät-
zen einer »Kulturanthropologie« (Rothacker). Er ist dadurch gekennzeichnet, daß er das »Wesen« des Alltags nicht
durch Introspektion oder »Daseinsanalyse« qua Sprache zu
ergründen sucht, sondern – objektivierend – über die Kategorie der Arbeit. Lukács begreift »Alltag« nicht als letzten
Fond, sondern bereits selbst als Objektivation – wie Wissenschaft und Kunst (bzw. das Ästhetische). Alle drei Dimensionen sind bereits Reflexionsformen, »Widerspiege-
lungen« der Realität. Eine Lebenspraxis des Menschen ohne
Objektivation ist nach Lukács nicht denkbar, denn ihr inhäriert ein teleologisches Moment, da sie darauf angelegt ist,
Realität in welcher Adäquanz auch immer zu begreifen und

auf dieser Erkenntnis aufbauend Ziele bzw. Zwecke zu verwirklichen. Diese finale Struktur der Erkenntnis verbindet sie mit dem teleologischen Akt der Arbeit, bei der das Produkt schon im Bewußtsein antizipiert ist. Arbeit ist zugleich ein Akt der Naturaneignung und -beherrschung. Darin liegt bereits das Moment der Subjekt-Objekt-Differenzierung.

Für Lukács sind der Alltag und die in ihm täglich akkumulierten Erfahrungen noch sehr viel stärker der Realität angenähert als Wissenschaft und Kunst. Bei diesen hat – schon auf früher historischer Stufe – eine Autonomisierung, eine Loslösung von der materiellen Praxis eingesetzt, wobei die Wissenschaft (als mehr oder minder institutionalisierte Form kognitiver Erkenntnis) durch einen relativ hohen Abstraktionsgrad charakterisiert ist. Zwischen allen drei Bereichen gibt es jedoch zahllose Übergangsformen, eine absolute Trennung ist kaum möglich. Im Alltag, bei dem die »ostensiblen Motive« im Vordergrund stehen, haben die Objektivationen einen fließenden Charakter. Obwohl schon, wie Gewöhnung, Tradition usw. zeigen, starke Verfestigungen der Gebilde des Alltags feststellbar sind, ist die Distanz zur Praxis kaum ausgeprägt: »Das Bezeichnende ist, daß im subjektiven Leben des Alltags ein ständiges Hin- und Herwechseln vorhanden ist zwischen Entscheidungen, die auf Motive augenblicklicher und fließender Wesensart begründet sind, und zwischen solchen, die auf starren, wenn auch gedanklich selten fixierten Grundlagen (Tradition, Gewohnheit) beruhen.«[22] Im Alltag herrscht ein naiver »spontaner Materialismus«: die Menschen machen unentwegt Beobachtungen im Prozeß ihrer Arbeit und erfassen dabei ständig Eigenschaften der Objekte (besonders der Arbeitsgegenstände und Arbeitsmittel); dies findet schon in den frühesten Gesellschaftsformationen statt. Die Erkenntnisform des Alltags basiert kaum auf logischem Denken; meist ist es die Analogie, welche die Wahrnehmungen (in der Regel spontan) ordnet und systematisiert.

Lukács hebt hervor, daß im Alltag kaum »Apodik-

tik« existiert, die Widerspiegelungsformen haben hier noch
eine große »Elastizität« (1,29). Das apodiktische Moment
kommt erst bei Wissenschaft und Kunst auf. Eine große
Rolle spielt im Alltag die Sprache. Sie ging ursprünglich aus
den Bedürfnissen der Arbeit hervor und hat eine wichtige
Funktion bei der Ordnung der täglich gemachten praktischen Erfahrungen, da sie sie benennbar macht. Sosehr sie
durch das Aufschließen der Innen- und Außenwelt die Lebensverhältnisse erleichtern hilft, ist sie doch in sich widersprüchlich und insofern auch wieder denk- und handlungs-
erschwerend, da sie nicht eindeutig, sondern unbestimmt
und verworren ist.

Lukács nimmt eine große Unterscheidung zwischen Wissenschaft und Kunst vor. Die Differenz liegt vor allem
darin, daß die Wissenschaft, wie er sagt, »desanthropomor-
phisierend« angelegt ist, d. h. die Assimilation durch Personifikation, die alle Naturvölker durchmachen, aufhebt oder
überwindet. Dadurch wird zugleich das Geheimnisvolle,
Fremde und Überlegene der Naturkräfte überwunden. Wie
Lucien Lévy-Bruhl, Ernst Cassirer u. a. trennt auch Lukács
nicht scharf zwischen Mythos und Magie; vielmehr wird
letztere als generelle archaisch-primitive Denkform begriffen, der auch der Mythos subsumiert ist. Lukács sieht in der
europäischen Bewußtseinsgeschichte den ersten radikalen
Bruch mit mythischem, personifizierendem Denken in der
vorsokratischen Phase, im Übergang von Thales zu Demo-
krit bzw. Epikur, und noch deutlicher bei Xenophanes, der
schon eine Mythenkritik vornimmt. Ein zweiter Schub der
Mythenkritik erfolgt in der frühen Neuzeit, mit dem Entstehen der kapitalistischen Produktionsweise und dem damit verbundenen Aufkommen der städtischen Industrie,
des expandierenden Handels und der modernen Agrikultur.
Diese hochgradige Entfaltung der Produktivkräfte begünstigt in besonderem Maße den Prozeß der Individualisierung. Da die Normativität von Produktionsschranken, die
in früheren Formationen ideologisch gesetzt war, nicht

mehr gilt, können die Individuen nun frei schalten und walten, somit permanent, z. B. über Experimente und spezialisierte Perzeptionsformen wie den Blick durch das Mikro-
oder Teleskop, neue Erfahrungen machen und abstraktions-
fördernde Erkenntnisse gewinnen; die wissenschaftliche
Methode wird also vertieft. Dennoch ist damit zeitweilig ein
merkwürdiger Umkehreffekt verbunden: der gesteigerte
Subjektivismus der Forschung begünstigt paradoxerweise
die Rückkehr zu anthropomorphisierenden Tendenzen.
(Wie zutreffend Lukács' Feststellung ist, läßt sich an der
Bedeutung der Allegorie bzw. der Personifikation in den
wissenschaftliche Erkenntnisse visualisierenden Bilderserien
der frühen Neuzeit verdeutlichen.[23] Er selbst geht darauf
nicht ein.)

Dennoch war dieser »Rückschlag« nicht von langer
Dauer, denn die durch ökonomische Erfordernisse sich einstellende Notwendigkeit, die vielfältigen Erkenntnisse zu
homogenisieren, erzwang eine erneute Desanthropomor-
phisierung, die aber nun, nicht zuletzt durch das Erkennt-
nismedium der Mathematik bzw. Geometrie, einen zuvor
nicht gekannten Abstraktionsgrad erreichte. Auf diese
Weise wurde der Prozeß der Objektivierung und Erschließung von Gesetzmäßigkeiten vorangetrieben.

Im Gegensatz zur Wissenschaft ist die Objektivationsform der Kunst Lukács zufolge also anthropomorphisie-
render Art. Sie verbleibt weitgehend in der Sphäre konkre-
tistischen Denkens und der Visualität. Lukács betont jedoch
die unauflösliche Kohärenz der verschiedenen Sinne. Eine
Loslösung des Gesichts- vom Tastsinn, wie sie in Conrad
Fiedlers Kunsttheorie[24] vorgenommen wird, ist für ihn
nicht akzeptabel. Er folgt dabei Marx' berühmtem Diktum,
daß die Bildung der fünf Sinne eine Arbeit der ganzen bisherigen Weltgeschichte sei. Die Ausbildung von Sinnlichkeit wird bei Marx als ein historischer Prozeß begriffen,
dessen Dialektik sich darin manifestiert, daß Arbeit Sinnlichkeit erst differenziert und die so differenzierte Sinnlich-

keit wiederum auf die Praxis zurückwirkt. Eine entscheidende Bedeutung kommt in diesem historischen Vorgang dem »Freiwerden« der Hand zu. Sie ist, wie Engels in der *Dialektik der Natur*[25] sagte, nicht nur das Organ der Arbeit, sondern auch ihr Produkt. Die Verfeinerung ihrer Motorik war auch, so Lukács, die Grundvoraussetzung für eine gesteigerte Wahrnehmungsfähigkeit. In ihr wiederum werden Rudimente des Ästhetischen erkannt, das sich also – anders, als sich Darwin dies vorstellte, der von einer bereits perfekten Ausbildung ästhetischer Anlagen im Tierreich ausging (vgl. 1,131) – erst in einer langen geschichtlichen Entwicklung herausgebildet hat. Lukács bezieht sich bei seinen Analysen zum Zusammenhang von Gesichts- und Tastsinn auf Arnold Gehlens Buch *Urmensch und Spätkultur* (Bonn 1956), dessen Thesen er trotz ihres, wie er sagt, »idealistischen« Charakters weitgehend übernimmt.

Prinzipiell ist die Entstehung des Ästhetischen nach Lukács nicht von derjenigen der Wissenschaft unterschieden. Mit den Objektivationsformen der Alltagspraxis bleibt es durch das Moment der Anthropomorphisierung verbunden, das es energisch ausbaut und entwickelt, während die Wissenschaft damit einen radikalen Bruch vollzieht. Ein zentraler Begriff für die Erfassung der Eigenart des Ästhetischen ist derjenige der »Evokation«, der übrigens auch in anderen Kunsttheorien, so etwa im amerikanischen New Criticism[26], eine bedeutende Rolle spielt. Bei Lukács selbst erscheint er fast als ein spätes Echo des Suggestionsbegriffs seiner frühen ästhetischen Schriften. Mit »Evokation« oder »evokativer Intention« ist eine im Akt (zunächst magischer) Mimesis sich vollziehende ganzheitliche Übertragung von Gefühlen auf andere Partner der ästhetischen Kommunikation gemeint, die bis zur Ekstase gehen kann. Umgeben ist sie ursprünglich von einer »Aura«, die aber im weiteren historischen Prozeß sich abschwächt und verblaßt, so daß Kunst insofern auch defetischisierend wird und wirkt.

Lukács führt zur näheren Bestimmung des Ästhetischen

(bzw. der Kunst) aus: »Sein Objekt ist [...] die konkrete Umwelt des Menschen, die Gesellschaft (der Mensch in der Gesellschaft), der Stoffwechsel mit der Natur; all dies wird aber erlebt vom Standpunkt des ganzen Menschen. D. h. hinter jeder künstlerischen Tätigkeit steckt die Frage: wie weit ist die Welt wirklich eine Welt des Menschen, die er als seine eigene, als seinem Menschtum angemessene zu bejahen imstande ist?« (1,148)

Innerhalb der Analyse des Ästhetischen nimmt, wie bereits angedeutet, die Erörterung des Problems der Mimesis bei Lukács einen breiten Raum ein. Sie wird von ihm genetisch im Kontext der Magie gesehen, aus der sie »spontan« entstanden sei. Näherhin erläutert dies Lukács am Beispiel der Höhlenbilder der Altsteinzeit. Er verfolgt dann die Geschichte der ästhetischen Mimesis über eine Analyse der Voraussetzungen der »Welthaftigkeit der Kunstwerke« bis hin zu ihrer Autonomisierung und der damit einhergehenden Konstituierung ästhetischer Subjektivität. Für Lukács ist wichtig, daß dieser historische Prozeß hier nicht stehen bleibt, sondern »vom partikularen Individuum zum Selbstbewußtsein der Menschengattung« (2,107 ff.) übergeht.

Die Widerspiegelung wird also in ihrer letzten Konsequenz und Bestimmung zu einer vom menschlichen Bewußtsein unabhängigen Wirklichkeit, »jedoch zu einer, in welcher, dem Prinzip nach, nur das vorkommt, was diese Entwicklung fördert oder hemmt, in welcher jeder Gegenstand, jede Emotion erst in diesem Zusammenhang zum Objekt erhoben werden kann. Alle Umwandlungen, die die ästhetische Widerspiegelung an der unmittelbaren Erscheinungswelt vollzieht, verlieren erst durch diese Bezogenheit einen jeden formal-willkürlichen Charakter, und andererseits wird die Treue dieser Widerspiegelungsart der Wirklichkeit, auch in ihrer unmittelbaren Erscheinungsweise, erst durch das Auftreffen auf diese höchste Realität des Menschseins letzthin gerechtfertigt [...]. Gerade die in diesem Begriff [der Widerspiegelung] konzentrierte Wider-

sprüchlichkeit = höchste Objektivität bei höchster Subjekt-
bezogenheit –, eine Subjektivität als Kriterium, die in der
objektiv vorhandenen Außen- und Innenwelt nur verborgen, nur ›unbewußt‹, eventuell utopisch vorhanden ist, dabei das Schaffen einer Welt der Kunst, die nichts Utopisches
an sich haben muß –, das ist, als Basis des originär Ästhetischen, die schlichte Beschreibung der ästhetisch gespiegelten
Wirklichkeit.« (2,155)

Diesen Objektivierungsvorgang bezeichnet Lukács auch
mit dem Begriff der Katharsis, deren Wesen darin liegt, daß
in der Werkindividualität »dem Rezeptiven ein Bild der
Welt entgegengehalten« wird, »das ihm als seine eigene ent-
gegenblickt, zugleich jedoch ihm schlagartig ins Bewußtsein
hebt, daß seine Vorstellungen über diese Welt nicht oder
wenigstens noch nicht deren Wesen erreicht haben. In der
Katharsis entsteht also eine Erschütterung des alltäglichen
Weltbilds, der gewohnten Gedanken und Gefühle über den
Menschen, über sein Schicksal, über die Motive, die ihn bewegen, eine Erschütterung jedoch, die in eine besser verstandene Welt, in die richtiger und tiefer erfaßte diesseitige
Wirklichkeit zurückführt.« (4,248) Es wäre falsch, wollte
man in dieser Beschreibung der Katharsis eine normative
Festschreibung des »Wesens« der Kunst erkennen. Bei
näherem Hinsehen wird deutlich, daß Lukács damit eine
Kategorie bereitstellt, die eine Analyse von Kunstwerken
ermöglicht, denn sie hebt auf die Struktur von gesellschaftlichen Konflikten und Kollisionen ab, die in ihnen zum Aus-
trag gelangen und deren adäquate Verarbeitung, bei der immer auch eine ethische und politische Dimension erkennt-
nisleitend ist, erst ihre ästhetische Bedeutsamkeit erfahrbar
macht. Das Widerspruchsmoment wird von Lukács in seiner Katharsistheorie also nicht eliminiert, sondern bewußt
als konstitutives Element des ästhetischen Schaffens festgehalten.

WALTER BENJAMIN

Den meisten kunst- und kulturtheoretischen Schriften Walter Benjamins wurde erst spät, postum, Verbreitung zuteil. Zu Lebzeiten blieb ihm, der als Privatgelehrter (oder »Literator«, wie er sich gern zu bezeichnen pflegte) sich durchschlagen mußte, eine seiner Bedeutung auch nur annähernd gerecht werdende Rezeption versagt. Es war nur ein vergleichsweise kleiner Kreis von Intellektuellen wie Theodor W. Adorno, Max Rychner, Gershom Scholem, Jean Selz, Bertolt Brecht, Ernst Bloch oder die lettische Regisseurin Asja Lacis u. a., die in den zwanziger und dreißiger Jahren mit ihm Kontakt pflegten und seinen überragenden Rang als Kunsttheoretiker und Kritiker erkannten.

Die Wirkungsgeschichte, die dann allerdings in kaum noch übersehbarer Breite sich entfaltete, setzte eigentlich erst nach 1955, dem Erscheinungsdatum der von Theodor W. und Gretel Adorno herausgegebenen *Schriften*, ein. In den späten sechziger Jahren war es die Studentenbewegung, die sich Benjamins Werk in politischer Absicht anzueignen suchte. Besonders seine *Kritik der Gewalt* – so der Titel eines seiner Aufsätze – und seine geschichtsphilosophischen Thesen (*Über den Begriff der Geschichte*[1]) erfuhren eine Adaptierung in den Auseinandersetzungen mit dem, was man damals im Anschluß an Herbert Marcuse »Establishment« nannte. Bei der Suche nach einem neuen, von irrationalen Vorstellungen (wie »Genie«) befreiten Kunstbegriff wurde sein großer Essay *Das Kunstwerk im Zeitalter seiner technischen Reproduzierbarkeit*, aus dem man als praktische Forderung die Zerstörung der »Aura« dechiffrierte, zu einem theoretischen Basistext, der es ermöglichte, eine argumentative Verbindung zu vorwiegend aus den USA importierten Kunstrichtungen wie Pop Art, Happening und Fluxus, Arte povera usw. herzustellen, in deren z. T. populistische Tendenz man sowohl anti-elitäre

Intentionen als auch ein rational überprüfbares Konzept hineinlas. Auch die Abschaffung der Kunst wurde nicht selten unter Berufung auf Benjamins Kritik des auratischen Kunstwerks begründet und propagiert.

Gleichzeitig und danach wurden auch seine teilweise Fragment gebliebenen Studien *Einbahnstraße* (1928) und *Paris, die Hauptstadt des XIX. Jahrhunderts* (dt. 1935, frz. 1939), sein nur bruchstückhaft erhaltenes, aus essayistisch verfaßten Beobachtungen sowie zahlreichen Zitaten und Notizen bestehendes *Passagen-Werk* (1927–40), das erst 1982 vollständig ediert herauskam, für kunstwissenschaftliche Untersuchungen zu einem programmatischen Modell, das in den Strategien zur Erforschung der Moderne einen Paradigmenwechsel einleitete. Diese Studien, die sich u. a. mit den Pariser Weltausstellungen, der Daguerreotypie, mit dem von Baudelaire beobachteten »Flaneur« oder den »phantasmagorischen« Karikaturen Grandvilles befassen und den Universalismus des unter dem Gesetz der »Nouveauté« stehenden, immer wieder Gleiches produzierenden Warenfetischismus im modernen Großstadtleben analysieren, verstand Benjamin selbst als eine Art »Urgeschichte der Moderne«. Methodisch griff er dabei, von Aragon, Freud und Marx inspiriert, kombinatorische Prinzipien (Montagetechnik) des Surrealismus auf, mit dem er sich ebenfalls eingehend beschäftigt hatte. Das gegenüber herkömmlichen Ästhetiken qualitativ Neue an Benjamins Studien war seine Fähigkeit, die Signatur oder Chiffrensprache des oft übersehenen und als unbedeutend verworfenen Alltäglichen und Banalen wie Embleme zu lesen und zu deuten. Dabei verhalfen ihm die (u. a. von Karl Korsch[2] vermittelte) marxistische Methode und speziell Lukács' Theorie der Verdinglichung als Prinzipien der Realitätserkenntnis dazu, diese versprengten Elemente des unscheinbar Trivialen unter gesetzmäßige Zusammenhänge zu subsumieren und gedanklich zu strukturieren.

Es waren vorwiegend die späten, nach Benjamins Politisierung oder in seinem Pariser Exil verfaßten Schriften, deren man sich in der Studentenbewegung theoretisch wie praktisch zu bemächtigen suchte. Mit den frühen Texten hatte man im allgemeinen große Schwierigkeiten, war hier doch ein vom Autor selbst beabsichtigter metaphysischer, um nicht zu sagen: religiöser Einschlag nicht zu übersehen, der – trotz vieler inzwischen dazu erschienener philologischer Studien – auch heute noch manche Argumentationen dunkel und änigmatisch erscheinen läßt. Zweifellos besteht zwischen dem Früh- und dem Spätwerk ein Hiatus; dennoch darf man nicht die gedanklichen Kontinuitäten ignorieren, die sich, zumal in Benjamins Konzept der Geschichte, noch bis zu seinem Tod aufweisen lassen. Fast scheint es, als hätte dieses Ende den »medusischen Blick« Benjamins, von dem Adorno in seiner *Charakteristik Walter Benjamins*[3] sprach, noch bestätigt: die melancholische Sicht auf die Geschichte als eine unaufhörliche Abfolge von Katastrophen. Das Messianisch-Glückverheißende, die Erlösung sah Benjamin weniger futurisch denn als ein Vergangenes des verlorenen Paradieses, dessen es sich erinnernd zu vergewissern galt: in »Anamnesis« oder »Mnemosyne« (dem Schlüsselbegriff des von Benjamin – nicht zuletzt wegen seines »Bilderatlas« als einer Sammlung sich wechselseitig durch ihre reine Visualität erhellender historischer Bilddokumente – hochgeschätzten Kunst- und Kulturhistorikers Aby Warburg[4]); dies aber nur im Potentialis einer das wahre Leben substituierenden retrospektiven Imagination.

Benjamin hat zu dieser geforderten Erinnerungsleistung gesagt: »Ist dem so, dann besteht eine geheime Verabredung zwischen den gewesenen Geschlechtern und unserem. Dann sind wir auf der Erde erwartet worden. Dann ist uns wie jedem Geschlecht, das vor uns war, eine *schwache* messianische Kraft mitgegeben, an welche die Vergangenheit Anspruch hat.«[5] Innerhalb des historischen Materialismus, aber auch innerhalb aller von der Normativität des Aktuel-

len ausgehenden bürgerlichen Geschichtskonzeptionen war
und ist diese Geschichtstheorie singulär: Sie macht angesichts des Hochmuts der Gegenwartsfetischisierung auf unsere Dürftigkeit aufmerksam und klagt Bescheidenheit ein.
Benjamins Geschichtstheorie dezentriert das gängige aktua-
listische Bewußtsein von Geschichte, indem sie Selbstge-
wißheiten auflöst und an die Schuld erinnert, in der wir gegenüber der Kette ungezählter Generationen stehen, die
stumm geblieben sind und deren Werk ein Recht auf unser
Eingedenken hat. Dafür hat Benjamin als Haltung oder
»Verfahren« den hermeneutischen Akt der »Einfühlung«[6]
gefordert, die er in engem Zusammenhang mit der »acedia«,
der Trägheit des Herzens, sieht, die im Mittelalter als mit
der Melancholie verschwistert galt. Trauer schleicht sich ein,
weil der Historiker, genauer: der »historische Materialist«,
die Vergangenheit immer auch als eine Kultur der Barbarei betrachten muß, »die er nicht ohne Grauen bedenken
kann«[7]. Benjamin hat dabei die Barbarei des Faschismus vor
Augen, dessen gnadenlos verfolgende Häscher ihn wenig
später in den freiwilligen Tod trieben.

»Vergangenes historisch artikulieren heißt nicht, es erkennen ›wie es denn eigentlich gewesen ist‹. Es heißt, sich
einer Erinnerung bemächtigen, wie sie im Augenblick einer
Gefahr aufblitzt. Dem historischen Materialismus geht es
darum, ein Bild der Vergangenheit festzuhalten, wie es sich
im Augenblick der Gefahr dem historischen Subjekt unversehens einstellt. Die Gefahr droht sowohl dem Bestand
der Tradition wie ihren Empfängern.«[8] Die Metapher des
»flüchtigen Aufblitzens«, die der mystischen Überlieferung,
und hier wiederum mehr der jüdischen als der christlichen,
entlehnt ist, ist keineswegs ausschließlich eine geschichts-
theoretische Argumentationsfigur. Sie gehört auch zur
ästhetischen Topik Benjamins; nach ihm hat sie Adorno in
seinem Bild der »apparition« aufgegriffen und darin das
Sichzeigen der im Kunstwerk verborgenen Wahrheit gesehen. Für Benjamin ist es eine wesentliche Einsicht, daß die

»Tradition der Unterdrückten« uns darüber belehrt, »daß der ›Ausnahmezustand‹, in dem wir leben, die Regel ist«[9]. Es gibt also kein Kontinuum geglückten Lebens, sondern unablässig nur eine Folge von Katastrophen, die eine Vorstellung vom »Fortschritt«, der der »Konformismus« (besonders der Sozialdemokratie in Benjamins Sicht) anhängt, illusionär erscheinen läßt:

»Es gibt ein Bild von Klee, das Angelus Novus heißt. Ein Engel ist darauf dargestellt, der aussieht, als wäre er im Begriff, sich von etwas zu entfernen, worauf er starrt. Seine Augen sind aufgerissen, sein Mund steht offen und seine Flügel sind ausgespannt. Der Engel der Geschichte muß so aussehen. Er hat das Antlitz der Vergangenheit zugewendet. Wo eine Kette von Begebenheiten vor *uns* erscheint, da sieht *er* eine einzige Katastrophe, die unablässig Trümmer auf Trümmer häuft und sie ihm vor die Füße schleudert. Er möchte wohl verweilen, die Toten wecken und das Zerschlagene zusammenfügen. Aber ein Sturm weht vom Paradiese her, der sich in seinen Flügeln verfangen hat und so stark ist, daß der Engel sie nicht mehr schließen kann. Der Sturm treibt ihn unaufhaltsam in die Zukunft, der er den Rücken kehrt, während der Trümmerhaufen vor ihm zum Himmel wächst. Das, was wir den Fortschritt nennen, ist *dieser* Sturm.«[10]

Im gleichen Maße, wie Benjamin einen geschichtstheoretischen Perspektivenwechsel vornimmt, kritisiert er auch das kurrente Verhältnis zur Natur, die man »auf unheilverkündende Art« glaubt hemmungslos ausbeuten zu können. Gegenüber dieser schon im »Gothaer Programm« der Sozialdemokratie ausgegebenen technokratischen Losung, der zufolge die Natur »gratis da ist« (Josef Dietzgen), postuliert Benjamin eine »Arbeit, die weit entfernt die Natur auszubeuten, von den Schöpfungen zu entbinden imstande ist, die als mögliche in ihrem Schoße schlummern«.[11]

Im Zusammenhang mit dieser von Benjamin materialistisch verstandenen (und auch so zu wertenden) Auffassung steht seine frühe metaphysische Theorie der Sprache (*Über Sprache überhaupt und über die Sprache des Menschen*). Sie stammt aus dem Jahre 1916 und ist noch ganz von kabbalistischen Denkkategorien geprägt, besonders was die Theorie der Namengebung betrifft.[12] Benjamin reduziert Sprache hier nicht auf die Funktion der Mitteilung – dies wäre lediglich eine »Parodie« –, sondern setzt sie noch tiefer an, als »geistiges Wesen« und »extensive Totalität«[13], das bzw. die identisch mit dem Wesen des Menschen ist und das unauflösliche Band mit Gott bedeutet. Sprache ist Offenbarung Gottes. Sie existiert nicht nur in der Form der Laute, die der Mensch als Namen der Dinge artikuliert, sondern in den Dingen selbst, die, dem Genesisbericht zufolge, ihr Sein dem einsetzenden Benennen Gottes verdanken. Diese »Sprache der Dinge« (d. h. der Natur) muß nach Benjamin in die Sprache des Menschen übersetzt werden. Dies sei »nicht nur Übersetzung des Stummen in das Lauthafte«, sondern auch »Übersetzung des Namenlosen in den Namen«[14]. Hier ist Benjamins spätere Technokratiekritik bereits implizit vorgezeichnet, denn es geht ihm schon in diesem Text um die bewahrende Haltung der Natur gegenüber, um die Rekonstruktion der »Sprache des Paradieses«[15].

Die für Benjamins ästhetische Anschauungen relevante Mimesis-Theorie gründet auf dieser sprachmagischen Auffassung. »›Was nie geschrieben wurde, lesen.‹ Dies Lesen ist das älteste: das Lesen vor aller Sprache, aus den Eingeweiden, den Sternen oder Tänzen. Später kamen Vermittlungsglieder eines neuen Lesens, Runen und Hieroglyphen in Gebrauch. Die Annahme liegt nahe, daß dies die Stationen wurden, über welche jene mimetische Begabung, die einst das Fundament der okkulten Praxis gewesen ist, in Schrift und Sprache ihren Eingang fand. Dergestalt wäre die Sprache die höchste Stufe des mimetischen Verhaltens und das vollkommenste Archiv der unsinnlichen Ähnlichkeit: ein Medium, in welches ohne Rest die früheren Kräfte mimetischer Hervorbringung und Auffassung hineingewandert

sind, bis sie so weit gelangten, die der Magie zu liquidie-
ren.«[16]

Benjamins berühmte Rehabilitierung der Allegorie in seinem Buch *Ursprung des deutschen Trauerspiels* muß ebenfalls im Kontext seiner Geschichts- und Sprachtheorie
begriffen werden.[17] Gleichviel, ob ihre philologische Interpretation den objektiven Tatsachen entspricht oder nicht:
entscheidend ist hier, wofür die Allegorie bei Benjamin philosophisch steht und wovon er sie abgrenzt. Es ist dies das
Symbol, dessen Verherrlichung durch die Romantiker, die
teilweise schon durch die Klassik vorbereitet worden sei, einen »usurpatorischen« Akt darstelle.[18] Denn indem die Romantiker mit ihrer »theosophischen Ästhetik« den Symbolbegriff erschlichen hätten, hätten sie in vordergründigem
Brillieren ein ganzheitliches, intaktes Bild von der sittlichen
Welt apotheotisiert: »Als symbolisches Gebilde soll das
Schöne bruchlos ins Göttliche übergehen.«[19] Benjamin kritisiert daran einmal den zukunftsorientierten heilsgeschicht-
lichen Optimismus, dann das damit einhergehende Integri-
täts- und Totalitätsdenken (z. B. bei Friedrich Creuzer[20]:
»Totalität und gedrungene Exuberanz seines Wesens«; gemeint ist das Symbol), das Brüche, Mängel, Leiden nicht
kennt. Demgegenüber ist die von den Romantikern denun-
zierte und seitdem in der Literaturwissenschaft mißachtete
Allegorie, die im Barock noch die bevorzugte Form des literarischen Bildzeichens war (bei Benjamin ist sie weitgehend
mit dem Vanitas-Emblem identisch), nicht »von der unbe-
teiligten Suffisanz, die in der scheinbar verwandten Intention des Zeichens sich findet« (gemeint ist mit »Zeichen«
wiederum das Symbol).[21]

»Während im Symbol mit der Verklärung des Unterganges
das transfigurierte Antlitz der Natur im Lichte der Erlösung flüchtig sich offenbart, liegt in der Allegorie die fa-
cies hippocratica der Geschichte als erstarrte Urlandschaft
dem Betrachter vor Augen. Die Geschichte in allem, was sie
Unzeitiges, Leidvolles, Verfehltes von Beginn an hat, prägt

sich in einem Antlitz – nein in einem Totenkopfe aus. Und so wahr alle ›symbolische‹ Freiheit des Ausdrucks, alle klassische Harmonie der Gestalt, alles Menschliche einem solchen fehlt – es spricht nicht nur die Natur des Menschendaseins schlechthin, sondern die biographische Geschichtlichkeit eines Einzelnen in dieser seiner naturverfallensten Figur bedeutungsvoll als Rätselfrage sich aus. Das ist der Kern der allegorischen Betrachtung, der barocken, weltlichen Exposition der Geschichte als Leidensgeschichte der Welt; bedeutend ist sie nur in den Stationen ihres Verfalls. Soviel Bedeutung, soviel Todverfallenheit, weil am tiefsten der Tod die zackige Demarkationslinie zwischen Physis und Bedeutung eingräbt.«[22]

Die Allegorie ist ein Naturzeichen (denn sie führt die Physis in ihrer defizitären Struktur als »amorphes Bruchstück«[23] vor Augen, z.B. als Totenkopf oder als Landschaft), aber als solches wird sie zum Schauplatz der Geschichte. Benjamin faszinierte an der Allegorie, daß sie wie die Schrift Konvention und somit streng kodifiziert sei. Er sieht sie im Zusammenhang mit der alten Buchstabenschrift als »Kombination von Schriftatomen« und der Hieroglyphik, die sakrale Geltung beansprucht.[24] Wichtige Anregungen erfuhr Benjamin hier von Karl Giehlows Studien zur Vorgeschichte der Emblematik und von Karl Borinskis Untersuchungen zum Nachwirken antiker Rhetorik in Renaissance und Barock. Auch Konrad Burdachs Hinweis darauf, daß der Naturbegriff vom 14. bis zum 16. Jahrhundert sich durch das Merkmal der Gottgestaltetheit erheblich von unserem heutigen unterscheide, war für Benjamin von großer Bedeutung. Denn gerade an diese Auffassung suchte seine Geschichts-, Sprach- und Naturtheorie anzuknüpfen, um so zu den göttlichen Anfängen zu gelangen.

In der Allegorie erkennt Benjamin etwas Widerständiges, ein Verweis auf die Hinfälligkeit, insofern auch »Kritik«. Im deutschen Trauerspiel, wo sie seiner Auffassung nach die rhetorische Grundstruktur bildet, macht sie auf das Abgestorbene aufmerksam. Dadurch wird der emphatische Begriff des Schönen fraglich. Das meint sein auf die Allegorie gemünztes Wort, daß die durch sie gleichsam bewirkte »Kritik [...] Mortifikation der Werke« sei.[25] Indem der Allegorie kritische Potenz per se innewohnt, kann es bei ihr keine kontemplative Versenkung geben. Dies verhindert schon ihre ständig sich verändernde, überraschende Entfaltung. Dagegen ist das Symbol, den Romantikern zufolge, ein Unwandelbares, beharrlich Identisches, das nur kontemplativ aufgenommen werden kann.

Die Opposition von Kritik und Kontemplation, von Allegorie und Symbol kehrt bei Benjamin später in seinem marxistischen *Kunstwerk*-Aufsatz wieder. Dort ist es die »Chockwirkung« des Films, die durch seine Struktur, die rasche Abfolge von »stoßweise«[26] auf den Betrachter eindringenden Bildern, bei ihm eine kritische Rezeption begünstigt. Demgegenüber erzeugt das statische Gemälde, das zu Assoziationen einlädt, eine kontemplative Betrachterhaltung.

Im Gegensatz zu der Melancholie des *Trauerspiel*-Buchs hat Benjamins *Kunstwerk*-Aufsatz, den er 1935 verfaßte (er erschien zunächst 1936 auf französisch in der »Zeitschrift für Sozialforschung«, Bd. 5, deutsch vollständig erst 1963), eine seine Isolation als politisch nicht gebundener Intellektueller durchbrechende, fast agitatorische und somit handlungsstimulierende Tendenz. Dies wird besonders aus den Bemerkungen im Nachwort deutlich, wo er der imperialistischen *»Ästhetisierung der Politik«* durch den Faschismus, seiner Glorifizierung des Krieges und der in ihm eingesetzten Technik, seiner Degradierung der Menschen zu *»Menschenmaterial«* eine *»Politisierung der Kunst«* durch den Kommunismus entgegensetzt.[27]

Seinem indikativisch formulierten Appell läßt Benjamin eine ins Grundsätzliche dringende Analyse des Status vorangehen, den das Kunstwerk unter den Bedingungen des Spätkapitalismus angenommen hat. Er macht deutlich, daß

Begriffe wie »Schöpfertum und Genialität, Ewigkeitswert und Geheimnis«[28], die man mit dem Kunstwerk herkömmlicherweise zu assoziieren pflegte und die der Faschismus irrational weitertradiert, obsolet geworden sind. Dies hänge mit der Tatsache zusammen, daß der »Überbau«, also die ideologischen Erscheinungen, im Verhältnis zum »Unterbau«, d. h. der Produktionsweise, sich nur sehr langsam umwälzt und dieser materiellen Entwicklung sich erst mit Verspätungen anpaßt.[29]

Das Kunstwerk selbst bleibt – als materielles Gebilde – von der technischen Entwicklung nicht unberührt: wie andere in der kapitalistischen Produktion hergestellte Produkte läßt es sich massenhaft reproduzieren. Bis zu einem gewissen Grade war dies auch schon früher möglich, wenn man etwa an »den Guß und die Prägung, Bronzen, Terrakotten und Münzen« denkt oder an Holzschnitt, Kupferstich, Lithographie und schließlich die Photographie. »Mit der Photographie war die Hand im Prozeß bildlicher Reproduktion zum ersten Mal von den wichtigsten künstlerischen Obliegenheiten entlastet, welche nunmehr dem ins Objektiv blickenden Auge allein zufielen.« In der Photographie sieht Benjamin den Tonfilm virtuell verborgen. Der Film – als technisch weitestentwickeltes ästhetisches Produkt – hat gegenüber dem bisherigen Kunstwerk völlig neue Qualitäten und Herstellungsbedingungen. »*Die Reproduktionstechnik, so ließe sich allgemein formulieren, löst das Reproduzierte aus dem Bereich der Tradition ab.*«[30] Zersetzt wird durch die Reproduzierbarkeit der Begriff der »Aura«. Der Film hat eine »kathartische Seite«, insofern er, auf die Massenbewegungen reagierend, den Traditionswert am Kulturerbe liquidiert. Dies wird von Benjamin, der zuvor noch eine retrospektive Geschichtstheorie vertrat, also durchaus positiv gesehen. Die »Aura« hat Benjamin definiert »als einmalige Erscheinung einer Ferne, so nah sie sein mag. An einem Sommernachmittag ruhend einem Gebirgszug am Horizont oder einem Zweig folgen, der seinen

Schatten auf den Ruhenden wirft – das heißt die Aura dieser
Berge, dieses Zweiges atmen.«[31]

Mit der Aura ist also ein elitär-distanziertes, um nicht zu
sagen: autoritäres Moment verbunden, das sich mit den
Egalitätsforderungen der Massenbewegungen nicht mehr
vereinbaren läßt. »Die Entschälung des Gegenstandes aus
seiner Hülle, die Zertrümmerung der Aura, ist die Signatur
einer Wahrnehmung, deren ›Sinn für das Gleichartige in der
Welt‹ so gewachsen ist, daß sie es mittels der Reproduktion
auch dem Einmaligen abgewinnt.«[32] Diese Einzigkeit des
Kunstwerks war ursprünglich auf dem Ritual fundiert und
somit an diesen »Gebrauchswert« gebunden. Benjamin
spricht in diesem Zusammenhang vom »Kultwert«, den das
Kunstwerk einst besaß. Verbunden war damit eine Bewahrung im Verborgenen, die nicht auf eine Wahrnehmung
durch einen Betrachter berechnet war. Erst mit dem Aufkommen der Photographie beginnt sich die Zurückdrän-
gung des Kultwerts *»auf der ganzen Linie«*[33] durchzuset-
zen. An seine Stelle tritt zunehmend der »Ausstellungs-
wert«[34]. In der frühen Porträtphotographie wird mit dem
Festhalten des schwermutvollen Antlitzes eines Menschen
ein letztes Mal die Aura festgehalten. Aber schon bei Atget,
bei dem die photographischen Aufnahmen »Beweisstücke
im historischen Prozeß zu werden [beginnen]«[35], ändert
sich der Charakter der Photographie.

Der Film, den Benjamin dem auratischen Kunstwerk als
neues Medium entgegensetzt, welches das Ende der Autonomie der Kunst einleitet, hat für ihn deshalb im Rahmen
seiner materialistischen, auf die Massen bezogenen Theorie
große Bedeutung, weil durch ihn eine neue Rezeptionsform
begünstigt wird. Es ist seine Auffassung, daß die technische
Apparatur des Films, sein Montageverfahren, auch der Ent-
zug der Möglichkeit für den Filmdarsteller, wie auf der
Bühne mit dem Publikum Kontakt aufzunehmen, objektivierend wirkt. Das Publikum kann demnach »testen«, indem es sich in den Apparat einfühlt. Der laienhafte Betrach-

ter kann also den vom Film (aber auch vom Sport) ausge-
stellten Leistungen als »halber Fachmann«[36] beiwohnen.

Die Produktionsbedingungen sind beim Film dadurch
gekennzeichnet, daß der Kameramann – anders als der Maler, der eine natürliche Distanz zum Gegebenen hat – »tief
ins Gewebe der Gegebenheiten« eindringt. Benjamin vergleicht sein »Operieren« mit dem des einen Eingriff vor-
nehmenden Chirurgen. Während der Maler ein »totales«
Bild schafft, ist das des Kameramanns vielfach zerstückelt.
Beim Film hat die Apparatur, das Objektiv, eine gewisse
Selbständigkeit, eine eigene Weise der Registrierung. Ihre
besondere Leistung sieht Benjamin, der sich lange mit dem
Phänomen der Großstadt beschäftigt hatte, darin, daß sie
banale Milieus optisch erforscht und damit das, was uns
»hoffnungslos einzuschließen« schien, »mit dem Dynamit
der Zehntelsekunden« zu sprengen vermag.[37] Sie vermag
aber auch mit ihren beständigen Richtungswechseln, mit ihren sich permanent ändernden Tempi (z. B. Zeitlupe, Zeit-
raffer) und Größendimensionen Einblicke ins Triebhaft-
Unbewußte zu geben.[38]

Während das Gemälde nur von wenigen, meist einzelnen
rezipiert wird, ist der Film auf kollektive Erfahrung in der
»zerstreuten« Masse angelegt. Diese kann also durch den
Film mobilisiert werden,[39] der auch die Apperzeption
grundlegend verändert, die, nunmehr sprunghaft geworden,
Aufmerksamkeit nicht mehr einschließt. So ist Benjamins
Schlußsatz (vor dem Nachwort) »Das Publikum ist ein
Examinator, doch ein zerstreuter«[40] im doppelten Sinne zu
verstehen: einmal meint »Zerstreuung« die Aufsplitterung
des Publikums in eine atomisierte (wenngleich kollektive)
Masse, zum andern auch eine optische Haltung oder Ein-
stellung, bei der das konzentrative Moment aufgehoben ist.
Benjamin hat dies durchaus positiv gesehen; in seinem
Energien gegen die Bedrohung des Faschismus sammeln-
den, neu gewonnenen Produktivkraftoptimismus, der mit
seinen früheren eher tief pessimistischen Anschauungen

bricht, blendet er die problematische Komponente von
»Zerstreuung«, das begriffslose Entertainment im Film,
weitgehend aus. Adorno hat dies schon früh in der Korre-
spondenz mit Benjamin kritisiert, und seine späteren
Schriften wie *Résumé über Kulturindustrie*[41] bis hin zur *Ästhetischen Theorie* heben den manipulativen, ungebärdig
Widerständiges in den Massen abschleifenden oder gar ver-
nichtenden Charakter der Massenmedien, allen voran des
Films, hervor, deren systematische Strategien von ihrem
Verwertungs- und Profitinteresse nicht losgelöst gedacht
werden dürfen. »Die gesamte Praxis der Kulturindustrie
überträgt das Profitmotiv blank auf die geistigen Gebilde.«[42]

Benjamin hatte freilich weniger – wie Adorno aufgrund
seiner Erfahrungen im Exil – die amerikanischen Filmpro-
dukte vor Augen, er dachte vielmehr an die revolutionäre
Praxis des dramatischen Laboratoriums im Proletkult, besonders bei Sergej Tretjakov als »operierendem Schriftsteller«. In seinem den *Kunstwerk*-Aufsatz gedanklich prälu-
dierenden Text *Der Autor als Produzent*, ursprünglich eine
Ansprache im Institut zum Studium des Faschismus in Paris
am 27. 4. 1934, hat Benjamin gefordert, daß Kunstwerke,
also auch der Film, sich nicht bloß darin erschöpfen dürfen, daß sie einen Produktionsapparat beliefern. Sie müßten vielmehr auch einen »revolutionären Gebrauchswert«
schaffen, also auf höchstem technischen Niveau die »Vergesellschaftung der geistigen Produktionsmittel« fördern.[43]

THEODOR W. ADORNO

Adornos *Ästhetische Theorie*, ein Jahr nach seinem Tod erschienen, blieb trotz ihres großen Umfangs Fragment. Fast kommt dem ungewollte Signifikanz zu, denn die äußere Gestalt des Textes reflektiert noch einmal, wovon er unter anderem handelt: vom Bruchstückhaften, einem Dissonanten, das sich jeglichem Harmonieideal verweigert. Das Prinzip freier Atonalität, das der Komponist Adorno in jungen Jahren (1925) in Wien bei Alban Berg kennengelernt hatte, ist auch das Strukturprinzip seiner Argumentationen, die oft etwas Zirkuläres an sich haben, nicht geradlinig verlaufen, sondern eher diskontinuierlich, und damit einer von außen aufgezwungenen Logik sich zu entziehen suchen.

Denn dies ist die Grundfigur des Adornoschen Denkens, daß es Resistenz bewahren will gegen das Seiende, gegen eine totalitäre soziale Realität, die er oft als »verwaltete Welt« charakterisierte, als Zwang ausübende Herrschaft, die die Individuen zurichtet, erniedrigt und verstümmelt und ihnen die Möglichkeit der Erfüllung ihrer Lebenswünsche und ihrer lebendigen Bedürfnisse raubt.

Nach dem Zweiten Weltkrieg war es die Erfahrung des deutschen Faschismus »und das Entsetzen, das er bereitete«[1], welche die Sensibilität für autoritäre Strukturen bei Adorno schärfte, die auch in der bundesrepublikanischen Wirklichkeit perennierten. Adorno wollte stets ein kritisches Bewußtsein wachhalten, um den Rückfall in die Barbarei zu verhindern, für die Auschwitz als traumatisierendes Zeichen des sich aller Sagbarkeit entziehenden Ungeheuerlichen sich ins Bewußtsein eingegraben hatte.

Der philosophische Ausdruck dieser Verweigerung einer Affirmation des Bestehenden ist Adornos Begriff des Nicht-Identischen, der besonders in seiner *Negativen Dialektik*[2] von zentraler Bedeutung ist. »Nicht-Identisches« heißt einmal: sich nicht auf die (schlechten) Verhältnisse

vereidigen lassen, mit ihnen also zur Identität gelangen
(was Unterwerfung bedeuten würde); zum andern: der Ambivalenz oder Dialektik der Existenzformen auf der Sub-
jekt- wie auf der Objektebene gewahr werden, die nicht
bloß das sind, als was sie erscheinen, sondern auch die Potenz eines Anderen in sich tragen, die noch uneingelöst ist
und die es zu verwirklichen gilt. Insofern ist Adornos Philosophie eine der Differenz und der Alterität; im Lichte
des poststrukturalistischen Denkens, etwa bei Derrida, bekommt dieser Aspekt erneut Aktualität. (Bei Adorno ist jedoch – bei aller oft bemerkbaren Unschärfe der marxi-
schen Begrifflichkeit – die Argumentation materialistisch
fundiert, während Derrida sich in einer eher imaginativen
Sphäre bewegt, die idealistischen Charakter hat.)

Diese identitätsverweigernde Denkhaltung hat zweifellos
etwas mit latent messianischen Vorstellungen zu tun, denn
es verbirgt sich hinter ihr die Auffassung, daß die Realität
nur etwas Vorläufiges, Unvollkommenes ist, es Glück in ihr
nicht dauerhaft geben kann, sondern nur als »apparition«[3],
als Erscheinung, die eschatologisch der Erfüllung harrt.
Adorno hat diese theologische Vorstellung, die er als Marxist auch abgelehnt hätte, nie expressis verbis artikuliert; sie
ist aber in säkularisierter Form seinem Denken inhärent.
Gewiß hat Ernst Blochs vom jüdischen Messianismus getragenes Buch *Geist der Utopie* (1918), das Adorno schon als
Jugendlicher gelesen hatte, bleibenden Einfluß auf seine
»negative Dialektik« gehabt (trotz späterer Differenzen mit
Bloch), ebenso wie Walter Benjamins *Ursprung des deutschen Trauerspiels*, das Adorno selbst als dessen »theoretisch entfaltetstes Werk« bezeichnete, welches eine nicht explizit formulierte Metaphysik enthalte. Im Zentrum dieses
Buches stehe, so Adorno, »nicht umsonst die Konstruktion
der Trauer als der letzten umschlagenden Allegorie, der von
Erlösung [. . .]. In allen seinen Phasen hat Benjamin den
Untergang des Subjekts und die Rettung des Menschen zu-
sammengedacht.«[4]

Auch Adorno geht also von der Erlösungsbedürftigkeit des Subjekts aus. Dies ist das Thema seiner zahlreichen soziologischen Studien, die mehr theoretischen als empirischen Charakter haben (eine große Ausnahme bildet das mit anderen verfaßte Buch über *The Authoritarian Personality*[5]). Gerade gegen einen ganz auf die Erhebung externer Daten fixierten Positivismus richtete sich seine Polemik; er konnte darin nur einen Pakt der Wissenschaft mit dem, was sie doch kritisch in emanzipatorischer Perspektive zu interpretieren hätte, erkennen. Aber es ist auch das Thema seiner zahlreichen ästhetischen Schriften, die mehr als die Hälfte seines umfangreichen Werkes ausmachen. Zum einen kommt es zum Tragen in seinen Untersuchungen zur Kulturindustrie, die mit ihrer Allgegenwart in den Massenmedien der spätkapitalistischen Gesellschaft, als deren weitestentwickelten Prototyp er in der Emigration die US-amerikanische erfahren hatte, die Sinnlichkeit der Subjekte korrumpiert, ihnen Glück vorgaukelt und das, was in ihnen, wie unterdrückt und neurotisch verkümmert auch immer, als Hoffnung sich äußert, abermals unterjocht.

Die Massenmedien sieht Adorno unter dem Aspekt der Verdinglichung, denn sie subsumieren das Ästhetische, das doch eigentlich eine befreiende Kraft hat (letztlich rekurriert Adorno damit auf Theoreme des deutschen Idealismus, besonders bei Schiller), unter das Prinzip des Kommerzes. Sie sind planmäßig hergestellte Produkte, ganz auf die mit Mitteln einer ausfragenden empirischen Sozialwissenschaft[6] und Psychotechnik erschlossene Bedürfnisstruktur der Individuen ausgerichtet, die ausgebeutet und amputiert wird. Sie sind bis in ihre Verfahrensweise, also nicht nur im Hinblick auf ihre ökonomische Distribution, vom Prinzip des Tauschwerts durchdrungen und angelegt auf die Realisierung von Profiten.

Adorno hat den Begriff der Verdinglichung von Lukács übernommen, der ihn in seinem epochemachenden Buch

Geschichte und Klassenbewußtsein als ökonomisch bedingte Kategorie des Alltagslebens herausgearbeitet hatte. Dieser Begriff stellt eine auf die Verhältnisse der zwanziger Jahre – und danach – aktualisierte Variante des Marxschen Entfremdungsbegriffs dar, darf aber nicht mit dem der »Vergegenständlichung« verwechselt werden, womit bei Marx etwas Positives, nämlich die Aneignung der objektiven Realität in der Arbeit durch das Subjekt gemeint ist, also die Übertragung der menschlichen Bedürfnisse, Interessen, Emotionen und Ideen auf die Natur, die durch diesen Akt der »Entäußerung« verändert und geformt wird. Zugleich wird durch das »Verzehren des Stofflichen« das Verzehren selbst verzehrt (Marx) und der Mensch in seinem Wesen fortwährend neu geschaffen und verändert. »Vergegenständlichung« kommt dem nahe, was in der neueren Psychoanalyse anthropologisch als »Selbstverwirklichung« bezeichnet wird.[7]

Während Adorno in den Produkten der Kulturindustrie, die er als »Massenbetrug« bezeichnet, das Moment der Entfremdung und Verdinglichung am Werk sieht, prädiziert er im Gegensatz dazu den »authentischen« Kunstwerken bzw. Kunst überhaupt eben die Qualitäten, die der Begriff der »Vergegenständlichung« einschließt, zumindest in dem Sinne, daß sie der Ort sind, in dem Sinnlichkeit – nicht verstanden als vordergründiger kulinarischer Konsum – Glück verheißen wird als Befreiung von den Zwängen der Natur. Obwohl Kunst von der »Methexis am Finsteren« nicht frei ist und sich in ihrer Mimesis, die zugleich Erinnerung (Anamnesis, Mnemosyne) ist, vom Bann der »Katastrophe Weltgeschichte«[8] nicht lösen kann, transzendiert sie utopisch die Zwänge des Seienden. Somit haben Kunstwerke den Charakter des »Versprechens« (»promesse de bonheur«). Das haben sie neben vielem anderen mit dem in der Kindheit Erlebten gemeinsam.

Aber die Realisierung des Glücks bleibt stets eine gebrochene, nie ganz gelungene: »Kunst ist das Versprechen des

Glücks, das gebrochen wird.« (205) Diese Brüchigkeit reflektieren in ihrer Struktur die Kunstwerke, die Adorno letztlich analog zur Konstitution des Individuums sieht; insofern stellen sie eine Hypostasierung seiner Wesenskräfte dar, auch wenn er den Begriff der Hypostasierung nicht zugelassen hätte. Denn so wie die Subjekte nur in einer widerspruchsvollen Dialektik von Identischem und Nicht-Identischem existieren, können Kunstwerke nicht im pazifizierten Sinne harmonisch sein.

Adornos Ästhetik ist von Beginn an, etwa in der *Philosophie der neuen Musik* (Tübingen 1949), überhaupt in den zahlreichen musiksoziologischen Studien, vom Gedanken der Dissonanz durchdrungen, der nahezu auf jeder Seite begegnet. Er bezeichnet sie als »Signum der Moderne« (29), als eine neue ästhetische Erfahrung, die aber, einmal erkannt, als Strukturprinzip auch in früheren Epochen wahrnehmbar wird; insofern repräsentiert »Dissonanz« eine Universalie. »Die Dissonanz [. . .] gewährt, auch in ihren optischen Äquivalenten, dem lockenden Sinnlichen Einlaß, indem sie es in seine Antithese, den Schmerz transfiguriert.« (29) »Die unabsehbare Tragweite alles Dissonanten für die neue Kunst seit Baudelaire und dem Tristan – wahrhaft eine Art Invariante der Moderne – rührt daher, daß darin das immanente Kräftespiel des Kunstwerks mit der parallel zu seiner Autonomie an Macht über das Subjekt ansteigenden auswendigen Realität konvergiert. Die Dissonanz bringt von innen her dem Kunstwerk zu, was die Vulgärsoziologie dessen gesellschaftliche Entfremdung nennt.« (29 f.)

Kunstwerke können also das, wogegen sie sich eigentlich auflehnen, scheinbar affirmativ in sich aufnehmen, so daß das Negative in ihnen zu indifferentem Material erkaltet. Dadurch verstärken sie das Widerspruchsmoment, weil sie der falschen Harmonievorstellung ihre konträre reale Grundlage in den gesellschaftlichen Antagonismen entgegenhalten.

So wie Adorno von der Utopie eines autonomen Subjekts
ausgeht, so spricht er auch den Artefakten Autonomie zu.
Wie Rolf Wiggershaus[9] dargelegt hat, betrachtete Adorno
bereits 1930 (in dem Aufsatz *Reaktion und Fortschritt*) die
Kunstwerke »als fensterlose Monaden«. Er griff damit auf
eine Vorstellung bei Leibniz zurück, die es ihm konzeptionell ermöglichte, die Kunstwerke einerseits, wegen ihrer
hermetischen Abgeschlossenheit, für autonom zu erklären,
andererseits über den Gedanken der »prästabilierten Harmonie« sie trotzdem mit der Außenwelt, der Gesellschaft
also, in Konnex zu bringen. Adorno kann so einen radikalen Immanentismus vertreten, der ihn gelegentlich, etwa bei
dem Aspekt der Übereinstimmung von Form und Inhalt,
von Positionen wie denen Emil Staigers nicht weit entfernt
sein läßt (ihn hätte hier nur die betuliche Kontemplations-
haltung gestört); und zugleich bietet sich ihm die Möglichkeit einer Kunstsoziologie. Diese ist für ihn aber nur am
Rande eine der künstlerischen Institutionen. Was ihn vielmehr interessiert (und was er z. B. gegen Alphons Silbermann als Vertreter einer positivistischen, nur auf »Wirkungen« fixierten Kunstsoziologie vertritt)[10], ist das Moment
der »Vermittlung«. Er greift damit einen Begriff Hegels auf,
mit dem er die Verwandlung des ästhetisch erfahrenen Sozialen in die interne Struktur der Werke meint. Die Kunstwerke kommunizieren mit der Empirie, sagen ihr zugleich
aber ab und ziehen sich sozusagen so weit zurück, daß
sie von der Realität nicht mehr erreichbar sind. Selbst in
der abstraktesten Struktur (ja sogar in ihr erst recht) sind
die Kunstwerke »gesellschaftlich«, und zwar aufgrund
ihrer Resistenz, die sie den Verhältnissen entgegensetzen.
Adorno spricht in diesem Zusammenhang gern, mit einer
von Émile Durkheim entlehnten Bezeichnung, von einem
»fait social«. Einen Beleg dafür, daß selbst abstrakte Formen ursprünglich einmal aus gesellschaftlichen Handlungen
hervorgegangen sind, sieht Adorno in den Ornamenten, die
einst kultische Symbole waren. »Die dem Anschein nach

reinsten Formen, die traditionell musikalischen, datieren bis
in alle idiomatischen Details hinein auf Inhaltliches wie den
Tanz zurück.« (15)

Deutlich wird daran, daß Adorno nicht auf eine Mimesis-
Theorie verzichtet, obwohl der Gedanke des autonomen
Kunstwerks dies hätte nahelegen können. Im Gegenteil: es
fällt auf, daß er sogar mit Nachdruck darauf insistiert. Ver-
mutlich hat Walter Benjamins Essay *Über das mimetische
Vermögen* hier eine theorieprägende Rolle gespielt.[11] Benjamin wies auf die phylogenetische und ontogenetische Geschichte der Mimesis hin, in den Tänzen der Urgesellschaft
oder im Spiel der Kinder, wo sich magisches Denken mit
dem Nachahmungsverhalten unauflöslich verbindet. Auch
Adorno betont wie Benjamin das heute noch immer resi-
dual vorhandene magische Potential der Kunst, das bei allen
(von Max Weber beschriebenen) Rationalisierungsprozes-
sen in der Moderne sich nicht hat vollends vertreiben lassen. Dennoch setzen die Kunstwerke sich nicht blind dem
Zauber aus, sondern suchen ihn, als Bann und Gebunden-
sein an die Natur, auch zu überwinden.

Mit diesem magischen Moment hängt auch der änigma-
tische Charakter der Kunstwerke zusammen, ihre Dun-
kelheit und Verschlossenheit. Sie haben eine von außen
nicht leicht zugängliche immanente Logik. »Der Zweck
des Kunstwerks ist die Bestimmtheit des Unbestimmten.
Zweckmäßig sind die Werke in sich, ohne positiven Zweck
jenseits ihrer Komplexion; ihre Zweckhaftigkeit aber legitimiert sich als Figur der Antwort aufs Rätsel.« (188 f.)
Kunstwerke sind hieroglyphenhafte »Schriften«, »zu denen
der Code verloren ward und zu deren Gehalt nicht zuletzt
beiträgt, daß er fehlt« (189). Interpretativ läßt sich der Rät-
selcharakter nicht ganz überwinden. Wo man glaubt, es sei
gelungen, kehrt er unversehens wieder zurück. Adorno entdeckt darin den »Ernst der Kunstwerke« (190).

Dieses Rätselhafte, fast Mysteriöse verbindet die Kunstwerke mit dem Naturschönen, dem Adorno ein langes Ka-

pitel widmet. Während Hegel, was er scharf kritisiert, dieses
aus seiner Ästhetik verdrängt habe,[12] um im Kunstschönen
den menschlichen Geist und seine Freiheit zu feiern, holt es
Adorno ganz bewußt in die ästhetische Theorie zurück.
Ihm geht es um eine Rehabilitierung der von der menschlichen Technik geschändeten Natur. Ihrem Schweigen als
Seinsmodus verleihen die Kunstwerke, und zwar die »authentischen«, modernen, Sprache, ja Adorno beschreibt das
Naturschöne (bzw. die Natur, die er nicht immer begrifflich
davon klar trennt) in den Kategorien der in seiner Sicht
fortgeschrittensten Kunst. Auffällig ist die Parallele zwischen dem Schweigen der Natur und dem Schweigen in den
Stücken Samuel Becketts, die Adorno wegen ihrer konsequenten Negation des Sinns besonders schätzte (vgl. 230 f.).
Somit finalisiert sich seine Theorie des Naturschönen ganz
auf die avantgardistische Kunst. Die ursprünglich erkenn-
bare ökologische Theorie des Naturschönen tritt daher bei
Adorno zugunsten des Kunstaspekts zurück. Faktisch
kommt Adorno dort wieder an, wo er Kritik geübt hatte:
bei der Freiheitslehre des deutschen Idealismus.

Dennoch prätendierte Adorno stets eine materialistische
Theorie der Kunst und des Ästhetischen. Von Benjamin
hatte er den Problemaspekt der Homologie von Produktiv-
kräften und künstlerischer Produktion übernommen. Zum
zwischen beidem vermittelnden Begriff avancierte bei
Adorno der der Konstruktion, den er von dem anfangs
durchaus geschätzten Begriff der Montage bei Brecht und
Benjamin später aus politischer Distanzierung abrückt.
Konstruktion kann zwar der Gefahr erliegen, glättend, har-
monistisch zu werden, auch zur Ideologie zu verkommen.
»Gleichwohl ist Konstruktion die heute einzig mögliche
Gestalt des rationalen Moments im Kunstwerk, so wie zu
Beginn, in der Renaissance, die Emanzipation der Kunst
von der kultischen Heteronomie mit der Entdeckung von
Konstruktion – damals ›Komposition‹ geheißen – zusam-
menging. Konstruktion ist in der Monade des Kunstwerks,

mit beschränkter Machtvollkommenheit, der Statthalter von Logik und Kausalität, transferiert aus der gegenständlichen Erkenntnis [...]. Die Verwandtschaft von Konstruktion mit den kognitiven Prozessen, oder vielleicht eher mit deren erkenntnistheoretischer Auslegung, ist nicht minder evident als die Differenz: daß keine Kunst wesentlich urteilt und wo sie es tut, aus ihrem Begriff ausbricht.« (91)

Im buchstäblichen Sinne »materialistisch« ist bei Adorno der Terminus des »Materials«, der schon in einem Gespräch mit dem Komponisten Ernst Krenek aus dem Jahre 1930 in den Mittelpunkt der musiktheoretischen Diskussion rückt. Damals sah Adorno im Material der Musik nicht primär ihre Ausdrucks- und Gestaltungsmittel, wie Rolf Wiggershaus zu Recht herausgearbeitet hat,[13] sondern die signifikative Repräsentanz der Natur in den musikalischen Tönen. Sie galt es in seinen Augen damals noch mit dem rationalen Prinzip der Konstruktion »in die Gewalt« zu nehmen. Beim Naturmaterial sollte der dumpfe Zwang getilgt werden durch ordnende Benennung und Erhellung.

In der *Ästhetischen Theorie* hat Adorno an Kunstwerken das Moment der »Vergeistigung« hervorgehoben. Ihre Sublimierungen steigern sich in seiner Sicht bis zur Idee der Epiphanie. Dadurch werden sie fast zu einem »Deus absconditus«, der, vor der Welt sich verhüllend, oft blitzartig, wie in einer meteorologischen Erscheinung, sich offenbart. (Dieser Gedanke findet sich ähnlich schon bei Benjamin, aber auch bei Heidegger in seinem *Kunstwerk*-Aufsatz.) Nach Adorno ist das Kunstwerk »apparition *kat' exochén*: empirisch Erscheinendes, befreit von der Last der Empirie als einer der Dauer, Himmelszeichen und hergestellt in eins, Menetekel, aufblitzende und vergehende Schrift, die doch nicht ihrer Bedeutung nach sich lesen läßt. Die Absonderung des ästhetischen Bereichs in der vollendeten Zweckferne eines durch und durch Ephemeren bleibt nicht dessen formale Bestimmung. Nicht durch höhere Vollkommenheit scheiden sich die Kunstwerke vom fehlbaren Seienden, sondern gleich dem Feuerwerk dadurch, daß sie aufstrahlend zur ausdrückenden Erscheinung sich aktualisieren. Sie sind nicht allein das Andere der Empirie: alles in ihnen wird ein Anderes.« (125 f.)

SIGMUND FREUD

Sigmund Freud unter die Klassiker der Ästhetik zu zählen
rechtfertigt sich allein schon durch die immense Wirkung,
die sein psychoanalytisches Modell sowohl auf Kunstrichtungen des 20. Jahrhunderts (z. B. den Dadaismus und den
Surrealismus)[1] als auch auf Interpretationstheorien in der
Kunst- und Literaturwissenschaft gehabt hat. Er selbst war
mit der kunstwissenschaftlichen Literatur seiner Zeit be-
stens vertraut, ja seine Studie zu einer *Kindheitserinnerung
des Leonardo da Vinci* von 1910 beispielsweise belegt eine
geradezu spezialistische Kenntnis der damaligen Fachliteratur. Von vielen seiner Schüler ist das Problem der Kunst eigens thematisiert worden, wie bei ihm selbst freilich weniger mit der Absicht, ästhetische Fragen zu klären, sondern
als Demonstrationsmaterial für die Erhellung tiefenpsycho-
logischer Problemstellungen. Hinzuweisen ist hier nur auf
die Studie von Otto Rank: *Der Künstler* (Wien 1907), oder
auf Georg Groddecks Untersuchungen zu zumeist sexual-
symbolischen Bedeutungen von Motiven in der bildenden
Kunst.[2]

Freud hat die Kunst (und die Dichtung) innerhalb des
Spannungsfeldes zweier dominanter und von ihm als ubi-
quitär aufgefaßter Prinzipien des psychischen Geschehens,
Lust- und Realitätsprinzip, zu bestimmen versucht. Das
primäre dieser beiden Prinzipien ist das Lustprinzip; letztlich setzt Freud es als das Streben in der Psyche an, das nach
machtvoller Entfaltung drängt, jedoch fortwährend durch
aus der Realität auf das Individuum einwirkende Ansprüche
eingeschränkt wird. Es entsteht so eine von ihm meist nicht
mit Bewußtsein bemerkte Vereitelung der Triebansprüche.
Freud sieht zwar im Lustprinzip eine »primäre Arbeitsweise des seelischen Apparates«[3], weiß aber sehr wohl, »daß
es für die Selbstbehauptung des Organismus unter den
Schwierigkeiten der Außenwelt so recht von Anfang an un-

brauchbar, ja in hohem Grade gefährlich ist. Unter dem Einflusse der Selbsterhaltungstriebe des Ichs wird es vom *Realitätsprinzip* abgelöst, welches, ohne die Absicht endlicher Lustgewinnung aufzugeben, doch den Aufschub der Befriedigung, den Verzicht auf mancherlei Möglichkeiten einer solchen und die zeitweilige Duldung der Unlust auf dem langen Umwege zur Lust fordert und durchsetzt.«[4]

Durch die permanente Kollision des nach Lust strebenden Individuums mit der Außenwelt entsteht also Unlust, die so stark werden kann, daß sie zur Ursache von Neurosen wird. In der Psychopathologie des Alltagslebens ist in diesem Zusammenhang das Phänomen der Verdrängung von Bedeutung, die sich nach Freuds Auffassung an der Grenze der Systeme des Unbewußten und des Vorbewußten vollzieht.[5]

In seiner zusammenfassenden Studie *Formulierungen über die zwei Prinzipien des psychischen Geschehens* (1911) hat Freud dargelegt, daß die durch das Realitätsprinzip unterdrückten oder eingeschränkten Triebansprüche, besonders des Sexualtriebs, nach Kompensation drängen. Dieses Vakuum wird von der Phantasie ausgefüllt, von der Freud eine Fülle von Varianten benennt. In seinem ontogenetischen Modell, bei dem die Kindheit für die Erklärung und Ätiologie der Neurosen eine zentrale Rolle spielt, weil sich in ihr, schon vom Lebensbeginn an, alle Dispositionen der Psyche aufbauen, kommt den infantilen Phantasien und den Pubertätsphantasien[6] eine besondere Bedeutung zu. Aber Freud zeigt auch, daß dieser Vorgang der Kollision von Lust- und Realitätsprinzip Auswirkungen auf kollektive Bewußtseinsprozesse und -formen hat, insofern also auch auf die Kultur.

So erklärt er den religiösen Mythos, dessen Wesen die »Lehre von der Belohnung im Jenseits für den – freiwilligen oder aufgezwungenen – Verzicht auf irdische Lüste«[7] mit der Projektion libidinöser Wünsche in diese Phantasiewelt ist, wobei er hervorhebt, daß es der Religion nicht vollends gelinge, das Realitätsprinzip durch Aussicht auf Entschädigung in einem künftigen Dasein zu überwinden. Nicht zuletzt auf seine eigene Praxis als Wissenschaftler bezogen, merkt Freud an: »Am ehesten gelingt diese Überwindung der *Wissenschaft*, die aber auch intellektuelle Lust während der Arbeit bietet und endlichen praktischen Gewinn verspricht.«[8]

Läßt Freud es bei der Funktionsbestimmung der Wissenschaft im Spannungsfeld von Lust- und Realitätsprinzip mit einer marginalen lakonischen Bemerkung ohne weitere Ausführungen bewenden, so erörtert er den Kontext von Kunst und Phantasie sehr viel umfassender: »Die *Kunst* bringt auf einem eigentümlichen Weg eine Versöhnung der beiden Prinzipien zustande. Der Künstler ist ursprünglich ein Mensch, welcher sich von der Realität abwendet, weil er sich mit dem von ihr zunächst geforderten Verzicht auf Triebbefriedigung nicht befreunden kann und seine erotischen und ehrgeizigen Wünsche im Phantasieleben gewähren läßt. Er findet aber den Rückweg aus dieser Phantasiewelt zur Realität, indem er dank besonderer Begabungen seine Phantasien zu einer neuen Art von Wirklichkeiten gestaltet, die von den Menschen als wertvolle Abbilder der Realität zur Geltung zugelassen werden. Er wird so auf eine gewisse Weise wirklich der Held, König, Schöpfer, Liebling, der er werden wollte, ohne den gewaltigen Umweg über die wirkliche Veränderung der Außenwelt einzuschlagen. Er kann dies aber nur darum erreichen, weil die anderen Menschen die nämliche Unzufriedenheit mit dem real erforderlichen Verzicht verspüren wie er selbst, weil diese bei der Ersetzung des Lustprinzips durch das Realitätsprinzip resultierende Unzufriedenheit selbst ein Stück der Realität ist.«[9]

Anders als immanentistische Kunsttheorien, die argumentativ beim Fiktionalitätscharakter von Kunst und Literatur unmittelbar ansetzen, ohne nach dessen Konstituierung zu fragen, versucht Freud, diese Fiktionalität – als sich

autonomisierendes Phantasiegebilde – aus den Verhältnissen der Realität selbst und speziell aus der Veranlagung des
Künstlers zu erklären. Wichtig ist auch, wie Freud die gesellschaftliche Akzeptanz dieser durch den Künstler geschaffenen irrealen Sphäre erläutert: durch die analoge, nahezu spiegelbildliche Insuffizienzerfahrung beim Publikum.
Eine wichtige Prämisse oder Triebfeder des künstlerischen
Handelns ist der Geltungstrieb seines Urhebers; die Kunst
selbst erscheint bei Freud mehr als Mittel zur Erreichung
dieses Zieles denn als selbstzweckhafter Bereich. Der Geltungstrieb ist bei Freud unter den Selbsterhaltungstrieb (die
universelle Triebinstanz) als Partialtrieb subsumiert.[10] Er
wird organismisch bestimmt, wobei Freud die These vertritt, daß – was zunächst paradox erscheinen mag – »das gesamte Triebleben der Herbeiführung des Todes dient«[11]. Er
erklärt dies damit, daß das Leblose, Anorganische früher da
war als das Lebende. Irgendwann müssen einmal durch
»eine noch ganz unvorstellbare Krafteinwirkung die Eigenschaften des Lebenden erweckt« worden sein. In dieser
Phase seien Spannungen entstanden, die dazu führten, daß
der vormals unbelebte Stoff danach trachtete, »sich abzu-
gleichen; es war der erste Trieb gegeben, der, zum Leblosen
zurückzukehren«[12]. Auf der Grundlage dieser phylogeneti-
schen Hypothese konstruiert Freud also seine Theorie des
Todestriebs, der im psychischen Geschehen ein essentieller
Faktor ist und eine äußerst komplizierte Verschränkung mit
dem Lustprinzip eingeht.

Bei seinen Erörterungen der Funktionen der Kunst läßt
Freud freilich den Todestrieb als Faktor weitgehend unbe-
rücksichtigt, obwohl gerade auf der Ebene des vom Künstler Dargestellten, etwa bei Motiven mit sadomasochisti-
scher Tendenz, dieser Aspekt eine Rolle hätte spielen
können. Freud akzentuiert vielmehr einseitig den Gesichtspunkt der »überstarken Triebbedürfnisse«, und er kann sich
dies – angesichts der gründerzeitlichen Kunstverhältnisse –
schwerlich anders vorstellen, als daß es dem Künstler um

»Ehre, Macht, Reichtum, Ruhm und die Liebe der Frauen«
geht.[13] Der Künstler ist Freud zufolge ein Neurotiker mit
starker Introversionstendenz. Da ihm in der Realität die
Mittel fehlen, diese genannten Prämien unmittelbar zu er-
werben, »wendet er sich wie ein anderer Unbefriedigter von
der Wirklichkeit ab und überträgt all sein Interesse, auch
seine Libido, auf die Wunschbildungen des Phantasielebens,
von denen aus der Weg zur Neurose führen könnte. Es muß
wohl vielerlei zusammentreffen, damit dies nicht der volle
Ausgang seiner Entwicklung werde; es ist ja bekannt, wie
häufig gerade Künstler an einer partiellen Hemmung ihrer
Leistungsfähigkeit durch Neurosen leiden. Wahrscheinlich
enthält ihre Konstitution eine starke Fähigkeit zur Sublimierung und eine gewisse Lockerheit der den Konflikt entscheidenden Verdrängungen.«[14]

Während die nichtkünstlerischen Neurotiker aufgrund
des Drucks der Realitätsverhältnisse, in die sie stärker ein-
gespannt sind, sich gezwungen sehen, ihre Triebversagun-
gen in Tagträumen abzureagieren, hat der Künstler die
sozial lizenzierte Möglichkeit, sein Phantasieleben gleichsam institutionell auszuleben. Das Prinzip ist aber, bei allen
Verschiebungen und Sublimierungen, die sich weitgehend
von den persönlichen Motiven lösen und zu lösen scheinen, dasselbe wie beim »normalen« Neurotiker. Die Inhalte der Kunst haben daher nicht nur eine Affinität zu
Träumen und Tagträumen, sondern auch eine genetische
Beziehung.

In seiner Abhandlung *Über den Traum* (1901) hat Freud
die »Traumarbeit« als »Überführung der Traumgedanken in
den Trauminhalt« bezeichnet. Diese Traumarbeit ist selbst
nicht schöpferisch, sie ist aber darauf gerichtet, aus den frag-
mentarischen, in realitätsorientierter Sicht zumeist unsinnig
erscheinenden Traumgedanken, in denen bereits alle wesentlichen Operationen, d. h. Artikulationen von Wunsch-
phantasien vorgefallen sind, kompositorisch eine »Traum-
fassade« zu errichten.[15] Freud verwendet mit den Begriffen

»Phantasie« und »Komposition« Termini, die ursprünglich
aus der Kunsttheorie stammen und bezieht sie zunächst auf
seine Theorie des Traumes, die ihre Vorgeschichte in der
romantischen Naturphilosophie hat, um sie von da aus wieder auf die Praxis der Kunst zurückzuspiegeln. Auch die
Vorstellung vom Künstler als Neurotiker erweckt zunächst
den Eindruck, als sei sie genuin psychoanalytisch entwickelt
oder entstamme ausschließlich einer psychologiegeschichtli-
chen Theorietradition. Dafür spräche, daß vor Freud schon
Cesare Lombroso auf einen konstitutionellen Syndrom-
zusammenhang von Genie und Irrsinn (als sozusagen ver-
schärfter Form der Neurose bzw. als Erscheinungsform
einer Psychose) hingewiesen hat.[16] Aber sowohl Lombroso
als auch Freud rekurrieren auf ein altes, schon in der Antike
vertretenes Stereotyp vom Künstler, wofür Platon in seinem *Ion* (533c ff.) und im *Phaidros* (245a) den Begriff der
»manía« verwendet hat. Platon entwickelt in diesen Dialo-
gen die These, daß die Dichter und Musiker nicht allein
mittels der »téchne« ihre Werke hervorbringen, also nach
befolgbaren methodischen Regeln, sondern, von den Musen
inspiriert, in göttlichen Wahnsinn verfielen, in eine Art bacchantischen Rauschzustand, der sie ekstatisch entrückt. Wie
Edgar Zilsel herausgearbeitet hat,[17] versuchte Platon damit
die Künstler nicht etwa zu diskreditieren, sondern umgekehrt ihren besonderen Status als gottnah schaffende Menschen herauszukehren. Diese Theorie des Enthusiasmus, die
in der Kunsttheorie der italienischen Renaissance adaptiert
wurde, hat Lombroso im Lichte der Prädominanz des Phy-
siologismus des 19. Jahrhunderts säkularisiert bzw. entmythologisiert. In einem simplifizierenden medizinischen
Materialismus wird bei ihm nun die theonome Genese des
künstlerischen Wahnsinns weggekappt und auf eine ze-
rebrale Konstitution des Künstlers selbst zurückgeführt.
Während Lombroso etwas grobschlächtig die Kunstproduktion im Wahnsinn aufgehen läßt (der dabei freilich, was
zu ihrer Zeit ein wichtiger Nebeneffekt dieser Auffassung

war, durch seine Beziehung auf die Kunst positiviert und rehabilitiert erscheint), verfeinert und sublimiert Freud die Wahnsinn-Hypothese, indem er sie mehr in die Sphäre des Alltagslebens und seiner Pathologie verlegt, also in den Bereich der Neurosen, die nicht den gleichen »Härtegrad« wie der als Geisteskrankheit klassifizierte Wahnsinn aufweisen.

In seiner Abhandlung *Der Dichter und das Phantasieren* (1908) hat Freud noch eine weitere Komponente des künstlerischen Produktionsprozesses herausgestellt: das spielerische Element. Der Dichter tue »dasselbe wie das spielende Kind; er erschafft eine Phantasiewelt, die er sehr ernst nimmt, d. h. mit großen Affektbeträgen ausstattet, während er sie von der Wirklichkeit scharf sondert. Und die Sprache hat diese Verwandtschaft von Kinderspiel und poetischem Schaffen festgehalten, indem sie solche Veranstaltungen des Dichters [. . .] als *Spiele: Lustspiel, Trauerspiel*, und die Person, welche sie darstellt, als *Schauspieler* bezeichnet. Aus der Unwirklichkeit der dichterischen Welt ergeben sich aber sehr wichtige Folgen für die künstlerische Technik, denn vieles, was als real nicht Genuß bereiten könnte, kann dies doch im Spiele der Phantasie, viele an sich eigentlich peinliche Erregungen können für den Hörer und Zuschauer des Dichters zur Quelle der Lust werden.«[18]

Die Spielthese war kurz zuvor von Karl Groos in die Diskussion eingeführt worden. Freud erwähnt sie zwar nicht, er dürfte sie aber sehr genau gekannt haben, da sie in der psychologischen Fachliteratur, in Zeitschriftenaufsätzen und Rezensionen intensiv erörtert wurde. Sie ist danach (bis heute) zu einem festen Bestandteil psychologischer Handbücher, insbesondere solcher zur Kinder- und Entwicklungspsychologie, geworden. Groos argumentiert deszendenztheoretisch einmal auf der Vorstufe der »Spiele der Tiere«, zum andern auf der gleichsam ausgebildeten Stufe der für die ästhetische Praxis relevanten »Spiele der Menschen«. Bei ihm wird darwinistisch modifiziert, was Schiller in seinem Traktat *Über die ästhetische Erziehung des Menschen in einer Reihe von Briefen* (1794) postuliert hatte: daß der Mensch nur in voller Bedeutung des Wortes Mensch ist, wo er spielt (15. Brief).[19]

Schon Schiller operiert wie später Freud mit der Opposition von Lust- und Realitätsprinzip. Bei ihm lautet das Gegensatzpaar freilich anders, in Anlehnung an Kants Ethik: Widerstreit von Neigung und Pflicht. Der Welt der Arbeit steht nach Schiller das beneidete Los der olympischen Götter entgegen, die frei von materiellen Zwängen selig existieren. Dieses olympische Ideal kann im Spiel tendenziell erreicht werden, da der Mensch hier seine Kräfte ausschließlich zur Entfaltung seiner Freiheit einsetzt und die rohe Natur überwindet.

Freud geht davon aus, daß beim Dichter – wie bei jedem Erwachsenen – das kindliche Spiel mit zunehmendem Alter und den »Wirklichkeiten des Lebens«[20] gerecht werdend in eine sublimiertere Form der ästhetischen Praxis oder Reflexion transformiert wird, nämlich in die des Humors, der einen »hohen Lustgewinn« sich erringe. In jedem Fall aber ist das Phantasieren des Dichters Ausdruck eines Unbefriedigtseins, eine »Wunscherfüllung« und »Korrektur der unbefriedigenden Wirklichkeit«[21]. Es entstehen aus den Versagungen im Alltag »Luftschlösser oder Tagträume«[22], die die erotischen Wünsche einerseits, die eigensüchtig-ehrgeizigen andererseits den »wechselnden Lebenseindrücken« sich anschmiegend kompensieren.

Die Dichter, und zwar besonders die Verfasser von Trivialromanen, konstruieren in der Regel einen Helden, der bei allen Widerfahrnissen, die er zu erleiden hat, ohne Schäden zum Handlungsziel gelangt, somit einen Typus abgibt, mit dem sich »die Frauen« (an andere Rezipienten denkt Freud hier nicht) identifizieren und in den sie sich verlieben, auf diese Weise also ihre Tagträume erfüllend abreagieren. Dieses Beispiel bezieht sich allerdings nur auf das psychoanalytisch interpretierbare Identifikationsangebot eines literarischen Textes und ist demnach mehr rezeptionsästhetisch dimensioniert. Über die Bewußtseinsvorgänge beim Dichter selbst ist dabei noch nichts ausgesagt. Für sie hat Freud jedoch auch eine These entwickelt, die ganz in Analogie zu seiner klinischen Explorationsmethode konstruiert ist. So statuiert er: »Ein starkes aktuelles Erlebnis weckt im Dichter die Erinnerung an ein früheres, meist der Kindheit angehöriges Erlebnis auf, von welchem nun der Wunsch ausgeht, der sich in der Dichtung seine Erfüllung schafft; die Dichtung läßt sowohl Elemente des frischen Anlasses als auch der alten Erinnerung erkennen.«[23]

In der schon genannten *Kindheitserinnerung des Leonardo da Vinci* (1910)[24] hat Freud zwar nicht am Beispiel eines Dichters, sondern eines bildenden Künstlers diese These zu verifizieren versucht. Von Leonardo liegt ein anatomischer Sagittalschnitt eines nur angedeuteten weiblichen und eines fast ganz wiedergegebenen männlichen Körpers vor, der einen Geschlechtsakt zeigt. Die Tatsache, daß von Leonardo beim Mann das rechte Bein mit dem linken vertauscht wurde, wird von Freud im Anschluß an Rudolf Reitler als »verwirrende Libidoverdrängung«, als »starke Sexualverdrängung« gedeutet.[25] Denn in der falschen Darstellung einer heterosexuellen Handlung glaubt Freud den unbewußt wirksamen Mechanismus der homosexuellen Orientierung Leonardos entdecken zu können. Im Sinne der ontogenetischen Rekonstruktion hat Freud nun kindheitsgeschichtliche Dokumente vorgestellt, die das homoerotische Denken und Phantasieren Leonardos präfigurieren. Im Codex Atlanticus, fol. 65 v., findet sich eine Stelle, die nach Freud Schlüsselcharakter hat. Dort ist die Rede von einer Erinnerung Leonardos an einen Geier (bzw. Milan): »Es scheint, daß es mir schon vorher bestimmt war, mich so gründlich mit dem Geier zu befassen, denn es kommt mir als eine ganz frühe Erinnerung in den Sinn, als ich noch in der Wiege lag, ist ein Geier zu mir herabgekommen, hat mir den Mund mit seinem Schwanz geöffnet und

viele Male mit diesem seinen Schwanz gegen meine Lippen
gestoßen.«[26] Freud sieht in dieser Kindheitserinnerung
»höchst befremdender Art«[27] eine Reminiszenz an eine
Phantasie des Kindes Leonardo, das sich eine sexuelle Per-
version in der Form der »Fellatio« vorstellt. Obwohl sich
Leonardo an die Säuglingszeit unmöglich habe direkt erinnern können – diese Erzählung fuße eher auf späteren
Rückprojektionen aus der Reifezeit oder auf Geschichten
dritter –, kommt ihr ein Wahrheitsgehalt insofern zu, als
Leonardo in diesem Bild eine Erinnerung an das Gesäugt-
werden an der Mutterbrust beschworen, es zugleich aber in
passive homoerotische Phantasie umgearbeitet habe. Das
Geiermotiv könne er aus den *Hieroglyphica* des Horapollo
gekannt haben,[28] wo die Fabel von der Eingeschlechtigkeit
des Geiers erzählt wird, das als Weibchen beim Fluge inne-
halte und vom Winde empfange. Die Geier pflanzen sich
demnach ohne Männchen fort. Auch Leonardo sei, so
Freud, ein »Geierkind« gewesen, »das eine Mutter, aber keinen Vater gehabt habe«[29]. Verstärkend belege dies das Motiv
der oralen Sexualität, das symbolisch im Nachhall des »Ge-
nusses« an der Mutterbrust sei. Freud bringt dies biographisch bei Leonardo mit seiner illegitimen Geburt in Verbindung. Leonardos Vater heiratete noch in seinem Ge-
burtsjahr die vornehme Donna Albiera. Diese Ehe blieb
kinderlos, im 5. Lebensjahr wurde Leonardo, der bis dahin
als uneheliches Kind bei seiner Mutter gelebt hatte, in das
väterliche Haus aufgenommen und von der Stiefmutter lie-
bevoll akzeptiert.

Freud erkennt nun in Leonardos Frauenfiguren, besonders der »Mona Lisa« und der »heiligen Anna«, einen
Eintrag der Synthese seiner Kindheitsgeschichte. Die Einzelheiten des Bildes der Mona Lisa »sind aus den allerper-
sönlichsten Lebenseindrücken Leonardos erklärlich«[30], das
gelte auch für das berühmte Lächeln der Gioconda. Bei der
»Anna selbdritt« glaubt Freud nun eine Reminiszenz an
Leonardos zwei Mütter feststellen zu können: an die frü-

here, leibliche Mutter Caterina und die spätere zärtliche Stiefmutter Donna Albiera.

Dieses Beispiel veranschaulicht, wie bereits angedeutet, daß Freud das kunstgeschichtliche Material im wesentlichen für die psychoanalytische Biographik benutzt. Sein Interesse konzentriert sich also vorwiegend auf den Künstler als Person. Er räumt ein, daß es schwierig sei zu überzeugen, da es nur begrenzte Möglichkeiten des Nachweises gebe und das Material, welches über das Unbewußte und die Triebstruktur Aufschluß geben könnte, nur lückenhaft sei. Mit dieser »biographischen Methode«, die in der Folgezeit von manchen Psychoanalytikern, die mit den spezifisch kunst- und literaturwissenschaftlichen Methoden nicht vertraut waren, etwas naiv und krude gehandhabt wurde, steht Freud im Einklang mit der kunstgeschichtlichen Forschung seiner Zeit, die gänzlich personzentriert angelegt war und von der stillschweigend gesetzten Hypothese ausging, daß die Kunstwerke unmittelbarer Reflex des Wesens der Künstler oder bestimmter Situationen in ihrem Leben seien (Herman Grimm, Carl Justi, Richard Muther u. v. a.)[31]. Hier wurde also der visuelle Befund kurzschlüssig, ohne vermittelnde »Zwischenglieder«, biographisch gedeutet.

Es war ein Verdienst der formalistischen Interpretationsansätze, aber auch der ikonologischen und toposgeschichtlichen Methode, dargelegt zu haben, daß das ästhetische Material eine relative Autonomie besitzt, die nicht in der Intention des Künstlers oder seinen Lebensumständen als auslösenden Momenten aufgeht. (Eine sozialgeschichtliche Erklärung für diese relative Autonomie bieten sie jedoch nicht an.) Freilich sind auch diese Konzeptionen mitunter in das entgegengesetzte Extrem verfallen, indem sie entweder die Form als einzigen Faktor vereinseitigt oder die Themen und Motive von der Lebensgeschichte ganz abgekoppelt haben. Die Freudsche Methode, die in der von der Literaturwissenschaft aufgegriffenen Position Lacans[32] eine Fortsetzung erfahren hat, hat vielleicht weniger auf dem von Freud selbst so geschätzten Gebiet der Künstlerbiographik ihre Relevanz als im Hinblick auf die Analyse ästhetischer Strukturen und Kompositionsprinzipien, für die seine Phantasie- und Witztheorie leitend sein kann.

JOHN DEWEY

Wie viele andere Philosophen, die sich erst im vorgerückten Alter – nach ihren erkenntnistheoretischen und ethischen Traktaten – Fragen der Kunst und des Schönen zugewandt haben, hat auch John Dewey, der Begründer der »Chicago School« der Pragmatisten, seine Ästhetik als Alterswerk vorgelegt. *Art as Experience* erschien 1934, als Dewey bereits 75 Jahre alt war, in New York. Die 14 Kapitel dieser Abhandlung basieren auf Vorlesungen zum Thema »Philosophie der Kunst«, die er im Winter und Frühjahr 1931, ein Jahr nach seiner Emeritierung an der Columbia University, auf Einladung der Harvard University gehalten hatte.

Bemerkenswert an diesem Buch ist die Tatsache, daß Dewey, der, 1859 geboren, in der zweiten Hälfte des 19. Jahrhunderts seine philosophische Prägung erfuhr (er war anfangs vom Neukantianismus und von Hegel beeinflußt, wandte sich dann aber einem naturalistischen Realismus zu), sich gegenüber den neuesten Entwicklungen in der bildenden Kunst aufgeschlossen zeigt. Kunsttheoretische Anregungen erhielt er von Albert Coombs Barnes (1872 bis 1951), einem Kunstsammler und Amateur-Kunsthistoriker, der Bücher über *The Art in Painting* (1925) sowie über Henri Matisse, Renoir und Cézanne verfaßt hatte und dessen (1922 gegründete) Foundation sein kunstphilosophisches Projekt unterstützte. Zu einzelnen Fragen konsultierte er auch jüngere mit moderner Kunst vertraute Kunsthistoriker wie Meyer Schapiro, dem er kritische Hinweise zu den Kapiteln »Die Herausforderung der Philosophie« und »Kritik und Perzeption« verdankt.

Art as Experience übte schon kurz nach seinem Erscheinen auf die jüngeren amerikanischen Künstler eine nicht zu unterschätzende Wirkung aus. Besonders die Vertreter des abstrakten Expressionismus begrüßten enthusiastisch das Buch. So bezeichnete es Robert Motherwell als »my bible«[1].

Man kann sagen, daß es auch in allen weiteren kunsttheoretischen Entwürfen in den USA bis hin zu Nelson Goodman
und Arthur C. Danto eine Spur hinterlassen hat. Die Resonanz dieses Buches ist durchaus jener vergleichbar, die
Deweys pädagogische Schriften (wie *Democracy and Education*, New York 1916) mit ihrer Propagierung eines »Er-
ziehungsplans« (bzw. Projektunterrichts) erlangten.

Die Attraktivität von *Art as Experience* gründete sich
großenteils auf der Tatsache, daß die Untersuchung konsequent antiidealistisch bzw. antimetaphysisch angelegt war,
und das bedeutete für das amerikanische Publikum, wie zutreffend auch immer, daß sie eine weitgehend antieuropäi-
sche Orientierung hatte. An der europäischen Kunstvorstel-
lung wurde kritisiert, daß sie Kunst in ein Reservat gesperrt
hatte, daß hier eine Kluft zwischen der nur wenigen Einge-
weihten zugänglichen »hohen« Kunst und der als solcher
von diesen, aber auch von dem »Durchschnittsmensch[en]
unserer Tage« gar nicht begriffenen ästhetischen Praxis im
Alltag bestand.

Auf diese richtet Dewey nun sein Augenmerk, denn in
ihr liegen seiner Meinung nach die »Grundelemente«, von
denen her eine Ästhetik erst systematisch entwickelt werden kann. Anzusetzen habe man »bei den Ereignissen und
Szenen, die das aufmerksame Auge und Ohr des Menschen
auf sich lenken, sein Interesse wecken und, während er
schaut und hört, sein Gefallen hervorrufen: Anblicke, von
denen die Menge gebannt ist: Die vorüberrasende Feuer-
wehr; Maschinen, die riesige Löcher ins Erdreich graben;
der Mensch, der einen Turm emporklimmt und von weitem
wie eine Fliege aussieht; Männer, die auf Eisenträgern hoch
in den Lüften rotglühende Bolzen werfen und auffangen.
Daß der Ursprung der Kunst in der menschlichen Erfahrung liegt, wird jedem klar, der beobachtet, wie die Zu-
schauermenge von den spannungsgeladenen, graziösen Bewegungen des Ballspielers mitgerissen wird; der bemerkt,
mit wieviel Freude die Hausfrau ihre Blumen pflegt und

Lewis W. Hine: Bauarbeiter. Foto. 1931

mit welcher Hingabe ihr Gatte das kleine Fleckchen Rasen
vor dem Haus instand hält; der das Behagen dessen mit-
empfindet, der ein Holzfeuer im Kamin anfacht und dabei
die hochschießenden Flammen und die zerfallende Glut betrachtet.«[2] Auffallend sind die amerikanischen Beispiele: auf
der einen Seite Szenen aus der hochgradig technisierten
Produktionssphäre, auf der anderen Idyllen, wie man sie
aus dem Mittleren Westen kennt. Sie alle werden skizziert,
um in solchen Handlungen Erfahrungen zu entdecken, die
einen rudimentären ästhetischen Charakter haben. Ästhetische Erfahrung besteht für Dewey im wesentlichen in der
Erhöhung des Lebensgefühls – ein Gedanke, den ähnlich
schon Nietzsche propagiert hatte (»Kunst als Stimulans des
Lebens«), bei ihm freilich mit anderer Konsequenz, nämlich
einer elitären Zielsetzung, während Dewey gerade umgekehrt im Sinne seines Programms der »democratization«
das Gemeinschaftserlebnis herauskehrt. Schon bei den primitiven Völkern seien solche kollektiven Erfahrungen zu
finden: »Das Leben im Kollektiv, wie es sich im Krieg, im
Gottesdienst oder auf dem Forum manifestierte, kannte
keine Trennung zwischen dem, was diese Orte und Unter-
nehmen charakterisierte, und den Künsten, die ihnen Farbe,
Anmut und Würde verliehen.«[3]

In seinem 1925 erschienenen Buch *Experience and Nature* hatte Dewey die These »Mind is what body does« entwickelt, womit gemeint war, daß alle Funktionen des
menschlichen Organismus als rein biologische Hilfsmittel
aufzufassen sind. Religion und Metaphysik treten erst dann
auf den Plan, wenn die Lebensschwierigkeiten sich als un-
überwindlich erweisen. Ähnliches gilt nun für die Kunst,
die als Weiterentwicklung der lebenserhaltenden Vorgänge
begriffen wird, als eine Überwindung von Widerständen
und Konflikten, die in »verschiedenartige Aspekte eines
kraftvolleren und bedeutungsreicheren Lebens« übergehe.
»Das Wunder lebendiger organischer Anpassung durch
Ausweitung [...] vollzieht sich tatsächlich. Hier wird im

Keim ein Zustand des Ausgleichs und der Harmonie durch Rhythmus erzielt.« »Immer, wenn ein stabiles, wenn auch in sich bewegliches Gleichgewicht erreicht wird, entsteht Form.«[4] Die so geschaffene Homöostase repräsentiert einen Ordnungszustand, der seinerseits beim Rezipienten (bei jedem »mit Empfindung begabte[n] Wesen«) ein »Gefühl der Harmonie« und der »inneren Erfüllung« hervorruft. Da ein Rhythmus von Verlust der Integration in die Umwelt und ihrer Wiederherstellung besteht, kommt in der Psyche des Menschen eine Sehnsucht nach Realisierung der Harmonie und Überwindung der Spannungen auf. Künstler empfinden nun diese Spannungen in besonderer, gesteigerter Weise, sie weichen ihnen nicht aus, versuchen vielmehr, sie in Ordnung umzuwandeln. Dewey demonstriert dies u. a. an Matisse, dessen Beschreibung des Malprozesses als eines Ausbalancierens verschiedener Farbtöne, als Überwindung eines Durcheinanders mit dem Ziel der Herstellung von Harmonie, somit Form, von ihm übernommen und umstandslos in sein biologistisches Umweltmodell integriert wird.[5]

Kunstwerke haben für Dewey eine instrumentelle Funktion: ihre Bedeutung liegt darin, daß sie Objekte, die ansonsten als nichtssagend und banal zurückgewiesen würden, läutern und intensivieren, »und zwar weder durch hartnäckiges Nachdenken noch durch die Flucht in eine Welt der bloßen Sinnesempfindung, sondern durch die Schaffung einer neuen Erfahrung«[6]. So kann Dewey Kunst definieren »als das Wirken jener Kräfte, die die Erfahrung eines Ereignisses, eines Objekts, einer Szene oder Situation zu ihrer eigenen, integralen Erfüllung bringen«[7].

In diesem Zusammenhang bedeutet für Dewey Schönheit – als besonderer Gegenstand der Ästhetik – eine emotionale Qualität, nämlich die intensivierte Empfindung oder Erfahrung dieser aus Spannungen hervorgegangenen Harmonie. Sie ist für ihn also nichts Objektkategoriales, und er weist alle Versuche in der Geschichte der Ästhetik, sie zu hypostasieren und damit zu einem erstarrten Objekt zu machen, zurück. Ihm liegt daher daran, die »Ergriffenheit des Gefühls« zu erfassen und sie nicht Klassifizierungen zu unterwerfen, die ihre Erlebnisqualität nur abtöten würden.

Deweys im Grunde genommen sehr einfache Ästhetik läßt viele Fragen unbeantwortet. Sie kann ihre Herkunft von einem darwinistischen Modell nicht verleugnen, mit dem sich Dewey denn auch früher befaßt hatte.[8] Ungelöst bleibt das Problem des Übergangs von der biologischen in die geistige Sphäre, der sich in Deweys Konzeption bruchlos vollzieht. Unerachtet des ideologischen Charakters dieser noch vom Naturalismus her kommenden Philosophie der Erfahrung, der sich in der impliziten Propagierung des »American way of life« und einem ungetrübten optimistischen Fortschrittsglauben zeigt, ist die Vorstellung von der Gefühlsintensivierung qua Kunst zu einem Axiom der neueren amerikanischen Kunst (und unter ihrer Hegemonie auch der europäischen) geworden. Dies wird deutlich etwa in der gestischen Aktionskunst, in Happening und Fluxus wie auch allen Formen von Performances, die bestimmte Situationen oder Handlungsmuster in exemplarischer Symbolik bewußtseinsfördernd steigern sollen. In der ›Land Art‹, die Umweltprobleme verdeutlichen will, kommt dieses demonstrative Moment ebenfalls zum Ausdruck. Auch die ›Arte Povera‹ (Richard Serra, Jannis Kounellis u. a.), deren Ziel es ist, den Sinn für das Einfache, oft Ärmliche und Vernachlässigte zu schärfen, ihm dadurch also eine ästhetische Qualität zu verleihen, kann ihre theoriegeschichtliche Herkunft von Deweys Erfahrungsästhetik nicht verleugnen. Schließlich finden sich späte Reflexe von Deweys *Art as Experience* in kunstpädagogischen Modellen einer »Erziehung der Sinne« (Gert Selle), in denen ästhetische Erfahrung auf das Gewahrwerden von optischen oder taktilen Empfindungen reduziert wird.

Nelson Goodman

Wenngleich Goodmans in seinen späteren Lebensjahren verfaßte Ästhetik (unter dem Titel *Languages of Art*, erschienen in Indianapolis 1968) eine gewisse Distanz zum Pragmatismus anstrebt, so ist doch an der Art des Argumentierens, die bis zu einem unbekümmert-saloppen Darstellungsstil gehen kann, dessen Einfluß unverkennbar. Das große Vorbild John Deweys macht sich unterschwellig auch bei ihm bemerkbar. Erstaunlich ist freilich, daß Goodman als Ästhetiker zwar nicht programmatisch, so doch faktisch mit seiner theoretischen Vorgeschichte bricht, die ganz im Zeichen der analytischen Philosophie stand. Mit Willard Van Orman Quine gehört er zu den neopositivistischen, ihre Hypothesen streng logisch begründenden Erneuerern des Nominalismus, ganz in der Nachfolge des Wiener Kreises um Otto Neurath und Moritz Schlick. 1947 verfaßte er zusammen mit Quine im »Journal of Symbolic Logic« (Bd. 12) die Abhandlung *Steps Toward a Constructive Nominalism*. Hier entwickelten beide die These, daß es in der »Welt« nur Individuen gebe, andere Entitäten – Abstraktionen – hingegen zu verwerfen seien.

Goodman versteht seine Ästhetik als eine Sonderform der Epistemologie, fordert von ihr also, daß sie ästhetische Phänomene überprüfbar zu erklären habe. Er polemisiert dabei stark gegen kontemplativistische Auffassungen von Kunst, gegen das L'art-pour-l'art-Prinzip, das er als Ausdruck eines »Disengagements« und eines »Interpretationsverzichts« begreift. Gegen diese »vorzeitliche, unbefleckte Sicht der Welt« setzt er die These, daß die »ästhetische Einstellung« im Grunde eine Handlung sei, ein aktives Prinzip: »Schöpfung und Neuschöpfung«. Damit grenzt er sich ab vom kantianischen Modell der Ästhetik, von der Konzeption des interesselosen Wohlgefallens, wobei er allerdings selbst Unterscheidungen trifft, die an Kant erinnern, der bekanntlich das Schöne vom Angenehmen zu trennen suchte. Bei Goodman geht es in ausführlichen Begriffsdistinktionen ähnlich um den Status des »Vergnügens« und der »Befriedigung« im ästhetischen Akt. Derlei Differenzierungen waren für die psychologische Ästhetik um 1900 typisch (etwa bei Jonas Cohn, Stephan Witasek, Konrad Lange u. v. a.), die Goodman indessen nicht zu kennen scheint, so daß manches theoretisch längst Überwundene oder Geklärte bei ihm wiederholt entfaltet wird, ohne daß ein substantiell neues Ergebnis dabei herauskäme.

Goodman lehnt eine hedonistische Ästhetik ab; die Auslösung von Emotionen ist für ihn keine unabdingbare Voraussetzung für das »Ästhetische«. »Jede Vorstellung von der ästhetischen Erfahrung als einer Art emotionalem Bad oder einer Orgie ist einfach blödsinnig. Verglichen mit der Furcht, Trauer, Niedergeschlagenheit oder Begeisterung, die eine wirkliche Schlacht oder ein Verlust, eine Niederlage oder ein Sieg auslösen, sind die Emotionen, die dabei eine Rolle spielen, gewöhnlich unterdrückt und indirekt (oblique), und sie sind im allgemeinen nicht ausgeprägter als die Erregung, Verzweiflung oder Freude, die das wissenschaftliche Forschen und Entdecken begleitet.«[1] Dieser Satz verdeutlicht bereits, daß Goodman eine gewisse Nähe zwischen Kunst und Wissenschaft sieht, jedenfalls zieht er zwischen beiden Gebieten keinen radikalen Trennungsstrich. Kunst ist für ihn wesentlich kognitiv; dies macht sie der Wissenschaft kompatibel. Er geht sogar so weit, daß er das in der Wissenschaft allgemein hoch bewertete Wahrheitskriterium relativiert: »Wissenschaftliche Hypothesen, so wahr sie sein mögen, sind wertlos, wenn sie nicht den durch unsere Untersuchung auferlegten Minimalanforderungen in Reichweite und in Spezialisierung genügen, wenn sie nicht eine Analyse oder Synthese ermöglichen, die etwas besagt, wenn sie nicht wichtige Fragen aufwerfen oder beantworten. Wahrheit ist nicht genug; sie ist höchstens eine notwendige Bedingung. Aber selbst damit gestehen wir zuviel zu;

die vornehmsten wissenschaftlichen Gesetze sind selten ganz wahr. Über kleinere Ungereimtheiten geht man im Interesse der Breite, Kraft oder Einfachheit hinweg.«[2] (Hier zeigt sich bei Goodman deutlich der pragmatistische Einfluß, da Wahrheit weniger – aristotelisch – durch Adäquation mit der objektiven Realität bzw. – platonisch – mit Ideen definiert wird als durch ihre Nützlichkeit für das Leben; dies war die Theorie von William James.)

Das kognitive Moment der Kunst (bzw. des Ästhetischen) kommt Goodman zufolge in ihrer Symbolisierungsfunktion zum Tragen. (»Die Symbolisierung muß [. . .] grundsätzlich danach beurteilt werden, wie gut sie der kognitiven Absicht dient: nach der Feinheit ihrer Unterscheidungen und der Angemessenheit ihrer Anspielungen; nach ihrer Arbeitsweise im Erfassen, Erkunden und Durchdringen der Welt; danach, wie sie analysiert, sortiert, ordnet und organisiert; danach, wie sie an der Schaffung, der Handhabung, der Erinnerung und der Transformation des Wissens beteiligt ist. Erwägungen der Einfachheit und Subtilität, der Kraft und der Präzision, des Geltungsbereichs und der Selektivität, der Vertrautheit und Neuigkeit sind alle relevant und liegen oft miteinander im Wettstreit [. . .].«[3]

Goodman geht es darum herauszuarbeiten, was Kunst symbolisiert und wie dies geschieht, wie durch die Symbolisierung weitere »visions« der Welt erzeugt werden. Ähnliche Gedanken werden auch in seinem späteren Buch *Ways of Worldmaking* (Indianapolis 1978) verfolgt.[4]

Ein Symbolbegriff, wie er in der Kunstwissenschaft, etwa bei Erwin Panofsky in Anlehnung an Ernst Cassirer[5], entwickelt wurde, wird von Goodman nicht zugrunde gelegt. Wenn Goodman von »Symbol« spricht, denkt er vorwiegend analog an semantische Probleme der Sprache, mit denen sich die analytische Philosophie nach dem Vorbild Ludwig Wittgensteins immer wieder befaßte. Kaum ein Zufall ist es, daß Goodman den Begriff der Sprache (language) im Titel seines Buches auf die Kunst überträgt.

Die Symbolisierung hat Goodman zufolge zwei »basic modes of reference«: Denotation und Exemplifikation. Während die Denotation im engeren Sinne der Semiotik (Peirce, Morris) intensional etwas bezeichnet, z. B. ein Porträt die dargestellte Person, bezieht sich bei der Exemplifikation das Symbol auf seine eigenen Eigenschaften. Goodman verdeutlicht dies an einem Gemälde von Mondrian, das nicht nur aus Quadraten besteht, sondern diesen Sachverhalt selbst durch seine eigene »squareness« exemplifiziert. Der Begriff der Exemplifikation ist nahezu identisch mit dem des metaphorischen Symbols. In diesem Zusammenhang führt Goodman den Terminus der »expression« (»Ausdruck«) ein. Eine »Pietà« beispielsweise kann nicht »literal«, also unmittelbar und im Wortsinne, Trauer oder Leid exemplifizieren, sie tut dies lediglich metaphorisch; insofern »drückt« sie Trauer »aus«. Solche metaphorischen Exemplifikationen finden sich auch bei anderen Künsten: Musik kann Farbe symbolisieren, Skulptur Bewegung, Malerei Tiefe.[6]

Im Gegensatz zur Wissenschaft, bei der die Symbole vergleichsweise wenige Dimensionen aufweisen, sind die ästhetischen Symbole durch »Fülle« (»repleteness«) gekennzeichnet. Dies wird deutlich etwa an dem visuellen Zeichen eines Kurvenverlaufs bei einem Elektrokardiogramm, bei dem ausschließlich die denotative Funktion des dadurch wiedergegebenen Herzschlags wichtig ist. Hingegen kann eine ähnliche Wellenlinie auf einer künstlerischen Zeichnung sehr viel mehr bedeuten. Bedeutsam ist bei ihr allein schon das Umfeld, also Form und Größe des Papiers, weiterhin die Dicke des Strichs. Gegenüber der »austerity« des wissenschaftlichen Bildzeichens ist das ästhetische komplexer. Die expressiven und allusiven Momente überwiegen.

Da Goodman Kunst als ein der Wissenschaft benachbartes System begreift, interessiert ihn nicht die Frage (die auf eine ontologische Fixierung dringt), was Kunst sei, sondern ab wann von Kunst überhaupt die Rede sein könne.[7]

Eine Wesensbestimmung der Kunst verweigert Goodman nachdrücklich. Das einzige, worüber man sprechen könne, seien die Symptome, die in der ästhetischen Erfahrung (aber nicht nur in ihr allein) in höherem Maße gegenwärtig sind. Er nennt hier vier Kennzeichen:

– syntaktische Dichte (syntactic density),
– semantische Dichte (semantic density),
– exemplifikatorische Beziehung (exemplificational reference),
– relative syntaktische Fülle (relative syntactic repleteness).[8]

Eine Erfahrung ist nach Goodman »wahrscheinlich dann ästhetisch«, wenn sie alle diese »properties« aufweist; mindestens muß sie eine dieser Eigenschaften haben.

Goodmans Buch erschien zu einem Zeitpunkt, als in Amerika Kunstrichtungen wie Pop Art, Happening usw. auf den ästhetischen Charakter des Trivialen aufmerksam zu machen suchten. Auf diese Weise sollte die sog. hohe Kunst relativiert und sollten die Ebenen des Hohen und des Trivialen einander angeglichen werden. Ohne daß sich Goodman explizit darauf bezieht, spürt man bei seinen Versuchen, sich dem »Ästhetischen« theoretisch zu nähern, einen ähnlichen Impuls. Auch er will keine Isolierungen vornehmen, sondern geht davon aus, daß ästhetische Erfahrungen integral sind und die herkömmlich hierarchisch gesehenen Wertsphären durchdringen. Hinzu kommt, daß er der Kunst die Fähigkeit zuspricht, »unsere nachfolgende Sehweise der Welt beeinflußt« zu haben und weiterhin zu beeinflussen. War dieser Gedanke bereits bei Dewey angelegt, dem theoretischen Lehrmeister der amerikanischen Avantgarde-Künstler, so ist es Goodmans Leistung, ihn mit besonderem Nachdruck in die öffentliche Diskussion gebracht zu haben.

ARTHUR C. DANTO

In den letzten Jahren ist den fast ausschließlich der aktuellen Kunst gewidmeten Reflexionen des amerikanischen Philosophen Arthur C(oleman) Danto auch in Deutschland zunehmend Bedeutung beigemessen worden. Dies belegen die hierzulande erschienenen Übersetzungen einer Reihe seiner Bücher, darunter zuletzt (1994) der Sammelband *Reiz und Reflexion*, der eine Fülle von Rezensionen und Ausstellungsbesprechungen Dantos enthält, die im wesentlichen aus den achtziger Jahren datieren.[1] Seit 1984 tritt Danto, hauptberuflich als Professor an der Columbia University tätig und zeitweilig (1983) Präsident der American Philosophical Association sowie der American Society of Aesthetics (1989/90), auch als Kunstkritiker hervor.

Erste Vorstöße auf dem Gebiet der Ästhetik unternahm Danto in einem Aufsatz von 1964, in dem er den nicht gerade begriffsscharfen und analytisch erhellenden Terminus »Artworld« einführte.[2] Was daran immerhin deutlich wird, ist der Versuch, einen Alltagsbegriff, eben den der »Kunstwelt«, auf das Gebiet der Ästhetik zu übertragen. Diese Absicht fügt sich in Tendenzen und Intentionen der damaligen amerikanischen Kunst ein, die Kluft zwischen Kunst und Leben zu schließen (so gibt es von dem amerikanischen Kunsttheoretiker Leslie Fiedler die bekannte Formel: »Cross the border – close that gap!«[3]). Offenbar hatte Danto mit diesem Begriff einem Theoriebedürfnis entsprochen, denn »Kunstwelt« wurde in der Folgezeit eine gern benutzte Formel; aufgegriffen wurde sie zum Beispiel von George Dickie, der sie jedoch in einem von Dantos Vorstellung abweichenden Sinne verwandte. Während seine Rezipienten mehr den institutionellen Aspekt betonten, beharrte Danto darauf, daß die »Artworld« durch eine »gewisse Geschichte, eine Theorieatmosphäre« (»a certain history, an atmosphere of theory«[4]) konstituiert sei. Eine kunstsoziologische Begründung wird von Danto also kategorisch ausgeschlossen. Seine Argumentation verbleibt in einer eher immanentistischen Betrachtungsweise, was zweifellos mit seinen von der analytischen Philosophie bzw. dem Neopositivismus geprägten Prädispositionen zusammenhängt, die für ihn, ähnlich wie bei Richard Rorty und anderen amerikanischen Philosophen heute nicht mehr so dogmatisch bestimmend sind, dennoch in den Reflexionen und Beweisführungen, auch in den gelegentlichen Referenzen, durchscheinen.

Danto interessiert die Frage, was ein Kunstwerk zu einem solchen überhaupt macht. Ausführlich erörtert wird das Problem in seinem Buch *The Transfiguration of the Commonplace. A Philosophy of Art*[5]. Hier zeigt sich Dantos Nähe zur Philosophie Wittgensteins und seiner Nachfolger, auch im Widerspruch bzw. der gelegentlichen Abgrenzung (etwa von Nelson Goodman). Bei Wittgenstein gibt es das Problem des »Ununterscheidbaren«: beispielsweise die in der Wahrnehmung konstatierbaren »Sachverhalte« des Hochgehens meines Arms und des Hebens meines Arms. Ist dies ein identischer Vorgang, oder gibt es hier Unterschiede zwischen einem mechanischen Vorgang und einem intentionalen?[6] In der Kunst kann das, was bei Wittgenstein etwas spitzfindig erscheint, durchaus eine zentrale Fragestellung sein: hier gibt es oft ästhetische Erscheinungen, die äußerlich vollkommen gleich aussehen, jedoch von den Rezipienten qualitativ stark unterschieden werden.

Bekanntestes Beispiel ist Duchamps' Urinoir, das ja sogar materialiter der Realität der Gebrauchsgegenstände entstammt, ursprünglich dieser Gebrauchsgegenstand war, also nicht einmal ein Imitat oder eine Reproduktion ist. Duchamps sei es gelungen,[7] »diese wenig erbaulichen Objekte in eine gewisse ästhetische Distanz [zu] rücken und sie zu kaum glaubwürdigen Kandidaten für den ästhetischen Genuß werden [zu] lassen: praktische Nachweise dafür, daß Schönheit irgendwelcher Art an Orten zu finden ist, wo man sie am wenigsten erwartet. Selbst das bekannte Porzellangefäß läßt sich wahrnehmen als ›strahlend weiß‹, um die Worte des Evangelisten Lukas in seinem Bericht von der ursprünglichen Verklärung zu gebrauchen. (Luk. 9,29)«

Im 1. Kapitel, überschrieben »Kunstwerke und reine reale Dinge«[8], geht Danto dieser Frage eingehender nach. Auf teilweise witzige und skurrile Weise konstruiert er eine Folge von Beispielen phänomenal identischer Werke: so zunächst die (fingierte) Beschreibung Kierkegaards eines Gemäldes der Israeliten, die das Rote Meer durchquerten. Kierkegaard beschreibe hier nicht, wie man sich denken könnte, ein Historienbild mit handelnden Menschen, sondern evoziere überraschenderweise ein Viereck aus roter Farbe, wobei er anmerkt: »Die Israeliten waren schon vorbeigezogen, und die Ägypter waren ertrunken.« In seiner präexistentialistischen Lebensphilosophie vergleicht Kierkegaard das Resultat seines Lebens mit diesem Gemälde. (Danto führt hier also nicht – auch in der Fiktion nicht – ein »reales« Bild ein, sondern eher das, was man in der antiken Rhetorik eine »ékphrasis« nannte.) Neben dieses Beispiel »Kierkegaards Stimmung« stellt Danto jenes, das »Red Square« heißt und den Moskauer Platz denotieren soll. Dann folgt eines, das »Nirwana« heißt, ein metaphysisches Gemälde, weiterhin ein Stilleben, »von einem verbitterten Matisse-Schüler gemalt, mit dem Titel ›Rotes Tischtuch‹; in diesem Fall können wir es zulassen, daß die Farbe etwas dünner aufgetragen wurde«. Das nächste (natürlich erfundene) Beispiel ist eine von Giorgione nur als rote Grundierung seines unrealisierten Meisterwerks »Sacra Conversazione« zurückgelassene Leinwand. Als letztes Exemplum führt Danto die Fiktion eines jungen Künstlers namens J. ein, dessen leere Leinwand (»Ohne Titel«) absolut unmimetisch, also nicht »über« (»about«) etwas sein soll.

Dantos These ist nun, daß bei vollkommener Ähnlichkeit – und von diesem Grenzfall geht er bei der Formulierung des Problems, was Kunst konstituiert, aus – das Moment der »aboutness« das Differenzkriterium darstellt. Kunstwerke sind »about the world« in einer Weise, wie es gewöhnliche Objekte nicht sind. Kunst ist insofern stets »representational«, nicht bloß im vordergründig mimetischen, abbildlichen Sinne, sondern auch in demjenigen, daß es das Bewußtsein, die Intentionalität des Künstlers, seine Weltsicht und Kunstanschauung repräsentiert. Schließlich müssen die Werke, die sich vordergründig leicht mit Realobjekten verwechseln lassen, in der historischen Konstellation ihrer Entstehung gesehen werden. Wichtig ist zu wissen, wovon sie sich abgrenzen, wogegen sie möglicherweise polemisieren usw. (z. B. Picassos – von Danto als Demonstrationsobjekt ausgedachte – mit Farbe glatt bemalte »Krawatte« von 1950, die vor dem Hintergrund von Pollocks »colour dripping« interpretiert werden muß und die keineswegs mit der von einem Kind mit blauer Farbe bedeckten Krawatte ästhetisch sich deckt[9]). Dem Kunstwerk kommen also (intentionale) Momente zu, die seinem banalen Alltagsäquivalent abgehen. Somit ist Interpretation ein wesentliches, der Existenz des Kunstwerks zugehöriges Moment. (Diese These ähnelt sehr derjenigen der »Kommentarbedürftigkeit« der modernen Kunst von Arnold Gehlen.[10])

Das Kunstwerk ist durch eine Atmosphäre der Kunsttheorie und eine Kenntnis der Kunstgeschichte geformt. Kunstwerke werden von Danto im wesentlichen als sich selbst kommentierend, mithin selbstreferentiell bestimmt; das Entscheidende ist jedoch die Qualität der Transfiguration, die dem alltäglichen Gebrauchsgegenstand fehlt (obwohl auch dies fraglich ist, denn es gibt ja auch auratische Momente bei banalen Objekten, zumal wenn sie ein gewisses Alter haben und »Patina« ansetzen).

Das implizit Kommentarhafte (und Kommentarbedürftige) der Kunst(werke), das stets mitgedacht werden muß, gibt ihnen eine latent philosophische Explikationsform. Für Danto bestehen daher, ähnlich wie bei Paul Feyerabend, Übergänge von Philosophie in Kunst und umgekehrt.[11]

Diesem Aspekt ist er in einem jüngeren Werk nachgegangen, das *The Philosophical Disenfranchisment of the Commonplace*[12] betitelt ist.

Philosophie hat Danto zufolge Kunst für unfrei erklären, sie unterminieren und enteignen bzw. entmündigen wollen. Er selbst unternimmt demgegenüber den Versuch des »reenfranchisment« der Kunst, wobei er allerdings, wie von seinen Kritikern, etwa David Novitz, vermerkt wird, in der näheren Bestimmung der Relation zwischen Kunst und Philosophie unklar bzw. unscharf bleibt. Dies gilt auch für viele Reflexionsketten in *The Transfiguration of the Commonplace*, die zunächst vielversprechend als logisch aufgebaute Expositionen beginnen, dann aber immer mehr sich ins Unbestimmte verlieren und zu blinden Motiven werden. Der Reiz seiner Darstellung liegt lediglich in seinen mitunter sehr scharfsinnigen Beobachtungen an Einzelkunstwerken, mit denen er – für einen Philosophen nicht gerade typisch – als ständiger Galeriebesucher sehr gut vertraut ist. Sein Versuch, die Spezifität von Kunst letztlich ontologisch, aufgrund immanenter Kriterien bestimmen zu wollen, kann als nicht geglückt bezeichnet werden. Wenngleich Danto institutionelle, also soziale Argumente zurückweist – ohne den Hinweis auf den institutionellen Bezugsrahmen der »Kunstszene« und Deklarationsakte von Kunstsachverständigen usw. kann etwa die Differenz von Warhols Brillo-Kartons[13] und den originalen Displays nicht hinreichend erklärt werden –, nähert er sich ungewollt und de facto diesem Explanationsmodell dadurch an, daß er stets historisch das intellektuelle, im wesentlichen also kunsttheoretische Kräftefeld zu rekonstruieren sucht, innerhalb dessen Kunstwerke konstituiert werden.[14]

Jan Mukařovský

Im Gefolge der Rezeption des französischen Strukturalismus setzte in Deutschland in den späten 60er Jahren auch ein wachsendes Interesse an den literaturästhetischen Theorien des tschechischen Strukturalismus ein, dessen Hauptvertreter Jan Mukařovský war. Seine Position übte nicht zuletzt deswegen eine besondere Anziehungskraft aus, als sie einen semiologischen Ansatz mit (im wesentlichen) rezeptionssoziologischen Erklärungshypothesen schlüssig zu verbinden suchte. So ergab sich hier in der Theoriediskussion um 1970 eine Verbindung zu marxistischen Modellen, aber auch zum Interpretationssystem der Ikonologie Panofskyscher Prägung mit ihrer Trias von Phänomen-, Bedeutungs- und Dokumentsinn, die, wie sich zeigen läßt, eine Analogie in Mukařovskýs Strukturmodell des Kunstwerks hat.

Mukařovský gehörte seit 1925, nachdem er zuvor Gymnasiallehrer in Pilsen gewesen war, dem Cercle linguistique de Prague an, dessen herausragende Mitglieder neben ihm u. a. Roman Jakobson, René Wellek und der Phonologe Nikolaj Trubetzkoj waren. 1929 habilitierte er sich an der Karls-Universität, an der er – nach einer Dozentur an der Universität Bratislava seit 1931 – 1937 eine Professur erhielt.

Charakteristisch für den Prager linguistischen Zirkel war der Versuch einer Synthese von Linguistik und Literaturwissenschaft, genauer gesagt: die Übertragung bzw. Anwendung von Prinzipien der Sprachwissenschaft Ferdinand de Saussures auf die Dichtung. Daraus erwuchs eine umfassende Zeichentheorie, wobei es Mukařovský unternahm, den Zeichenbegriff nicht bloß auf atomisierte ästhetische Gebilde anzuwenden, sondern auf das Kunstwerk als Ganzes. Bei Mukařovský tritt jedoch die Linguistik deutlich in den Hintergrund. Schaut man näher hin, so ist seine in den

30er Jahren erarbeitete Ästhetik mehr im Spektrum kunsttheoretischer Debatten zu verorten, wie sie etwa in Max
Dessoirs »Zeitschrift für Ästhetik und allgemeine Kunstwissenschaft« geführt wurden. So finden sich z. B. Bezug-
nahmen auf Emil Utitz (*Grundlegung der allgemeinen
Kunstwissenschaft*, Stuttgart 1920) oder August Schmarsow.
Eine große Bedeutung hatte für ihn aber auch Otto Ho-
stinsky (1847–1910) (vgl. dessen Buch *Über die Bedeutung
des Kunstgewerbes*, Prag 1887), der seinerseits von Johann
Friedrich Herbart beeinflußt war.

Bis zu einem gewissen Grade ist Mukařovskýs Axioma-
tik von phänomenologischen Postulaten geprägt, denn auch
er lehnt – wie Moritz Geiger, Roman Ingarden u. a. als Fort-
setzer des Husserlschen Ansatzes auf dem Gebiet der Ästhetik – den Psychologismus bzw. eine psychologische Erklärung von Kunst ab: »Das Kunstwerk läßt sich weder mit
dem Seelenzustand seines Schöpfers noch mit irgendeinem
der Seelenzustände identifizieren, die es bei den Subjekten
hervorruft, die es wahrnehmen, wie die psychologische Ästhetik dies wollte: es ist klar, daß jeder subjektive Bewußt-
seinsstand etwas Individuelles und Augenblickliches hat,
was ihn nicht faßbar und in seiner Ganzheit nicht mitteilbar
macht, während das Kunstwerk dazu bestimmt ist, zwischen seinem Urheber und dem Kollektiv zu vermitteln. Es
verbleibt noch die ›Sache‹, die das Kunstwerk in der Sinnenwelt darstellt und die der Wahrnehmung aller ohne irgendwelche Vorbehalte zugänglich ist«, heißt es in seiner Abhandlung *Die Kunst als semiologisches Faktum* von 1936
(ursprünglich vorgetragen 1934 auf dem VIII. Internationalen Philosophenkongreß in Prag).[1] Deutlich wird an dieser
Äußerung die objektivistische Position Mukařovskýs, sein
Versuch, die Unwägbarkeiten von Anmutungserlebnissen
im hermeneutischen Akt, wie sie in kunst- und literaturwissenschaftlichen Interpretationen dieser Zeit nicht selten waren, zu überwinden und für die Analyse ein überprüfbares
begriffliches Instrumentarium bereitzustellen.

Eine wichtige definitorische Setzung ist dabei die Erläuterung des Kunstwerkbegriffs durch den des »ästhetischen Objekts«. Die Bezeichnung »Objekt« soll verstärkend darauf hinweisen, daß von einem Kunstwerk, das ein materielles geschaffenes Substrat zur Voraussetzung hat, welches Mukařovský »Artefakt« nennt (gemeint ist konkret etwa bei der Malerei die mit Farben gestaltete Leinwand oder bei der Musik eine Partitur), eigentlich nur gesprochen werden kann, sofern es einen »Platz im Kollektivbewußtsein« einnimmt, somit zu einem sinnlichen Symbol geworden ist:

»Das objektive Studium der Erscheinungen, die die Kunst darstellen, richtet sich auf das Kunstwerk als Zeichen, das sich aus dem sinnlichen Symbol zusammensetzt; und dies wird vom Künstler aus einer ›Bedeutung‹ (ästhetisches Objekt) geschaffen, die ihren Platz im Kollektivbewußtsein hat, und aus der Beziehung zur bezeichneten Sache, der Beziehung, die auf den Gesamtkontext der gesellschaftlichen Phänomene hinweist. Das zweite dieser Elemente umfaßt die eigentliche Struktur des Werks.«[2]

Unübersehbar ist das mentalistische bzw. ideologietheoretische Interesse Mukařovskýs an Kunst. Sie konstituiert sich für ihn eigentlich erst im Bewußtsein der Rezipienten, dort also, wo sie die Grenze von der materiell-technischen Produktion überschreitet und in einen kommunikativen Raum eintritt. Hier erst erlangt sie, wie er es ausdrückt, einen »existentiellen Wert« (will sagen: erhält sie Existenz), denn sie wird zu einem Zeichen, zu einem Symbol mit bestimmter Bedeutung für ein Publikum bzw. für die Gesellschaft, die mit ihrer Rezeption, mit ihren Ansprüchen, aber auch Mißverständnissen wiederum aktiv auf die Kunstproduktion zurückwirkt.

Der Sinn für derlei Vorgänge war bei Mukařovský zweifellos durch Erfahrungen der in kurzen Intervallen sich ständig wandelnden und ausdifferenzierenden Avantgarde-Kunst geschärft. Insofern ist sein Erklärungsmodell eine »Deviationsästhetik« (Walter Schamschula)[3], bei der, wie

schon bei den russischen Formalisten (Schklovskij, Tynjanov, Ejchenbaum u. a.)[4], sich das Interesse des Interpreten
auf Abweichungen von eingeschliffenen, automatisierten
Strukturen richtet.

Daneben fällt bei Mukařovský eine theoretische Orientierung auf, die eine Nähe zum Funktionalismus in der Ethnologie und Soziologie aufweist; man denke hier nur an
Bronislaw Malinowski. Für die Bestimmung des Ästhetischen unterscheidet Mukařovský drei systematisch miteinander eng verbundene Begriffe: ästhetische Funktion,
ästhetischer Wert und ästhetische Norm. Das Ziel der ästhetischen Funktion sei es, ästhetisches Wohlgefallen zu erzeugen. Dabei kann jede beliebige Sache Träger der ästhetischen
Funktion werden, sie ist also nicht an ganz bestimmte
Werke gebunden. Mukařovský zeigt, daß die ästhetische
Funktion (paradoxerweise) oft darin liegt, außerästhetische
Zwecke zu verfolgen, indem sie dazu dient, sozial zu diffe-
renzieren, was besonders in der Mode oder bei Uniformen
ins Bewußtsein tritt. Sie hat also eine »isolierende Kraft«.
Den ästhetischen Wert definiert Mukařovský als »Fähigkeit
einer Sache, der Erreichung eines Ziels zu dienen«[5]. Hier
spielt der subjektive Faktor eine besondere Rolle, denn der
ästhetische Wert gibt das Maß des Wohlgefallens an. Im Gegensatz zu diesem eher dispersen und vagen, weil an individuelle Standpunkte gebundenen ästhetischen Wert ist die
ästhetische Norm sehr viel stabiler, verfestigter; sie repräsentiert letztlich den Erwartungshorizont des Publikums,
seinen »Kanon«, der jedoch durch neue Vorstöße und Ver-
änderungen von seiten der Künstler immer wieder aufge-
brochen und verändert werden kann.

Die große Leistung Mukařovskýs war es, die Semiologie
aus der Fixierung auf das als autonom verstandene Zeichen
bzw. Werk herauszuführen und eine Theorie zu formulieren, die es in den sozialen Kontext (er spricht in Anlehnung
an Jean Marie Guyau oder Hippolyte Taine[6] gelegentlich
noch von »Milieu«, in anderen Fällen auch von »Kollektiv-

bewußtsein«) rückt. Während viele andere ästhetische Theorien seiner Zeit heute methodologisch überholt oder wenig ergiebig erscheinen, hat seine universalistische Position, die sowohl der »hohen« als auch der trivialen Kunst vorurteilsfrei gerecht zu werden sucht, trotz mancher mechanistischer Unterscheidungen noch heute eine erstaunliche Frische bewahrt.

Jean-Paul Sartre

Für Sartres ästhetische Konzeption ist sein Begriff der
»littérature engagée« zentral, den er in seinem großen, in
Buchform erschienenen Essay *Was ist Literatur*[1] in die Diskussion eingeführt hat. Jahrzehntelang hatten Sartres litera-
turtheoretische Auffassungen, deren Grundlage seine existentialistische Philosophie ist, namentlich bei den jüngeren
Generationen, eine bewußtseins- und haltungsprägende
Wirkung. Ihre Suggestionskraft rührte nicht zuletzt von der
Unmittelbarkeit her, mit der Sartre, ohne sich durchgängig
auf komplizierte innere Strukturprinzipien von Kunst und/
oder Literatur einzulassen, eine Verbindung von der Existenz des Schreibenden und des Lesers zur gesellschaftlichen Realität herstellte. Im akademischen Raum wurde sein
Modell eher als unwissenschaftlich abgelehnt. Aber man
darf nicht übersehen, daß in Frankreich nahezu alle Intellektuellen (auch die der postexistentialistischen Phase), die
sich mit ästhetischen Fragen und besonders der Funktion
der Literatur auseinandergesetzt haben, von Sartres Konzept einmal inflammiert waren. Auch der Strukturalismus
hat zumindest eine theoretische Wurzel in der Vorstellung
von der »écriture«, wie sie Sartre als Existenzform proklamierte. Das läßt sich gut an Roland Barthes beobachten, der
diesen Aspekt (durchaus mit einer sich haltenden existentialistischen Komponente) immer wieder, bis in sein post-
strukturalistisches Spätwerk hinein, betont.

Und auch Sartres Überlegungen zum Ungesagten, stumm
Gebliebenen im literarischen Werk – da, »wenn es seinem
Autor irgendwie entgleitet« (123)[2] –, für ihn übrigens ein
Kriterium des Schönen, haben auf Sachverhalte aufmerksam
gemacht, denen später die Dekonstruktivisten ihr besonde-
res Augenmerk widmeten. Sartre selbst hat in seinem mo-
numentalen Spätwerk *L'idiot de la famille* (1971–72) bei
Flaubert in einer psychoanalytischen Aufarbeitung die nicht

explizit thematisierten Motive seines in die Irrealisierung
des Wirklichen qua Literatur ausweichenden Handelns zu
rekonstruieren versucht.

Was ist Literatur kann seinen historischen Anlaß in der
französischen Nachkriegssituation nicht verleugnen. 1947
verfaßt, wirft es die Frage auf, wie sich die Schriftsteller
nach den Erfahrungen mit dem Faschismus, aber auch mit
den totalitären Tendenzen des Stalinismus verhalten, welchen Platz sie in der Gesellschaft einnehmen und wie sie
auf sie schreibend reagieren sollen. Sartre macht sich dabei,
was ihre tatsächliche soziale Situation betrifft, keine Illusio-
nen: »Wir sind [...] die bürgerlichsten Schriftsteller der
Welt. Wir wohnen gut, sind anständig angezogen, vielleicht
weniger gut genährt [...].« (100) Er legt dar, daß zu dieser
bürgerlichen Kultur natürlich die klassischen Bildungsgüter
gehören, und das gelte auch für Rebellen wie Breton, die
»die Kultur in Flammen aufgehen lassen« wollten (101).
Und er skizziert eine Topographie der Pariser literarischen
Szene mit all den Zirkeln, die in dieser Metropole gleichsam zentralisiert sind: »[...] bei etwas Glück kann ein
Amerikaner, der es eilig hat, uns alle in vierundzwanzig
Stunden antreffen, in vierundzwanzig Stunden kann er unsere Meinungen über UNRRA, UNO, UNESCO, über
den Fall Miller und über die Atombombe kennenlernen; in
vierundzwanzig Stunden kann ein trainierter Radfahrer die
Runde von Aragon zu Mauriac, von Vercors zu Cocteau
machen, er kann dabei Breton auf dem Montmartre, Que-
neau in Neuilly und Billy in Fontainebleau aufsuchen und
alle Zweifel und Gewissensbisse kennenlernen, die zu unseren beruflichen Verpflichtungen gehören, ein Manifest, eine
Bittschrift oder einen Protest für oder wider die Rückgabe
Triests an Tito, für oder wider die Annexion der Saar oder
die Anwendung der V 3 im nächsten Krieg – womit wir zu
zeigen belieben, daß wir auf der Höhe des Jahrhunderts leben [...]. Man trifft uns alle – oder fast alle – in bestimmten
Cafés, in den Vereinigungen der *Pléiade* und, bei gewissen

literarischen Anlässen, in der englischen Botschaft [. . .].«
(Ebd.)

Gegenüber dieser Arriviertheit der etablierten Schriftsteller, die nicht selten mit der revolutionären Geste kokettie-
ren, hebt Sartre als authentische Existenz das Handeln der
vielen unbekannten Widerstandskämpfer hervor, die nicht
nach literarischem Ruhm verlangten: Sie haben »– geschla-
gen, gebrannt, geblendet, mit gebrochenen Gliedmaßen –
nicht gesprochen; sie haben den Kreis des Bösen durchbro-
chen und das Menschliche bekannt – für sich, für uns, selbst
für ihre Peiniger. Sie haben das ohne Zeugen getan, ohne
Hilfe, ohne Hoffnung, oft sogar ohne Glauben. Für sie ging
es nicht darum, an den Menschen zu glauben, sondern den
Menschen zu wollen [. . .]. Dieser Mensch, sie mußten ihn
erfinden mit ihrem gemarterten Fleisch, mit ihren gehetzten
Gedanken, die sie schon verrieten, wenn sie aus dem Nichts,
für nichts, in die absolute Gnade eingingen: denn im Innern
des Menschen kann man Mittel und Zwecke unterscheiden,
Werte und Vorzüge; aber sie waren damit noch bei Erschaffung der Welt, und sie hatten nur selbstherrlich zu entscheiden, ob es noch etwas mehr darin gäbe als nur das Reich des
Tieres. Sie schwiegen, und ihr Schweigen gebar den Menschen.« (129)

Die Literaten sind Sartre zufolge also durch und durch
bürgerlich; selbst ihre Produktionsform paßt sich der allgemeinen weitgehend an, so wie auch der Konsum der Literatur sich kaum von den allgemeinen Konsumtionsbedingun-
gen unterscheidet. Freilich ist Literatur Luxus; sie geht über
das Allernotwendigste hinaus. Gerade in dieser qualitativen
Differenz erkennen die Schriftsteller stolz ihre Freiheit:
»Das Kunstwerk ist zusätzliche Gnade, weil es absoluter
Zweck ist und weil es sich dem Betrachter als kategorischer
Imperativ darstellt.« (138) Für Sartre ist es wichtig, die auf
Genuß abzielende Darstellung von »Haben, Tun und Sein«
als »Hauptkategorien der menschlichen Situation« in der
auf Konsum orientierten Literatur zu überwinden, die

durch Entfremdung gekennzeichnet ist. Literatur müsse wieder praktisch werden, Sein und Handeln müßten wieder zur Identität gelangen. Ein Schreckbild ist für ihn die kontemplative Ästhetik Schopenhauers, die darauf hinauslaufe, daß »der Mensch den Willen zur Macht zum Schweigen gebracht hat« (139).

»Die *Praxis* als Aktion in der Geschichte und auf dem Boden der Geschichte, d. h. als Synthese der historischen Relativität und des moralischen und metaphysischen Absoluten, mit dieser feindseligen und freundschaftlichen, furchtbaren und spöttischen Welt, die sie uns enthüllt – das ist unser Stoff.« (140) Sartre nennt diese Literatur eine »totale«, weil sie »die Synthese von Praxis und Sein, von Negativität und Konstruktivität, von Tun, Haben und Sein« vollzieht (141). Die Anwendung von literaturpolitischen Modellen aus dem 19. Jahrhundert, etwa solchen, die sich auf Marx oder Proudhon stützen, erscheint ihm anachronistisch. Die »totale Literatur«, die ganz in die Praxis eindringt, kennt keine Adressaten im Sinne einer separierbaren, gezielten Botschaft.

Literatur ist Ketzerei, und sie muß diesen Charakter des Subversiven bewahren. Am Beispiel Paul Nizans, der der Kommunistischen Partei zu dienen glaubte und von ihr verleumdet wurde, macht Sartre deutlich, daß dem Schriftsteller keine andere Wahl bleibt, als unabhängig von einer Parteizugehörigkeit in absoluter Freiheit und innerer Unabhängigkeit Partei zu ergreifen. Denn gerade die Partei des stalinistischen Typs beweise, daß ständig Kompromisse geschlossen werden müßten und die ursprünglich revolutionären Motive der Mitglieder, die zum Eintritt in sie führten, Gefahr liefen, sich einer konservativen Parteidoktrin zu unterwerfen, unter deren taktischer Perspektive der in ihr organisierte Schriftsteller zum Opportunismus gezwungen würde.

Sartre will keine Parteiliteratur. Literatur wirkt seiner Meinung nach vielmehr politisch, indem sie (im Sinne des

Begriffs von Kant) eine »sittliche Weltordnung« in den Lesern als Individuen, die mit ihr kommunizieren, aufbaut, die die großen unsichtbaren Mauern der Systeme, in denen die Menschen gefangen sind, niederreißt. Lektüre wirkt hier also trennend, da sich die Botschaft (wenn von ihr überhaupt gesprochen werden kann) nur an ihn, den Leser, wendet. Die Lektüre ist ein einsamer Akt der Entzifferung des Innenlebens, der jedoch verändernd wirkt und politische Sprengkraft entfaltet. Das Ziel, die Aufrichtung einer »sittlichen Weltordnung«, kann nur erreicht werden, wenn Literatur das Bewußtsein vermittelt, daß die Welt umgestaltet werden muß, daß Solidarität mit den Unterdrückten dieser Welt geübt wird (162). Sartre ist sich dabei dessen bewußt, daß dies nicht nur über die Individuen geschehen kann, daß vielmehr auch politische Organisation notwendig ist. Aber entscheidend ist, daß der Kampf für die sozialistische Revolution, den er entschieden bejaht, nicht auf Kosten der Freiheit der Person geführt wird: »[...] unsere Aufgabe ist es, unermüdlich zu zeigen, daß eins das andere einschließt.« (163)

Freilich ist für Sartre der Sozialismus nicht das Endziel, für das es zu kämpfen gilt, sondern nur ein Durchgangsstadium oder besser gesagt: das Anfangsziel »vor dem Endziel, das die menschliche Person in den Besitz ihrer Freiheit bringen soll. So müssen unsere Werke sich dem Publikum unter dem doppelten Aspekt der Negativität und des Aufbaus darbieten.« (164) Literatur ist das Werk der »totalen Freiheit«, die sich bei ihren Rezipienten an »vollkommene Freiheiten« wendet (164). Sartre entwickelt hier, lange bevor sie in der – nicht zufällig romanistischen – Literaturwissenschaft gefordert wurde (H. R. Jauß u. a.)[3], eine – freilich konsequent politisch dimensionierte – Rezeptionsästhetik, die die aktive Partizipation des Lesers als gedanklichen und emotionalen Prozeß in einer Situation, welche er als quasireligiösen Akt einer Kommunion beschreibt (160), als Bestandteil der Literatur selbst begreift.

Das Kunstwerk ist, wie Sartre in dem im engeren Sinne literaturästhetischen Teil von *Was ist Literatur* ausführt, ein »Appell an die Freiheit des Lesers«, den er »als reine Freiheit, als reine Schöpfermacht und als bedingungslose Aktivität« ansieht (31). Insofern wäre es für ihn – im postulativen Sinne – schon falsch oder verhängnisvoll, wenn man dem Leser einen bestimmten Inhalt oder ein bestimmtes Gefühl (nach Art der »Rührung«) vermitteln, bei ihm Regungen etwa der Furcht, des Verlangens oder des Zorns evozieren will. Im Gegenteil: eine Aktivierung des Lesers kann, und vielleicht sogar mehr noch, als wenn erklärtermaßen ein bestimmtes Ziel verfolgt wird, durch einen rein deskriptiven oder ästhetisch »autonomen«, hermetischen Text (wie bei Mallarmé oder Rimbaud) erreicht werden, den als Dokument einer L'art-pour-l'art-Haltung aufzufassen man in die Irre gehen würde. Erzählungen müssen frei gebilligt werden, sonst bleiben sie unglaubwürdig. Die Freiheit des Lesers besteht darin, daß er frei träumen kann bei der Lektüre: »So sind alle Empfindungen, die sich auf dem Grunde dieses imaginären Glaubens abspielen, besondere Spielarten meiner Freiheit; fern davon, diese Freiheit zu dämpfen oder zu maskieren, sind sie genau die Spielarten, die diese Freiheit sich selber offenbaren will.« (32)

Der Freiheit in der Rezeption der Literatur entspricht auf der Produktionsseite ebenfalls eine Offenheit des Sinns, selbst wenn es das Ziel des Autors ist, zu enthüllen und zu verändern. Denn »jedes Ding, das man benennt, ist schon nicht mehr ganz dasselbe, es hat seine Unschuld verloren« (17). Sartre macht hier also auf das prozessuale Moment der Fixierung von Bedeutungen aufmerksam, auf ihre situativ bedingte Veränderlichkeit. Während er bei der Malerei und Musik in Abrede stellt, daß sie Zeichencharakter haben – der gelbe Riß am Himmel über Golgatha bei Tintoretto bezeichnet nicht Angst, sondern ist Angst (9) –, läßt er dies für die Literatur gelten, freilich fast nur für die Prosa, denn der Poesie unterstellt er einen ähnlichen Charakter wie den

beiden anderen Künsten, bei denen Farben und Töne die
Dinge selbst sind und nicht deren Zeichen. Bei den Vers-
worten entfalte der Klang eine eigene von der Bedeutung
sich lösende Leuchtkraft. Das Wort hat somit eine innere
Ökonomie, die die denotative Seite zurücktreten und dafür
die »abbildliche« in den Vordergrund rücken läßt. Gemeint
ist mit »Abbild« der physische Aspekt des Worts, seine
phonetische Struktur, die in sich vielfältig gegliedert ist und,
vom benannten Objekt sich befreiend, eine Fülle sich ver-
selbständigender Assoziationen auslösen kann: »*Florence* ist
Stadt, Blume und Frau, ist zugleich Blumenstadt, Frauen-
stadt und Mädchenblume. Das seltsame Objekt, das da in
Erscheinung tritt, besitzt demnach die Flüssigkeit von
fleuve, die sanfte, falbe Glut von *or*, es gibt sich schließlich
mit *décence* auf und setzt durch die fortlaufende Abschwä-
chung des stummen *e* sein vorbehaltvolles Erblühen unendlich fort. Dazu kommt noch der verfängliche Zwang des
Biographischen. Für mich ist Florence außerdem eine bestimmte Frau, eine amerikanische Schauspielerin, die in den
Stummfilmen meiner Kindheit spielte und von der ich alles
vergessen habe – bis auf das eine, daß sie lang war wie ein
Ballhandschuh und immer ein wenig müde und immer
züchtig und immer verheiratet und unverstanden, und daß
ich sie liebte, und daß sie Florence hieß. Denn das Wort, das
den Prosa-Schriftsteller an sich reißt und mitten in die Welt
hineinwirft, gibt wie ein Spiegel dem Dichter sein eigenes
Bild zurück.« (13)

In *Les mots* (*Die Wörter*, erstmals erschienen 1964), seiner Autobiographie, hat Sartre am Beispiel der letzten Seiten von Flauberts *Madame Bovary* beschrieben, wie er als
Kind diese immer wieder las, ohne sie zu verstehen, und
nur von den Sätzen als Klanggebilden fasziniert war.[4] Fast
scheint diese Erinnerung an die diffusen Erlebnisse in der
Kindheit, die offensichtlich von Marcel Proust inspiriert ist,
ex post das Modell für seine Theorie der Poesie abzugeben,
die er als etwas Kostbares von der eher alltagspraktischen,

nüchternen Prosa-Literatur abgrenzt. Letztere wird aber keineswegs geringgeschätzt; im Gegenteil: sie ist das eigentliche Thema seiner existentialistischen und humanistischen Ästhetik des literarischen Engagements, wobei eine besondere ästhetische Qualität nicht unbedingt ausschlaggebend ist. Für diese Literatur ist entscheidend, daß der Autor nicht für sich selbst schreibt. Der Schriftsteller, den Sartre als »selbstgebundenen Vermittler« (48) begreift, schafft sich zwar seine Leser, aber dies ist zugleich ein dialektischer Vorgang: er wird auch vom Leser gerufen.

Was Literatur leisten kann und soll, hat Sartre mit dem Begriff der Wiederinbesitznahme der Welt beschrieben: »So zielt der schöpferische Akt durch die wenigen Gegenstände, die er produziert oder reproduziert, hindurch auf eine totale Inbesitznahme der Welt. Jedes Bild, jedes Buch ist eine Wiederinbesitznahme der Totalität des Seins; jedes bietet diese Totalität der Freiheit des Beschauers dar. Denn das ist wohl der Endzweck der Kunst: diese Welt wieder in Besitz zu nehmen, indem man sie so zeigt, wie sie ist, aber als wenn sie ihren Ursprung in der menschlichen Freiheit hätte.« (37)

ROLAND BARTHES

Das Werk Roland Barthes' sperrt sich gegen die einseitige Klassifizierung als Darstellung und Anwendung der strukturalistischen Methode. Zwar ist richtig, daß er nach dem Vorbild von Claude Lévi-Strauss[1] zusammen mit anderen französischen Autoren wie Michel Foucault oder Jacques Lacan in den fünfziger Jahren die Wendung zu einem zunächst sich streng objektivistisch gebenden Verfahren der Analyse kultureller Systeme, die als Symbol- bzw. Bedeutungssysteme aufgefaßt wurden, vollzog und damit an der Ablösung des in der Nachkriegszeit herrschenden ideologischen Paradigmas des Existentialismus mitwirkte. Aber er hat nie ausschließlich an der Fixierung auf ein eher schematisches Modell der Semiologie, das konzeptionell auf Ferdinand de Saussures linguistische Unterscheidung von »langue« und »parole« zurückgeht,[2] festgehalten. In der praktischen Durchführung hat Barthes eher einen spielerischen Umgang mit diesem ethnologischen Erkenntnissystem gepflegt, das die Handlungs-, Denk- und Gefühlsmuster der spätkapitalistischen Gesellschaft in ihrer semantischen Tiefenstruktur erfassen will. Als glänzender Stilist, der ganz in der Tradition der französischen »critique« seit Diderot steht, transzendiert er ständig den Strukturalismus im engeren Sinne und erweist sich nicht selten, und erst recht gegen Ende seines Lebens, als ein poststrukturalistischer Überwinder der von ihm inaugurierten Methode. Schon in *Le degré zéro de l'écriture* (*Am Nullpunkt der Literatur*, 1953), seinem Erstlingswerk, stellt er ins Zentrum seiner Theorie den Begriff der »écriture«, der das Selbstverständnis des modernen Schriftstellers bezeichnet (als welcher sich Barthes trotz seiner akademischen Lehrämter, zuletzt am Collège de France, immer auch selbst empfand). Die »écriture« bezeugt für ihn die Zerrissenheit der Sprachen, die den Schriftsteller an die Zerrissenheit der Klassen bindet.

Ihr eigne ein Freiheitsmoment, das es ihr ermögliche, den Klassenantagonismus ideell, als Utopie, zu überschreiten. Ist dies noch weitgehend existentialistisch eingefärbt, so kann dieser Freiheitsbegriff, dieser Indeterminismus bei Barthes später sich dem annähern, was Lévi-Strauss zunächst beim sogenannten Wilden als mythopoetisches Verfahren glaubte feststellen zu können und was Jacques Derrida zu einer Praxis philosophischen Denkens umformte: der »bricolage« (Bastelei), die spielerisch ihre »traces« zieht und als eigenes Metasystem sich unentwirrbar in den Diskurs einmischt, den es, der wissenschaftlichen Konvention nach, streng distanziert zu betrachten hätte.

Dies hat Barthes allerdings lange getan: Die *Elemente der Semiologie* oder seine Aufsatzsammlung *Literatur oder Geschichte* stehen noch ganz unter dem Primat der Linguistik, die terminologisch präzis gehandhabt und auf kulturelle Phänomene, besonders die »Affektivität der Epoche«, angewandt wird. Die Semiotik wird für Barthes zu einem Hilfsmittel, die gegenwärtige Gesellschaft ähnlich aufzufassen und zu interpretieren wie die Ethnologie die fremde Kultur sogenannter primitiver Gesellschaften. Dadurch wird sie verfremdet, das Vertraute, Automatisierte, nicht mehr Reflektierte, weil scheinbar Selbstverständliche wird in dieser künstlichen Distanzierung qua Methode neu gesehen, es werden Mythen freigelegt, von denen man glaubte, daß es sie in der aufgeklärten Epoche des 20. Jahrhunderts in Industriegesellschaften nicht mehr gebe. Barthes wendet ganz bewußt den Mythos-Begriff an, der das Archaische, Primitive bezeichnen soll, ein gedankliches Fluidum, aber auch Muster der Manipulierung und mentalen Beeinflussung, die nur deswegen funktionieren können, weil es bei den handelnden Subjekten offensichtlich eine psychische Struktur gibt, die sich diesen Verführungen und Einflüssen willig öffnet. Barthes supponiert eine psychische Schicht in den Individuen, die stärker wirkt als der Intellekt, es ist die Macht des Begehrens, ein Diskurs der Lust. Die affektive

Struktur der Sinnlichkeit ist es, die Barthes' Mythosbegriff
um eine Dimension gegenüber dem stärker auf die rationale
Ebene bezogenen marxistischen Ideologiebegriff erweitert.
Die Auffassung des jungen Marx, daß Ideologie falsches Bewußtsein sei und daher, vom Kopf auf die Füße gestellt,
rektifiziert werden müsse, ist bis zu einem gewissen Grade
auch Bestandteil der Mythostheorie von Barthes. Aber er
sieht im Mythos »weder eine Lüge noch ein Geständnis«[3].
Er sei einfach nur eine »Abwandlung«, er verberge nichts
und stelle nichts zur Schau. Sein Wesen liege ausschließlich
in der »Deformierung«. Der Mythos ist aus seiner Sicht
universell, alles kann Mythos werden, »denn das Universum ist unendlich suggestiv. Jeder Gegenstand der Welt
kann von einer geschlossenen, stummen Existenz zu einem
besprochenen, für die Aneignung durch die Gesellschaft of-
fenen Zustand übergehen, denn kein – natürliches oder
nichtnatürliches – Gesetz verbietet, von den Dingen zu
sprechen.«[4] Barthes vertritt eine kommunikationstheoreti-
sche Auffassung vom Mythos, den er häufiger als »Botschaft« bezeichnet, die sowohl mündlich sein kann als auch
aus Geschriebenem oder bildlichen Darstellungen bestehen
kann (wie z. B. bei der Reklame). Es sind also mentale Systeme, die sich verbal oder visuell kodifizieren können und
so zu einer Sprache, einem Diskurs werden. Die Mythologie »gehört als formale Wissenschaft zur Semiologie und
zugleich zur Ideologie als historische Wissenschaft [›Ideologie‹ hier als Metasystem verstanden, als Theorie der in einer
Gesellschaft in Umlauf befindlichen Ideen und Vorstellun-
gen], sie untersucht Ideen – in Form«[5]. Barthes war in den
fünfziger Jahren einer der ersten, die auf die qualitativ
neuen Formen der Werbung reagierten und sich mit den trivialen Massenmedien auseinandersetzten. Überhaupt war
sein Thema der Alltag, in dem er ein bis in die unscheinbar-
sten Bereiche vordringendes Universum von Bedeutungen
entdeckte. Selbst der Strand, scheinbar nur Natur, ist mit
Botschaften und Zeichen besetzt. Denn der Mythos ver-

wandelt Barthes zufolge Geschichte in Natur. Dies sei sogar sein Hauptprinzip.

Das »Zeichen« faßt Barthes als »assoziative Gesamtheit« der Korrelation von Bedeutendem und Bedeutetem auf. Er verdeutlicht das an einem Rosenstrauß: »Ich lasse ihn meine Leidenschaft bedeuten. Gibt es hier nicht doch nur ein Bedeutendes und ein Bedeutetes, die Rosen und meine Leidenschaft? Nicht einmal das, in Wahrheit gibt es hier nur die ›verleidenschaftlichten‹ Rosen. Aber im Bereich der Analyse gibt es sehr wohl drei Begriffe, denn diese mit Leidenschaft besetzten Rosen lassen sich durchaus und zu Recht in Rosen und Leidenschaft zerlegen. Die einen ebenso wie die andere existierten, bevor sie sich verbanden und dieses dritte Objekt, das Zeichen, bildeten.«[6]

Semiologisch stellt für Barthes der Mythos ein besonderes System dar, das eine Erweiterung des einfachen Zeichens bedeutet. Der Mythos baut also auf einer »semiologischen Kette« auf. »Was im ersten System Zeichen ist (das heißt assoziatives Ganzes eines Begriffs und eines Bildes), ist einfaches Bedeutendes im zweiten.«[7] Barthes hat versucht, diesen Sachverhalt in einem, wie er zugibt, etwas verräumlichten Schema darzustellen:

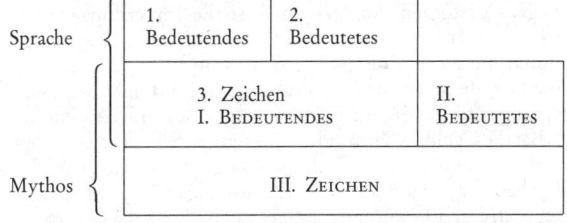

Im Mythos sind also zwei semiologische Systeme enthalten, »von denen eines im Verhältnis zum andern verschoben ist: ein linguistisches System, die Sprache (oder die ihr gleichgestellten Darstellungsweisen), die ich *Objektsprache*

nenne – weil sie die Sprache ist, deren sich der Mythos bedient, um sein eigenes System zu errichten –, und der Mythos selbst, den ich *Metasprache* nenne, weil er eine zweite Sprache darstellt, *in der* man von der ersten spricht«[8]. Barthes verdeutlicht dies u. a. an dem Beispiel einer Nummer von »Paris-Match«. »Auf dem Titelbild erweist ein junger Neger in französischer Uniform den militärischen Gruß, den Blick erhoben und auf eine Falte der Trikolore gerichtet. Das ist der *Sinn* des Bildes.« Was der Leser bzw. Betrachter erkennen soll, ist, daß Frankreich ein großes Imperium ist, dem alle seine Söhne getreu dienen, ohne Unterschied der Hautfarbe. »Ich habe also auch hier ein erweitertes semiologisches System vor mir: es enthält ein Bedeutendes, das selbst schon von einem vorhergehenden System geschaffen wird (*ein farbiger Soldat erweist den französischen militärischen Gruß*), es enthält ein Bedeutetes (das hier eine absichtliche Mischung von Franzosentum und Soldatentum ist), und es enthält schließlich die *Präsenz* des Bedeuteten durch das Bedeutende hindurch.«[9]

Wenn Barthes sagt, der Mythos sei eine »Abwandlung«, so meint er damit, daß der Mythos als sekundäres System alles adaptieren, stehlen kann. Er »begeht Diebstahl an einer Ausdrucksweise«[10] (115). So wird also der »salutierende Neger« gestohlen, um das französische Imperium »natürlich zu machen«, Geschichte in Natur zu verwandeln. Durch diesen semiologischen Schritt aber korrumpiert der Mythos, denn mit der Naturalisierung geht eine Entpolitisierung und damit Entmächtigung des Bewußtseins einher.

Barthes geht – zumindest in seinen Schriften aus den fünfziger und sechziger Jahren – noch davon aus, daß das Zeichen (bzw. Symbol) eine Tiefenstruktur hat, daß es also denotativ und konnotativ auf etwas anderes verweist. Es ist für ihn in einen syntagmatischen Kontext eingebunden (der daher auch »Syntagma« genannt wird), einen aktuellen Diskurs, z. B. ein Bild, das aus verschiedenen zeichenhaften Elementen besteht, die alle ihrerseits genauso funktionieren, also auch auf etwas anderes symbolisch verweisen. Dieses Aktualsystem von Zeichen oder zeichenhaften Elementen liegt dem Betrachter als Erscheinung unmittelbar vor Augen. Er macht sich aber kaum Gedanken darüber, wie sie konstituiert sind, wieso es zu diesem Syntagma gekommen ist. Barthes führt hier den Begriff des Paradigmas ein, unter dem er ein System oder einen Zeichenvorrat versteht, das sozusagen außerhalb des syntagmatischen Zusammenhangs besteht. Bei der Aktualisierung des bzw. der Zeichen in einem Text oder Bild werden Elemente verschiedener Paradigmen in dieses eine Syntagma kombinatorisch zusammengeführt. Es findet somit eine Selektion von Elementen aus Paradigmen statt. Alle anderen Zeichenelemente der jeweiligen Paradigmen bleiben abwesend, sie sind »Terme in absentia«; sie werden aber, obwohl nicht aktualisiert, mitassoziiert. Barthes' Methode der Erschließung dieser Terme in absentia hat sich in der Literaturwissenschaft als ein sehr präzises Verfahren erwiesen, wie sich bei seiner Interpretation von Georges Batailles *Histoire de l'œil* zeigt.[11]

Ein kleiner Exkurs: Schaut man näher hin, so stellt man fest, daß die Begriffe »Syntagma« und »Paradigma« auf die linguistische Theorie Ferdinand de Saussures zurückgehen. Dieser unterschied, wie schon angedeutet[12], zwischen »langue«, womit das sprachliche Zeichensystem gemeint ist, über das eine Sprechergemeinschaft verfügt, und »parole«, dem Sprechakt bzw. der konkreten, aktualisierten Rede. »Langue« ließe sich also mit »Paradigma« (als dem verfügbaren Zeichenrepertoire), »parole« mit »Syntagma« (als der in diesem Fall ästhetischen Aktualisierung) gleichsetzen oder zumindest parallelisieren. Eine ähnliche Opposition liegt vor in dem von Noam Chomsky in seinem Buch *Syntactic Structures* (Den Haag 1957) entwickelten Begriffspaar von »Kompetenz« (der Fähigkeit eines Sprechers, über ein sprachliches Zeichensystem zu verfügen) und »Performanz« (dem aktuellen Sprachgebrauch, der Redeanwendung in einer Sprechsituation).

1970 erschien bei Albert Skira in Genf *L'Empire des signes* (*Das Reich der Zeichen*). In diesem Buch beschreibt Barthes in einer Reihe von kleineren Studien seine Eindrücke von einer Japan-Reise. Die Konfrontation mit der fremden asiatischen Kultur, die er zu entziffern versucht, wird ihm zu einer Erfahrung der Differenz, die die Obskuranz der eigenen Kultur, der westlichen, ins Bewußtsein treten läßt, die mit ihrer Sprache ein begriffliches System enthält, welches das Soziale voller Zwänge reguliert. Die Begegnung mit der japanischen Kultur bewirkt eine gewisse Zerrüttung der eigenen Person und Erschütterung des Sinns, sie läßt als Kontrasterfahrung das scheinbar Selbstverständliche der okzidentalen Gewohnheiten ins Wanken geraten. Barthes sieht in der japanischen Kultur eine Tendenz, die Sinnhaftigkeit der Sprache aufzuheben. Ihr gehe es sogar letztlich um die Aufhebung des (bzw. eines) Sinns. Allenthalben sei in der japanischen Sprache die Neigung festzustellen, »auf die Wurzel des Sinns einzuwirken, um zu erreichen, daß der Sinn sich nicht erhebt, sich nicht verinnerlicht, sich nicht einschließt, nicht ablöst, sich nicht ins Unendliche der Metaphern, in die Sphären des Symbols verliert«.[13] Dieser Zustand, der im Zen »Satori« genannt wird – was sich nur sehr vage mit »Erleuchtung, Offenbarung, Schau« übersetzen läßt –, ist nach Barthes ein »panischer Schwebezustand der Sprache, die Leerstelle, die in uns die Herrschaft des Codes auslöscht, der Bruch in unserem inneren Monolog, der für unsere Person konstitutiv ist«.[14] Wenn man diese Sätze liest, werden vielleicht die Intentionen der Philosophie des Poststrukturalismus verständlich. Was Barthes an der japanischen Kultur und Art zu denken entdeckt, ist eine Alternative zum okzidentalen Diskurs mit seiner permanenten Errichtung stabilisierender Sinnpotentiale. Sie einzureißen und zu verunsichern hat sich der Dekonstruktivismus Jacques Derridas vorgenommen, zu dem Barthes' Spätwerk eine unübersehbare gedankliche Affinität hat.

Jacques Derrida

Derridas Philosophie der »Dekonstruktion«[1] hat, obwohl
sie zunächst nichts anderes sein wollte als eine Destruierung
der abendländischen Metaphysik, durch ihre Adaption in
der Literaturwissenschaft (und mit einer gewissen Verzöge-
rung jetzt auch in der Kunstwissenschaft, und zwar vorwiegend in deren feministischen Diskursen) inzwischen den
Charakter einer Ästhetik angenommen. Seine Rezeption in
den genannten Disziplinen wurde begünstigt durch den Begriff des »Textes« bzw. der »Schrift« (»écriture«), der in seinen großen Werken *De la grammatologie* (Paris 1967) und
L'écriture et la différence (Paris 1967) thematisch ist. Un-
schwer ist hier eine Parallele zur Programmatik der Gruppe
»Tel Quel«[2] um Julia Kristeva zu erkennen, die nach der
gleichnamigen, 1960 gegründeten Zeitschrift (»Editions du
Seuil«) benannt wurde und zu der Derrida zeitweilig gehörte. Dieser Kreis von Philosophen, Literaturwissen-
schaftlern und Semiologen diskutierte in einer sich vom
Strukturalismus Claude Lévi-Strauss' allmählich abwen-
denden poststrukturalistischen Texttheorie den Begriff der
»écriture«, die nun aus ihrer engen terminologischen Fixierung gelöst und ausgeweitet, ja universalisiert wurde. Dies
ging so weit, daß der Textbegriff in dem ihn ablösenden der
»Intertextualität« auf das Gesamt der (sozialen) Realität
übertragen wurde, so daß er mit dieser nahezu identisch erscheint. Julia Kristeva verfaßte in dem gleichen Jahr, in dem
Derridas Bücher erschienen, in der Zeitschrift »Critique«
(Nr. 23, 1967, S. 438–465) den Artikel *Bakhtine, le mot, le
dialogue et le roman*[3], in dem sie von dem sowjetischen
Literaturhistoriker und -theoretiker Michail Bachtin den
Begriff der »Dialogizität« übernahm, der die Polyphonie
eines (literarischen) Textes, seine implizite »Redevielfalt«
bezeichnen soll. Bachtin macht auf das Ungesagte in den
Romanen aufmerksam; die explizit im Text erscheinenden

Äußerungen begreift er als Worte, die sich latent mit Bewertungen und Besprechungen auseinandersetzen, die ihm vorausgingen und die in seine Substanz als »sozioideologische Stimmen der Epoche«[4] unauflösbar eingegangen sind. Auf derlei »Terme in absentia« hatte bereits Roland Barthes in seiner Theorie von der »Imagination des Zeichens« hingewiesen, dort freilich noch in einer klassifikatorischen Differenzierung semiotischer Kategorien wie Syntagma und Paradigma (letzteres bezieht sich auf das Verborgen-Ungesagte).[5] Diese strukturalistische Begrifflichkeit wird von der Tel-Quel-Gruppe weitgehend aufgegeben, um sie von ihrer Schematik zu befreien und zu dynamisieren.

Auch Derrida ist diesem Abwesenden auf der Spur. Daher lehnt er das identifizierende Denken ab, das der strukturalistischen Methode inhäriert. Schon bei Saussure, aber auch bei Lévi-Strauss und schließlich bei Michel Foucault (auch er wird kritisiert, obwohl er Derrida mit seiner Kritik des Machtdiskurses sehr nahe steht) gehe die Methode von präsenzmetaphysischen Prämissen aus. Das heißt, sie unterstelle im Sinne der cartesianischen Tradition eine Identität des Cogito und damit einen Zentrismus des Denkens, den es in einem »décentrement« zu überwinden gelte.

In der Vorstellung, ein Bezeichnendes signifiziere ein Bezeichnetes und dieses sei in ihm unmittelbar gegenwärtig, erkennt Derrida Reste einer bis auf Plato zurückreichenden Denktradition, an der erstmals Heidegger radikal Kritik übte. So heißt es bei ihm in der Studie *Die Struktur, das Zeichen und das Spiel im Diskurs der Wissenschaften vom Menschen*[6], die gegen den okzidentalen »epistéme«-Begriff und – actualiter – gegen den seiner Meinung nach diesem folgenden Strukturalismus sich wendet: »Die Struktur oder vielmehr die Strukturalität der Struktur wurde, obgleich sie immer schon am Werk war, bis zu dem Ereignis, das ich festhalten möchte, immer wieder neutralisiert, reduziert: und zwar durch einen Gestus, der der Struktur ein Zentrum geben und sie auf einen Punkt der Präsenz, auf einen festen

Ursprung beziehen wollte. Dieses Zentrum hatte nicht nur die Aufgabe, die Struktur zu orientieren, ins Gleichgewicht zu bringen und zu organisieren – es läßt sich in der Tat keine unorganisierte Struktur denken –, sondern es sollte vor allem dafür Sorge tragen, daß das Organisationsprinzip der Struktur dasjenige in Grenzen hielt, was wir das Spiel der Struktur nennen könnten. Indem das Zentrum einer Struktur die Kohärenz des Systems orientiert und organisiert, erlaubt es das Spiel der Elemente im Innern der Formtotalität. Und noch heute stellt eine Struktur, der jegliches Zentrum fehlt, das Undenkbare selbst dar.

Doch das Zentrum setzt auch dem Spiel, das es eröffnet und ermöglicht, eine Grenze. Als Zentrum ist es der Punkt, an dem die Substitution der Inhalte, der Elemente, der Terme nicht mehr möglich ist. Im Zentrum ist die Permutation oder Transformation der Elemente [. . .] untersagt.«[7] (Es hat den Anschein, daß Derrida seine hier im Jahre 1967 noch vertretene Auffassung von der Organisiertheit der Struktur und der Existenz einer umgrenzenden Formtotalität, die gewiß eine Konzession an den damals noch mächtigen Strukturalismus war, inzwischen zugunsten der Vorstellung von einem anarchisch-offenen System aufgegeben hat.)

In seinem Aufsatz über den von ihm bewußt geprägten Begriff der »différance« (mit »a«) erhebt Derrida gegen diese Idee der Repräsentation der Präsenz im Zeichen Einspruch, wie sie bereits Saussure insinuiert habe. Gegenüber Saussure, dessen linguistisches Hauptaxiom es war, daß die Sprache aus Beliebigkeiten und – wichtiger noch in Derridas Diskussionszusammenhang – aus Verschiedenheiten (Differenzen) bestehe, wendet Derrida ein, »daß die bezeichnete Vorstellung, der Begriff, nie an sich gegenwärtig ist, in hinreichender Präsenz, die nur auf sich selbst verweise. Jeder Begriff ist seinem Gesetz nach in eine Kette oder in ein System eingeschrieben, worin er durch das systematische Spiel von Differenzen auf den anderen, auf die anderen Begriffe verweist. Ein solches Spiel, die *différance*, ist nicht einfach

ein Begriff, sondern die Möglichkeit der Begrifflichkeit, des
Begriffsprozesses und -systems überhaupt.«[8]

Wenn Derrida von »différance« spricht, so will er damit
Saussures selbstgewisses Differenzmodell ironisch konter-
karieren, wobei er noch dessen linguistische These implizit
zitiert, daß die Semantik von Worten sich aus ihrer phoneti-
schen Differenz ergibt (z.B. /N/ase vs. /V/ase: die Phoneme
/N/ und /V/ sind die kleinsten bedeutungsunterscheiden-
den Elemente, obwohl sie selbst nicht bedeutungstragend
sind). Derrida setzt bei seiner »différance« mit dem nur im
Schriftbild erkennbaren anderen Buchstaben ganz bewußt
einen subversiv gemeinten Unterschied: »Das *a* der *différance* ist [...] nicht vernehmbar, es bleibt stumm, verschwiegen und diskret, wie ein Grabmal: *oikesis*.«[9] Derridas
Benennungsakt (»différance« statt »différence«) will auf der
Ebene philosophischer oder linguistischer Reflexion etwas
verdeutlichen, wovon er – ontologisch – als Tatsache in der
sprachlichen Wirklichkeit generell überzeugt ist. Sein Bemühen richtet sich somit gegen die Vorstellung einer »reinen« Identitätslogik als Präsenzmetaphysik. Statt dessen
will er deren Grenzen aufbrechen und einen Diskurs frei
flottierender Zeichen eröffnen, bei denen die Tiefenstruktur
im Sinne des gegenwärtigen »signifié« keine Rolle mehr
spielt, sondern lediglich – sozusagen horizontal – nur noch
das Spiel der Signifikanten, die aufeinander verweisen, Spuren ziehen und sich unendlich substituieren. Derrida, so
muß man daraus schließen, ist argwöhnisch gegenüber Auffassungen, die noch von einem kohärenten Sinn ausgehen;
er mißtraut den letzte Gültigkeit vindizierenden Systemen.
Und da er an deren Stabilitätsgewißheit nicht mehr glaubt,
ist für ihn der Verpflichtungscharakter herkömmlicher Wissenschaft nicht mehr verbindlich. Insofern entsteht in seinen
Argumentationen die merkwürdige Ambivalenz von einer
Analyse einerseits, die sich noch auf das zu Kritisierende
sachlich einläßt, und dem voluntativen Spiel ihrer Aufhebung andererseits, indem einfach etwas spielerisch »ausge-

strichen« wird, als würde es durch diesen Akt, der doch nur einer Wunschvorstellung folgt, real beseitigt. Mit solchen Gesten oder symbolischen Handlungen nähert sich Derrida ästhetischen Prozeduren an, wie sie in der informellen Kunst der Nachkriegszeit gepflegt wurden. Die malerischen Strukturen (manchmal von den Künstlern auch »Texturen« genannt) entbehren jeglicher Signifikanz und verweisen nur auf sich selbst (so etwa bei Hartung, Matthieu oder Soulages).

An diesen *Randgängen der Philosophie* (*Marges de la philosophie*) – so der Titel einer 1972 in Paris erschienenen Schrift von Derrida – wird deutlich, daß sein Dekonstruktivismus auf die Überwindung der Trennung zwischen den Sphären der Philosophie und Kunst abzielt; dies ist eine Tendenz, die ihn mit anderen Strömungen des Postmodernismus verbindet. Man denke etwa an Paul Feyerabend, der von der Analytischen Philosophie her kommt und dem Selbstvertrauen einer apodiktisch ihre Regeln und Gesetze proklamierenden Wissenschaft unter Bezugnahme auf Thomas S. Kuhns Paradigmentheorie (*The Structure of Scientific Revolutions*, Chicago 1962) ihren Zufälligkeitscharakter und damit zweifelhafte Verbindlichkeit vorhält; angesichts dessen gelangt er zu einer Aufwertung der Erkenntnisleistungen der Kunst, in der er Wissenschaft aufgehen lassen möchte.[10]

Was versteht nun Derrida unter »Dekonstruktion«? Peter Engelmann hat die Funktion dieses Begriffs zu Recht darin erkannt, den »Totalitarismus«, der angeblich bestimmten Praxen der Wissenschaft oder überhaupt des Sprechens und Schreibens innewohnt, zu bekämpfen (das Wort »bekämpfen« stammt von Derrida selbst). Es gehe Derrida darum, der »totalisierenden Sprache andere Formen *danebenzusetzen*«[11]. Spräche man von »Entgegensetzung«, so würde man wieder totalisierend-systematisch denken; diesem zwanghaften Zusammenhang will aber Derrida entgehen, er sucht kritische Strategien, den »Text« zu verallgemeinern und

auszuweiten, denn er begreift ihn nicht als eine geschlossene
Struktur.

»Der Text ist kein Zentrum. Der Text ist diese Offenheit
ohne Grenzen der differentiellen Verweisung« (Derrida in
einem Gespräch mit Peter Engelmann 1987)[12]. Dekonstruktion ist für Derrida keine Methode, weil der Methodenbe-
griff selbst systemhafte Kohärenzen und Verweisungsstruk-
turen enthält, die er gerade destruieren will. Dennoch kann
man in der Art ihrer Praxis Residuen des marxistischen Postulats der Ideologiekritik erkennen, die auch Kritik eines
falschen Bewußtseins sein will. Ein Impetus aus dieser
Richtung ist noch bei Derrida zu spüren, obwohl er, der
mehr von Husserl und Heidegger her kommt, jedoch engen
Kontakt mit der zeitweilig radikalmarxistischen Tel-Quel-
Gruppe hatte, sich nur zeitweilig in einem diffusen Sinn als
Marxist verstanden haben dürfte. Zweifellos sieht er auch
im Marxismus, der ja die okzidentale Denktradition prinzipiell nicht verlassen hat, ein logozentrisches System. Gemeinsam mit ihm hat der Dekonstruktivismus aber die
Intention der Praxisveränderung, die, der elften Feuerbach-
These zufolge, bei Marx realen, materiellen Charakter annehmen sollte: Philosophie sollte zu einer die Massen be-
wegenden Kritik der kapitalistischen Verhältnisse werden.
Dagegen bewegt sich Derridas Dekonstruktion in einem
nicht näher bestimmbaren Feld der »Texte«, bleibt somit,
obwohl sie weiterreichende Ansprüche stellt, dennoch weitgehend im Bereich des Sprachlichen oder Literarischen.
Hier sucht sie das Verdrängte, rekonstruiert es und destru-
iert die Macht der geltenden Diskurse (das Wort »Dekonstruktion« ist ja bewußt eine hybride Misch- oder Kombi-
nationsform aus »Destruktion« und »Konstruktion«).

Derrida praktiziert das subversive Prinzip der »bricolage« (Bastelei)[13], eines spielerischen Veränderns und
Durchbrechens der Machtstrukturen nach Art des mytho-
poetischen Handelns der Primitiven, wie es Lévi-Strauss in
seinem Buch *La pensée sauvage* (Paris 1962) beschrieben

hatte; insofern lieferte er mit seiner Theorie des wilden Denkens Argumente, die, gegen alle Konventionen zur Reflexionsform in der Wissenschaft erhoben, sich dann gegen seine Methode kehrten. Dieses Prinzip verkündet auch Jean-François Lyotard in seiner Theorie der Postmoderne (*La condition postmoderne. Rapport sur le savoir*, Paris 1979). Lyotard, ursprünglich einer marxistischen Splittergruppe (»Socialisme ou Barbarie«) um Cornélius Castoriadis angehörend, hat nach der Abkehr vom Marxismus deren anarchistische Komponente bewahrt und sie mit Derridas Logozentrismus-Kritik verbunden.

Weitere Anregungen verdankt Lyotard, der bewußt provokativ heute eine »affirmative Ästhetik« vertritt, Ihab Hassan mit seinem dem Dekonstruktionsbegriff nahestehenden Terminus des »unmaking«[14], ferner Ludwig Wittgensteins Sprachspielen oder Max Horkheimers und Theodor W. Adornos *Dialektik der Aufklärung*, die früh schon Zweifel am Fortschrittsglauben der Aufklärung äußerte. Für Lyotard ist die Zeit der »großen Erzählungen« vorbei, die Geschichten von Freiheit, Aufklärung, Sozialismus und den dafür aufgewendeten Martyrien; er strebt ihre »Delegitimation« an. Auch bei ihm ist wie bei Derrida nicht eindeutig auszumachen, ob seine Beschreibung der »Postmoderne« einen tatsächlich schon erreichten Realzustand fixiert oder mehr ein Wunschbild imaginiert. Ist wirklich schon die für die Moderne kennzeichnende Systemkohärenz zerfallen, an der theoretisch Niklas Luhmanns Systemtheorie[15] festhält, oder ist dies nur ein Verlangen, das von den Theoretikern der Postmoderne gestellt wird? Jedenfalls entwickelt Lyotard teils physikalistisch, teils metaphysisch, teils soziologisch, teils sprachwissenschaftlich – diese Eklektik, die nach herkömmlichen Wissenschaftsprinzipien nicht akzeptabel ist, scheint ihrerseits für das postmoderne Denken charakteristisch zu sein – ein Modell der Kontingenz, das es ermöglichen soll, sich den Systemzwängen zu entziehen.

Solche sieht er auch durchaus in Jürgen Habermas' Festhalten am »Projekt der Moderne«, da es von einem Zwang zum Konsens ausgeht. Gegen dessen Modell des kommunikativen Handelns, das Alteritäten gerade (in emanzipatorischer Absicht) vereinigen will, setzt er seine Konzeption der Gerechtigkeit, die – letztlich individualistisch – jedem seine Freiheiten einräumt. Lyotard erkennt aber, daß die aktuelle Realität besonders in den neuen Technologien durch einen kaum noch durchschaubaren Komplexitätsgrad gekennzeichnet ist, der sich mit einem »Widerstreit« (»différend«) unterschiedlichster Diskursarten verbindet und eine Durchsetzung des Gerechtigkeitsprinzips erschwert.[16] Hier könne nur eine neue, affirmative Ästhetik helfen, die sich auf die technologischen Innovationen einläßt und so bei den Rezipienten die Wahrnehmungspotentiale schärft.

Ein anderer Vertreter des postmodernen Denkens in Frankreich, Jean Baudrillard, hat sich mit der ästhetischen Seite dieser neuen, vorwiegend aus Amerika stammenden Technologien befaßt und an ihnen einen Scheincharakter entdeckt und beschrieben, den er mit dem Begriff des »simulacrum« belegt.[17] Besonders in der Computerästhetik und in den TV-Medien mit ihrer tauschwertbesetzten Glamourwelt sind die Realitätsebenen kaum noch separierbar, wobei die Warenästhetik immer mehr die Primärebene der Realität aufzehrt.[18] Für Baudrillard ist dabei kennzeichnend, daß er – nicht ohne Melancholie (denn er sieht dahinter durchaus das Todesprinzip, den im Tausch nur verdrängten und aufgeschobenen Tod) – sich diese Korrumpierung der Sinnlichkeit in gespielter zynischer Akzeptanz erträglich zu machen sucht. Die alten Lebenswelten haben vor diesen neuen Entwicklungen kapituliert; Baudrillard spricht insofern zu Recht von einer *Agonie des Realen* (so der Titel eines seiner Bücher). Auch seine Ästhetik ist wie die Lyotards eine der Affirmation; sie erscheint jedoch sehr viel hintergründiger, doppelbödiger als die von Lyotard; ihr eignet ein Moment objektiver Ironie, die das Affirmierte umschlagen läßt in eine Ursache intellektueller Verzweiflung.

Wie bei Kant erhält bei Lyotard der Begriff des Erhabenen eine besondere Bedeutung, da er, ursprünglich ein rein ästhetischer Begriff, einen Übergang ins Politische ermöglicht und so die Grenzen der Diskursgenres aufhebt.

Lyotard gerät freilich in ein theoretisches Dilemma: Die von ihm aufgewiesene Alternative, das Gerechtigkeitsprinzip, läßt sich mindestens ebenso schwer realisieren wie das der Gleichheit, das die »große Erzählung« der Aufklärung war. Auch er präskribiert, was die Individuen zu tun haben, auch er verlangt eine konsensuale Leistung[19], denn er muß ja bei allem Laissez-faire eigennützige Übertretungen des Gerechtigkeitsprinzips verhindern, da es dadurch zwangsläufig ausgehöhlt oder außer Kraft gesetzt wird. Inkonsistent innerhalb seiner Theorie erscheint auch der Rekurs auf Kant, der von Christine Pries und Wolfgang Welsch als Beweis dafür genommen wird, daß Lyotard alles andere als »irrational« sei.[20] Gerade Kants Ethik aber, auf die hin als Transitionsbegriff der ästhetische des Erhabenen zielt, ist durch einen Rigorismus ohnegleichen gekennzeichnet, der den Individuen im kategorischen Imperativ Anstrengungen abverlangt, die ihre Denk- und Handlungsmöglichkeiten übersteigen. Es erscheint somit keineswegs ausgemacht, daß mit der Postmoderne, wie sie suggeriert, die Schwere des Seins erträglicher geworden ist.[21]

Anmerkungen

Einleitung

1 Vgl. E. Cassirer, *Die Philosophie der Aufklärung*, Tübingen 1932, S. 368 ff.; daraus als Separatum: *Grundprobleme der Ästhetik*, Berlin 1989. – K. Vorländer, *Geschichte der Philosophie mit Quellentexten*, Bd. 3: *Neuzeit bis Kant*, Reinbek bei Hamburg 1990, S. 229 ff. (zur englischen Aufklärung), S. 259 ff. (zur französischen Aufklärung). – K. Heinrich von Stein, *Die Entstehung der neueren Ästhetik*, Stuttgart 1886, Nachdr. Hildesheim 1964. – F. P. Chambers, *The History of Taste. An Account of the Revolutions of Art Criticism and Theory in Europe*, Westport (Conn.) 1971 (1. Aufl. 1932).

2 A. Dresdner, *Die Entstehung der Kunstkritik im Zusammenhang mit der Geschichte des europäischen Kunstlebens*, München ²1968, bes. S. 119 ff. – R. Wellek, *Geschichte der Literaturkritik 1750–1950*, Bd. 1: *Das späte 18. Jahrhundert. Das Zeitalter der Romantik*, Berlin / New York 1977, S. 15 ff.

3 Die begriffliche Verbindung von Kunst und Schönheit in den »schönen Künsten« wird programmatisch erst im 18. Jahrhundert vollzogen. Vgl. den Titel der Schrift von Ch. Batteux, *Les beaux-arts réduits à un même principe*, Paris 1746. Den Höhepunkt erreicht sie im 19. Jahrhundert (vgl. Zeitschriftentitel wie: »Gazette des beaux-arts«), just in der Phase, in der das Schöne relativiert zu werden beginnt.

4 Vgl. den Text in: R. Assunto, *Die Theorie des Schönen im Mittelalter*, Köln 1982, S. 227 f.; vollständiger Text: »Fr. Ulrici de Argentina Summa de Bono, tractatus 3, cap. 4: De pulchro«, in: *Sitzungsberichte der Bayerischen Akademie der Wissenschaften, Philosophisch-philologische und historische Klasse*, München 1925. – Zu Ulrich Engelbert von Straßburg siehe auch H. Brinkmann, *Zu Wesen und Form mittelalterlicher Dichtung*, Halle a. d. S. 1928, S. 2–10. – A. K. Coomaraswamy, »The Medieval Theory of Beauty«, in: A. K. C., *Figures of Speech or Figures of Thought*, London 1946. – U. Eco, *Kunst und Schönheit im Mittelalter*, aus dem Ital. von G. Memmert, München 1991, S. 140.

5 Platon, *Timaios* 6–12 (29d–40d); Cicero, *De re publica / Vom*

Gemeinwesen, lat./dt., übers. und hrsg. von K. Büchner, Stuttgart 1979 [u. ö.] S. 335–353 (VI, 9–26).

6 Zur Zahlensymbolik im Mittelalter, die sich aus diesen frühen kosmologischen Spekulationen herleitet, vgl. M. Wehrli, *Literatur im deutschen Mittelalter. Eine poetologische Einführung*, Stuttgart 1984, S. 214 ff. – E. R. Curtius, *Europäische Literatur und lateinisches Mittelalter*, Bern [8]1973, S. 491 ff. (»Zahlenkomposition«).

7 E. Garin, *Geschichte und Dokumente der abendländischen Pädagogik*, Reinbek bei Hamburg 1964, Bd. 1, bes. S. 43, Anm. 12. – H.-I. Marrou, *Histoire de l'éducation dans l'antiquité*, Paris 1948; dt.: *Geschichte der Erziehung im klassischen Altertum*, übers. von Ch. Beumann, hrsg. von R. Harder, Freiburg i. Br./ München 1957. – *Arts libéraux et philosophie du moyen âge*, Actes du 4e Congrès International de Philosophie Médiévale, Montreal/Paris 1969. – J. Koch (Hrsg.), *Artes liberales. Von der antiken Bildung zur Wissenschaft des Mittelalters*, Leiden [2]1976. – D. L. Wagner (Hrsg.), *The Seven Liberal Arts in the Middle Ages*, New York 1983. – G. Eis, *Mittelalterliche Fachliteratur*, Stuttgart [2]1967, bes. S. 6 ff. (zu Trivium und Quadrivium).

8 Vgl. H. Lausberg, *Handbuch der literarischen Rhetorik. Eine Grundlegung der Literaturwissenschaft*, München 1960 [u. ö.]. – M. Fuhrmann, *Die antike Rhetorik*, München 1984. – W. Eisenhut, *Einführung in die antike Rhetorik und ihre Geschichte*, Darmstadt [3]1982. – L. Arbusow, *Colores rhetorici*, Göttingen [2]1963. – A. D. Leeman, *Orationis ratio. The Stylistic Theory and Practice of the Roman Orators, Historians and Philosophers*, Amsterdam 1963. – J. Martin, *Antike Rhetorik. Technik und Methode*, München 1974. – J. J. Murphy, *Rhetoric in the Middle Ages. A History of Rhetorical Theory from Saint Augustine to the Renaissance*, Berkeley 1974. – G. Ueding, *Klassische Rhetorik*, München 1995.

9 Vgl. K. Borinski, *Die Antike in Poetik und Kunsttheorie. Vom Ausgang des klassischen Altertums bis auf Goethe und Wilhelm von Humboldt*, Bd. 1: *Mittelalter, Renaissance und Barock*, Leipzig 1914, Bd. 2: *Aus dem Nachlaß*, hrsg. von R. Newald, ebd. 1924. – E. Faral, *Les arts poétiques du XIIe et du XIIIe siècle*, Paris 1923.

10 H.-W. Kruft, *Geschichte der Architekturtheorie. Von der Antike bis zur Gegenwart*, München 1985, S. 20 ff. – W. Tatarkiewicz,

Geschichte der Ästhetik, Bd. 1: *Die Ästhetik der Antike*, Basel/
Stuttgart 1979, S. 312 ff.

11 Vgl. N. Schneider, *Natur und Kunst im Mittelalter*, Funkkolleg
   Kunst, Studienbegleitbrief 10, Weinheim/Basel 1985, S. 11–45,
   hier S. 36 ff.; wiederabgedr. in: W. Busch / P. Schmoock (Hrsg.),
   Kunst. Die Geschichte ihrer Funktionen, Weinheim/Berlin 1987,
   S. 555–574 (gekürzte Fassung).

12 Vgl. Leonardo da Vinci, *Philosophische Tagebücher*, ital./dt.,
   hrsg. und übers. von G. Zamboni, Hamburg 1958, bes. S. 73 ff.
   (zur Optik).

13 Leonardo da Vinci, *Das Buch von der Malerei*, hrsg., übers. und
   erl. von H. Ludwig, Wien 1882, Bd. 1, Nr. 1. Vgl. den Original-
   text in: Leonardo da Vinci, *Trattato della pittura*, condotto sul
   Cod. Vaticano Urbinate 1270 con prefazione di M. Tabarrini,
   Rom 1890, S. 4 (»e se tu dirai che le scienze, che principiano e fi-
   niscono nella mente, abbiano verità, questo non si concede, ma
   si nega per molte ragioni; e prima, che in tali discorsi mentali
   non accade esperienza, senza la quale nulla dà di sè certezza«).

14 Vgl. J. Addison, in: *The Tatler*, 1709–11, *The Spectator*, 1711–12,
   1714, *The Guardian*, 1713. Dazu: Ch. Pullen, »J. Addison«, in:
   Critical Survey of Literary Theory. Authors, Bd. 1, hrsg. von
   F. N. Magill, Pasadena (Cal.) / Englewood Cliffs (N.J.) 1987,
   S. 7–12 (mit Lit.). – G. Watson, *The Literary Critics. A. Study of
   English Descriptive Criticism*, Harmondsworth (Middlesex)
   1973, S. 16 f., 58–62. – J.-B. Dubos, *Réflexions critiques sur la
   poésie et la peinture*, 2 Bde., Paris 1719; dt.: *Kritische Betrachtungen über die Poesie und die Mahlerey*, 3 Bde., übers. von
   G. B. Funck, Kopenhagen 1760–61. Dazu: P. Bürger, *Studien zur
   französischen Frühaufklärung*, Frankfurt a. M. 1972, S. 44 ff.
   (»Zur Auffassung des Publikums bei Du Bos und Desfon-
   taines«). – D. Diderot, *Les Salons*, Paris 1795; dt. in: *Ästhetische Schriften*, 2 Bde., hrsg. von F. Bassenge und Th. Lücke,
   Frankfurt a. M. 1968.

15 Platon zitiert nach der (Jubiläums-)Ausgabe: *Sämtliche Werke in
   acht Bänden*, eingel. von O. Gigon, übertr. von R. Rufener, Zürich / München 1974. – Die Expressionstheorien rekurrierten
   anfangs stark auf des Pseudo-Longinus Traktat *Peri hypsous*
   (*Über das Erhabene*, *De sublimitate*). Vgl. G. A. Kennedy
   (Hrsg.), *The Cambridge History of Literary Criticism*, Bd. 1:
   Classical Criticism, Cambridge [u. a.] 1989, S. 306 ff. – M. H.

Abrams, *The Mirror and the Lamp: Romantic Theory and the Critical Tradition*, New York 1953, S. 72 ff. (»Longinus and the Longinians«). – H. A. Tate, »Longinus and the New Criticism«, in: H. A. T.: *The Man of Letters and the Modern World*, New York 1955.

16 Bei dem Begriff der Phantasie überwog ursprünglich der Aspekt der reproduktiven Einbildungskraft. Dies legt schon die etymologische Wurzel »phaínesthai« (»erscheinen«) nahe. Er galt also nicht als besonders weit von dem der Wahrnehmung (»aísthesis«) entfernt, die er dieser älteren Theorie zufolge lediglich als Gedächtnisbild reaktualisiert. So weitgehend die Auffassung bei Aristoteles, *De anima* bzw. *De memoria.* Vgl. M. W. Bundy, *The Theory of Imagination in Classical and Mediaeval Thought*, Urbana 1927. – Wilhelm von St. Thierry erkennt in der Phantasie kein den Menschen sonderlich auszeichnendes Vermögen; er sagt, daß sie selbst bei den einfachen Tieren vorhanden zu sein scheine: »in brutis animalibus esse videantur phantasia et memoria sicut sensus et motus« (Wilhelm von St. Thierry, *De natura corporis et animae libri duo*, in: Migne, *Patrologia Latina*, Bd. 180, Sp. 695 ff., hier Sp. 702 B). – Gianfrancesco Pico della Mirandola betrachtet die Phantasie noch als ein eher schädliches psychisches Vermögen. Im Sinne des »curiositas«-Verbots sieht er in der Entfaltung einer schrankenlosen Imagination die Gefahr eines ungebändigten Ehrgeizes und friedenszerstörender Potentiale (vgl. G. F. Pico della Mirandola, *De imaginatione / Über die Vorstellung* (1500), hrsg. von E. Keßler, K. Park und Ch. B. Schmitt, München 1984, S. 60 ff.). Siehe auch: Ch. B. Schmitt [u. a.] (Hrsg.), *The Cambridge History of Renaissance Philosophy*, Cambridge / New York [u. a.] 1988, S. 453 ff. (»Psychology«; Beiträge von K. Park und E. Keßler). – Im Sinne der expressionstheoretischen Tradition deutet Ernesto Grassi, der die antike Lehre des Ingenium wiederzubeleben versucht, die Kraft der Phantasie. Vgl. E. Grassi, *Die Macht des Bildes: Ohnmacht der rationalen Sprache*, Köln 1970, S. 147 ff.

17 Während in der Antike »inventio« (»heúresis«) im Sinne einer rhetorischen Heuristik die Entdeckung von Aspekten bedeutet, die im Objektbereich zunächst noch unentdeckt verborgen liegen und daher aus ihm gedanklich (durch »excogitatio«) herausgeholt werden müssen, hat dieser Begriff spätestens seit dem 17. Jahrhundert eine enge assoziative Verbindung mit dem Ver-

mögen der Einbildungskraft, die im Sinne der sich anbahnenden Genietheorie als besonders produktiv aufgefaßt wird. Erste Ansätze bereits bei Martin Opitz, *Buch von der Deutschen Poeterey. In welchem alle ihre eigenschafft vnd zuegehör gründtlich erzehlet / vnd mit exempeln außgeführet wird*, Breslau 1624, (auszugsweise) abgedr. in: *Poetik des Barock*, hrsg. von M. Szyrocki, Reinbek bei Hamburg 1968, S. 20: »Die erfindung der dinge ist nichts anders als eine sinnreiche faßung aller sachen die wir vns einbilden können.« Dieser Aspekt des Erfindens (anstelle des Entdeckens) wird in der Folgezeit immer mehr betont. Eine Umkehrung dieser Gedankenfigur wird erst im 20. Jahrhundert bei Martin Heidegger vollzogen (*Sein und Zeit*, Tübingen [16]1986, S. 220), wo der Modus der »Erschlossenheit« wahrheitstheoretisch und ontologisch eine Selbstentdeckung des Daseins signalisieren soll: »In der faktischen Erschlossenheit von Welt ist [. . .] innerweltliches Seiendes mitentdeckt.« Indem Heidegger Wahrheit als sich eröffnende und entbergende »Unverborgenheit« definiert, setzt er bewußt einen Akzent gegen die subjektivistische Inventionsinterpretation. – Vgl. in diesem Zusammenhang den aufschlußreichen Artikel »Invention, Erfindung, Entdeckung« von A. Hügli und U. Theismann, in: *Historisches Wörterbuch der Philosophie*, hrsg. von J. Ritter und K. Gründer, Basel/Darmstadt 1976, Bd. 4, Sp. 544–574.

18 Die Nachahmung ist aber nicht nur symbolisch aufzufassen, sondern auch als für die Praxis bedeutsame Übernahme von Modellen der Natur für die Werkzeugherstellung. Zum Mimesis-Begriff in der *Poetik* des Aristoteles vgl. die wichtigen Ausführungen von M. Fuhrmann (Hrsg.) in seinem Nachwort zu dieser Schrift (Aristoteles, *Poetik*, griech./dt., Stuttgart 1982 [u. ö.], S. 144 ff., hier S. 166 ff.).

19 Leonardo, zitiert nach: Tatarkiewicz (wie Anm. 10), Bd. 3, S. 157 (im Original: »Quella pittura è più laudabile, la quale ha più conformità co' la cosa imitata«).

20 So besonders in England. Ein Reflex davon findet sich in den *Conjectures on Original Composition* von Edward Young (teilweise abgedr. in: H. Mainusch [Hrsg.], *Genius and Taste*, Bd. 1: *Englische Literaturtheorie im 18. Jahrhundert*, München 1973, S. 107 ff.). Vgl. in diesem Zusammenhang auch H. Dieckmann, »Die Wandlung des Nachahmungsbegriffes in der französischen Ästhetik des 18. Jahrhunderts«, in: *Nachahmung und Illusion.*

Kolloquium Gießen 1963, hrsg. von H. R. Jauß, München 1964, S. 28–59.

21 Vgl. N. Schneider, »Adornos Theorie des Naturschönen«, in: A. Berndt [u. a.] (Hrsg.), *Frankfurter Schule und Kunstgeschichte*, Berlin 1992, S. 59–67. – Ders., »Kunstgeschichte und ökologische Ästhetik« in: *Responsibility and Commitment. Ethische Postulate der Kulturvermittlung. Festschrift für Jost Hermand*, Frankfurt a. M. [u. a.] 1996, S. 83–90.

22 F. Schiller, *Briefe über die ästhetische Erziehung des Menschen* (26. Brief), in: F. Sch., *Werke in drei Bänden*, hrsg. von G. Fricke und H. G. Göpfert, München 1966, Bd. 2, S. 512.

23 G. W. F. Hegel, *Vorlesungen über die Ästhetik I–III*, Red. E. Moldenhauer und K. M. Michel, Frankfurt a. M. 1970 (Theorie Werkausgabe Bd. 13–15), hier Teil II (Bd. 14), S. 237 (siehe dazu das Kapitel zu Hegel, S. 80 ff.).

24 Der Aspekt der Wahrnehmung und der auf der Schaffensseite ihm komplementäre der Mimesis wird besonders in den materialistischen Realismuskonzeptionen betont (z. B. bei Georg Lukács); das Prinzip der Phantasie spielt dagegen eine große Rolle in der psychoanalytischen Kunsttheorie, letzlich auch, jedoch nahezu aller inhaltlichen Vorstellungen entkleidet, im Bricolage-Modell des Dekonstruktivismus (siehe dazu die Kapitel zu Freud und Derrida, S. 203 ff. und 251 ff.).

25 Emotionstheoretisch ausgerichtet sind die Gedanken zur Ästhetik bei Nietzsche, dem von der Kunst evozierte Empfindungen und Gefühle ein »Stimulans des Lebens« bedeuten. Auch die intuitionistischen Ansätze in der Nachfolge Henri Bergsons kann man als emotionstheoretisch bezeichnen. Der Aspekt der Emotion hat ferner eine konstitutive Bedeutung bei John Dewey, der Kunst auf die Intensivierung von Empfindungen reduziert.

26 Exemplarisch sei hier auf Roman Ingarden und Martin Heidegger hingewiesen. Gleichwohl kommt auch Heidegger nicht umhin, die Geschichtlichkeit des Ästhetischen zu konstatieren.

27 Nicht zuletzt unter dem Einfluß der von Gustav Theodor Fechner begründeten Psychophysik.

28 Vgl. J. Claus, *Expansion der Kunst. Action – Environment – Kybernetik – Technik – Urbanistik*, Reinbek bei Hamburg 1970.

29 Vgl. P Virilio, *Ästhetik des Verschwindens*, Berlin 1986. – J. Baudrillard, *Agonie des Realen*, Berlin 1978. – Ders., *Die fata-*

len Strategien, München 1985. Dazu W. Welsch, *Unsere post-moderne Moderne,* Weinheim ²1988, S. 149 ff.

30 Erstmals findet sich diese Bedeutungsverlagerung auf die Objektseite, hier bezogen auf Werbung und Produktverpackung, bei W. F. Haug, *Kritik der Warenästhetik,* Frankfurt a. M. 1971.

31 Vgl. dazu die Kapitel zu Kant und Hegel (S. 42 ff. und 80 ff.).

32 J. Ritter, »Landschaft. Zur Funktion des Ästhetischen in der modernen Gesellschaft«, in: J. R., *Subjektivität. Sechs Aufsätze,* Frankfurt a. M. 1974, S. 141 ff.

ALEXANDER GOTTLIEB BAUMGARTEN

1 Vgl. zur Gattungsgeschichte der »Kritischen Dichtkunst«: K. Scherpe, *Gattungspoetik im 18. Jahrhundert. Historische Entwicklung von Gottsched bis Herder,* Stuttgart 1968. – A. Nivelle, *Kunst- und Dichtungstheorien zwischen Aufklärung und Klassik,* Berlin 1960. – G. Schäfer, *»Wohlklingende Schrift« und »rührende Bilder«: Soziologische Studien zur Ästhetik Gottscheds und der Schweizer,* Frankfurt a. M. [u. a.] 1987.

2 Zitatnachweise im Text nach der im reprographischen Nachdruck (Hildesheim 1961, ³1986) vorliegenden Originalausgabe: *Aesthetica,* Frankfurt a. d. Oder 1750–58. – Zusätzlich zu der in den Bibliographischen Hinweisen angegebenen Literatur sei noch verwiesen auf die große Studie von P. Kondylis, *Die Aufklärung im Rahmen des neuzeitlichen Rationalismus,* München 1986, S. 558–561, 569, 617 (zu Baumgarten).

3 Vgl. K. Vorländer, *Geschichte der Philosophie mit Quellentexten,* Bd. 2: *Mittelalter und Renaissance,* Reinbek bei Hamburg 1990, S. 492 ff.

4 Vgl. J. G. Herder, *Abhandlung über den Ursprung der Sprache,* Berlin 1772, wiederabgedr. in: J. G. H., *Sämtliche Werke,* 33 Bde., krit. Ausg., hrsg. von B. Suphan, Berlin 1877–1913, Bd. 5, ebd. 1891, S. 1 ff., reprogr. Nachdr. Hildesheim / New York ²1978. Dazu: E. Sapir, »Herders ›Ursprung der Sprache‹«, in: *Historiographica linguistica* 11 (1984) S. 355–388.

5 Zitiert nach W. Tatarkiewicz, *Geschichte der Ästhetik,* Bd. 3: *Die Ästhetik der frühen Neuzeit,* Basel / Stuttgart 1987, S. 116 (zu Alberti). Zitate von Thomas von Aquin zur Schönheit finden sich in Bd. 2 (*Die Ästhetik des Mittelalters,* ebd. 1980), S. 290 ff.

– Vgl. auch R. Assunto, *Die Theorie des Schönen im Mittelalter*, Köln 1982, S. 229 ff. – F. J. Kovach, *Die Ästhetik des Thomas von Aquin. Eine genetische und systematische Analyse*, Berlin 1961 (*Quellen und Studien zur Geschichte der Philosophie*, hrsg. von P. Wilpert, Bd. 3), bes. S. 113 ff. (zur Proportionslehre bei Thomas, z. B. *Summa Theologica*, I, q. 39 a. 8c: »Nam ad pulchritudinem tria requiruntur. Primo quidem integritas sive perfectio [. . .]. Et debita proportio sive consonantia«).

6 Im 20. Jahrhundert forderte Robert Musil, paradoxerweise im fiktionalen Medium des Romans selbst, diese utopische Fiktionalität wieder aufzuheben: »Schreiben ist eine Verdoppelung der Wirklichkeit« (vgl. R. Musil, *Der Mann ohne Eigenschaften*, Hamburg 1952, S. 1636).

GOTTHOLD EPHRAIM LESSING

1 Vgl. bes. J. J. Winckelmann, *Gedancken über die Nachahmung der griechischen Wercke in der Mahlerey und Bildhauer-Kunst*, Friedrichsstadt (d. i. Dresden) 1755, Nachdr. (hrsg. von L. Uhlig) Stuttgart 1982 [u. ö.]. – Ders., *Geschichte der Kunst des Alterthums*, 2 Bde., Dresden 1764, Nachdr. Wien 1934, Darmstadt 1972.

2 Siehe dazu das Kapitel zu Nietzsche, S. 116 ff.

3 J. W. Goethe, »Winckelmann und sein Jahrhundert«, in: J. W. G., *Sämtliche Werke*, Bd. 33: *Schriften zur Kunst*, Tl. 1, hrsg. von P. Boerner [u. a.], München 1962, S. 254–289.

4 Ebd., S. 264.

5 Ebd.

6 Ebd., S. 265.

7 Ebd., S. 266.

8 Ebd., S. 286.

9 Zum Kennertum im 18. Jahrhundert vgl. H. Osborne (Hrsg.), *The Oxford Companion to Art*, Oxford 1970, S. 269 ff. (Artikel »Connoisseur«, »Connoisseurship«).

10 J. J. Winckelmann, »Beschreibung des Torso im Belvedere zu Rom«, in: *Johann Winckelmanns sämtliche Werke*, 12 Bde., hrsg. von J. Eiselein, Neudr. der Ausg. 1825–35, Osnabrück 1965, Bd. 1, S. 226–233.

11 Ebd., S. 228 (§ 8). Zur Metonymie vgl. H. Lausberg, *Elemente*

der literarischen Rhetorik, München ⁴1971, S. 69 ff. (§§ 192 bis 201).

12 Winckelmann (wie Anm. 10), S. 228 f. (§ 9).

13 Ebd., S. 230 f. (§ 14).

14 Im folgenden zitiert nach der Ausgabe G. E. Lessing, *Gesammelte Werke*, 2 Bde., hrsg. von W. Stammler, München 1959, Bd. 2, S. 781–962. – Zur Vorgeschichte der Rezeption der Laokoon-Gruppe vgl. H. W. van Helsdingen, »Laocoön in the seventeenth century«, in: *Simiolus. Netherlands quarterly for the history of art* 10 (1978/79) Nr. 3/4, S. 127–141.

15 Vgl. K. Schefold (Hrsg.), *Die Griechen und ihre Nachbarn*, Berlin 1990 (Propyläen Kunstgeschichte, Bd. 1, Sonderausgabe), Abb. 145, Katalogtext S. 202 f. (R. Lullies; mit Lit.).

16 Zit. bei Lessing (wie Anm. 14), S. 786. Im Original bei Winckelmann, S. 21.

17 Lessing, S. 796.

18 Lessing, S. 821.

19 Lessing, S. 856. – R. W. Lee, *Ut pictura poesis. The Humanistic Theory of Painting*, New York 1967 (ursprüngl. in: *The Art Bulletin* 22, 1940, S. 197–269). Vgl. auch J. R. Spencer, »Ut rhetorica pictura. A Study in Quattrocento Theory of Painting«, in: *Journal of the Warburg and Courtauld Institutes* 20 (1957) S. 26–44.

20 Lessing, S. 882.

21 Ebd., S. 875.

22 Vgl. U. Bayer, *Lessings Zeichenbegriffe und Zeichenprozesse im »Laokoon« und ihre Analyse nach der modernen Semiotik*, Diss. Stuttgart 1975. – *Das Laokoon-Projekt. Pläne einer semiotischen Ästhetik*, hrsg. von G. Gebauer, Stuttgart 1984. – D. E. Wellbery, *Lessing's »Laocoon«. Semiotics and Aesthetics in the Age of Reason*, Cambridge 1984 (zu Wolffs Semiotik S. 17 ff.; zur Semiotik bei Baumgarten, Meier und Mendelssohn S. 43 f.).

23 Vgl. Leonardo, *Das Buch der Malerei, nach dem Codex Vaticanus (Urbinas) 1270*, hrsg. und erl. von H. Ludwig, Wien 1882, Frg. 2. Leonardo sagt, daß von der Einbildungskraft (»immaginazione«) zur Wirklichkeit gerade solch ein Abstandsverhältnis bestehe wie vom Schatten zum schattenwerfenden Körper. »Und dasselbe Verhältnis besteht zwischen der Dichtung und der Malerei. Denn die Dichtung legt ihre Gegenstände in die Imagination der Schriftzeichen. Die Malerei aber gibt die ihrigen so, dass sie wirklich aussen vor dem Auge stehen. Und das Auge

empfängt die Ähnlichkeiten (similitudini) nicht anders, als wenn dieselben von der natürlichen Wirklichkeit herrührten. Die Dichtung gibt ihre Gegenstände ohne diese Ähnlichkeit, und sie gehen nicht, wie die Malerei, auf dem Weg der Sehkraft zum Eindrucksvermögen über (non passano all'impressiva)« (zit. nach W. Tatarkiewicz, *Geschichte der Ästhetik*, Bd. 3, Basel/Stuttgart 1981, S. 157).

24 Vgl. Georg Lukács, *Die Eigenart des Ästhetischen*, in: *Georg Lukács Gesamtausgabe*, Bd. 11.12: *Ästhetik I*, Neuwied 1963. Vgl. J. Sailer, »Georg Lukács und die Frage nach der Spezifik des Ästhetischen«, in: *Deutsche Zeitschrift für Philosophie* 33 (1985) S. 306–313. – R. G. Renner, *Ästhetische Theorie bei Georg Lukács*, Bern/München 1976.

25 A. R. Mengs zitiert in Lessings *Laokoon* (wie Anm. 14), S. 898. – Zum »fruchtbaren Moment« vgl. E. M. Szarota, *Lessings »Laokoon«. Eine Kampfschrift für eine realistische Kunst und Poesie*, Weimar 1959, S. 97 ff.

26 J. G. Herder, *Plastik*, Riga 1778.

27 J. G. Herder, *Kritische Wälder oder Betrachtungen, die Wissenschaft und Kunst des Schönen betreffend, nach Maasgabe neuerer Schriften* (1769), in: J. G. H., *Sämtliche Werke*, 33 Bde., krit. Ausg., hrsg. von B. Suphan, Berlin 1877–1913, Bd. 3, ebd. 1878, S. 7–12, reprogr. Nachdr. Hildesheim/New York 1967–68.

28 Herder, *Kritische Wälder* (s. Anm. 27) S. 12.

29 Herder, ebd.

IMMANUEL KANT

1 I. Kant, *Beobachtungen über das Gefühl des Schönen und Erhabenen*, in: I. K., *Werke in 12 Bänden*, Bd. 2: *Vorkritische Schriften bis 1768*, Tl. 2, hrsg. von W. Weischedel, Frankfurt a. M. 1977, S. 825–884. – E. Burkes *A Philosophical Inquiry into the Origin of Our Ideas on the Sublime and Beautiful* (1756) ist deutsch in folgender Ausgabe zugänglich: E. Burke, *Vom Erhabenen und Schönen*, aus dem Engl. übers. von F. Bassenge, Berlin 1956. Das Erhabene wird Burke zufolge durch eine Erregung der Nerven hervorgebracht, die durch den Schrecken in eine unnatürliche Spannung versetzt werden (vgl. S. 173). Burke argumentiert also extrem physiologisch und organologisch: »Eine Art Schrecken

oder Schmerz ist immer die Ursache des Erhabenen« (S. 176). Er sieht aber durchaus auch die Möglichkeit des Umschlagens von Empfindungen des Schmerzes in solche des Frohseins.

2 Lenin, *Materialismus und Empiriokritizismus*, in: Lenin, *Werke*, Bd. 14, Berlin 1962, S. 195.

3 A. Gulyga, *Immanuel Kant*, Frankfurt a. M. 1981, wiederabgedr. in: A. G., *Die klassische deutsche Philosophie*, Leipzig 1990, S. 99 ff.

4 Im folgenden werden die Zitate im Text direkt nachgewiesen. Benutzt wurde die Ausgabe: I. Kant, *Kritik der Urteilskraft*, hrsg. von G. Lehmann, Stuttgart 1991 (1. Aufl. ebd. 1963).

5 G. Ch. Toblers Text wurde lange Zeit Goethe zugeschrieben, daher meist in dessen Werkausgaben abgedruckt, z. B. in: J. W. Goethe, *Werke* (Hamburger Ausgabe), 14 Bde. und 1 Reg.-Bd., hrsg. von E. Trunz, Hamburg 1948–60, Bd. 13, ebd. 1953, S. 45 f.

6 E. Young, *Conjectures on Original Composition* (1759); Textauszug (dt.) in: »Sturm und Drang. Eine Auswahl dichtungstheoretischer Schriften«, zusammengestellt von H. Verbeek, in: *Kölner Hefte für den akademischen Unterricht, Germanistische Reihe 3*, hrsg. von H. Hempel und A. Langen, Köln 1948, S. 3 bis 17. (»Der Geist eines Mannes, der Genie hat, ist ein fruchtbares und angenehmes Feld, angenehm wie Elisium und fruchtbar, wie Tempe; es genießt einen immerwährenden Frühling. Die schönsten Blumen dieses Frühlings sind die Originale [. . .]. Die Feder eines Original-Scribenten ist gleich Armidens Stabe, der aus einer dürren Wüste einen blühenden Frühling hervorbringt.« S. 3; nach der Übersetzung von H. E. v. Steubern, Leipzig 1760.)

7 Zur Geschichte der Physiokratie vgl. W. Treue, *Wirtschaftsgeschichte der Neuzeit. Im Zeitalter der Industriellen Revolution 1700 bis 1960*, Stuttgart 1962, S. 97 ff.

8 M. Heidegger, *Der Ursprung des Kunstwerks*, mit einer Einführung von H.-G. Gadamer, Stuttgart 1992 [u. ö.], S. 27.

9 Vgl. M. Barash, *Theories of Art. From Plato to Winckelmann*, New York / London 1985, S. 30 (Übers. des Quintilian-Zitats vom Verf.).

10 Schiller hat Kants Theorie des Erhabenen aufgegriffen und auszudifferenzieren versucht: vgl. seine Schriften *Über das Erhabene* und *Über das Pathetische* in: F. Schiller, *Sämtliche Werke in 20 Bänden*, hrsg. von G. Fricke und H. G. Göpfert, Bd. 18: *Theoretische Schriften*, Tl. 2, München 1966, S. 54 ff. und 76 ff. Auch

Schiller betont den quasi-ethischen Charakter der Erfahrung des Erhabenen (»Empfänglichkeit für die Idee der Pflicht, wenn man auch gleich die Schranken erkennt, welche die schwache Menschheit ihrer Ausübung setzen dürfte«, S. 75). Über das »Pathetischerhabene« führt er aus, daß es zwei Hauptbedingungen erfordere: »Erstlich eine lebhafte Vorstellung des Leidens, um den mitleidenden Affekt in der gehörigen Stärke zu erregen. Zweitens eine Vorstellung des Widerstandes gegen das Leiden, um die innere Gemütsfreiheit ins Bewußtsein zu rufen. Nur durch das erste wird der Gegenstand pathetisch, nur durch das zweite wird das Pathetische zugleich erhaben. Aus diesem Grundsatz fließen die beiden Fundamentalgesetze aller tragischen Kunst. Diese sind erstlich: Darstellung der leidenden Natur; zweitens: Darstellung der moralischen Selbständigkeit im Leiden« (S. 76).

FRIEDRICH SCHILLER

1 Zu nennen sind hier besonders: *Über den Grund des Vergnügens an tragischen Gegenständen*; *Kallias oder über die Schönheit. Briefe an Gottfried Körner*; *Über Anmut und Würde*; *Über das Erhabene*; *Über das Pathetische*; *Über die ästhetische Erziehung des Menschen in einer Reihe von Briefen*; *Über naive und sentimentalische Dichtung*. Vgl. zu Schillers Ästhetik generell: K. Hamburger, »Schillers ästhetisches Denken«, Nachwort zu: F. Schiller, *Über die ästhetische Erziehung des Menschen*, Stuttgart 1965 [u. ö.], S. 131–150.

2 Vgl. I. Kant, *Kritik der Urteilskraft*, hrsg. von G. Lehmann, Stuttgart 1991 [u. ö.], S. 173 (§ 29).

3 F. Schiller, *Über das Erhabene*, in: F. Sch., *Werke in drei Bänden*, hrsg. von G. Fricke und H. G. Göpfert, München 1966, Bd. 2, S. 607 ff., hier S. 607.

4 Ebd., S. 607 f.

5 Ebd., S. 608.

6 F. Schiller, *Über Anmut und Würde*, in: F. Sch.: *Werke* (wie Anm. 3), Bd. 2, S. 382 ff., hier S. 385.

7 Vgl. die Texte in: L. Eitner (Hrsg.), *Neoclassicism and Romanticism*, Bd. 1: *Sources and Documents*, Englewood Cliffs (N. J.) 1970, S. 113 ff. (»Against the Academies«).

8 Die Aufwertung des Poiesis-Begriffs findet sich besonders in Friedrich Schlegels (116.) »Athenäums«-Fragment über die »progressive Universalpoesie«.

9 Schiller, *Über Anmut und Würde* (wie Anm. 6), S. 408 f.

10 E. Grassi, *Die Theorie des Schönen in der Antike*, Köln 1980, S. 170.

11 Vgl. R. Descartes, *Über die Leidenschaften der Seele*, in: R. D., *Philosophische Werke*, Abt. 4, Art. 16, übers. und erl. von A. Buchenau, Leipzig ³1911, S. 10 [u. ö.].

12 Schiller, *Über Anmut und Würde* (wie Anm. 6), S. 415.

13 Ebd., S. 416.

14 Vgl. N. Schneider, *Jan van Eyck, Der Genter Altar. Vorschläge für eine Reform der Kirche*, Frankfurt a. M. ³1993, S. 9.

15 Vgl. P. E. Knabe, *Schlüsselbegriffe des kunsttheoretischen Denkens in Frankreich*, Düsseldorf 1972, bes. S. 450 ff. (zu: »sublime/grand«).

16 Schiller, *Über Anmut und Würde* (wie Anm. 6), S. 423.

17 Vgl. N. Schneider, *Porträtmalerei. Hauptwerke europäischer Bildniskunst 1420–1670*, Köln 1992 [u. ö.], S. 80 (zu Raffaels »Castiglione«).

18 F. Schiller, *Über die ästhetische Erziehung des Menschen in einer Reihe von Briefen*, in: *Werke* (wie Anm. 3), Bd. 2, S. 445 ff., hier S. 520. – Auf die politischen Implikationen von Schillers ästhetischer Theorie wird eingegangen in: *Geschichte der deutschen Literatur 1789 bis 1830*, hrsg. von H. D. Dahnke [u. a.], Berlin 1978, S. 220 ff. – Siehe auch: H. S. Reiss, »The Concept of the Aesthetic State in the Work of Schiller and Novalis«, in: *Publications of the English Goethe Society* 26 (1957) S. 26–51. – H. Koopmann, *Schiller. Eine Einführung*, München/Zürich 1988, S. 73 ff. – K. L. Berghahn, *Schiller. Ansichten eines Idealisten*, Frankfurt a. M. 1986.

19 Vgl. Plotin, *Enneaden* V,9,9 (zum »kósmos noetós«). – Johannes Scotus Eriugena, *De divisione naturae* V,18 und V,24.

20 Vgl. J. Ratzinger, »Herkunft und Sinn der Civitas-Lehre Augustins«, in: *Geschichtsdenken und Geschichtsbild im Mittelalter*, hrsg. von W. Lammers, Darmstadt 1961, S. 55–75.

21 Schiller, *Ästhetische Erziehung* (wie Anm. 18), 26. Brief, S. 512.

22 Ebd., 25. Brief, S. 508.

23 Ebd., 26. Brief, S. 512.

24 Ebd., 22. Brief, S. 498. – Diese Theorie ist später auch noch von

Lew S. Wygotski vertreten worden. Vgl. L. Wygotski, *Psychologie der Kunst*, Dresden 1976, S. 228 ff. (Kap. 9). – Auch in G. Lukács' *Ästhetik* wird sie im Begriff der »Katharsis« aufgegriffen. Vgl. dazu das Kapitel zu Lukács, S. 166 ff.

25 *Ästhetische Erziehung* (wie Anm. 18), 15. Brief, S. 481. Die Spieltheorie wurde später von Johan Huizinga zu einem eigenständigen kulturtheoretischen System ausgebaut; vgl. J. Huizinga, *Homo ludens. Vom Ursprung der Kultur im Spiel*, in Zsarb. mit dem Verf. [...] übertr. von H. Nachod, Hamburg 1956 (zuerst ndl., Haarlem 1938). Zuvor hatte schon Karl Groos eine ästhetische Theorie des Spiels entwickelt, vgl. K. Groos, *Die Spiele der Thiere*, Jena 1896. – Ders., *Die Spiele der Menschen*, Jena 1899. – Siehe auch das Kapitel zu Freud, S. 203 ff.

26 H. Marcuse, *Triebstruktur und Gesellschaft*, Frankfurt a. M. 1969, S. 193. Vgl. auch H. Marcuse, »Bemerkungen zu einer Neubestimmung der Kultur«, in: H. M., *Kultur und Gesellschaft*, Bd. 2, Frankfurt a. M. 1965, S. 147 ff., bes. S. 149 ff.

27 H. Marcuse, *Triebstruktur und Gesellschaft*, S. 193.

28 Vgl. dazu J. Baudrillard, *Agonie des Realen*, Berlin 1978. – Siehe auch das Kapitel zu Derrida, S. 251 ff.

FRIEDRICH WILHELM JOSEPH SCHELLING

1 F. W. J. Schelling, *Erster Entwurf eines Systems der Naturphilosophie*, Jena/Leizpig 1797.

2 F. W. J. Schelling, *System des transzendentalen Idealismus* (1800), 6. Hauptabschn.: »Deduktion eines allgemeinen Organs der Philosophie, oder Hauptsätze der Philosophie der Kunst nach Grundsätzen des transzendentalen Idealismus«, §§ 2.3, in: *Schellings Werke*, hrsg. von M. Schröter, Hauptbd. 2: *Schriften zur Naturphilosophie 1799–1801*, München ²1965 (1. Aufl. 1927), S. 612 ff. (§ 2: »Der Charakter des Kunstprodukts«, S. 619 ff.; § 3: »Folgesätze«, S. 624 ff.). – Auch in: F. W. J. Schelling, *Texte zur Philosophie der Kunst*, ausgew. und eingel. von W. Beierwaltes, Stuttgart 1991 [u. ö.] (1. Aufl. 1982), S. 204 ff. Nach dieser Ausgabe wird im folgenden zitiert.

3 Schelling, *Philosophie der Kunst* (wie Anm. 2), S. 112. Alle weiteren Nachweise im Text.

4 Vgl. A. Horstmann, »Der Mythosbegriff vom frühen Christen-

tum bis zur Gegenwart«, in: *Archiv für Begriffsgeschichte* 23 (1979) S.7–54 und S.197–245 (zum romantischen Mythosbegriff S.21 ff.).

5 Zur Metapher des Buches vgl. M.Wehrli, *Literatur im deutschen Mittelalter. Eine poetologische Einführung*, Stuttgart 1984, S.249 ff. Auf die Buchmetaphorik der Natur hat bekanntlich erstmals E.R.Curtius hingewiesen (*Europäische Literatur und lateinisches Mittelalter*, Bern 1948 [u.ö.], S.321–327. Dort wird auch, S.323, die berühmte Stelle bei Alanus ab Insulis zitiert, Migne, *Patrologia Latina*, Bd.210, Sp.574A: »Omnis mundi creatura/ Quasi liber et pictura / Nobis est et speculum«). Sie begegnet später (in der freilich mehr »kabbalistischen« Sicht) bei Walter Benjamin (in seiner frühen Theorie der Sprache: die Dinge sind hier selbst eine als Signatur des Seins offenliegende »Sprache«) und im französischen Intertextualismus (z.B. bei Julia Kristeva), wonach die ganze Welt (ehemals also die Natur) aus Textdiskursen besteht, wie ein Buch oder eine unendliche Folge von sich wechselseitig kommentierenden oder aufeinander bezüglichen Büchern. Hier wird der Horizont der kulturellen, d.h. literarischen Produktion und Rezeption des Schriftstellers verabsolutiert und in den Zustand einer omnivalenten Hypostase erhoben.

6 Vgl. F.Schlegel, *Kritische Schriften*, hrsg. von W.Rasch, München 1964, S.37 f. (zur »Universalpoesie«).

7 F.Nietzsche, *Götzen-Dämmerung*, in: F.N., *Sämtliche Werke, Kritische Studienausgabe in 15 Bänden*, hrsg. von G.Colli und M.Montinari, München/Berlin/New York 1980, Bd.6, S.127.

JEAN PAUL

1 Jean Paul, *Vorschule der Aesthetik, nebst einigen Vorlesungen in Leipzig über die Parteien der Zeit. Mit Anmerkungen und erläuterndem Anhang*, in: *Jean Paul's Werke*, 60 Thle., hrsg. von R.Gottschall, Berlin 1868–79, Thle. 49–51 (Zitatnachweise im Text).

2 J.J.Breitinger, *Critische Abhandlung von der Natur, den Absichten und dem Gebrauche der Gleichnisse*, Zürich 1740, S.9 ff. Zit. nach A. v. Bormann (Hrsg.), *Vom Laienurteil zum Kunstgefühl. Texte zur deutschen Geschmacksdebatte im 18. Jahrhundert*, Tübingen 1974, S.50 ff., hier S.52.

3 J. G. Hamann, *Sämtliche Werke*, hist.-krit. Ausg. von J. Nadler, Wien 1949 ff., hier Bd. 2, ebd. 1950, S. 197 ff.

4 Goethe und Schiller nannten in ihrem Briefwechsel Jean Pauls Roman *Hesperus* wegen seiner grotesken Metaphern einen »Tragelaphen« (»Bockshirsch«). Vgl. Schillers Replik vom 12.6. 1795 aus Jena auf Goethes Zusendung des Romans: »Das ist ein prächtiger Patron, der Hesperus, den Sie mir neulich schickten. Er gehört ganz zum Tragelaphen-Geschlecht, ist aber dabei gar nicht ohne Imagination und Laune und hat manchmal einen recht tollen Einfall, so daß er eine lustige Lektüre für die langen Nächte ist.« Vgl. *Der Briefwechsel zwischen Schiller und Goethe*, in drei Bänden, hrsg. von H. G. Gräf und A. Leitzmann, Leipzig 1912, Nachdr. ebd. 1955, Bd. 1, S. 73 (Goethe: »Hierbei ein Tragelaph von der ersten Sorte«) und S. 74 f. (Schiller). – Die meisten Metaphern (als um die Prädikationskopula gekürzte Vergleiche) Jean Pauls sind überdeterminiert, denn sie erfassen als synonymische Varianten lediglich einen Partialaspekt des Vergleichs, so z. B. wenn in der Novelle *Des Rektors Florian Fälbel und seiner Primaner Reise auf die Fichtelberg* die mit dem »Scholarchen« (auch: »Schuldogen« oder »Schulmaire«) reisenden Primaner als »Säuglinge« bezeichnet werden (im Gegensatz zum Rektor als »Nutritor«, vermittelt über das akademische Motiv der »Alma mater«), dann aber auch wieder als »Nomaden« (wegen des Reisens), obwohl es sich beim Reisen nur um das einzige semantische Morphem handelt, das zwischen Comparandum (Primaner) und Comparatum (Nomaden) überhaupt eine Verbindung stiftet. Alle anderen Morpheme (oder Sememe) sind eher disjunktiv. So läßt sich z. B. die Bedeutung »Viehzucht treibendes Volk auf der Stufe der Hirtengesellschaft« nicht auf die Primaner applizieren, der Vergleich wird somit grotesk. Aber eben diese komparative Nichterfüllung (oder Merkmalverfehlung) ist das Mittel Jean Pauls, einen geradezu infinite Oszillationen auslösenden Witz zu erzeugen.

5 Vom Herausgeber (Georg Zimmermann) zitiert in der in Anm. 1 angeführten Ausgabe der *Vorschule der Aesthetik*, S. 132 (zu § 31; dort Anm. 1). Vom »metaphysischen Urgrund« beim »komischen Widerspruch« spricht F. Th. Vischer in: *Kritische Gänge*, München 1922, Bd. 4, S. 126. – Vgl. dazu U. Profitlich, »Zur Deutung der Humortheorie Jean Pauls«, in: *Zeitschrift für deutsche Philologie* 89 (1970) S. 161–168, hier S. 168,

Anm. 34. – Vgl. auch F. Th. Vischer, *Ästhetik*, Tl. 1, München 1922, S. 488.

6 Die »Rede des toten Christus« im *Siebenkäs* in: Jean Paul, *Werke*, 6 Bde., hrsg. von N. Miller, München 1959–63, Bd. 2, S. 266 ff. Siehe auch *Jean Paul's Werke*, hrsg. von R. Gottschall (s. Anm. 1), Thle. 11–14, S. 230 ff.

Georg Wilhelm Friedrich Hegel

1 A. Gulyga, *Hegel*, Leipzig 1974, ²1980, S. 85.

2 G. W. F. Hegel, *Vorlesungen über die Ästhetik I–III*, in: G. W. F. H., *Werke in 20 Bänden*, Red. E. Moldenhauer und K. M. Michel, Bd. 13–15, Frankfurt a. M. 1970 (Zitatnachweise hiernach im Text).

3 J. W. Goethe, »Einfache Nachahmung der Natur, Manier, Stil« (ursprünglich in: *Der Teutsche Merkur*, Februar 1789), in: J. W. G., *Sämtliche Werke in 45 Bänden*, hrsg. von P. Boerner, Bd. 33: *Schriften zur Kunst*, Tl. 1, München 1962, S. 34 ff.

4 G. W. F. Hegel, *Phänomenologie des Geistes*, in: *Werke* (wie Anm. 2), Bd. 3.

5 Vgl. Platon, *Phaidros* 249b–250c.

6 Pseudo-Longinus, *Libellus »de sublimitate« Dionysio Longino fere adscriptus*, ed. A. O. Prickard, Oxford 1947; dt.: *De sublimitate*, von R. v. Scheliha, Berlin 1938. Kommentar: *On the sublime*, with introduction [...] by W. Rhys Roberts, Cambridge 1935.

7 C. F. v. Rumohr, *Italienische Forschungen*, 3 Thle., Berlin/Stettin 1827–31, hier Thl. 1, S. 87.

8 K. W. F. Solger, *Erwin. Vier Gespräche über Kunst*, 2 Bde., Berlin 1815 (vgl. auch die von R. Kurtz besorgte Ausgabe Berlin 1907 sowie die Ausgabe von W. Henckmann, München 1971). – K. W. F. Solger, *Vorlesungen über Ästhetik*, hrsg. von K. W. L. Heise, Leipzig 1829, unveränd. reprogr. Nachdr. Darmstadt 1980, S. 245: »Die Ironie ist keine einzelne, zufällige Stimmung des Künstlers, sondern der innerste Lebenskeim der ganzen Kunst.« Eine zentrale Rolle spielt der Ironie-Begriff später auch in der hermeneutischen Theorie des »New Criticism«, wo er die »competition of meanings« bezeichnet, sich also weitgehend mit der Kategorie der Ambiguität deckt. Vgl. C. Brooks,

The Well Wrought Urn, New York 1947, S. 209: »Irony is the most general term that we have for the kind of qualification which the various elements in a context receive from the context«.

9 F. Creuzer, *Symbolik und Mythologie der alten Völker, besonders der Griechen*, 4 Bde., Darmstadt 1810–12.

KARL ROSENKRANZ

1 Vgl. D. Kliche, »Pathologie des Schönen: Die ›Ästhetik des Häßlichen‹ von Karl Rosenkranz«, in: K. Rosenkranz, *Ästhetik des Häßlichen*, Leipzig 1990, S. 401–427. (Nachwort), hier S. 414.

2 K. Rosenkranz, *Friedrich Hegels Leben*, Berlin 1844.

3 Zit. bei Kliche (wie Anm. 1), S. 412.

4 Ebd., S. 415.

5 Vgl. G. Oesterle, »Entwurf einer Monographie des ästhetisch Häßlichen. Zur Geschichte einer ästhetischen Kategorie von Friedrich Schlegels Studium-Aufsatz bis zu Karl Rosenkranz' Ästhetik des Häßlichen als Suche nach dem Ursprung der Moderne«, in: *Zur Modernität der Romantik*, hrsg. von D. Bänsch, Stuttgart 1977, S. 217–297, hier S. 270. Vgl. Kliche (wie Anm. 1), S. 416.

6 Zit. nach W. Tatarkiewicz, *Geschichte der Ästhetik*, Bd. 2: *Die Ästhetik des Mittelalters*, Basel/Stuttgart 1980, S. 293.

7 Vgl. I. Kant, *Kritik der Urteilskraft*, hrsg. von G. Lehmann, Stuttgart ²1991 [u. ö.], S. 243 (§ 48).

8 Rosenkranz (wie Anm. 1), S. 5 (Vorwort).

9 Vgl. F. Th. Vischer, *Über das Erhabene und Komische und andere Texte zur Ästhetik*, eingel. und hrsg. von W. Oelmüller, Frankfurt a. M. 1967. – F. Th. Vischer, *Ästhetik oder Wissenschaft des Schönen*, 4 Bde., Reutlingen/Leipzig 1848–57. – Vgl. auch W. Oelmüller, *F. Th. Vischer und das Problem der nachhegelschen Ästhetik*, Stuttgart 1959. – G. Lukács, »Karl Marx und Friedrich Theodor Vischer«, in: *Georg Lukács Gesamtausgabe*, Bd. 10: *Probleme der Ästhetik*, Neuwied/Berlin 1969, S. 233–306.

10 Rosenkranz (wie Anm. 1), S. 49.

11 Ebd., S. 52.

12 Ebd., S. 56.
13 C. F. Flögel, *Geschichte des Groteskkomischen, ein Beitrag zur Geschichte der Menschheit*, Liegnitz/Leipzig 1788.
14 Rosenkranz (wie Anm. 1), S. 312.
15 Ebd., S. 330.

CHARLES BAUDELAIRE

1 H. Friedrich, *Die Struktur der modernen Lyrik*, Hamburg 1956, S. 25.
2 Ebd., S. 28.
3 Zu E. A. Poes literaturtheoretischen Schriften *The Philosophy of Composition* (1846) und *The Poetic Principle* vgl. J. Meyers, *E. A. Poe. His Life and Legacy*, London 1992, S. 163 ff., 239 ff. – J. L. Dameron / I. Canthen (Hrsg.), *E. A. Poe: A Bibliography of Criticism, 1827–1967*, Charlottesville 1974. – E. W. Carlson (Hrsg.), *Critical Essays on E. A. Poe*, Boston (Mass.) 1987 (darin u. a. E. Wilson, »Poe as a Literary Critic«, S. 109 ff.; R. Wilbur, »Poe and the Art of Suggestion«, S. 160 ff.).
4 Friedrich (wie Anm. 1), S. 32.
5 Ch. Baudelaire, *Kritische und nachgelassene Schriften*, in: Ch. B., *Ausgewählte Werke*, Bd. 3, hrsg. von F. Blei, übers. von H. Steinitzer, München 1925. Alle weiteren Zitatnachweise nach dieser Ausgabe im Text. Vgl. auch Baudelaire, *Sämtliche Werke / Briefe in 8 Bänden*, hrsg. von F. Kemp und C. Pichois in Zsarb. mit W. Drost, übers. von G. Meister, München 1977 ff.
6 Baudelaire, »Zur Weltausstellung 1855«, in: Ch. B., *Kritische und nachgelassene Schriften* (wie Anm. 5), S. 232: »Die Malerei ist eine Beschwörung, ein magisches Verfahren (oh, könnten wir darüber die Seelen unserer Kinder befragen!).«

ARTHUR SCHOPENHAUER

1 Arthur Schopenhauer, *Die Welt als Wille und Vorstellung*, in: *A. Schopenhauers sämtliche Werke*, hist.-krit. Ausg. nebst dem handschriftlichen Nachlaß und den ges. Briefen hrsg. von O. Weiß, Leipzig 1919, Bd. 1, S. 248 (§ 34). [Nach dieser Ausgabe wird im folgenden zitiert.] Vgl. auch A. Schopenhauer, *Sämt-*

liche Werke, textkritisch bearb. und hrsg. von W. Frhr. v. Löhn-
eysen, Darmstadt 1974ff. (reprogr. Nachdr. der 2., überprüften
Aufl. 1968).

2 Bd. 2, S. 635 (Kap. 42). Vgl. hierzu auch W. Durant, *Die großen
Denker. Die Geschichte der Philosophie von Plato bis Nietzsche*,
Bergisch-Gladbach 1987, S. 379.

3 Bd. 1, S. 414 (§ 56). Vgl. Durant (wie Anm. 2), S. 385.

4 Bd. 1, S. 208 f. (§ 27). Durant, S. 386.

5 Bd. 2, S. 716 (Kap. 46).

6 Bd. 1, S. 346 (§ 52).

7 Ebd.

8 Bd. 1, S. 300 (§ 45).

9 Bd. 1, S. 346 (§ 52), zuletzt S. 349.

10 Bd. 2, S. 502 (Kap. 34).

11 Vgl. Søren Kierkegaard, *Gesammelte Werke*, Bd. 16, Tl. 1, übers.
von H. M. Junghans, Düsseldorf / Köln 1957–58, S. 246 ff. – Vgl.
auch die Texte in: W. Oelmüller [u. a.], *Diskurs: Kunst und Schönes*, Paderborn [u. a.] 1982, S. 252 ff. – Zu Kierkegaards ästhetischen Anschauungen vgl. Th. W. Adorno, *Kierkegaard. Konstruktion des Ästhetischen*, Frankfurt a. M. 1974. – H. Deuser,
*Die paradoxe Dialektik des politischen Christen. Voraussetzun-
gen bei Hegel. Die Reden von 1847/48 im Verhältnis von Politik
und Ästhetik*, München / Mainz 1974. – Ders., »S. Kierkegaard:
Existenzdialektik«, in: *Grundprobleme der großen Philosophen*,
hrsg. von J. Speck (*Philosophie der Neuzeit*, Bd. 3), Göttingen
1983, S. 125 ff., bes. S. 137 ff.

12 Schopenhauer (wie Anm. 1), Bd. 2, S. 502 (Kap. 34).

13 Ebd., S. 503 (Kap. 34).

14 Ebd., S. 486 (Kap. 31).

15 Bd. 1, S. 255 (§ 36).

16 Bd. 2, S. 486 (Kap. 31).

17 O. Weininger, *Geschlecht und Charakter*, Wien / Leipzig [26]1925
(1. Aufl. 1903). Aus dem Vorwort zur 1. Auflage: »Daß die Untersuchung an ihrem Ende gegen den Mann sich kehrt und, freilich in einem tieferen Sinne, als die Frauenrechtlerin ahnt, ihm
die größte und eigentliche Schuld zumißt, das wird dem Verfasser wenig fruchten, und ist von einer Beschaffenheit, die ihn zu
allerletzt beim weiblichen Geschlechte könnte rehabilitieren helfen« (S. VII).

18 F. Nietzsche, *Götzen-Dämmerung*, Nr. 21, in: F. N., *Sämtliche*

Werke, Kritische Studienausgabe in 15 Bänden, hrsg. von G. Colli und M. Montinari, München/Berlin/New York 1980, Bd. 6, S. 125.

FRIEDRICH NIETZSCHE

1 E. Bertram, *Nietzsche. Versuch einer Mythologie*, Berlin ⁵1921, S. 138.
2 F. Nietzsche, *Die fröhliche Wissenschaft*, in: F. N., *Sämtliche Werke*, Kritische Studienausgabe in 15 Bänden, hrsg. von G. Colli und M. Montinari, München/Berlin/New York 1980, Bd. 3, S. 345.
3 Die im folgenden angeführten Zitatnachweise im Text nach: F. Nietzsche, *Die Geburt der Tragödie*, in: *Sämtliche Werke* (wie Anm. 2), Bd. 1, S. 9–156, hier S. 25 f.
4 Zu U. v. Wilamowitz-Moellendorff vgl. G. Vattimo, *Friedrich Nietzsche*, übers. von K. Laermann, Stuttgart/Weimar 1992, S. 100. Vgl. U. v. Wilamowitz-Moellendorff, *Zukunftsphilologie! Zweites Stück. eine erwiderung auf die rettungsversuche für Fr. Nietzsches »Geburt der tragödie«*, Berlin 1873.
5 Vgl. H. Spencer, *System der synthetischen Philosophie*, 10 Bde., Stuttgart 1875 ff. – Nietzsche hat sich zwar manchmal etwas spöttisch über Spencer geäußert; er nennt ihn z. B. den »pedantischen Engländer« und bezeichnet seine Philosophie als »Krämerphilosophie«. Bei aller Distanzierung ist dessen evolutionistisches Konzept dennoch von Einfluß auf sein Denken gewesen.
6 Nietzsche, *Götzen-Dämmerung*, in: F. N., *Sämtliche Werke* (wie Anm. 2), Bd. 6, S. 116.
7 Nietzsche, *Nachgelassene Fragmente*, in: *Sämtliche Werke* (wie Anm. 2), Bd. 13, S. 410.
8 Nietzsche, *Morgenröte*, in: *Sämtliche Werke* (wie Anm. 2), Bd. 3, S. 213.
9 Nietzsche, Theoretische Studien (1872/73, 1875), in: *Nietzsche's Werke*, Abt. 2, Bd. 10: *Nachgelassene Werke. Aus den Jahren 1872/73–1875/76*, Leipzig ²1903, S. 107 ff., hier S. 136 (Nr. 65). Vgl. auch Nietzsche, *Menschliches, Allzumenschliches*, in: *Sämtliche Werke* (wie Anm. 2), Bd. 2, S. 545 ff. (»Aus der Seele der Künstler und Schriftsteller«).

GUSTAV THEODOR FECHNER

1 G. H. Schubert, *Ansichten von der Nachtseite der Naturwissenschaft*, unveränd. reprogr. Nachdr. der Ausg. Dresden 1808, Darmstadt 1967, bes. S. 3–8. – Ders., *Die Symbolik des Traumes*, Faks.dr. nach der Ausg. Bamberg 1814, mit einem Nachwort von G. Sauder, Heidelberg 1968.

2 G. Th. Fechner, *Zend-Avesta*, Leipzig 1851, Bd. 2, S. 232. – Vgl. auch M. Wentscher, *Fechner und Lotze*, München 1925, S. 42 ff.

3 E. H. Weber, »Tastsinn und Gemeingefühl«, in: *Ostwald's Klassiker der exacten Wissenschaften*, Nr. 149, 1889. – Ders., *De pulsu, resorptione, auditu et tactu, annotationes anatomicae et physiologicae*, Leipzig 1834. – Ders., »Tastsinn«, in: *Wagner's Handwörterbuch der Physiologie*, Bd. 3, Abt. 2, Braunschweig 1846, S. 481–588. – Vgl. auch N. Schneider, *Rhythmus. Untersuchungen zu einer zentralen Kategorie in der ästhetischen und kulturphilosophischen Debatte um die Jahrhundertwende*, Osnabrück 1992 (zuerst 1981), bes. S. 41 ff. – P. Lennig, *Von der Metaphysik zur Psychophysik. Gustav Theodor Fechner (1801–1887). Eine ergobiographische Studie*, Frankfurt a. M. [u. a.] 1994.

4 Fechner, *Vorschule der Ästhetik*, Leipzig 1876, Tl. 1, S. 4.

5 A. Zeising, *Neue Lehre von den Proportionen des menschlichen Körpers aus einem bisher unbemerkt gebliebenen, die ganze Natur und Kunst durchdringenden morphologischen Grundgesetze*, Leipzig 1854, S. 450.

6 Hier wie im folgenden die Zitatnachweise im Text nach dem ersten Band der *Vorschule der Ästhetik* (wie Anm. 4).

7 Vgl. S. Freud, »Formulierungen über die zwei Prinzipien des psychischen Geschehens (1911)«, in: S. F.: *Werkausgabe in zwei Bänden*, Bd. 1: *Elemente der Psychoanalyse*, hrsg. von A. Freud und I. Grubrich-Simitis, Frankfurt a. M. 1978, S. 423–429.

8 Vgl. J. Held / N. Schneider, *Sozialgeschichte der Malerei vom Spätmittelalter bis ins 20. Jahrhundert*, Köln 1993, S. 395 ff.

THEODOR LIPPS

1 Vgl. zum Beispiel R. F. Bales, *Interaction Process Analysis*, Cambridge (Mass.) 1950. – E. Stotland / St. E. Sherman / K. G. Shaver, *Empathy and Birthorder*, Lincoln 1971. – D. Bischof-Köhler,

Spiegelbild und Empathie. Die Anfänge der sozialen Kognition, Stuttgart/Toronto 1989. – Zum Einfühlungsbegriff von Theodor Lipps vgl. St. Witasek, *Grundzüge der allgemeinen Ästhetik*, Leipzig 1904, S. 122 ff. (kritisch). – E. Meumann, *System der Ästhetik*, Leipzig ³1919 (1. Aufl. 1913), S. 101 ff. – Ders., *Einführung in die Ästhetik der Gegenwart*, Leipzig ³1919, S. 53 ff. [u. ö.] – Zur Rezeption im angloamerikanischen Sprachraum vgl. beispielsweise C. J. Ducasse, *The Philosophy of Art*, New York 1966 (1. Aufl. 1929), S. 151 ff. – Kritisch zum ästhetischen Einfühlungsbegriff: Nicolai Hartmann, *Ästhetik*, Berlin ²1966 (1. Aufl. 1953, postum), S. 254 ff., der ihn auf die Personwahrnehmung im Alltag reduziert wissen möchte: »[...] den guten Sinn solcher Einfühlung möchte man sich nicht nehmen lassen. Es ist schon zu bedauern, daß dieser gute und natürlich gebildete Einfühlungsbegriff von der Poesie ergriffen und verunstaltet worden ist« (S. 255).

2 Th. Lipps, *Ästhetik*, in: *Systematische Philosophie*, von W. Dilthey, A. Riehl, W. Wundt, W. Ostwald, H. Ebbinghaus, R. Eucken, F. Paulsen, W. Münch, Th. Lipps, Berlin/Leipzig 1907, S. 351 ff., hier S. 351 (*Die Kultur der Gegenwart. Ihre Entwicklung und ihre Ziele*, hrsg. von P. Hinneberg, Tl. 1, Abt. 6). (Zitate im folgenden nach diesem Text, in dem Lipps seine Grundposition konzentriert und sehr klar darstellt.) Vgl. auch das Hauptwerk von Th. Lipps, *Ästhetik. Psychologie des Schönen und der Kunst*, Bd. 1: *Grundlegung der Ästhetik*, Hamburg/Leipzig 1903, Bd. 2: *Die ästhetische Betrachtung und die bildende Kunst*, ebd. 1906.

3 W. Wundt, *Grundriß der Psychologie*, Leipzig ⁷1905, S. 196.

4 Ch. v. Ehrenfels, »Über Gestaltqualitäten«, in: *Vierteljahresschrift für wissenschaftliche Psychologie* 14 (1890) S. 249 ff.

5 Lipps (1907, wie Anm. 2), S. 352.

6 Ebd.

7 Vgl. E. Chevreul, *Des couleurs et de leur application aux arts industriels à l'aide des cercles chromatiques*, Paris 1864.

8 Lipps (1908, wie Anm. 2), S. 357.

9 W. Worringer, *Abstraktion und Einfühlung. Ein Beitrag zur Stilpsychologie*, München 1948 [u. ö.] (1. Aufl. 1908).

10 Lipps (1907, wie Anm. 2), S. 357.

11 Ebd., S. 358.

12 Vgl. N. Schneider, *Rhythmus. Untersuchungen zu einer zentra-*

len Kategorie in der ästhetischen und kulturphilosophischen Debatte um die Jahrhundertwende, Osnabrück 1992 (zuerst 1981),
bes. S. 35 ff.

13 W. Wundt, *Völkerpsychologie. Eine Untersuchung der Entwick-
lungsgesetze von Sprache, Mythus und Sitte*, 10 Bde., Leipzig
1900–20, hier Bd. 3: *Die Kunst*, ebd. ³1919.

14 Lipps (1907, wie Anm. 2), S. 361.

15 Siehe dazu das Kapitel zu A. C. Danto, S. 226 ff.

BENEDETTO CROCE

1 In Italien wird sie freilich wieder diskutiert. Vgl. P. D'Angelo,
»A proposito di Croce storico dell'estetica«, in: *Rivista di este-
tica* 33 (1990) S. 105–122. – Vgl. an älterer Literatur V. Sainati,
L'Estetica di Benedetto Croce, Florenz 1953.

2 J. v. Schlosser, *Stilgeschichte und Sprachgeschichte in der bildenden Kunst*, München 1935.

3 B. Croce, *Aesthetik als Wissenschaft vom Ausdruck und allgemeine Sprachwissenschaft*, Tübingen 1930, S. 163 ff.

4 Vgl. hierzu F. de Faveri, »Croce (1866–1952)«, in: *Klassiker der
Literaturtheorie*, hrsg. von H. Turk, München 1979, S. 206 ff.

5 Vgl. Ch. Darwin, *The Expression of the Emotions in Men and
Animals*, London 1872.

6 J. Cohn, *Allgemeine Ästhetik*, Leipzig 1901, S. 59 ff. (zu Darwin
– wie Anm. 5 – und Th. Piderit, *Mimik und Physiognomik*, Det-
mold ²1886). – Zur Geschichte der Ausdrucksforschung vgl.
W. Hehlmann, *Geschichte der Psychologie*, Stuttgart 1967,
S. 333 ff. – Siehe auch S. L. Rubinstein, *Grundlagen der allgemeinen Psychologie*, Berlin ⁸1973, S. 600 ff.

7 O. Kohnstamm, *Kunst als Ausdruckstätigkeit. Biologische Voraussetzungen der Ästhetik*, München 1907, bes. § 33, S. 86 ff. –
G. Haberlandt, *Das Schöne als Ausdruck*, Wien/Leipzig 1905.

8 H. Bergson, *Le rire*, Paris 1901, ²⁵1925.

9 Zur Intuition vgl. H. Bergson, *Essai sur les données immédiates
de la conscience*, Paris 1889; dt.: *Zeit und Freiheit. Eine Abhandlung über die unmittelbaren Bewußtseinstatsachen*, übers. von
P. Fohr, Jena 1911. Vgl. dazu J. König, *Der Begriff der Intuition*,
Halle a. d. S. 1926 (reprogr. Nachdr. Hildesheim / New York
1981), S. 213 ff.

10 Vgl. H. Bergson, *Matière et mémoire. Essai sur la relation du corps à l'esprit*, Paris 1896; dt.: *Materie und Gedächtnis. Eine Abhandlung über die Beziehung zwischen Körper und Geist*, übers. von J. Frankenberger, Jena 1919.

11 H. Bergson, *L'évolution créatrice*, Paris 1907; dt.: *Schöpferische Entwicklung*, übers. von G. Kantorowicz, Jena 1912. Vgl. zu Bergson die Monographie von L. Kolakowski, *Henri Bergson. Ein Dichterphilosoph*, München/Zürich 1985, bes. S. 33 ff. (zu »Intuition und Intellekt«).

12 Im folgenden werden die Zitate aus Croces *Aesthetik* (wie Anm. 3) im Text in Klammern nachgewiesen.

13 Siehe das Kapitel zu Theodor Lipps, S. 134 ff.

14 Vgl. K. Lange, *Das Wesen der Kunst. Grundzüge einer illusionistischen Kunstlehre*, Berlin ²1907, Bd. 1, S. 4 ff., 15 ff., 81 ff.; Bd. 2, S. 54 ff.

15 G. B. Vico, *Principi di una Scienza Nuova intorno alla Natura delle Nazioni*, Neapel 1725.

ROMAN INGARDEN

1 Vgl. R. Wellek / A. Warren, *Theory of Literature*, New York 1949 [u. ö.]; dt.: *Theorie der Literatur*, übers. von E. und M. Lohner, Frankfurt a. M. / Berlin 1963. – Vgl. zu Ingarden auch R. Fieguth, »Rezeption contra falsches und richtiges Lesen? Oder Mißverständnisse mit Ingarden«, in: *Sprache im technischen Zeitalter* 38 (1971) S. 142–159. Thomas Lersch (Zentralinstitut für Kunstgeschichte, München) verdanke ich den wichtigen Hinweis auf den Sammelband von P. Graff / S. Krzemień-Ojak (Hrsg.), *Roman Ingarden and Contemporary Polish Aesthetics. Essays*, Warschau 1975 (polnischer Originaltitel: *Roman Ingarden a wspólczesna estetyka polska Studia*). Darin u. a. folgende Beiträge: B. Dziemidok, »R. Ingarden's Views on the Aesthetic Attitude«, S. 9 ff.; M. Golaszewska, »Aesthetic Values in Ingarden's System of Philosophy«, S. 49 ff.; H. Markiewicz, »Places of Indeterminacy in a Literary Work«, S. 159 ff.; J. Slawińska, »R. Ingarden's Theory of the Work of Architecture«, S. 237 ff.; M. Rzepińska, »Remarks on the Existence of a Painting«, S. 223 ff.

2 E. Staiger, »Die Kunst der Interpretation«, in: *Neophilologus* 35 (1951) S. 1–15.

3 R. Ingarden, *Intuition und Intellekt bei H. Bergson*, in: *Jahrbuch für Philosophie und phänomenologische Forschung* 5 (1923) S. 283–461.

4 Vgl. E. Husserl, *Logische Untersuchungen*, 2 Bde., Halle 1900 bis 1901 (vgl. auch E. Husserl, *Gesammelte Werke. Husserliana*, Bd. 18 ff. 1975–1984). – Ders., *Ideen zu einer reinen Phänomenologie und phänomenologischen Philosophie*, Halle 1913.

5 R. Ingarden, *Prinzipien einer erkenntnistheoretischen Betrachtung der ästhetischen Erfahrung*, in: *Theorien der Kunst*, hrsg. von D. Henrich und W. Iser, Stuttgart ⁴1992. – Vgl. zur phänomenologischen Ästhetik N. Krenzlin, »Untersuchungen zur phänomenologischen Ästhetik«, in: *Weimarer Beiträge* 14 (1968) S. 1236–84.

6 Ingarden (wie Anm. 5), S. 72.

7 Ebd., S. 73.

8 Vgl. Wellek/Warren (wie Anm. 1, dt. Ausg.), S. 130 f. Ingarden hat die Theorie des Schichtenaufbaus der Kunstwerke in seinem Buch *Das literarische Kunstwerk* (Halle 1931) innerhalb der phänomenologischen Schule als erster entwickelt. Ganz neu war das Prinzip der Stratifikation in den Geisteswissenschaften nicht. Aber immerhin konnte Ingarden das Erstgeburtsrecht dieses Gedankens in der Ästhetik beanspruchen. Auch Heidegger unterscheidet später in seinem *Kunstwerk*-Aufsatz (s. Anm. 12) zwischen mehreren Schichten, so zwischen dem materiellen »Ding«-Charakter des Kunstwerks und seiner »allegorischen« Aussage. Und vollends hat Nicolai Hartmann in seiner *Ästhetik* (Berlin 1953, ²1966, S. 42 ff.) bzw. in seinem *Problem des geistigen Seins* (Berlin 1933, S. 371 ff.) dieses Schichtenmodell zugrunde gelegt, für das er ohnehin (z. B. in seiner Kategorienlehre) eine große Vorliebe hatte. Ingarden beklagt sich in seinem Buch *Untersuchungen zur Ontologie der Kunst. Musikwerk, Bild, Architektur, Film* (Tübingen 1962, S. 33) bitter, von Hartmann plagiiert worden zu sein: »Er hielt es also nicht für nötig, auf mein Buch hinzuweisen.«

9 Ingarden (wie Anm. 5), S. 73 ff.

10 Ebd., S. 71.

11 Ebd., S. 72.

12 M. Heidegger, *Der Ursprung des Kunstwerks*, mit einer Einführung von H.-G. Gadamer, Stuttgart 1992 [u. ö.], S. 83 (Nachwort Heideggers).

Martin Heidegger

1 M. Heidegger, *Der Ursprung des Kunstwerks*, mit einer Einführung von H.-G. Gadamer, Stuttgart 1992 [u. ö.]. Im Text werden die Zitate nach dieser Ausgabe durch Angaben in Klammern nachgewiesen. *Sein und Zeit* (ursprünglich Halle 1927) liegt vor (in 16. Aufl.) in der Ausgabe Tübingen 1986.
2 J. G. Herder, *Ideen zur Philosophie der Geschichte der Menschheit*, in: *Herders ausgewählte Werke in sechs Bänden*, mit einer Einleitung von J. Lautenbacher, Stuttgart 1898, Bd. 5, S. 208. Siehe auch: J. G. Herder, *Sämtliche Werke*, kritische Ausgabe, hrsg. von B. Suphan, 33 Bde., Berlin 1877–1913, Bd. 14, ebd. 1909, S. 99.
3 Vgl. Th. W. Adorno, *Philosophie der modernen Musik*, Tübingen 1949. Adornos Theorie des »Materials« geht auf die frühen dreißiger Jahre zurück (Diskussion mit Ernst Krenek 1930). Siehe dazu auch das Kapitel über Adorno, S. 193 ff.
4 R. Hamann, *Ästhetik*, Leipzig 1911, S. 25 ff. Hamann vertrat damals noch eine Theorie der Kunstautonomie und verwandte dafür den Begriff der »Isolation«.
5 Vgl. B. Brecht, *Gesammelte Werke*, Werkausgabe in 20 Bänden, hrsg. [. . .] in Zsarb. mit E. Hauptmann, Frankfurt a. M. 1967, hier Bd. 15, S. 285–305 (zur »Verfremdung«).

Georg Lukács

1 G. Lukács, *Die Seele und die Formen*, Neuwied / Berlin 1971, S. 44.
2 Ebd.
3 Ebd., S. 118.
4 Vgl. J. Huret, *Enquête sur l'évolution littéraire*, Paris 1891, S. 60.
5 Lukács, *Die Seele und die Formen* (wie Anm. 1), S. 75.
6 Ebd., S. 128 (»Die neue Einsamkeit und ihre Lyrik: Stefan George«, S. 117 ff.).
7 Vgl. G. Simmel, *Soziologie. Untersuchungen über die Formen der Vergesellschaftung*, München 1908. – Ders., *Grundfragen der Soziologie*, Berlin 1917.
8 Th. W. Adorno, *Noten zur Literatur I*, Frankfurt a. M. 1958, S. 73–104.

9 Ebd., S. 103.

10 G. Lukács, *Die Zerstörung der Vernunft*, Bd. 2, Neuwied 1974, S. 7 ff. (Überschrift für Kap. 3).

11 Vgl. K. Marx, *Ökonomisch-philosophische Manuskripte aus dem Jahre 1844*, in: K. M. / F. Engels, *Werke* [im folgenden zit. als: MEW], hrsg. vom Institut für Marxismus-Leninismus beim ZK der SED, Erg.-Bd., Tl. 1, Berlin 1964, S. 510 ff.

12 G. Lukács, *Geschichte und Klassenbewußtsein*, Neuwied 1970, S. 110.

13 K. Marx, *Das Kapital*, Bd. 1, MEW, Bd. 23, Berlin 1968, S. 85.

14 Lukács, *Geschichte und Klassenbewußtsein* (wie Anm. 12), S. 182.

15 M. Weber, *Wirtschaft und Gesellschaft. Grundriß der Sozialökonomik*, Abt. 3, Tübingen 1922, S. 491.

16 Lukács, *Geschichte und Klassenbewußtsein* (wie Anm. 12), S. 111.

17 G. Lukács, *Die Theorie des Romans*, Neuwied 1971, S. 68 ff.

18 G. Lukács, *Tendenz oder Parteilichkeit?* (1932), in: *Die Linkskurve* 4,6 (1932) S. 13–21; hier zit. nach: Lukács, *Schriften zur Literatursoziologie*, hrsg. von P. Ch. Ludz, Neuwied 1961, S. 119.

19 G. Lukács, *Die Grablegung des alten Deutschland. Essays zur deutschen Literatur des 19. Jahrhunderts. Ausgewählte Schriften*, Bd. 1, Reinbek bei Hamburg 1967, S. 181. Vgl. auch: *Deutsche Literatur in zwei Jahrhunderten: Goethe und seine Zeit. Deutsche Realisten des 19. Jahrhunderts. Thomas Mann*, in: *Georg Lukács Gesamtausgabe*, Bd. 7, Neuwied / Berlin 1964.

20 B. Brecht, *Gesammelte Werke*, Werkausgabe in 20 Bänden, hrsg. [...] in Zsarb. mit E. Hauptmann, Frankfurt a. M. 1967, hier Bd. 19, S. 349. Vgl. auch B. Brecht, *Über Realismus*, hrsg. von W. Hecht, Frankfurt a. M. 1971, S. 44 ff. (»Die Essays von Georg Lukács« u. a.).

21 H. Lefèbvre, *Kritik des Alltagslebens*, 2 Bde., mit einem Vorwort zur deutschen Ausgabe hrsg. von D. Prokop, München 1974. Der Text wurde bereits 1945 verfaßt und vom Autor in dieser frühen Fassung später für »überholt« erklärt. – A. Heller, *Alltag und Geschichte. Soziologische Essays*, Neuwied / Berlin 1970. – Dies., *Der Mensch der Renaissance*, Köln 1982, S. 166 ff. (zum Alltagsleben in der Renaissance). – Dies., *Das Alltagsleben. Versuch einer Erklärung der individuellen Reproduktion*, Frankfurt a. M. 1978.

22 G. Lukács, *Ästhetik in vier Bänden*, Darmstadt / Neuwied 1972.
Im folgenden werden im Text die Zitate durch Angaben in
Klammern (Band, Seite) nachgewiesen. – Zur Vorgeschichte und
Geschichte der marxistischen Ästhetik und Literaturtheorie vgl.
die Textsammlung von F. J. Raddatz (Hrsg.), *Marxismus und Li-
teratur. Eine Dokumentation in drei Bänden*, Reinbek bei Ham-
burg 1969 (mit Texten von Marx, Engels, Mehring, Plechanow,
Lenin, Gorki, Lukács, Bloch, Brecht, Benjamin, Gramsci, Sartre,
Fischer, Aragon, Garaudy u. v. a.).

23 Vgl. Pieter Bruegels wohl von Philips Galle ausgeführte Stich-
serie zu den Kardinaltugenden (1559) oder Claes Jansz Cocks
Stichfolge zu den vier Elementen (1597) oder Jan Saenredams
und Hendrick Goltzius' Folge der fünf Sinne usw.

24 Zu Conrad Fiedler vgl. U. Kultermann, *Geschichte der Kunstgeschichte*, Düsseldorf 1966, S. 303 ff. (»Die Entdeckung der
Form«).

25 F. Engels, *Dialektik der Natur*, MEW, Bd. 20, Berlin 1962, S. 445.

26 Vgl. J. Strelka / W. Hinderer (Hrsg.), *Moderne amerikanische Literaturtheorien*, Frankfurt a. M. 1970. – K. Burke, *Dichtung als
symbolische Handlung. Eine Theorie der Literatur*, Frankfurt
a. M. 1966. – R. Weimann, *New Criticism und die Entwicklung
bürgerlicher Literaturwissenschaft*, Halle a. d. S. 1962. – R. C.
Davis / R. Schleifer (Hrsg.), *Contemporary Literary Criticism.
Literary and Cultural Studies*, New York / London [2]1989,
S. 20 ff. – H. Blamires, *A History of Literary Criticism*, Hounds-
mills / London 1991, S. 353 ff.

WALTER BENJAMIN

1 W. Benjamin, *Über den Begriff der Geschichte*, in: W. B., *Gesammelte Schriften*, 5 Bde., unter Mitwirkung von Th. W. Adorno
und G. Scholem hrsg. von R. Tiedemann und H. Schweppenhäuser, Frankfurt a. M. 1972–83, hier Bd. 1,2, ebd. 1974, S. 691–704.
Auch in: W. B., *Sprache und Geschichte. Philosophische Essays*,
Stuttgart 1992, S. 141–154.

2 Vgl. K. Korsch, *Karl Marx*, Frankfurt a. M. / Wien [3]1971.

3 Th. W. Adorno, *Charakteristik Walter Benjamins*, in: W. B.,
Sprache und Geschichte (wie Anm. 1), S. 155 f., hier S. 161.

4 Zu Aby Warburg vgl. E. H. Gombrich, *Aby Warburg. Eine intel-

lektuelle Biographie, Frankfurt a. M. 1970. Ferner M. Warnke, »Aby Warburg (1866–1929)«, in: H. Dilly (Hrsg.), *Altmeister moderner Kunstgeschichte*, Berlin 1990, S. 117 ff., hier S. 127 f. (zum »Bilderatlas«).

5 Benjamin in: *Sprache und Geschichte* (wie Anm. 1), S. 142.

6 Ebd., S. 144.

7 Ebd., S. 145.

8 Ebd., S. 144.

9 Ebd., S. 145.

10 Ebd., S. 146. – Vgl. hierzu auch O. K. Werckmeister, *Versuche über Paul Klee*, Frankfurt a. M. 1981, S. 103 ff. (zu Benjamin S. 104 ff.) und Abb. 34. Klee malte das Aquarell »Angelus Novus« 1920. Benjamin kaufte es 1921; es hing in seinen wechselnden Arbeitszimmern (vgl. Werckmeister, S. 98).

11 Benjamin in: *Sprache und Geschichte* (wie Anm. 1), S. 148.

12 Benjamin, *Über Sprache überhaupt und über die Sprache des Menschen*, in: *Gesammelte Schriften* (wie Anm. 1), Bd. 2,1, 1977, S. 140–157. Auch in: *Sprache und Geschichte* (wie Anm. 1), S. 30–49 (hiernach im folgenden zitiert).

13 Ebd., S. 35.

14 Ebd., S. 42.

15 Ebd., S. 44.

16 Benjamin, *Über das mimetische Vermögen*, in: *Sprache und Geschichte* (wie Anm. 1), S. 91 ff., hier S. 94.

17 Im folgenden zitiert nach: W. Benjamin, *Schriften*, 2 Bde., hrsg. von Th. W. und G. Adorno und F. Podzus, Frankfurt a. M. 1955, hier Bd. 1. (Vgl. auch *Gesammelte Schriften* – wie Anm. 1 –, Bd. 1,1, 1974, S. 203 ff.)

18 Ebd. (1955), S. 282.

19 Ebd., S. 283.

20 Vgl. F. Creuzer, *Symbolik und Mythologie der alten Völker*, 4 Bde., Darmstadt 1810–12.

21 Benjamin (wie Anm. 17), S. 289.

22 Ebd., S. 289 f.

23 Ebd., S. 299.

24 Ebd.

25 Ebd., S. 306.

26 Benjamin, *Das Kunstwerk im Zeitalter seiner technischen Reproduzierbarkeit*, Frankfurt a. M. 1963, S. 44.

27 Ebd., S. 50 f.

28 Ebd., S. 10.
29 Vgl. zum Verhältnis von Basis und Überbau, das später oft als
   zu mechanistisch kritisiert wurde, die Originalstelle bei K. Marx,
   Zur Kritik der Politischen Ökonomie, in: K. M. / F. Engels,
   Werke [im folgenden zit. als: MEW], hrsg. vom Institut für Marxismus-Leninismus beim ZK der SED, Bd. 3, Berlin 1972, S. 8 f.
   Ferner K. Marx / F. Engels, *Deutsche Ideologie*, MEW, Bd. 3,
   Berlin 1972, S. 20 ff.
30 Benjamin, *Das Kunstwerk* (wie Anm. 26), S. 16.
31 Ebd., S. 18.
32 Ebd., S. 19.
33 Ebd., S. 21.
34 Ebd., S. 23.
35 Ebd., S. 24.
36 Ebd., S. 32.
37 Ebd., S. 41.
38 Ebd., S. 42.
39 Ebd., S. 47.
40 Ebd., S. 48.
41 Th. W. Adorno, *Resumé über Kulturindustrie*, in: Th. W. A.,
   Ohne Leitbild. Parva Aesthetica, Frankfurt a. M. 1967, S. 60 ff.
42 Ebd., S. 61.
43 Benjamin, »Der Autor als Produzent«, in: *Gesammelte Schriften*
   (wie Anm. 1), Bd. 2, 1977, S. 683 ff.

Theodor W. Adorno

1 Th. W. Adorno, *Stichworte. Kritische Modelle 2*, Frankfurt a. M.
  1969, S. 88.
2 Adorno, *Negative Dialektik*, Frankfurt a. M. 1966.
3 Zur »apparition« vgl. Adorno, *Ästhetische Theorie*, Frankfurt
  a. M. 1970, S. 125.
4 Adorno, »Charakteristik Walter Benjamins«, in: W. Benjamin,
  Sprache und Geschichte. Philosophische Essays, Stuttgart 1992,
  S. 155 ff., hier S. 157.
5 Vgl. Th. Adorno / E. Frenkel-Brunswik / D. J. Levinson / R. Ne-
  vitt Sanford, *The Authoritarian Personality*, New York 1950.
6 Vgl. Adorno [u. a.], *Der Positivismusstreit in der deutschen
  Soziologie*, Neuwied/Berlin 1969, darin von Adorno die Einlei-

tung (S. 7 ff.) und der Beitrag »Soziologie und empirische Forschung« (S. 81 ff.).

7 Zum Begriff der »Vergegenständlichung« vgl. K. Marx, *Grundrisse der Kritik der politischen Ökonomie*, Berlin 1953, S. 208.

8 Adorno, *Ästhetische Theorie* (wie Anm. 3). Alle weiteren im
Text in Klammern angegebenen Seitenzahlen beziehen sich auf
diese Ausgabe.

9 R. Wiggershaus, *Theodor W. Adorno*, München 1987, S. 104.

10 Beispielsweise in seinem Aufsatz »Thesen zur Kunstsoziologie«,
in: *Ohne Leitbild. Parva Aesthetica*, Frankfurt a. M. 1967,
S. 94 ff.

11 Benjamin, »Über das mimetische Vermögen«, in: *Sprache und
Geschichte* (wie Anm. 4), S. 91 ff.

12 Siehe das Kapitel zu Hegel. Vgl. auch N. Schneider, »Adornos
Theorie des Naturschönen«, in: *Frankfurter Schule und Kunstgeschichte*, Berlin 1992, S. 59 ff.

13 Wiggershaus (wie Anm. 9), S. 102 ff.

SIGMUND FREUD

1 Zum Surrealismus vgl. A. Breton, *Manifeste du Surréalisme*, Pa-
ris 1924. – Ders., *Second Manifeste du Surréalisme*, Paris 1930.
– Ders., *Qu'est-ce que le Surréalisme?*, Brüssel 1934. – Ders.,
Manifestes du Surréalisme, Paris 1963; dt.: *Die Manifeste des
Surrealismus*, übers. von R. Henry, Reinbek bei Hamburg 1968.
– M. Nadeau, *Histoire du surréalisme*, 2 Bde., Paris 1945–48; dt.:
Geschichte des Surrealismus, übers. von K. H. Laier, Reinbek bei
Hamburg 1965 [u. ö.]. – W. S. Rubin, *Dada, Surrealism, and
Their Heritage*, New York 1968.

2 G. Groddeck, *Der Mensch als Symbol. Unmaßgebliche Meinungen über Kunst und Sprache*, Wien 1933, Nachdr. Frankfurt
a. M. 1989. Interessant sind Groddecks sexualsymbolische Deu-
tungen von Stilleben, z. B. S. 142 ff. – Ders., *Psychoanalytische
Schriften zur Literatur und Kunst*, Wiesbaden 1964. – Vgl. auch
E. Kris, *Psychoanalytic Explorations in Art*, New York / London
1952.

3 S. Freud, *Jenseits des Lustprinzips*, in: S. F., *Werkausgabe in zwei
Bänden*, Bd. 1: *Elemente der Psychoanalyse*, hrsg. von A. Freud
und I. Grubrich-Simitis, Frankfurt a. M. 1978, S. 186.

4 Ebd.

5 Vgl. ebd., S. 138.

6 Freud, *Drei Abhandlungen zur Sexualtheorie* (1905), in: *Werkausgabe* (wie Anm. 3), Bd. 1, S. 235 ff., hier S. 305.

7 Freud, *Lustprinzip und Realitätsprinzip*, in: *Werkausgabe* (wie Anm. 3), Bd. 1, S. 419 ff., hier S. 427.

8 Ebd.

9 Ebd.

10 Freud, *Jenseits des Lustprinzips* (wie Anm. 3), S. 207.

11 Ebd.

12 Ebd.

13 Freud, *Wege der Symptombildung*, in: *Werkausgabe* (wie Anm. 3), Bd. 1, S. 449 ff., hier S. 462.

14 Ebd.

15 Freud, *Über den Traum* (1901), in: *Werkausgabe* (wie Anm. 3), Bd. 1, S. 77 ff., hier S. 101.

16 Vgl. C. Lombroso, *Genio e follia*, Mailand 1864. (dt.: *Genie und Irrsinn in ihren Beziehungen zum Gesetz, zur Kritik und zur Geschichte*, übers. von A. Courth, Leipzig [o.J.], bes. S. 7 ff.: »Physiologie des Genius und seine Verwandtschaft mit dem Wahnsinn«). Dazu: *L'opera di C. Lombroso nella scienza e nelle sue applicazioni*, hrsg. von L. Bianchi, Turin 1906. – H. Kurella, *C. Lombroso als Mensch und Forscher*, Wiesbaden 1910. In der Art Lombrosos argumentiert noch, z. T. sogar rassebiologisch, Gottfried Benn (»Das Genieproblem«, in: G. B., *Provoziertes Leben. Eine Auswahl aus den Prosaschriften*, Frankfurt a. M./ Berlin 1962, S. 52–64).

17 E. Zilsel, *Die Entstehung des Geniebegriffs*, Leipzig 1926, S. 14 ff. – M. Barash, *Theories of Art. From Plato to Winckelmann*, New York / London 1985, S. 33 f.

18 Freud, *Der Dichter und das Phantasieren* (1908), in: *Werkausgabe* (wie Anm. 3), Bd. 2, S. 128 ff., hier S. 129.

19 F. Schiller, *Über die ästhetische Erziehung des Menschen in einer Reihe von Briefen*, in: F. S., *Sämtliche Werke*, 5 Bde., hrsg. von G. Fricke und H. G. Göpfert, München ⁶1980, hier Bd. 5, S. 570 ff., bes. S. 618.

20 Freud (wie Anm. 18), S. 129.

21 Ebd., S. 130.

22 Ebd., S. 131.

23 Ebd., S. 134.

24 Freud, *Eine Kindheitserinnerung des Leonardo da Vinci* (1910), in: *Werkausgabe* (wie Anm. 3), Bd. 2, S. 136.
25 Vgl. ebd., S. 141 ff.
26 Ebd., S. 151.
27 Ebd.
28 Vgl. dazu ebd., S. 156.
29 Ebd., S. 157.
30 Ebd., S. 169 ff.
31 Vgl. U. Kultermann, *Geschichte der Kunstgeschichte*, Düsseldorf 1966, S. 224 ff. (Kap. 12: »Kunstgeschichte der Gründerzeit«), mit Literaturangaben S. 453 ff.
32 Vgl. J. Lacan, *Écrits*, Paris 1966; dt.: *Schriften*, 2 Bde., ausgew. und hrsg. von N. Haas, Olten/Freiburg i. Br. 1973–75. Vgl. J.-B. Fages, *Comprendre Jacques Lacan*, Toulouse 1971. – J.-M. Palmier, *Lacan*, Paris 1969. – »Lacan«, in: *L'Arc* (58) 1974. – J.-B. Fages, *Geschichte der Psychoanalyse nach Freud*, Frankfurt a. M. [u. a.] 1981, S. 215 ff. (Kap. 13: »Jacques Lacan und die Freudsche Schule«). – Lacan, der eine enge Beziehung zu den Surrealisten unterhielt, versuchte, eine über Freud hinausgehende (angeblich aber zu ihm zurückkehrende) transindividualistische Psychoanalyse aufzubauen, die im Sinne des linguistischen Strukturalismus (und Poststrukturalismus) antihumanistisch angelegt ist, d. h. nicht von einer Anthropozentrik ausgeht. Auf diese Weise soll eine neue »Topik des Subjekts« entstehen. In der Literaturwissenschaft hat sich besonders F. A. Kittler für eine Rezeption Lacans eingesetzt. Es bleibt hier aber oft nur bei einer Reproduktion der Lacanschen Begrifflichkeit, ohne daß sie für eine hermeneutische Texterschließung überzeugend appliziert würde. Vgl. F. A. Kittler, »E. T. A. Hoffmann – Freud – Lacan«, in: K. Peter (Hrsg.), *Romantikforschung seit 1945*, Königstein i. Ts. 1980, S. 335 ff. Vgl. auch N. N. Holland, »Recovering ›The Purloined Letter‹. Reading as a Personal Transaction«, in: *The Purloined Poe: Lacan, Derrida, and Psychoanalytical Reading*, hrsg. von J. P. Miller und W. J. Richardson, Baltimore 1988, S. 307–322. – Neuere Literatur zum Verhältnis von Psychoanalyse und Kunst: J. J. Spector, *The Aesthetics of Freud. A Study in Psychoanalysis and Art*, New York 1972. – R. Kuhns, *Psychoanalytic Theory of Art: A Philosophy of Art on Developmental Principles*, New York 1983. – L. Bersani, *The*

Freudian Body: Psychoanalysis and Art, New York 1986. –
S. Kofman, *The Childhood of Art. An Interpretation of Freud's Aesthetics*, New York 1988.

John Dewey

1 Vgl. N. Schneider, *Robert Motherwell. Elegien auf die Spanische Republik*, Osnabrück 1993 (Werkmonographie der Guernica-Gesellschaft, Faltblatt), S. 3.
2 J. Dewey, *Kunst als Erfahrung*, übers. von Ch. Velten, Frankfurt a. M. 1988, S. 11. (Vgl. César Graña, »John Dewey's Social Art and the Sociology of Art«, in: *Journal of Aesthetics and Art Criticism 22*, N. 3, Spring 1962, S. 405–412.)
3 Ebd., S. 14.
4 Ebd., S. 22.
5 Ebd., S. 158 f.
6 Ebd., S. 155.
7 Ebd., S. 159.
8 Dewey, *Darwin's Influence on Philosophy and other Essays*, New York 1910.

Nelson Goodman

1 N. Goodman, »Kunst und Erkenntnis«, in: *Theorien der Kunst*, hrsg. von D. Henrich und W. Iser, Frankfurt a. M. 1992, S. 569 bis 591, hier S. 573. (Ursprüngliche Fassung: *Art and Inquiry*, in: *American Philosophical Association. Proceedings and Adresses*, Bd. 41, 1967/68, S. 5–19.)
2 Ebd., S. 588.
3 Ebd., S. 584 f.
4 N. Goodman, *Weisen der Welterzeugung*, übers. von M. Looser, Frankfurt a. M. 1987, S. 80 f. et passim.
5 Vgl. E. Cassirer, *Die Philosophie der symbolischen Formen*, 3 Bde., Berlin 1923–29. – E. Cassirer, *Wesen und Wirkung des Symbolbegriffs*, Darmstadt ⁴1969, bes. S. 169 ff. (»Der Begriff der symbolischen Form im Aufbau der Geisteswissenschaften«) und S. 201 ff. (»Zur Logik des Symbolbegriffs«). – E. Panofsky, *Sinn und Deutung in der bildenden Kunst (Meaning in the Visual Arts)*, Köln 1975.

6 Vgl. C. Z. Elgin, »Nelson Goodman«, in: D. Cooper (Hrsg.), *A Companion to Aesthetics*, Oxford / Cambridge (Mass.) 1992, S. 175–177. – Goodman (wie Anm. 1), S. 580.
7 Vgl. Goodman (wie Anm. 4), S. 76 ff.
8 Goodman (wie Anm. 1), S. 580 f.

Arthur C. Danto

1 A. C. Danto, *Reiz und Reflexion*, übers. von Ch. Spelsberg, München 1994 (amerikan. Fassung u. d. T.: *Encounters and Reflections. Art in the Historical Present*, New York 1991; u. a. zu Morris Louis, Hans Haacke, Cindy Sherman, Anselm Kiefer; zum Schluß, S. 331 ff., »Narratives of the End of Art«).
2 A. C. Danto, »The Artworld«, in: *Journal of Philosophy* 61 (1964) S. 571–584.
3 L. Fiedler, *Collected Essays*, New York 1971. – Ders., *Cross the Border – Close that Gap*, New York 1972, S. 61 ff. – Vgl. F. Jameson, »Postmoderne – zur Logik der Kultur im Spätkapitalismus«, in: A. Huyssen / K. Scherpe, *Postmoderne. Zeichen eines kulturellen Wandels*, Reinbek bei Hamburg 1986, S. 46; und den exzellenten Artikel »Postmoderne« von D. Borchmeyer in: D. B. / V. Žmegač (Hrsg.), *Moderne Literatur in Grundbegriffen*, Frankfurt a. M. 1987, S. 306 ff.
4 Danto (wie Anm. 2), S. 580.
5 Danto, *The Transfiguration of the Commonplace. A Philosophy of Art*, Cambridge (Mass.) 1981; dt.: *Die Verklärung des Gewöhnlichen*, übers. von M. Looser, Frankfurt a. M. 1984.
6 Vgl. zu Wittgenstein: W. Stegmüller, *Hauptströmungen der Gegenwartsphilosophie. Eine kritische Einführung*, Bd. 1, Stuttgart ⁶1976, S. 524 ff. Schon Wittgenstein ging bei seinen als visuelle Beispiele dienenden vorgestellten Illustrationen – wenn er beabsichtigte, »Tatsachen« von »Sachverhalten« zu unterscheiden – von primitiven geometrischen Strukturen aus. Vgl. dazu auch E. Stenius, *Wittgenstein's Tractatus. A Critical Exposition of the Main Lines of Thought*, Oxford 1960.
7 Danto, *Die Verklärung* (wie Anm. 5), S. 10.
8 Ebd., S. 17–61.
9 Ebd., S. 72.

10 Vgl. A. Gehlen, *Zeit-Bilder. Zur Soziologie und Ästhetik der modernen Malerei*, Frankfurt a. M. / Bonn 1965, S. 222 ff.

11 Vgl. P. Feyerabend, *Wissenschaft als Kunst*, Frankfurt a. M., 1984. – Ders., *Farewell to Reasons*, London 1987. – Ders., *Erkenntnis für freie Menschen*, Frankfurt a. M. 1980.

12 Danto, *The Philosophical Disenfranchisement of the Commonplace*, New York 1986; dt.: *Die philosophische Entmündigung der Kunst*, übers. von K. Lauer, München 1993. Auch in diesem Buch Bemerkungen zum oft angekündigten »End of Art« (amerikan. Ausg., S. 81–115): »There will always be a service for art to perform, if artists are content with that« (S. 115). Danto hält den »Tod der Kunst« für ein »overstatement«. Als stabilisierenden, erhaltenden Faktor betrachtet er die »Artworld« (Galerien, Sammler, Ausstellungswesen usw.). Die These vom »Posthistoire« kann er daher nicht akzeptieren, er hält sie für eine mit jeder neuen Saison in abgewandelter Form eingeführte Modebehauptung.

13 Zu den Brillo-Kartons vgl. A. C. Danto, *Beyond the Brillo Box*, New York 1992.

14 Vgl. A. C. Danto, *Why Art History Has a History*, in: *Journal of Aesthetics and Art Criticism* 51, N. 3 (Summer 1993) S. 299 ff. – Ders., *A Future for Aesthetics*, in: *Journal of Aesthetics and Art Criticism* 51, N. 2 (Spring 1993) S. 271 ff.

JAN MUKAŘOVSKÝ

1 J. Mukařovský, *Die Kunst als semiologisches Faktum*, in: J. M., *Kapitel aus der Ästhetik*, übers. von W. Schamschula, Frankfurt a. M. 1970, S. 138 ff.

2 Ebd., S. 142. Die Theorie des »ästhetischen Objekts« ist nahezu identisch mit der des »ästhetischen Gegenstands« von Roman Ingarden.

3 Vgl. W. Schamschula, »Jan Mukařovský (1891–1975)«, in: *Klassiker der Literaturtheorie*, hrsg. von H. Turk, München 1979, S. 238 ff., hier S. 246.

4 Vgl. J. Striedter (Hrsg.), *Texte der russischen Formalisten*, Bd. 1: *Texte zur allgemeinen Literaturtheorie und zur Theorie der Prosa*, München 1969. – V. Schklovskij, *Theorie der Prosa*, übers. von G. Drohla, Frankfurt a. M. 1966. – J. Tynjanov, *Die literari-*

schen Kunstmittel und die Evolution in der Literatur, übers. von
A. Kaempfe, Frankfurt a. M. 1967. – B. Ejchenbaum, *Aufsätze
zur Theorie und Geschichte der Literatur,* ausgew. und übers.
von A. Kaempfe, Frankfurt a. M. 1965. – Vgl. auch H. Günther
(Hrsg.), *Marxismus und Formalismus,* München 1973. – V. Er-
lich, »Russian Formalism«, in: *Journal of the History of Ideas* 34
(1973), S. 627–638; F. Jameson, *The Prison-House of Language:
A Critical Account of Structuralism and Russian Formalism,*
Princeton 1972; P. Steiner, »Formalism and Structuralism: An
Exercise in Metahistory«, in: *Russian Literature* 12 (1982)
S. 299–330.

5 Mukařovský, *Ästhetische Funktion, Norm und ästhetischer Wert
als soziale Fakten,* in: *Kapitel aus der Ästhetik* (wie Anm. 1),
S. 7–112, hier S. 36.

6 Zu Taine und Guyau vgl. die Aufsätze von L. Kofler und
H. P. Thurn in: A. Silbermann (Hrsg.), *Klassiker der Kunstsoziologie,* München 1979, S. 11 ff. und 28 ff.

JEAN-PAUL SARTRE

1 J.-P. Sartre, *Qu'est-ce que la littérature?,* in: *Les Temps Modernes* 2 (1947) Nr. 17–22; wiederabgedr. in: J.-P. S.: *Situations,* Bd. 2, Paris 1947; dt.: *Was ist Literatur? Ein Essay,* übers.
von H. G. Brenner, Reinbek bei Hamburg 1958.

2 Ebd. Die im Text in Klammern angegebenen Seitenzahlen beziehen sich auf die deutsche Ausgabe. – Vgl. auch: Sartre, *Der Intellektuelle und die Revolution,* übers. von I. Reblitz, Neuwied /
Berlin 1971, bes. S. 83 ff. (zum Schriftsteller und seinem Material; Interview mit Pierre Verstraeten aus dem Jahre 1965). – Sartre, *Drei Essays. Ist der Existentialismus ein Humanismus? –
Materialismus und Revolution – Betrachtungen zur Judenfrage,*
mit einem Nachwort von W. Schmiele, Frankfurt a. M. / Berlin
1965, bes. S. 7 ff. – Vgl. als frühe Resonanz auf Sartres programmatischen Text: C. E. Magny, »J.-P. Sartre et la littérature«, in:
Esprit 16 (1948) S. 686–703. – J. Benda, »Qu'est-ce que la littérature?‹ J.-P. Sartre«, in: *Revue de Paris* 57 (Januar 1950) S. 87–98.
– C. Ray, »The Aesthetic Views of J.-P. Sartre«, in: *Journal of
Aesthetics and Art Criticism* 2 (1950) S. 139–147. – Sekundärlite-
ratur: H. Krauss, *Die Praxis der »littérature engagée« im Werk*

Sartres 1938–1948, Heidelberg 1970. – H. Mayer, *Anmerkungen zu Sartre*, Pfullingen 1972, S. 25–30.
3 Vgl. H. R. Jauß, *Literaturgeschichte als Provokation*, Frankfurt a. M. 1970. – R. Warning (Hrsg.), *Rezeptionsästhetik. Theorie und Praxis*, München 1975. – W. Iser, *Der Akt des Lesens, Theorie ästhetischer Wirkung*, München 1976. Vgl. zum angloamerikanischen »Reader-response criticism« S. Fish, »Literature in the Reader. Affective Stylistics«, in: *New Literary History* 2 (1970) S. 123–162; S. R. Suleiman/I. Crosman (Hrsg.), *The Reader in the Text. Essays on Audience and Interpretation*, Princeton 1980.
4 Sartre, *Die Wörter*, übers. und mit einer Nachbemerkung von H. Mayer, Reinbek bei Hamburg 1965, S. 33.

ROLAND BARTHES

1 Vgl. C. Lévi-Strauss, *Anthropologie structurale*, Paris 1958; dt.: *Strukturale Anthropologie*, übers. von H. Naumann, Frankfurt a. M. 1967. – Ders., *Mythologiques*, 4 Bde., Paris 1964–77; dt.: *Mythologica 1: Das Rohe und das Gekochte*, übers. von E. Moldenhauer, Frankfurt a. M. 1971. – Ders., *La pensée sauvage*, Paris 1962; dt.: *Das wilde Denken*, übers. von H. Naumann, Frankfurt a. M. 1968. Gute Einführung in das Denken von Lévi-Strauss bei G. Schiwy, *Der französische Strukturalismus. Mode, Methode, Ideologie. Mit einem Textanhang*, Reinbek bei Hamburg 1969, S. 45 ff. – G. Schiwy, *Neue Aspekte des Strukturalismus*, München 1971. – Ferner: F. Wahl (Hrsg.), *Einführung in den Strukturalismus*, mit Beiträgen von O. Ducrot, T. Todorov [u. a.], Frankfurt a. M. 1973. – J. Culler, *Structuralistic Poetics*, London 1975; T. Hawkes, *Structuralism and Semiotics*, Berkeley 1977; P. Caws, *Structuralism. The Art of the Intelligible*, Atlantic Highlands (N. J.) 1988.
2 Vgl. F. de Saussure, *Cours de linguistique générale*, Paris 1916.
3 R. Barthes, *Mythen des Alltags*, übers. von H. Scheffel, Frankfurt a. M. 1964, S. 112.
4 Ebd., S. 85 f.
5 Ebd., S. 90.
6 Ebd., S. 90 f.
7 Ebd., S. 92.
8 Ebd., S. 93.

9 Ebd., S. 95.

10 Ebd., S. 115.

11 Vgl. Barthes, »Die Imagination des Zeichens«, in: R. B., *Literatur oder Geschichte*, übers. von H. Scheffel, Frankfurt a. M. 1969, S. 36–43. – Ferner: Ders., »Die Augenmetapher«, in: H. Gallas (Hrsg.), *Strukturalismus als interpretatives Verfahren*, Neuwied / Berlin 1972, S. 25–34.

12 Siehe Anm. 2.

13 Barthes, *Das Reich der Zeichen*, übers. von M. Bischoff, Frankfurt a. M. 1981, S. 103.

14 Ebd., S. 102.

Jacques Derrida

1 Zum Begriff der Dekonstruktion vgl. u. a.: Ch. Norris, *The Deconstructive Turn*, London / New York 1983. – G. Hartman, *Saving the Text*, Baltimore (Md.) / London 1981. – J. Culler, *On Deconstruction*, Ithaca (N. Y.) 1982; dt.: *Dekonstruktion: Derrida und die poststrukturalistische Literaturtheorie*, übers. von M. Momberger, Reinbek bei Hamburg 1988. – R. Rorty, *Consequences of Pragmatism*, Brighton 1982. – L. de Vos, *De/Construction*, Amsterdam 1988. – Zur Rezeption des Dekonstruktivismus in der feministischen Literaturkritik vgl. H. Cixous, »Castration or Decapitation«, in: *Signs* 7.1 (Autumn 1981) S. 41–55; dies. / M. Gagnon / A. Leclerc, *Venue à l'écriture*, Paris 1977; L. Irigaray, *Le corps-à-corps avec la mère*, Ottawa 1981; dies., *Passions élémentaires*, Paris 1982; *The Irigaray Reader*, hrsg. von M. Whitford, Oxford 1991; T. Moi, *Sexual / Textual Politics: Feminist Literary Theory*, London / New York 1985; G. Ch. Spivak, »French Feminism in an International Frame«, in: *Yale French Studies* 62 (1981) S. 154–184.

2 Vgl. Tel Quel, *Die Demaskierung der bürgerlichen Kulturideologie. Marxismus – Psychoanalyse – Strukturalismus*, übers. von G. Sautermeister, München 1971.

3 Auszüge daraus in dt. Übers. in: *alternative* 62/63 (1968) S. 199 bis 205.

4 M. Bachtin, *Die Ästhetik des Wortes*, hrsg. und eingel. von R. Grübel, übers. von R. Grübel und S. Reese, Frankfurt a. M. 1979, S. 290. Vgl. auch K. Clark / M. Holquist, *Mikhail Bakhtin*,

Cambridge (Mass.) 1984; K. Hirschkop/D. Shepherd, *Bakhtin and Cultural Theory*, Manchester 1989.

5 Vgl. R. Barthes, *Die Imagination des Zeichens*, in: R. B., *Literatur oder Geschichte*, übers. von H. Scheffel, Frankfurt a. M. 1969, S. 36–43.

6 Enthalten in: J. Derrida, *Die Schrift und die Differenz*, übers. von R. Gasché und U. Köppen, Frankfurt a. M. 1976; wiederabgedr. in: *Postmoderne und Dekonstruktion. Texte französischer Philosophen der Gegenwart*, hrsg. von P. Engelmann, Stuttgart 1993 [u. ö.] S. 114–139.

7 Derrida in: *Postmoderne und Dekonstruktion* (wie Anm. 6), S. 114 f.

8 Derrida, *Die différance*, in: *Postmoderne und Dekonstruktion* (wie Anm. 6), S. 76–113, hier S. 88.

9 Ebd., S. 78.

10 P. Feyerabend, *Wissenschaft als Kunst*, Frankfurt a. M. 1984.

11 P. Engelmann, »Einführung: Postmoderne und Dekonstruktion. Zwei Stichwörter zur zeitgenössischen Philosophie«, in: *Postmoderne und Dekonstruktion* (wie Anm. 6), S. 5–32, hier S. 19.

12 Ebd., S. 21.

13 Vgl. N. Schneider, »Bastelei als Subversion? – Zur Kritik der Philosophie Jacques Derridas«, in: *Düsseldorfer Debatte* 3 (1986) S. 47–54.

14 Vgl. I. Hassan, *The Dismemberment of Orpheus: Toward a Postmodern Literature*, London/New York 1971.

15 N. Luhmann, *Soziale Systeme. Grundriß einer allgemeinen Theorie*, Frankfurt a. M. 1984.

16 Vgl. J.-F. Lyotard, *Le différend*, Paris 1983; dt.: *Der Widerstreit*, München 1987. Vgl. die Rezension von R. Rorty in: *Critique* 5 (1985) S. 584. – W. Welsch, »Der Widerstreit oder Eine postmoderne Gerechtigkeitskonzeption«, in: W. W., *Unsere postmoderne Moderne*, Weinheim 1987, ²1988, S. 227–261. Zum »Plädoyer für Vielfalt« vgl. den Artikel von F. Fellmann, in: *Frankfurter Allgemeine Zeitung* vom 3. 12. 1986, Nr. 280, S. 34. Vgl. J.-F. Lyotards Buch *Das postmoderne Wissen: ein Bericht* (übers. von M. Kubaczek, Graz/Wien 1986). – M. Köhler, »›Postmodernismus‹: Ein begriffsgeschichtlicher Überblick«, in: *Amerikastudien* 22 (1977) S. 8–19, und Welsch, S. 169–184.

17 So besonders in: J. Baudrillard, *L'échange symbolique et la mort*, Paris 1976; dt.: *Der symbolische Tausch und der Tod*, übers. von

G. Bergfleth, München 1982. – Vgl. dazu N. Schneider, »Ein Philosoph der Krise – Jean Baudrillard«, in: *Kritische Berichte* 13
(1985) S. 65–74.

18 Vgl. J. Baudrillard, »Videowelt und fraktales Subjekt«, in:
*Aisthesis. Wahrnehmung heute oder Perspektiven einer anderen
Ästhetik*, hrsg. von K. Barck, Leipzig 1991, S. 252 ff. – Ders.,
Agonie des Realen, Berlin 1978. – Ders., *Amérique*, Paris 1986;
dt.: *Amerika*, übers. von M. Ott, München 1987. – Ders., *Das
Jahr 2000 findet nicht statt*, übers. von P. Geble und M. Karbe,
Berlin 1990.

19 Dies übersehen meines Erachtens N. Bolz und W. van Reijen in
dem Schlußkapitel ihres (sonst sehr empfehlenswerten) Buches
Walter Benjamin (Frankfurt a. M. 1991, S. 117 ff.), das Benjamins
Philosophie im Horizont der gegenwärtigen Diskussion weiter-
führend zu beurteilen sucht.

20 Vgl. Ch. Pries / W. Welsch, »Jean-François Lyotard«, in: *Philosophie der Gegenwart in Einzeldarstellungen. Von Adorno bis
v. Wright*, hrsg. von J. Nida-Rümelin, Stuttgart 1991, S. 369–375,
bes. S. 373 f. Zum Begriff des Erhabenen in der Theorie der
Postmoderne vgl. P. G. Beidler, »The Postmodern Sublime:
Kant and Tony Smith's Anecdote of the Cube«, in: *Journal of
Aesthetics and Art Criticism* 53 (Spring 1995) S. 177–186.

21 Im deutschsprachigen Bereich hat Wolfgang Welsch die in
Frankreich inaugurierte postmoderne Theorie einem größeren
Publikum vermittelt (vgl. sein Buch *Unsere postmoderne Moderne*, wie Anm. 16). Sein Verdienst ist es, die nicht selten dunklen und teilweise bewußt disparaten, eklektizistischen Gedan-
kengänge der postmodernen Denker nachvollziehbar gemacht
zu haben. Er selbst vertritt – weitgehend im Anschluß an Lyotard – eine gemäßigt postmoderne Position, die nicht mit Ansät-
zen der Kritischen Theorie (Adorno) vollends bricht, sondern
sie, wie besonders an der Kategorie des Erhabenen ablesbar, zu
integrieren sucht. – Welschs These lautet, daß der Universalität
des Ästhetischen, das durch Pluralität und Heterogenität gekennzeichnet sei, nur ein »ästhetisches Denken« gerecht werden
könne, nicht ein (zwanghafter) logozentrischer Diskurs. Er plädiert daher für ein »transversales«, prozessuales Denken, das
sich polyperspektivisch auf diese Pluralität einläßt. »Ästhetisches Denken geht [. . .] von einzelnen Beobachtungen oder
Wahrnehmungen aus. Diese sind dann als Nukleus imaginativer

Prozesse wirksam und weiten sich zu einem Grundbild, das Einsicht verspricht. Ein vor Augen (oder Ohren, allgemein: vor Sinn und Gemüt) Tretendes bringt vor die Frage, ob es vielleicht wie ein Blitz eine Lage zu erhellen, für ein Ganzes aufschlußreich zu sein, unerwartete Einsicht zu schenken vermag. Dem geht ästhetisches Denken nach.« (Vgl. seine Aufsatzsammlung *Ästhetisches Denken*, Stuttgart 1990, bes. S. 41 ff., hier S. 52 f.). Die Metapher des Blitzes erinnert an Adornos Motiv der »apparition«. Das Programm des physiognomischen Sehens und Entdeckens (wie ich es nennen möchte), das die Gegenstände spontan analogisierend mit Signifikanz besetzt, sieht Welsch bei Peter Sloterdijk verwirklicht. Die Realitäten und Inszenierungen des Alltags wie eine anderes erhellende Signatur zu lesen, war bereits ein Spezifikum der ästhetischen Schriften Walter Benjamins. – Welsch kritisiert das Prinzip einer »Input-Hermeneutik«, die er besonders bei Peter Weiss' *Ästhetik des Widerstands* glaubt feststellen zu können. Deren Prinzip sei es, eine bereits fertig vorliegende Interpretationsperspektive ex post auf Kunst zu übertragen. Statt dessen fordert Welsch, Lyotards »Widerstreit«-Modell aufnehmend, daß kritische Strategien (z. B. gegen Uniformierungszwänge) innerhalb des Ästhetischen selbst entwickelt werden: »Die postmoderne Ästhetik geht nicht von einem archimedischen Punkt jenseits der Kunst aus und stützt sich auch in ihrem gesellschaftlichen Widerstand nicht auf einen solch jenseitigen Punkt, sondern sie analysiert und agiert *inmitten* der Wirklichkeit und ihrer Spannungen« (*Ästhetisches Denken*, S. 167).

Allgemeine Literaturhinweise

R. Zimmermann: Geschichte der Ästhetik als philosophischer Wissenschaft. Wien 1858.

R. H. Lotze: Geschichte der Ästhetik in Deutschland. München 1868.

M. Schasler: Kritische Geschichte der Ästhetik. Berlin 1872.

G. Neudecker: Studien zur Geschichte der deutschen Ästhetik seit Kant. Würzburg 1878.

E. v. Hartmann: Die deutsche Ästhetik seit Kant. Berlin 1886.

B. Bosanquet: A History of Aesthetics. London 1892. Nachdr. New York 1957.

A. Dresdner: Die Kunstkritik. München 1915. 2. Aufl. u. d. T.: Die Entstehung der Kunstkritik im Zusammenhange der Geschichte des europäischen Kunstlebens. München 1968.

K. Gilbert / H. Kuhn: A History of Esthetics. New York 1939. Nachdr. Bloomington 1954.

T. K. Oesterreich: Die deutsche Philosophie des XIX. Jahrhunderts und der Gegenwart. In: F. Ueberwegs Grundriß der Geschichte der Philosophie. Tl. 4. Tübingen [13]1951.

R. Wellek: A History of Modern Criticism. 3 Bde. Yale 1955.

A. Sesonske (Hrsg.): What is Art? Aesthetic Theory from Plato to Tolstoy. New York 1965.

M. C. Beardsley: Aesthetics from Classical Greece to the Present. A Short History. New York 1966. Alabama [6]1985.

L. Venturi: Geschichte der Kunstkritik. München 1972.

W. Tatarkiewicz: Geschichte der Ästhetik. Bd. 1: Die Ästhetik der Antike. Basel / Stuttgart 1979. Bd. 2: Die Ästhetik des Mittelalters. Ebd. 1980. Bd. 3: Die Ästhetik der frühen Neuzeit. Ebd. 1987.

W. Oelmüller / R. Dölle-Oelmüller / N. Rath: Diskurs: Kunst und Schönes. Paderborn [u. a.] 1982.

H. Paetzold: Ästhetik des deutschen Idealismus. Zur Idee ästhetischer Rationalität bei Baumgarten, Kant, Schelling, Hegel und Schopenhauer. Wiesbaden 1983.

M. Barash: Theories of Art. From Plato to Winckelmann. New York / London 1985.

G. Pochat: Geschichte der Ästhetik und Kunsttheorie. Von der Antike bis zum 19. Jahrhundert. Köln 1986.

Ch. G. Allesch: Geschichte der psychologischen Ästhetik. Untersuchungen zur historischen Entwicklung eines psychologischen Verständnisses ästhetischer Phänomene. Salzburg 1987.

U. Kultermann: Kleine Geschichte der Kunsttheorie. Darmstadt 1987.

H. Scheible: Wahrheit und Subjekt. Ästhetik im bürgerlichen Zeitalter. Bern / München 1984. Nachdr. Reinbek bei Hamburg 1988.

M. Barash: Modern Theories of Art. From Winckelmann to Baudelaire. New York 1990.

D. E. Cooper (Hrsg.): A Companion to Aesthetics. Oxford / Cambridge (Mass.) 1992.

W. Henckmann / K. Lotter (Hrsg.): Lexikon der Ästhetik. München 1992.

T. Eagleton: Ästhetik. Die Geschichte ihrer Ideologie. Aus dem Engl. von K. Laermann. Stuttgart 1994.

M. Kelly (Hrsg.): Encyclopedia of Aesthetics. 4 Bde. New York 1998.

K. Barck [u. a.] (Hrsg.): Ästhetische Grundbegriffe. Historisches Wörterbuch in sieben Bänden. Stuttgart / Weimar 2000–05.

N. Schneider: Geschichte der Kunsttheorie. Von der Antike bis zum 18. Jahrhundert. Köln / Weimar / Wien 2010.

Biobibliographische Hinweise

Alexander Gottlieb Baumgarten

Geboren 1714 in Berlin. Bruder des zu seiner Zeit sehr einflußreichen Theologen Siegmund Jacob Baumgarten (1706–57), der als Professor in Halle lehrte und die rationalistische Lehre Christian Wolffs behutsam auf die Dogmatik anzuwenden suchte. A. G. Baumgarten studierte in Halle und wurde 1740 Professor der Philosophie an der Universität Frankfurt a. d. Oder. Er legte sich als Erkenntnistheoretiker das Pseudonym »Alethophilus« (Freund der Wahrheit) zu. Er gilt als Begründer der Ästhetik als philosophischer Disziplin. Aus seinen Diktaten entstanden G. F. Meiers (1718–77) *Anfangsgründe aller schönen Wissenschaften* (3 Bde., Halle 1748 bis 1750), die die Vorstufe zu seiner *Aesthetica* (1750–58) bilden, welche er aber nicht vollenden konnte. Gestorben 1762 in Frankfurt a. d. Oder.

Texte

Meditationes philosophicae de nonnullis ad poema pertinentibus. Halle 1734.

Metaphysica. Halle 1739.

Ethica Philosophica. Halle 1740.

Aesthetica. Frankfurt a. d. Oder 1750–58.

Texte zur Grundlegung der Ästhetik. Hrsg. von H. R. Schweizer. Hamburg 1983. [Enthält Texte – lat./dt. – aus Baumgartens »Metaphysik«, Halle 1739, §§ 501–623; »Philosophia generalis«, Halle 1779, § 147; »Aesthetica«, Frankfurt a. d. Oder 1750–58, § 1.]

Theoretische Ästhetik. Die grundlegenden Abschnitte der »Aesthetica«. Hrsg. von H. R. Schweizer. Hamburg 1983.

Initia Philosophiae Practicae Primae. Halle 1760.

Philosophia generalis. Ed. J. C. Foerster. Halle 1769.

Ethica philosophica. Halle 1740.

Jus naturae. Halle 1765.

Forschungsliteratur

Th. Abbt: A. G. Baumgartens Leben und Charakter. Halle 1765.

G. F. Meier: A. G. Baumgartens Leben und Schriften. Halle 1763.

H. Schmidt: Leibniz und Baumgarten. Halle 1874.

E. Bergmann: Die Begründung der deutschen Ästhetik durch A. G. Baumgarten und G. F. Meier. Leipzig 1911.

A. Riemann: Die Ästhetik A. G. Baumgartens. Diss. München 1911.

E. Cassirer: Die Philosophie der Aufklärung. Tübingen 1932.

P. Menzer: Zur Entstehung von A. G. Baumgartens Ästhetik. In: Logos, N. F., 4 (1938) S. 289–296.

U. Franke: Kunst als Erkenntnis: die Rolle der Sinnlichkeit in der Ästhetik A. G. Baumgartens. (Diss. Münster 1971.) Wiesbaden 1972.

L. Wessel: A. G. Baumgarten's Contribution to the Development of Aesthetics. In: Journal of Aesthetics and Art Criticism 30 (1972) S. 335 ff.

F. W. Solms: Die Anfänge der ästhetischen Theorie bei A. G. Baumgarten und J. G. Herder. Diss. Berlin 1986. (Auch u. d. T.: Disciplina aesthetica. Zur Frühgeschichte der ästhetischen Theorie bei Baumgarten und Herder. Stuttgart 1990.)

St. W. Groß: Felix Aestheticus. Die Ästhetik als Lehre vom Menschen. Würzburg 2001.

A. Aichele (Hrsg.): Themenschwerpunkt: Alexander Gottlieb Baumgarten. Sinnliche Erkenntnis in der Philosophie des Rationalismus. Hamburg 2008. (Aufklärung, 20.)

GOTTHOLD EPHRAIM LESSING

Geboren 1729 in Kamenz (Oberlausitz). Nach Besuch der Fürstenschule in Meißen Studium der Theologie und Medizin in Leipzig. Kontakte mit Chr. F. Weiße und J. E. Schlegel. Theaterbesuche bei der Neuberschen Truppe. Seit 1748 Journalist und freier Schriftsteller in Berlin. Freundschaft mit F. Nicolai und M. Mendelssohn. 1752 in Wittenberg (Magister). 1755–58 Reisebegleiter (Leipzig, Bremen, Amsterdam). 1760–65 Sekretär in Breslau. 1767–70 Dramaturg und Kritiker in Hamburg (*Hamburgische Dramaturgie*, 1767). 1770–81 Bibliothekar in Wolfenbüttel. Gestorben 1781 in Wolfenbüttel.

Texte

Laokoon oder über die Grenzen der Mahlerey und Poesie. Mit bey-
läufigen Erläuterungen verschiedener Punkte der alten Kunstgeschichte. Berlin 1766.
 – In: Lessing: Werke. Hrsg. von H. G. Göpfert [u. a.]. 8 Bde.
   München 1970–79. Bd. 4, 1974. [Kommentar von A. v. Schirn-
   ding.]
 – Stuttgart 1964 [u. ö.]. Nachwort von I. Kreuzer.
 – In: Gesammelte Werke. 2 Bde. Hrsg. von W. Stammler. München 1959. Bd. 2. S. 781–962.

Forschungsliteratur

J. R. Asmus: Zur Entstehungsgeschichte von Lessings »Laokoon«.
In: Euphorion 4 (1897) S. 38–48.

E. H. Gombrich: Lessing. London 1958.

U. Bayer: Lessings Zeichenbegriffe und Zeichenprozesse im »Laokoon« und ihre Analyse nach der modernen Semiotik. Diss.
Stuttgart 1975.

G. Gebauer (Hrsg.): Das Laokoon-Projekt. Pläne einer semiotischen Ästhetik. Stuttgart 1984.

E. W. B. Hess-Lüttich: Medium, Prozeß, Illusion. Zur rationalen Rekonstruktion der Zeichenlehre Lessings am »Laokoon«. In:
E. W. B. H.-L.: Kommunikation als ästhetisches Problem. Tübingen 1984. S. 203–240.

A. Seppelfricke: Die systematische Einheit der Ansätze Lessings zu
Ästhetik, Religions- und Geschichtstheorie. Diss. Bonn 1984.

D. E. Wellbery: Lessing's »Laocoon«. Semiotics and Aesthetics in
the Age of Reason. Cambridge 1984.

J. McClain: Time in Visual Arts. Lessing and Modern Criticism. In:
Journal of Aesthetics and Art Criticism 44 (1985/86) S. 41–58.

W. J. T. Mitchell: Iconology: Image, Text, Ideology. Chicago / London 1986. §§ 1.4.

E. M. Knodt: »Negative Philosophie« und dialogische Kritik. Zur
Struktur poetischer Theorie bei Lessing und Herder. Tübingen
1988.

M. Fick (Hrsg.): Lessing-Handbuch. Leben – Werk – Wirkung.
3. Aufl. Stuttgart 2010.

W. v. Sternberg: Gotthold Ephraim Lessing. Reinbek b. Hamburg 2010. (Rowohlts Monographien.)

JOHANN JOACHIM WINCKELMANN

(Siehe Kapitel Gotthold Ephraim Lessing, S. 30 ff.)

Geboren 1717 in Stendal. Studium in Halle und Jena. Ab 1743 Konrektor in Seehausen (Altmark). 1748–54 Bibliothekar beim Grafen von Bünau in Nöthnitz bei Dresden. Konversion zum Katholizismus. 1755 Reise nach Rom. 1758 Kustos der Antikensammlung des Kardinals Albani. 1763 Präses der römischen Altertümer. 1768 in Triest ermordet.

Texte

Werke. 8 Bde. Hrsg. von C. L. Fernow [Bde. 1 und 2], H. Meyer und J. Schulze. Dresden 1808–20.
Johann Winckelmanns sämtliche Werke. 12 Bde. Hrsg. von J. Eiselein. Neudr. der Ausg. 1825–35. Osnabrück 1965.
Gedancken über die Nachahmung der griechischen Wercke in der Mahlerey und Bildhauer-Kunst. Friedrichsstadt [d. i. Dresden] 1755. Faks.-Ausg. Baden-Baden / Straßburg 1962.
– Hrsg. von L. Uhlig. Stuttgart 1982 [u. ö.].
Geschichte der Kunst des Alterthums. 2 Bde. Dresden 1764.
– Hrsg. von L. Goldscheider. Wien 1934. Nachdr. Darmstadt 1972.

Forschungsliteratur

J. W. Goethe: Winckelmann und sein Jahrhundert (1805). In: J. W. G.: Sämtliche Werke. Bd. 33: Schriften zur Kunst. Tl. 1. Hrsg. von P. Boerner [u. a.]. München 1962. S. 254–289.
C. Justi: Winckelmann. Sein Leben, seine Werke und seine Zeitgenossen. 2 Bde. Leipzig 1872.
R. Pallucchini: »La Storia delle arti del disegno presso gli antichi« di Winckelmann. In: Convivium 3 (1931) S. 656–673.
W. Waetzoldt: J. J. Winckelmann, der Begründer der deutschen Kunstwissenschaft. Leipzig 1940. [3]1946.

310 Biobibliographische Hinweise

W. Rehm: Winckelmann und Lessing. In: W. R.: Götterstille und
Göttertrauer. Aufsätze zur deutsch-antiken Begegnung. München
1951.

I. Kreuzer: Studien zu Winckelmanns Ästhetik. Normativität und
historisches Bewußtsein. Berlin 1959.

H. R. Jauß: Geschichte der Kunst und Historie. In: H. R. J.: Literaturgeschichte als Provokation. Frankfurt a. M. 1970. S. 208–251.

É. Décultot: Johann Joachim Winckelmann (1717–1768). In: U. Pfi-
sterer (Hrsg.): Klassiker der Kunstgeschichte. München 2007.
Bd. 1, S. 12–28.

IMMANUEL KANT

Geboren 1724 in Königsberg. Dort Studium der Theologie, Philosophie, Mathematik und Naturwissenschaften. 1746–55 Hauslehrer,
dann Privatdozent für Philosophie. 1770–97 ordentlicher Professor
für Logik und Metaphysik an der Universität Königsberg. Gestorben 1804 in Königsberg.

Texte

Gesammelte Schriften. 23 Bde. Hrsg. von der Königl. Preußischen
Akademie der Wissenschaften [W. Dilthey u. a.]. (Bd. 23 hrsg. von
der Deutschen Akademie der Wissenschaften zu Berlin.) Berlin
1900–55.

Sämtliche Werke. 9 Bde. Hrsg. von K. Vorländer. Leipzig 1901–24.

Werke in sechs Bänden. Hrsg. von W. Weischedel. Darmstadt ⁴1975.

Beobachtungen über das Gefühl des Schönen und Erhabenen
(1764). In: Werke in 12 Bänden. Bd. 2: Vorkritische Schriften bis
1768. Tl. 2. Hrsg. von W. Weischedel. Frankfurt a. M. 1977. S. 825
bis 884.

Critik der Urtheilskraft. Berlin 1790.
  – In: Kant, Werke. 11 Bde. Hrsg. von E. Cassirer [u. a.]. Berlin
  1912–22.
  – Hrsg. von G. Lehmann. Stuttgart 1963 [u. ö.].

Forschungsliteratur

H. Cohen: Kants Begründung der Ästhetik. Berlin 1889.

E. Cassirer: Kants Leben und Lehre. Berlin ²1921. Nachdr. Darmstadt 1977.

V. Basch: Essai critique sur l'esthétique de Kant. Paris ²1927.

B. Dunham: A Study in Kant's Aesthetics. Lancaster (Pa.) 1934.

P. Menzer: Kants Ästhetik in ihrer Entwicklung. Berlin 1952.

W. J. Hipple, Jr.: The Beautiful, the Sublime, and the Picturesque in Eighteenth-Century British Aesthetic Theory. Southern Illinois University 1957.

S. H. Monk: The Sublime: A Study of Critical Theories in XVIII-Century England. Michigan 1960.

G. Freudenberg: Die Rolle von Schönheit und Kunst im System der Transzendentalphilosophie. Meisenheim am Glan 1960.

J. Stolnitz: On the Origin of »Aesthetic Disinterestedness«. In: Journal of Aesthetics and Art Criticism 20 (1961) S. 131–143.

R. L. Zimmermann: Kant: The Aesthetic Judgement. In: Journal of Aesthetics and Art Criticism 21 (1963) S. 333–344.

U. Schulz: I. Kant in Selbstzeugnissen und Bilddokumenten. Reinbek bei Hamburg 1965 [u. ö.]. [Mit Lit.]

F. X. J. Coleman: The Harmony of Reason: A Study in Kant's Aesthetics. Pittsburgh (Pa.) 1974.

D. W. Crawford: Kant's Aesthetic Theory. Madison (Wis.) 1974.

V. Gerhardt / F. Kaulbach: Kant. Darmstadt 1979. (Erträge der Forschung.)

A. Gulyga: I. Kant. Frankfurt a. M. 1981 [u. ö.].

E. R. Sandvoss: I. Kant. Leben, Werk, Wirkung. Stuttgart [u. a.] 1983. S. 105 ff. [Zur »Kritik der Urteilskraft«.]

S. Kemal: Kant and Fine Art. Oxford 1986.

M. A. McCloskey: Kant's Aesthetic. London 1987.

Ch. H. Wenzel: An Introduction to Kant's Aesthetics. Core Concepts and Problems. Malden, MA [u. a.] 2005.

D. Berger: Kant's Aesthetic Theory. The Beautiful and Agreeable. London [u. a.] 2009.

Friedrich Schiller

Geboren 1759 in Marbach am Neckar. 1773 Eintritt in die Herzogliche Militärpflanzschule auf der Solitude. 1776 Studium der Medizin. 1780 Entlassung aus der Militärakademie. 1782 Schreibverbot des Herzogs. 1783 Theaterdirektor in Mannheim. 1784 Weimarischer Hofrat. 1789 Antrittsvorlesung in Jena. 1790 Beginn der Krankheit. 1798 Honorarprofessor in Jena. 1802 Verleihung des Adelsdiploms. 1805 in Weimar gestorben.

Texte

Werke. Nationalausgabe. Im Auftrag des Goethe- und Schiller-Archivs, des Schiller-Nationalmuseums und der Deutschen Akademie hrsg. von J. Petersen und G. Fricke [u. a.]. Weimar 1943 ff.

Werke in drei Bänden. Hrsg. von G. Fricke und H. G. Göpfert. München 1966.

Sämtliche Werke. 5 Bde. Hrsg. von G. Fricke, H. G. Göpfert und H. Stubenrauch. München 1958–60. Nachdr. Darmstadt 1980 bis 1984.

Über den Grund des Vergnügens an tragischen Gegenständen (1792). In: Werke in drei Bänden. Bd. 2. S. 341 ff.

Kallias oder über die Schönheit. Briefe an Gottfried Körner (1793). In: Werke in drei Bänden. Bd. 2. S. 352 ff.

Über das Pathetische (1793). In: Werke in drei Bänden. Bd. 2. S. 425 ff.

Über Anmut und Würde (1793). In: Werke in drei Bänden. Bd. 2. S. 382 ff.

Über die ästhetische Erziehung des Menschen in einer Reihe von Briefen (1795). In: Werke in drei Bänden. Bd. 2. S. 445 ff.
– Hrsg. von K. Hamburger. Stuttgart 1965 [u. ö.].

Über naive und sentimentalische Dichtung (1795/96). In: Werke in drei Bänden. Bd. 2. S. 540 ff.

Über das Erhabene (1801). In: Werke in drei Bänden. Bd. 2. S. 607 ff.

Forschungsliteratur

E. Kühnemann: Kants und Schillers Begründung der Ästhetik. München 1895.

H. S. Reiss: The Concept of the Aesthetic State in the Work of Schiller and Novalis. In: Publications of the English Goethe Society 26 (1957) S. 26–51.

D. Henrich: Der Begriff des Schönen in Schillers Ästhetik. In: Zeitschrift für philosophische Forschung 11 (1957) S. 527–547.

B. v. Wiese: Friedrich Schiller. Stuttgart 1959.

S. S. Kerry: Schiller's Writings on Aesthetics. Manchester 1961.

K. Hamburger: Schillers ästhetisches Denken. Nachwort zu: F. Schiller: Über die ästhetische Erziehung des Menschen in einer Reihe von Briefen. Stuttgart 1965 [u. ö.]. S. 131–150.

J. M. Ellis: Schiller's Kallias-Briefe and the Study of his Aesthetic Theory. Den Haag / Paris 1969.

H. R. Jauß: Schlegels und Schillers Replik auf die »Querelle des anciens et des modernes«. In: H. R. J.: Literaturgeschichte als Provokation. Frankfurt a. M. 1970. S. 67–106.

K. L. Berghahn: »Das Pathetischerhabene«. Schillers Dramentheorie. In: K. L. B. und R. Grimm (Hrsg.): Schiller. Zur Theorie und Praxis der Dramen. Darmstadt 1972. S. 485–522.

R.-P. Janz: Autonomie und soziale Funktion der Kunst. Studien zur Ästhetik von Schiller und Novalis. Stuttgart 1973.

K. L. Berghahn (Hrsg.): Friedrich Schiller. Zur Geschichtlichkeit seines Werkes. Kronberg i. Ts. 1975.

E. M. Wilkinson / L. A. Willoughby: Schillers Ästhetische Erziehung des Menschen. Eine Einführung. München 1977. [Engl. u. d. T.: On the Aesthetic Education of Man, Oxford 1967.]

L. Bornscheuer: Zum ideologischen Problem des rhetorischen und ästhetischen Scheins. In: Jahrbuch für Internationale Germanistik 9 (1977) H. 1. S. 8–26.

K. Disselbeck: Geschmack und Kunst. Eine systemtheoretische Untersuchung zu Schillers Briefen »Über die ästhetische Erziehung des Menschen«. Opladen 1987.

H. Koopmann: Schiller. Eine Einführung. München / Zürich 1988. [Mit Lit. S. 144–159.]

G. Blum: Der Begriff des Schönen in Kants und Schillers ästhetischen Schriften. Fulda 1988.

G. Ueding: Friedrich Schiller. München 1990. [Mit Lit. S. 157–159.]

St. Emmel: Ästhetik und Ethik bei Schiller. Ihr Verhältnis in seinen theoretischen Schriften. Saarbrücken 2008.

B. Lindner: Das Schöne als Imperativ. Die Autonomie der Ästhetik bei Kant und Schiller in ihrer moralischen Funktion für eine Philosophie der Aufklärung. Diss. phil. Hannover 2009.

Friedrich Wilhelm Joseph Schelling

Geboren 1775 in Leonberg (Württemberg). Besuch des Tübinger
Stifts 1790–95 (mit Hölderlin und Hegel). Mit 17 Jahren Veröffent-
lichung der Dissertation (über den Sündenfall). Berufung nach Jena.
Lernt dort Karoline Schlegel, geb. Michaelis, verw. Böhmer, die
Frau August Wilhelm Schlegels, kennen, die er später heiratet.
1803–06 Professor in Würzburg. 1806–20 Mitglied der Akademie
der Wissenschaften und Generalsekretär der Akademie der Künste.
1827–41 Professor an der neugegründeten Universität München
und Präsident der Akademie der Wissenschaften. 1812 zweite Ehe
(mit Pauline Gotter). 1841 Berufung durch König Friedrich Wilhelm IV. von Preußen an die Berliner Akademie. Vorlesungen an der
Universität Berlin (abgebrochen nach Publizierung von Nachschrif-
ten durch Zuhörer). Gestorben 1854 in Bad Ragaz (Schweiz).

Texte

System des transzendentalen Idealismus (1800). 6. Hauptabschnitt:
  Deduktion eines allgemeinen Organs der Philosophie, oder
  Hauptsätze der Philosophie der Kunst nach Grundsätzen des
  transzendentalen Idealismus. §§ 2.3. In: Schellings Werke. 6 Bde.
  Hrsg. von M. Schröter. Hauptbd. 2: Schriften zur Naturphilo-
  sophie, 1799–1801. München 1927–28. Unveränd. Nachdr. ebd.
  1958–59. ²1965.
Über das Verhältnis der bildenden Künste zu der Natur (1807). In:
  F. W. J. Schelling: Sämmtliche Werke. 14 Bde. Hrsg. von K. F. A.
  Schelling. Stuttgart / Augsburg 1856–61. Bd. 7. Ebd. 1860. S. 289
  bis 329.
Philosophie der Kunst. Stuttgart / Augsburg 1859.
  – In: Schellings Werke. Bd. 3. Hrsg. von M. Schröter. München
  ²1965.
Texte zur Philosophie der Kunst. Ausgew. und eingel. von W. Beier-
  waltes. Stuttgart 1982 [u. ö.].

Forschungsliteratur

H. J. Sandkühler: F. W. J. Schelling. Stuttgart 1970. [Mit Lit.]
D. Jähnig: Schelling. Die Kunst in der Philosophie. 2 Bde. Pfullingen
  1966–69.

J. Kirchhoff: F. W. J. Schelling in Selbstzeugnissen und Bilddokumenten. Reinbek bei Hamburg 1982 [u. ö.]. [Mit Lit.]

M. Frank: Eine Einführung in Schellings Philosophie. Frankfurt a. M. 1985.

B. Wanning: Konstruktion und Geschichte. Das Identitätssystem als Grundlage der Kunstphilosophie bei F. W. J. Schelling. (Diss. Hannover 1988.) Frankfurt a. M. 1988.

A. Gulyga: Schelling. Leben und Werk. Stuttgart 1989.

A. Bowie: Aesthetics and Subjectivity: From Kant to Nietzsche. Manchester 1990.

T. Griffero: L'estetica di Schelling. Rom 1996. (Biblioteca di cultura moderna, 1106.)

M.-L. Raters: Kunst, Wahrheit und Gefühl. Schelling, Hegel und die Ästhetik des angelsächsischen Idealismus. Freiburg i. Br. 2006. (Zugl. Habil.-Schr. Magdeburg 2004.)

Jean Paul

Geboren 1763 in Wunsiedel (Fichtelgebirge). 1779 Besuch des Gymnasiums in Hof. 1781 Beginn des bald wieder aufgegebenen Theologiestudiums in Leipzig. Entschluß, freier Schriftsteller zu werden. 1787 Hauslehrer in Töpen. 1789 Rückkehr nach Hof. 1790 Erzieher in Schwarzenbach. 1792 Annahme des Dichternamens Jean Paul. 1798 Übersiedlung nach Weimar. 1800 Übersiedlung nach Berlin. 1801 Heirat mit Karoline Mayer. 1803 Übersiedlung nach Coburg. 1804 Übersiedlung nach Bayreuth. 1809 jährliche Rente von 1000 Gulden. 1823 Beginn der Augenkrankheit (grauer Star). 1825 zunehmende Erblindung. Gestorben 1825 in Bayreuth.

Texte

Sämtliche Werke. Historisch-kritische Ausgabe. Hrsg. von der Preußischen Akademie der Wissenschaften. Abt. 1–3. Weimar / Berlin 1927 ff. Nachdr. Leipzig 1975 ff.

Werke [seit 1974: Sämtliche Werke]. Hrsg. von N. Miller, W. Höllerer und W. Schmidt-Biggemann. München 1959 ff.

Werke in drei Bänden. Hrsg. von N. Miller. Nachwort von W. Höllerer. München 1969. ³1982.

Vorschule der Aesthetik, nebst einigen Vorlesungen in Leipzig über die Parteien der Zeit. 3 Bde. Hamburg 1804.

– In: Jean Paul's Werke. 60 Tle. Hrsg. von R. Gottschall. Berlin 1868–79. Tle. 49–51.
– In: Jean Paul: Sämtliche Werke. Abt. 1. Bd. 11. Hrsg. von E. Berend. Weimar 1935.
– In: Jean Paul: Werke. Abt. 1. Bd. 5. Hrsg. von N. Miller. München 1963. 5., rev. Aufl. 1987. S. 7–456.
– Nach der Ausg. von N. Miller hrsg., textkritisch durchges. und eingel. von W. Henckmann. Hamburg 1990. (Philosophische Bibliothek. 425.) [Literaturverzeichnis S. LVI–LIX.]

Forschungsliteratur

E. Berend: Jean Pauls Ästhetik. Berlin 1909. Reprogr. Nachdr. Hildesheim 1978.

E. Behler: Eine unbekannte Studie F. Schlegels über Jean Pauls »Vorschule der Ästhetik«. In: Neue Rundschau 68 (1957) S. 647–653.

W. Rasch: Die Erzählweise Jean Pauls. Metaphernspiele und dissonante Strukturen. München 1961. Wiederabgedr. in: Deutsche Romane von Grimmelshausen bis Musil. Hrsg. von J. Schillemeit. Frankfurt a. M. 1966. S. 82–117.

G. Wilckending: Jean Pauls Sprachauffassung in ihrem Verhältnis zu seiner Ästhetik. Marburg 1968.

W. Harich: Jean Pauls Kritik des philosophischen Egoismus. Belegt durch Texte und Briefstellen Jean Pauls im Anhang. Frankfurt a. M. 1968.

W. Rasch: Die Poetik Jean Pauls. In: Die deutsche Romantik. Poetik, Formen und Motive. Hrsg. von H. Steffen. Göttingen ²1970. S. 98–111.

U. Profitlich: Zur Deutung der Humortheorie Jean Pauls, »Vorschule der Ästhetik«, § 28 und § 31. In: Zeitschrift für deutsche Philologie 89 (1970) S. 161–168.

U. Schweikert: Jean Paul. Stuttgart 1970. [Mit Lit.]

H. Bosse: Theorie und Praxis bei Jean Paul. § 74 der »Vorschule der Ästhetik« und Jean Pauls erzählerische Technik, besonders im »Titan«. Bonn 1970.

W. Wiethölter: Witzige Illumination. Studien zur Ästhetik Jean Pauls. Tübingen 1979.

E. Oehlenschläger: Närrische Phantasie. Zum metaphorischen Prozeß bei Jean Paul. Tübingen 1980.

G. Müller: Jean Pauls Ästhetik und Naturphilosophie. Tübingen 1983.

A.-M. Bachmann: Das Umschaffen der Wirklichkeit durch den »poetischen Geist«. Aspekte der Phantasie und des Phantasierens in Jean Pauls Poesie und Poetik. (Diss. Münster 1983.) Frankfurt a. M. [u. a.] 1986.

M. Bergengruen. Schöne Seelen, groteske Körper. Jean Pauls ästhetische Dynamisierung der Anthropologie. Hamburg 2003. (Zugl. Diss. phil. Marburg 2000.)

A. Horn: »Eine neue Vorstellungswelt herzustellen…«. Aufsätze zu Jean Paul. Oberhausen 2008. (Beiträge zur Kulturwissenschaft, 14)

Georg Wilhelm Friedrich Hegel

Geboren 1770 in Stuttgart. Dort Besuch des Gymnasiums. Seit 1788 Studium der Theologie am Tübinger Stift. 1792–1800 Hauslehrer in Bern und Frankfurt a. M. In Frankfurt erste Pläne zu seinem philosophischen System. 1801 Habilitation in Jena mit einer lateinischen Dissertation über den Umlauf der Planeten. 1802–03 zusammen mit Schelling Herausgabe des »Kritischen Journals der Philosophie«. 1805 außerordentlicher Professor in Jena (aus pekuniären Gründen aufgegeben). Ein Jahr lang Zeitungsredakteur. 1808 Gymnasialrektor in Nürnberg (dort Erteilung des Philosophieunterrichts in den oberen Klassen). Heirat mit Maria von Tucher. 1816 Professor der Philosophie in Heidelberg. 1818 Berufung nach Berlin. 1831 in Berlin an der Cholera gestorben.

Texte

Vorlesungen über die Ästhetik. In: G. W. F. Hegel: Werke. 21 Bde. Hrsg. von einem Verein von Freunden des Verewigten. Berlin 1832–45. Bd. 10. Tl. 1–3. Hrsg. von H. G. Hotho. Ebd. 1835.

– 2 Bde. Hrsg. von G. Lasson. Leipzig 1927–28. Nachdr. Hrsg. von J. Hoffmeister. Hamburg 1971–77.

– Hrsg. von F. Bassenge. München 1967.

- Hrsg. von W. Henckmann. (Vorreden von H. G. Hotho.) München 1967.
- In: Werke in 20 Bänden. Red. E. Moldenhauer und K. Michel. Bd. 13–15. Frankfurt a. M. 1970.
- 3 Tle. Hrsg. von R. Bubner. Stuttgart 1971 [u. ö.].

Forschungsliteratur

K. Fischer: Hegels Leben, Werke und Lehre. Heidelberg 1901. ²1911.

G. Lukács: Hegels Ästhetik (1951). In: Georg Lukács Gesamtausgabe. Bd. 10: Probleme der Ästhetik. Neuwied / Berlin 1969. S. 107–146.

H. Zander: Hegels Kunstphilosophie. Eine Analyse ihrer Grundlagen und ihrer Aktualität. Wuppertal [u. a.] 1970.

Th. W. H. Metscher: Hegel und die philosophische Grundlegung der Kunstsoziologie. In: Literaturwissenschaft und Sozialwissenschaften. Grundlagen und Modellanalysen. Mit Beiträgen von H. A. Glaser [u. a.]. Stuttgart 1971. S. 13–80.

Ch. Helferich: Kunst und Subjektivität in Hegels »Ästhetik«. Kronberg i. Ts. 1976.

Ch. Helferich: G. W. F. Hegel. Stuttgart 1979. S. 201–216.

W. Oelmüller: Hegel – Der Satz vom Ende der Kunst. In: W. O.: Die unbefriedigte Aufklärung. Beiträge zu einer Theorie der Moderne von Lessing, Kant und Hegel. Frankfurt a. M. 1979. S. 240 bis 264.

C. Peres: Die Struktur der Kunst in Hegels Ästhetik. (Diss. München 1982.) Bonn 1983.

O. Pöggeler / A. Gethmann-Siefert (Hrsg.): Kunsterfahrung und Kunstpolitik im Berlin zur Zeit Hegels. Bonn 1983.

A. Gethmann (Hrsg.): Welt und Wirkung von Hegels Ästhetik. Bonn 1986.

B. Wyss: Trauer der Vollendung. Die Geburt der Kunstkritik. 3. Aufl. Köln 1997.

C. Guibert Lafaye: L'esthétique de Hegel. Paris 2003.

B. Rutter: Hegel on the Modern Arts. Cambridge 2010.

KARL ROSENKRANZ

Geboren 1805 in Magdeburg. Studium in Berlin, Halle und Heidelberg. 1828 Habilitation zu Halle. Dort 1831 Ernennung zum außerordentlichen Professor. Seit 1833 ordentlicher Professor in Königsberg. Von Juli 1848 bis Januar 1849 Rat im Ministerium zu Berlin. Von da an wieder in Königsberg. Gestorben 1879 in Königsberg (Autobiographie: *Von Magdeburg bis Königsberg*, Berlin 1873).

Texte

Ästhetik des Häßlichen. Königsberg 1953. Reprogr. Nachdr. Darmstadt 1973. Vorw. W. Henckmann.
– Hrsg. von D. Kliche. Stuttgart 2007.
Die Poesie und ihre Geschichte. Königsberg 1855.
Diderots Leben und Werke. 2 Bde. Leipzig 1866.

Forschungsliteratur

H. Jacob: Johann Friedrich Karl Rosenkranz. In: K. Goedeke: Grundriß zur Geschichte der deutschen Dichtung aus den Quellen. Bd. 14. Berlin 1959. S. 909–937.
U. Franke: Das Häßliche. In: Historisches Wörterbuch der Philosophie. Hrsg. von J. Ritter. Basel/Stuttgart 1974. Bd. 3. Sp. 1003 bis 1007.
G. Oesterle: Entwurf einer Monographie des ästhetisch Häßlichen. Zur Geschichte einer ästhetischen Kategorie von Friedrich Schlegels Studium-Aufsatz bis zu K. Rosenkranz' Ästhetik des Häßlichen als Suche nach dem Ursprung der Moderne. In: Zur Modernität der Romantik. Hrsg. von D. Bänsch. Stuttgart 1977. S. 217 bis 297.
H. Funk: Die Ästhetik des Häßlichen. Zur Schwierigkeit kategorialer Bestimmungen in der Kunstphilosophie des deutschen Idealismus und Spätidealismus. Berlin 1983.
D. Kliche: Pathologie des Schönen. Die »Ästhetik des Häßlichen« von Karl Rosenkranz. In: K. Rosenkranz: Ästhetik des Häßlichen. Leipzig 1990. S. 401–427. (Nachwort.)
C. Zelle: Die doppelte Ästhetik der Moderne. Revisionen des Schönen von Boileau bis Nietzsche. Stuttgart / Weimar 1995.

D. Kliche: Art. »Häßlich«. In: Karlheinz Barck [u.a.] (Hrsg.): Ästhetische Grundbegriffe. Historisches Wörterbuch in sieben Bänden.
Stuttgart/Weimar 2001. Bd.3, Sp.25–66.

CHARLES BAUDELAIRE

Geboren 1821 in Paris als Sohn eines Pfarrers, der sich während der
Französischen Revolution den Jakobinern angeschlossen hatte. 1827
Tod des Vaters. Nach Wiederverheiratung der Mutter mit dem Be-
rufsoffizier Jacques Aupick, der nach Lyon versetzt wurde, dort
Schulbesuch, seit 1836 in Paris. Seit 1839 Gedichte. Als 20jähriger
Schiffsreise in die Tropen, die er jedoch abbrach. 1842 Rückkehr
nach Frankreich. Bekanntschaft mit der Mulattin Jeanne Lemer (genannt Duval), der er zeitlebens verbunden blieb. 1847 Verbindung
mit der Schauspielerin Marie Daubrun. 1848 Teilnahme an den Pariser Barrikadenkämpfen. Übersetzung von Texten Poes (1856 erschienen). Beginn kunstkritischer Studien (Salonbesprechungen,
eingegangen in die postum veröffentlichten *Curiosités esthétiques*).
1862 Rücknahme der kurz vorher angemeldeten Kandidatur für die
Mitgliedschaft in der Académie française (als Nachfolger von La-
cordaire). 1863 Vorstellung des Malers und Illustrators Constantin
Guys im »Figaro«. 1864 Belgienreise. Seit 1866 ans Bett gefesselt
wegen schwerer Gehirnstörungen und einer halbseitigen Lähmung.
1867 in Paris gestorben.

Texte

L'Art romantique. In: Œuvres complètes. 7 Bde. Hrsg. von Ch. As-
    selineau und Th. de Banville. Paris 1868–1870. Bd.3. Ebd. 1868.
    – Dt. u.d.T.: Kunstkritik. Übers. von G.Meister. In: Ch.B.: Sämt-
    liche Werke. 8 Bde. Hrsg. von F. Kemp und C. Pichois. München
    1977. Bd.1.
Curiosités esthétiques. In: Œuvres complètes, Bd.2. [Textsammlung
    der Schriften nach 1845.]
Deutsche Teilübersetzungen der »Curiosités estétiques« in:
    – Werke. Bd.4: Zur Ästhetik der Malerei und der bildenden
      Kunst. Übers. von M. Bruns. Hrsg. von M. Bruns. Minden 1906.
    – Ausgewählte Werke. Bd.3: Kritische und nachgelassene Schrif-
      ten. Hrsg. von F. Blei. Übers. von H. Steinitzer. München 1925.

– Sämtliche Werke / Briefe in 8 Bänden. Bd. 1: Kunstkritik. Hrsg. von F. Kemp und G. Pichois. Übers. von G. Meister. München 1977.

Der Künstler und das moderne Leben. Essays. »Salons«, intime Tagebücher. Hrsg. von H. Schumann. Leipzig 1990 [u. ö.].

Forschungsliteratur

A. Feran: L'Esthétique de Baudelaire. Paris 1933. Neuaufl. 1968. [Bes. S. 157 ff., 377 ff. (Kunstkritik), S. 492 ff. (Literaturkritik).]

H. Friedrich: Die Struktur der modernen Lyrik. Hamburg [später Reinbek] 1956.

W. Benjamin: Baudelaire. Ein Lyriker im Zeitalter des Hochkapitalismus. Frankfurt a. M. 1969. Nachdr. ebd. 1974.

F. Neumeister: Der Dichter als Dandy. München 1973.

C. Pichois: Baudelaire. Neuchâtel 1976.

A. E. Carter: Charles Baudelaire. Boston 1977.

I. Köhler: Baudelaire et Hoffmann. Uppsala / Stockholm 1979.

D. Oehler: Pariser Bilder I (1830–48). Antibourgeoise Ästhetik bei Baudelaire, Daumier und Heine. Frankfurt a. M. 1979.

H. Stenzel: Der historische Ort Baudelaires. München 1980.

R. Lloyd: Baudelaire's Literary Criticism. Cambridge [u. a.] 1981.

W. Benjamin: Das Passagenwerk. 2 Bde. Frankfurt a. M. 1983.

D. Rincé: Baudelaire et la modernité poétique. Paris 1984.

H. Schumann: Die Modernität Baudelaires. In: Ch. Baudelaire: Der Künstler und das moderne Leben. Essays, »Salons«, intime Tagebücher. Leipzig 1990. S. 406–439 (Nachwort).

St. Schulze: Die Selbstreflexion der Kunst bei Baudelaire. Eine literaturgeschichtliche Studie. Heidelberg 1999. (Zugl. Diss. phil. Göttingen 1999.) (Studia Romanica, 102.)

H. Doetsch: Flüchtigkeit und Dauer. Archäologie einer Ästhetik der Kontingenz. Diss. phil. München 2001.

C. Wild: Später Baudelaire. Praxis poetischer Zustände. München 2008. (Zugl. Diss. phil. München 2006.)

ARTHUR SCHOPENHAUER

Geboren 1788 in Danzig als Sohn der später als Romanschriftstellerin bekannt gewordenen Johanna Schopenhauer, geb. Trosiener, und eines Kaufmanns. Frühe Bildungsreisen ins Ausland. Nach dem Tod des Vaters Abbruch der auf dessen Wunsch begonnenen kaufmännischen Laufbahn und Studium der Philosophie und Naturwissenschaften (Physiologie), besonders bei G. E. Schulze in Göttingen sowie bei F. G. Fichte in Berlin. 1813 Dissertation *Über die vierfache Wurzel des Satzes vom Grund*. Erwerb des Jenenser Doktorgrades in absentia. 1819 verfaßt er sein Hauptwerk *Die Welt als Wille und Vorstellung*, dessen Neuauflage, um einen Band vermehrt, erst 1844 erscheint. Danach in Weimar bei seiner Mutter, wo er viel mit Goethe verkehrt. Durch den Orientalisten Friedrich Majer mit der indischen Philosophie vertraut gemacht. Privatdozent in Berlin (seit 1820) mit geringem Kathedererfolg bei seinen Hörern, ständig gegen Hegel ankämpfend; daher seit 1831 zurückgezogenes Leben als Privatgelehrter in Frankfurt a. M. Dort 1860 gestorben, nachdem er noch den großen späten Publikumserfolg seiner pessimistischen Philosophie hatte erleben können.

Texte

Die Welt als Wille und Vorstellung. In: A. Schopenhauer's sämtliche Werke. Hist.-krit. Ausg. nebst dem handschriftlichen Nachlaß und den ges. Briefen hrsg. von O. Weiß. Bd. 1.2. Leipzig 1919.
Die Welt als Wille und Vorstellung. In: Zürcher Ausgabe. Werke in 10 Bänden. Bd. 1–4. Nach der hist.-krit. Ausg. von Arthur Hübscher besorgt von Angelika Hübscher. Zürich 1977.

Forschungsliteratur

J. St. Adams: The Aesthetics of Pessimism. Philadelphia 1940.
P. Gardiner: Schopenhauer. Harmondsworth 1967.
H.-D. Bahr: Das gefesselte Engagement. Zur Ideologie der kontemplativen Ästhetik Schopenhauers. Bonn 1970.
R. Weyers: A. Schopenhauers Philosophie der Musik. Regensburg 1976.
D. Hamlyn: Schopenhauer. London 1980.
E. Heller: The Ironic German. Cambridge 1981.

W. Weimer: Schopenhauer. Darmstadt 1982. [Bes. S. 89 ff.; Lit. S. 165–172.]
D. Jacquette: Schopenhauer, Philosophy, and the Arts. Cambridge 2003. (Cambridge Studies in Philosophy and the Arts.)
G. Baum (Hrsg.): Schopenhauer und die Künste. Mit einem Beitrag v. W. Hofmann über Nietzsche. Göttingen 2005.

FRIEDRICH NIETZSCHE

Geboren 1844 in Röcken bei Lützen als Sohn des dortigen Pfarrers, der früh verstarb. Erziehung durch die Mutter. Kindheit in Naumburg a. d. Saale. Schulausbildung in Schulpforta 1858–64. 1864–69 zusammen mit Erwin Rohde und Ritschl Studium der klassischen Philologie in Bonn und Leipzig, wo er Richard Wagner kennenlernt. Noch vor Abschluß des Doktorexamens 1869 auf Ritschls Empfehlung Berufung nach Basel als außerordentlicher Professor. Kurz danach dort auch Ordinarius. 1870, während des deutsch-französischen Krieges, Krankenpfleger. Beginn der schweren Migräne- und Augenleiden. 1879 daher Niederlegung der Professur. Wegen seiner ununterbrochenen Krankheit oft auf Reisen, besonders in den Süden (Oberitalien, Riviera, Engadin). 1889 beginnende Paralyse und geistige Umnachtung. Pflege durch die Mutter, die 1897 starb, in Naumburg, danach durch seine Schwester Elisabeth Foerster-Nietzsche in Weimar. Dort 1900 gestorben.

Texte

Werke in drei Bänden. Hrsg. von K. Schlechta. München 1966.
Sämtliche Werke. Kritische Studienausgabe in 15 Bänden. Hrsg. von G. Colli und M. Montinari. München / Berlin / New York 1980. [Zu weiteren Werkausgaben vgl. G. Vattimo, S. 148 ff.]

Forschungsliteratur

J. Zeitler: Nietzsches Ästhetik. Leipzig 1900.
E. Bertram: Nietzsche. Versuch einer Mythologie. Berlin 1918 [u. ö.].
W. Stein: Nietzsche und die bildende Kunst. Berlin 1925.

J. E. Smith: Nietzsche: The Conquest of the Tragic through Art. In: Reason and God. Yale University 1961.

H. Röttges: Nietzsche und die Dialektik der Aufklärung. Berlin / New York 1972.

G. Vattimo: Arte e identità. Sull' attualità dell'estetica di Nietzsche. In: Revue internationale de philosophie [Brüssel] 28 (1974) S. 353–390.

J. P. Stern: A Study of Nietzsche. Cambridge 1979.

A. Del Caro: Dionysian Aesthetics. The Role of Destruction in Creation as Reflected in the Life and Works of F. Nietzsche. Frankfurt a. M. [u. a.] 1981.

M. S. Silk / J. P. Stern: Nietzsche on Tragedy. Cambridge 1981.

R. Schacht: Nietzsche. London 1983.

E. Heller: The Importance of Nietzsche. Chicago 1988.

G. Vattimo: Friedrich Nietzsche. Übers. von K. Laermann. Stuttgart / Weimar 1992. [Mit Lit.]

J. Young: Nietzsche's Philosophy of Art. Cambridge 1992.

Th. Meyer: Nietzsche und die Kunst. Tübingen / Basel 1993. (UTB 1414.)

E. Dufour: L'esthétique musicale de Nietzsche. Villeneuve d'Ascq 2005.

A. Ridley: Routledge Philosophy Guidebook to Nietzsche. London 2007.

R. Görner: Wenn Götzen dämmern. Formen ästhetischen Denkens bei Nietzsche. Darmstadt 2008. (Lizenz der Ausg. Göttingen 2008.)

Gustav Theodor Fechner

Geboren 1801 im Dorf Großärchen bei Muskau in der Niederlausitz als Sohn eines Pfarrers. 1817 Studium der Medizin an der Universität Leipzig. Nach medizinischem Examen Hinwendung zur Physik, die er seit 1834 als ordentlicher Professor in Leipzig lehrte. Ein schweres, durch Überanstrengung zugezogenes Nervenleiden und ein durch übertriebene Studien zu den Gesichtsempfindungen hervorgerufenes Augenleiden zwangen ihn, sich 1840 pensionieren zu lassen. 1843 Genesung innerhalb von drei Monaten. Ab 1846 wieder Vorlesungen. Gestorben 1887 in Leipzig.

Texte

Das Büchlein vom Leben nach dem Tode. Leipzig 1836.
Nanna oder das Seelenleben der Pflanzen. Leipzig 1848.
Zend-Avesta oder über die Dinge des Himmels und des Jenseits.
  Vom Standpunkt der Naturbetrachtung. 3 Bde. Leipzig 1851.
Elemente der Psychophysik. 2 Tle. Leipzig 1860.
Über die Seelenfrage. Ein Gang durch die sichtbare Welt, um die
  unsichtbare zu finden. Leipzig 1861.
Zur experimentalen Ästhetik. Leipzig 1871.
Vorschule der Ästhetik. 2 Tle. Leipzig 1876.

Forschungsliteratur

J. E. Kuntze: G. Th. Fechner. Leipzig 1892.
T. Simon: Leib und Seele bei Fechner und Lotze. Göttingen 1894.
K. Lasswitz: G. Th. Fechner. Stuttgart 1896.
G. F. Lipps: Grundriß der Psychologie. Leipzig 1899.
W. Wundt: G. Th. Fechner. Leipzig 1901.
St. Hall: Die Begründer der modernen Psychologie. Leipzig 1914.
H. Adolph: Die Weltanschauung G. Th. Fechners. Stuttgart 1923.
M. Wentscher: Fechner und Lotze. München 1925.
L. und H. Sprung: G. Th. Fechner – Wege und Abwege in die Be-
  gründung der Psychophysik. In: Zeitschrift für Psychologie 186
  (1978) S. 439–454.
M. Thiel: Fechner, Emerson, Feuerbach. Heidelberg 1982.
B. Oelze: G. Th. Fechner. Seele und Beseelung. (Diss. Münster.)
  Münster 1989.
I. Altmann: Bibliographie Gustav Theodor Fechner. Leipzig 1995.
U. Fix [u. a.] (Hrsg.): Fechner und die Folgen außerhalb der Natur-
  wissenschaften. Interdisziplinäres Kolloquium zum 200. Ge-
  burtstag Gustav Theodor Fechners. Tübingen 2003.

THEODOR LIPPS

Geboren 1851 in Walhalbe (Pfalz). Schulbesuch in Korntal bei
Stuttgart und in Zweibrücken. Studium in Erlangen, Tübingen,
Utrecht und Bonn (anfangs Mathematik, dann Theologie und Phi-
losophie, später auch Naturwissenschaften). Professor in Bonn

(1877), Breslau (1890) und München (1894). Lipps ist Begründer
der Münchner Psychologischen Schule mit ihrer Fundierung der
Philosophie als Geisteswissenschaft bzw. Wissenschaft der inneren
Erfahrung, für die eine vorsichtige, jedoch nicht vollständige Abkehr von der experimentellen Methode charakteristisch ist. Lipps
selbst gilt zwar als Vertreter des von der Phänomenologie kritisier-
ten Psychologismus, doch hat er in seinen späteren Lebensjahren
eine Annäherung an Husserl vollzogen. Zu Lipps' Schülern zählen
u.a. E.v.Aster, M.Ettlinger, A.Fischer, M.Geiger, A.Pfänder. Lipps
starb 1914 in München.

Texte

Grundthatsachen des Seelenlebens. Bonn 1883.
Der Streit um die Tragödie. Hamburg 1891.
Ästhetische Faktoren der Raumanschauung. Hamburg 1891.
Grundzüge der Logik. Hamburg 1893.
Raumästhetik und geometrisch-optische Täuschungen. Leipzig 1897.
Komik und Humor. Hamburg / Leipzig 1898.
Die ethischen Grundfragen. Hamburg 1899. ²1905.
Vom Fühlen, Wollen und Denken. Hamburg 1902.
Ästhetik. Psychologie des Schönen und der Kunst. Bd. 1: Grund-
    legung der Ästhetik. Hamburg / Leipzig 1903. Bd. 2: Die ästheti-
    sche Betrachtung und die bildende Kunst. Ebd. 1906.
Leitfaden der Psychologie. Leipzig 1903.
Ästhetik. In: Systematische Philosophie. Von W. Dilthey, A. Riehl,
    W. Wundt, W. Ostwald, H. Ebbinghaus, R. Eucken, F. Paulsen,
    W. Münch, Th. Lipps. Berlin / Leipzig 1907. S. 351 ff.

Forschungsliteratur

R. Vischer: Über das optische Formgefühl. Leipzig 1872. [Zur Vor-
    geschichte des Einfühlungsbegriffs.]
P. Stern: Einfühlung und Assoziation in der neueren Ästhetik.
    Hamburg 1898.
K. Groos: Der ästhetische Genuß. Gießen 1902.
St. Witasek: Grundzüge der allgemeinen Ästhetik. Leipzig 1904.
    S. 122 ff.
J. Cohn: Rezension von: Theodor Lipps: Ästhetik, Bd. 1. In: Zeit-
    schrift für Psychologie und Physiologie der Sinnesorgane 37
    (1904) S. 292–305.

J. Volkelt: System der Ästhetik. 3 Bde. München 1905.

H. Vahle: Rezension von: Theodor Lipps: Ästhetik, Bd. 2. In: Zeitschrift für Ästhetik und allgemeine Kunstwissenschaft 2 (1907) S. 416–424.

J. Cohn: Rezension von: Theodor Lipps: Ästhetik, Bd. 2. In: Zeitschrift für Psychologie und Physiologie der Sinnesorgane 46 (1908) S. 42–51.

W. Worringer: Abstraktion und Einfühlung. Ein Beitrag zur Stilpsychologie. München 1908. ³1911.

H. Cornelius: Elementargesetze der bildenden Kunst. Leipzig 1908. ²1911.

E. Meumann: Einführung in die Ästhetik der Gegenwart. Leipzig 1908. ²1912. S. 53 ff.

G. v. Allesch: Über das Verhältnis der Ästhetik zur Psychologie. In: Zeitschrift für Psychologie und Physiologie der Sinnesorgane 54 (1910) S. 401–536.

M. Geiger: Über das Wesen und die Bedeutung der Einfühlung. In: Bericht über den 4. Kongreß für experimentelle Psychologie. Hrsg. von F. Schumann. Leipzig 1911. S. 29–73.

G. Anschütz: Theodor Lipps' neuere Urteilslehre. Leipzig 1913.

O. Külpe: Th. Lipps. In: Jahrbuch der Münchner Akademie. 1915.

P. Moos: Die deutsche Ästhetik der Gegenwart. Bd. 1. Berlin 1920. S. 166–267.

F. Kainz: Vorlesungen über Ästhetik. Wien 1948. Bes. S. 192 ff.

Ch. G. Allesch: Geschichte der psychologischen Ästhetik. Untersuchungen zur historischen Entwicklung eines psychologischen Verständnisses ästhetischer Phänomene. Göttingen [u. a.] 1987. [Bes. S. 326 ff.]

M. R. De Rosa: Theodor Lipps. Estetica e critica delle arti. Neapel 1990.

BENEDETTO CROCE

Geboren 1866 in Pecasseroli (Abruzzengegend). Schon früh Beschäftigung mit älterer Literatur. In den Anfängen Einfluß von Antonio Labriola, der ihm J. F. Herbart und Marx nahebrachte. In Fragen der Ästhetik war jedoch für ihn schon zur Schulzeit das Werk von Francesco de Sanctis bestimmend. Nach materialistischen Anfängen Hinwendung zum objektiven Idealismus Hegels und zur Kulturtheorie Vicos. Neben Giovanni Gentile, der sich später der faschistischen Bewegung anschloß, war Croce, der ein entschiedener Gegner des Regimes von Mussolini blieb (Unterzeichner des Manifests der antifaschistischen Intellektuellen 1925), der bedeutendste Erneuerer des Hegelianismus in Italien. Gestorben 1952 in Neapel.

Texte

Materialismo storico ed economia marxistica. Bari [11]1968.
Estetica come scienza dell'espressione e linguistica generale. Mailand/Palermo/Neapel 1902. – Dt.: Aesthetik als Wissenschaft vom Ausdruck und allgemeine Sprachwissenschaft. Theorie und Geschichte. Nach der 6., erw. ital. Aufl. übertr. von H. Feist und R. Peters. In: B.C.: Gesammelte philosophische Schriften in deutscher Übertragung. Hrsg. von H. Feist. Reihe 1: Philosophie des Geistes. Bd. 1. Tübingen 1930.
Breviario di Estetica. Quattro Lezioni. Bari 1913.
La poesia: Introduzione alla Critica e Storia della Poesia. Bari 1936.
Die Geschichte auf den allgemeinen Begriff der Kunst gebracht. Einl., hrsg. und aus dem Ital. übers. von F. Fellmann. Hamburg 1984.
Was ist die Kunst? Hrsg. von H. Stünke. Berlin 1987.

Forschungsliteratur

G. N. G. Orsini: Benedetto Croce: Philosopher of Art and Literary Critic. Carbondale (Ill.) 1961.
M. E. Brown: Neo-Idealistic Aesthetics: Croce – Gentile – Collingwood. Detroit 1966.
D. de Faveri: Croce (1866–1952). In: Klassiker der Literaturtheorie. Hrsg. von H. Turk. München 1979. S. 206 ff., 340 ff. (Anmerkungen).
P. D'Angelo: L'estetica di B. Croce. 1982.
A. Jannazzo: Croce e il comunismo. Neapel 1982.
P. Romanell: Croce versus Gentile. A Dialogue on Contemporary Italian Philosophy. Reprint from the Edition of 1946. New York 1982.
D. Coli: Croce, Laterza e la cultura europea. Bologna 1983.
R. Zimmer: Einheit und Entwicklung in B. Croces Ästhetik. Frankfurt a. M. 1985.
E. G. Caserta: Croce and Marxism. Neapel 1987.

M. E. Moss: Benedetto Croce Reconsidered: Truth and Error in
Theories of Art, Literature and History. Hanover (N.H.) 1987.
A. Jannazzo: Croce e il prepartito della cultura. Rom 1987.
M. Lancellotti: Croce e Gentile. Rom 1994.
C. Mazzantini: L'estetica di Benedetto Croce e la filosofia dell'arte
di Giovanni Gentile. Turin 1995.

ROMAN INGARDEN

Geboren 1893 in Krakau. Studium bei K. Twardowski in Lemberg.
1912 Fortsetzung des Philosophie- und Mathematikstudiums in
Göttingen bei Edmund Husserl und David Hilbert. Er folgte Husserl nach Freiburg und promovierte bei ihm 1918. Danach Rückkehr nach Polen. 1924 habilitierte er sich bei Twardowski in Lemberg. 1933 außerordentlicher Professor. 1945 Ruf auf das Ordinariat
für Philosophie an der Universität Krakau. Ingarden hatte mit seinem phänomenologischen Ansatz gelegentlich Schwierigkeiten mit
der Kommunistischen Partei, die seine idealistische Position kriti-
sierte. Er starb 1970 in Krakau.

Texte

Gesammelte Werke. Hrsg. von R. Fieguth und G. Küng. Tübingen.
[Etwa 12–15 Bde.] Bisher erschienen:
– Bd. 4: Einführung in die Phänomenologie Edmund Husserls.
Osloer Vorlesungen. Hrsg. von G. Haefliger. 1992.
– Bd. 6: Frühe Schriften zur Erkenntnistheorie. Hrsg. von W. Ga-
lewicz. 1994.
Intuition und Intellekt bei H. Bergson. In: Jahrbuch für Philosophie
und phänomenologische Forschung 5 (1923) S. 283–461.
Das literarische Kunstwerk. Halle 1931.
Untersuchungen zur Ontologie der Kunst. Musikwerk, Bild, Archi-
tektur, Film. Tübingen 1962.
Vom Erkennen des literarischen Kunstwerks. Tübingen [u. a.] 1974.
Erlebnis, Kunstwerk und Wert. Tübingen [u. a.] 1969.
Gegenstand und Aufgaben der Literaturwissenschaft. Hrsg. von
R. Fieguth. Tübingen 1976.
Selected Papers in Aesthetics. Hrsg. von P. McCormick. München
1985.

Forschungsliteratur

P. Graff / S. Krzemień-Ojak (Hrsg.): Roman Ingarden and Contemporary Polish Aesthetics. Essays. Warschau 1975.

E. H. Falk: The Poetics of Roman Ingarden. Chapel Hill (N.C.) 1981.

E. H. Falk: Ingarden's Concept of the Aesthetic Object. In: Comparative Literature Studies 18 (1981) S. 230–237.

M. H. Mitias: Ingarden on the Aesthetic Object. In: Dialectics and Humanism 12 (1985) S. 199–220.

L. G. Taylor: A Critical Study of Roman Ingarden's Phenomenology of Literary Works of Art. Ann Arbor (Mich.) 1987.

G. Haefliger: Roman Ingarden. In: Philosophie der Gegenwart in Einzeldarstellungen. Von Adorno bis v. Wright. Hrsg. von J. Nida-Rümelin. Stuttgart 1991. S. 261 ff.

J. A. Mitscherling: Roman Ingarden's ontology and aesthetics. Ottawa 1997.

L. Brogowski: La détermination, l'indeterminé, une surdétermination. Réflexions sur une ontologie de l'œuvre d'art à partir de Roman Ingarden. In: Revue d'esthétique 36 (1999) S. 59–72.

F. Kellermann: Die Sprache der Fiktion. Zur Ästhetik von Roman Ingarden. Erlangen–Nürnberg 2001. (Magisterarbeit.)

D. Angelucci: L'oggetto poetico. Conrad, Ingarden, Hartmann. Macerata 2004.

MARTIN HEIDEGGER

Geboren 1889 in Meßkirch. 1909 Abitur. Zunächst Eintritt in das Noviziat der Societas Jesu in Tisis bei Feldkirch. Aus gesundheitlichen Gründen entlassen. 1909 Beginn des Studiums der Theologie und Philosophie an der Universität Freiburg i. Br. Bald Aufgabe des Theologiestudiums, statt dessen Besuch von Lehrveranstaltungen in der Mathematisch-Naturwissenschaftlichen Fakultät. 1913 Promotion bei Arthur Schneider mit der Dissertation *Die Lehre vom Urteil im Psychologismus*. 1915 Habilitation mit der Schrift *Die Kategorien- und Bedeutungslehre des Duns Scotus*. 1920 wurde Heidegger Assistent Edmund Husserls. 1923 Berufung auf den Lehrstuhl für Philosophie an der Universität Marburg. Hier enge Kontakte zu Rudolf Bultmann. In Marburg verfaßte Heidegger sein Hauptwerk *Sein und Zeit*, das 1927 erschien. 1928 Berufung als Nachfolger von

Husserl auf den Freiburger Lehrstuhl. Danach erhielt Heidegger mehrere Rufe, die er ablehnte. 1933 Rektor der Universität Freiburg, zur gleichen Zeit Eintritt in die NSDAP. 1945 Zwangsemeritierung. Erst seit 1950/51 wieder Lehrbefugnis, 1952 Emeritierung. Danach häufig noch Vorträge und Seminare (mit Eugen Fink, Medard Boss u. a.). Vorträge in der Galerie »Der Erker« in St. Gallen (*Die Kunst und der Raum*). Heidegger starb 1976 in Freiburg.

Texte

Gesamtausgabe. Ausgabe letzter Hand. 4 Abt. Frankfurt a. M. 1975 ff.

Sein und Zeit. Halle 1927. (Jahrbuch für Philosophie und phänomenologische Forschung. Bd. 8.) Tübingen ¹⁶1986.

Der Ursprung des Kunstwerks (1935/36). In: M. H.: Holzwege. Frankfurt a. M. 1950. Wiederabgedr. in: Gesamtausgabe. Bd. 5. Frankfurt a. M. 1977. S. 1–74.

– Mit einer Einf. von H. G. Gadamer. Stuttgart 1960 [u. ö.].

Hölderlin und das Wesen der Dichtung. In: Das Innere Reich. München 1936.

Einführung in die Metaphysik. Tübingen 1953.

Die Frage nach der Technik. In: M.H.: Vorträge und Aufsätze. Pfullingen 1954.

Hölderlins Hymnen »Germanien« und »Der Rhein«. In: M. H.: Gesamtausgabe. Bd. 39. Frankfurt a. M. 1980.

Die Kunst und der Raum. St. Gallen 1969.

Forschungsliteratur

Martin Heideggers Einfluß auf die Wissenschaften. Aus Anlaß seines 60. Geburtstages verfaßt von C. Astrada, K. Bauch, L. Binswanger. Bern 1949.

O. Pöggeler: Der Denkweg Martin Heideggers. Pfullingen 1963.

J. Held: Zur Bestimmung zeitgenössischer Plastik durch Chillida und Heidegger. In: Jahrbuch der Hamburger Kunstsammlungen 20 (1975) S. 103–126.

F. W. v. Hermann: Heideggers Philosophie der Kunst. Eine systematische Interpretation der »Holzwege«-Abhandlung »Der Ursprung des Kunstwerks«. Frankfurt a. M. 1980.

H. Mörchen: Adorno und Heidegger. Untersuchung einer philosophischen Kommunikationsverweigerung. Stuttgart 1981.

J. Taminiaux: Le dépassement Heideggérien de l'esthétique de Hegel. In: J. T.: Recoupements. Brüssel 1982. S. 175–208.

P. B. Kraft: Das anfängliche Wesen der Kunst. Zur Bedeutung von Kunstwerk, Dichtung und Sprache im Denken M. Heideggers. Frankfurt a. M. 1984.

G. Faden: Der Schein der Kunst. Zu Heideggers Kritik der Ästhetik. Würzburg 1986.

G. Vattimo: Jenseits des Subjekts. Nietzsche, Heidegger und die Hermeneutik. Graz / Wien 1986.

J. Derrida: De l'esprit. Heidegger et la question. Paris 1987.

W. Biemel / F. W. v. Hermann (Hrsg.): Kunst und Technik. Gedächtnisschrift zum 100. Geburtstag von Martin Heidegger. Frankfurt a. M. 1989.

Ch. Jamme / O. Pöggeler (Hrsg.): Martin Heidegger. Kunst, Politik, Technik. München 1992.

R. Bernasconi: Heidegger in Question. Atlantic Highlands (N. J.) 1992.

Ch. B. Guignon (Hrsg.): The Cambridge Companion to Heidegger. Cambridge [u. a.] 1993.

R. Safranski: Ein Meister aus Deutschland. Heidegger und seine Zeit. München [u. a.] 1994.

J. Young: Heidegger's Philosophy of Art. Cambridge 2001.

D. Marie: Expérience quotidienne et expérience esthétique chez Heidegger et Merleau-Ponty. Paris 2002.

Georg Lukács

Geboren 1885 in Budapest. Studium in Budapest und Berlin, u. a. bei G. Simmel. 1909 Promotion in Budapest. Reisen durch Deutschland, Frankreich und Italien. 1913 in Heidelberg; dort Kontakte zu Max Weber, Emil Lask und Ernst Bloch. 1917 Rückkehr nach Budapest. Führende Figur im »Budapester Sonntagskreis«, dem u. a. Karl Mannheim, Béla Fogarasi, Arnold Hauser angehörten. 1918 Eintritt in die Kommunistische Partei Ungarns. Volkskommissar für das Unterrichtswesen. Nach Scheitern der Räterepublik Flucht nach Wien. 1931–33 in Berlin, nach dem Wahlsieg der NSDAP Flucht nach Moskau. Dort Mitarbeiter am Philosophischen Institut der

Akademie der Wissenschaften. 1944/45 Rückkehr nach Budapest. Dort Ernennung zum Professor für Ästhetik und Kulturwissenschaft. 1956 Minister im Kabinett von Imre Nagy, aus dem er allerdings kurz darauf wegen des beabsichtigten Austritts aus dem Warschauer Vertrag ausschied. Lukács starb 1971 in Budapest.

Texte

Georg Lukács Gesamtausgabe. 14 Bde. Neuwied/Berlin 1962 ff.

Die Seele und die Formen. Berlin 1911. Nachdr. Neuwied/Berlin 1971.

Die Theorie des Romans. Ein geschichtsphilosophischer Versuch über die Formen der großen Epik. Berlin 1920. [Zuerst in: Zeitschrift für Ästhetik und allgemeine Kunstwissenschaft 11, 1916.] Neuwied 1971.

Heidelberger Ästhetik (1912–1914). Hrsg. von G. Markus und F. Benseler. Darmstadt 1974.

Frühe Schriften zur Ästhetik II (1916–1918). In: Gesamtausgabe. Bd. 17. Darmstadt/Neuwied 1974.

Geschichte und Klassenbewußtsein. Studien über marxistische Dialektik. Berlin 1923. Wiederabgedr. in: Gesamtausgabe. Bd. 2.

Schriften zur Literatursoziologie. Hrsg. von P. Ch. Ludz. Neuwied 1961.

Einführung in die ästhetischen Schriften von Marx und Engels. In: Probleme der Ästhetik. In: Gesamtausgabe. Bd. 10.

Deutsche Realisten des 19. Jahrhunderts. In: Gesamtausgabe. Bd. 7.

Die Eigenart des Ästhetischen. In: Gesamtausgabe. Bd. 11.12. Neuwied 1963. Nachdr. Berlin 1987. – Wiederabgedr. u. d. T.: Ästhetik in vier Bänden. Darmstadt/Neuwied 1972. [Von F. Fehér gekürzte Fassung, die jedoch von Georg Lukács noch autorisiert wurde; s. Vorwort.]

Forschungsliteratur

H. Lefèbvre: Lukács. Paris 1955.

P. Ch. Ludz: Marxismus und Literatur. Eine kritische Einführung in das Werk von Georg Lukács. In: G. Lukács: Schriften zur Literatursoziologie. Hrsg. von P. Ch. Ludz. Neuwied 1961. S. 19 ff.

H. Gallas: Marxistische Literaturtheorie. Kontroversen im Bund proletarisch-revolutionärer Schriftsteller. Neuwied 1971.

F. J. Raddatz: Georg Lukács in Selbstzeugnissen und Bilddokumenten. Reinbek bei Hamburg 1972.

W. Girnus: Zur »Ästhetik« von Georg Lukács. Frankfurt a. M. 1972.

L. Goldmann: Lukács et Heidegger. Fragments posthumes établis et présentés par Y. Ishaghpour. Paris 1973. – Dt.: Lukács und Heidegger. Nachgelassene Fragmente. Darmstadt 1975.

J. Matzner (Hrsg.): Lehrstück Lukács. Frankfurt a. M. 1974.

W. Mittenzwei (Hrsg.): Dialog und Kontroverse mit Georg Lukács. Der Methodenstreit deutscher sozialistischer Schriftsteller. Leipzig 1975.

B. Királyfalvi: The Aesthetics of G. Lukács. Princeton (N. J.) 1975.

R. G. Renner: Ästhetische Theorie bei Georg Lukács. Zu ihrer Genese und Struktur. Bern / München 1976.

U. Apitzsch: Gesellschaftstheorie und Ästhetik bei Georg Lukács bis 1933. Stuttgart-Bad Cannstatt 1977.

I. Löffler: Der Begriff der Widerspiegelungstheorie gewonnen anhand der »Ästhetik« von Georg Lukács. Diss. Bremen 1977.

F. Benseler (Hrsg.): Georg Lukács. Eine Einführung in Leben und Werk. Darmstadt [u. a.] 1984.

E. Karádi (Hrsg.): Georg Lukács, Karl Mannheim und der Sonntagskreis. Frankfurt a. M. 1985. (Aus dem Ungarischen.)

W. Jung: Georg Lukács. Stuttgart 1989.

F. H. Lapointe: G. Lukács and His Critics. An International Bibliography with Annotations 1910–1982. Westport 1983.

V. Caysa / U. Tietz: Das Ethos der Ästhetik. Vom romantischen Antikapitalismus zum Marxismus. Leipzig 1997. (Texte zur Philosophie, 3.)

H. Schmidt-Bergmann (Hrsg.): Georg von Kukács: Heidelberger Ästhetik. Auf dem Weg zur »Theorie des Romans«. Briefwechsel Leopold Ziegler und Georg Lukács. (Ausst.-Broschüre). Karlsruhe 2010. (Schriften des Museums für Literatur am Oberrhein, 5.)

WALTER BENJAMIN

Geboren 1892 in Berlin. Studium der Philosophie und Psychologie an den Universitäten Freiburg i. Br., München, Berlin und Bern. Promotion 1919 mit der Dissertation *Der Begriff der Kunstkritik in der deutschen Romantik.* Anfangs starker Einfluß des Neukantianismus auf sein Denken. Daneben durch seinen Freund Gershom

Scholem zur Auseinandersetzung mit der jüdischen Mystik (Kabbala) und dem Zionismus angeregt. 1925 wird seine Habilitationsschrift *Ursprung des deutschen Trauerspiels* an der Universität Frankfurt a. M. abgewiesen. Benjamin war nun gezwungen, sich als freier Literaturkritiker seinen Lebensunterhalt zu verdienen. – Seit den späten zwanziger Jahren enge Kontakte zu Bertolt Brecht und der lettischen Regisseurin Asja Lacis, die ihn für den Marxismus gewinnen. Große Bedeutung hat für ihn Lukács' Buch *Geschichte und Klassenbewußtsein*. Seit 1933 Tätigkeit für das Frankfurter »Institut für Sozialforschung«, das Max Horkheimer leitete. Im März 1933 Emigration nach Paris, wo Benjamin in der Bibliothèque Nationale Material für sein (unvollendet gebliebenes) *Passagen-Werk* sammelt. 1940 nimmt sich Benjamin auf der Flucht vor den Faschisten in dem spanischen Grenzort Port Bou das Leben.

Texte

Schriften. 2 Bde. Hrsg. von Th. W. und G. Adorno und F. Podzus. Frankfurt a. M. 1955.
Gesammelte Schriften. 5 Bde. Unter Mitw. von Th. W. Adorno und G. Scholem hrsg. von R. Tiedemann und H. Schweppenhäuser. Frankfurt a. M. 1972–83.
Écrits français. Présentés et introduits par J.-M: Monnoyer. Paris 1991.
Sprache und Geschichte. Philosophische Essays. Ausgew. von R. Tiedemann. Stuttgart 1992.
Berliner Kindheit um Neunzehnhundert. Frankfurt a. M. 1950.
Einbahnstraße. Berlin 1928.
Ursprung des deutschen Trauerspiels. Berlin 1928. Wiederabgedr. in: Gesammelte Schriften. Bd. 1. Frankfurt a. M. 1974. S. 203–430.
Der Autor als Produzent (1934). Wiederabgedr. in: Gesammelte Schriften. Frankfurt a. M. 1980. Bd. 2. S. 683 ff.
Das Kunstwerk im Zeitalter seiner technischen Reproduzierbarkeit. In: Zeitschrift für Sozialforschung 5 (1936) [gekürzt]. Neudr. Frankfurt a. M. 1963. Wiederabgedr. in: Gesammelte Schriften. Bd. 1,2. Frankfurt a. M. 1974. S. 431 ff.
Das Passagen-Werk. In: Gesammelte Schriften. Bd. 5,1. 5,2. Frankfurt a. M. 1982.
– 2 Bde. Frankfurt a. M. 1983.

Forschungsliteratur

E. Bloch: Revueform in der Philosophie. Zu Walter Benjamins
»Einbahnstraße«. In: Vossische Zeitung (1929). Wiederabgedr. in:
E. B.: Erbschaft dieser Zeit. Zürich 1936. S. 276–279. [Erweiterte
Ausg. Frankfurt a. M. 1962; S. 368–371.]

H. H. Holz: Prismatisches Denken. Über Walter Benjamin. In: Sinn
und Form 8 (1956) S. 514–549.

H. Lethen: Zur materialistischen Kunsttheorie Benjamins. In: Alternative 10 (1967) H. 56/57. S. 225–234.

Über Walter Benjamin. Mit Beiträgen von Th. W. Adorno, E. Bloch,
M. Rychner, G. Scholem, J. Selz, H. H. Holz und E. Fischer. Frankfurt a. M. 1968. [Im Anhang Bibliographie bis 1968.]

R. Tiedemann: Studien zur Philosophie Walter Benjamins. Frankfurt a. M. 1973. [Zuerst 1965 als Bd. 16 der »Frankfurter Beiträge
zur Soziologie« erschienen.]

J. Habermas: Bewußtmachende oder rettende Kritik. Die Aktualität
Walter Benjamins. In: J. H.: Kultur und Kritik. Frankfurt a. M.
1973. S. 302–345. Wiederabgedr. in: J. H.: Politik, Kunst, Religion.
Stuttgart 1989. S. 48–95.

Th. W. Adorno: Charakteristik Walter Benjamins. In: Th. W. A.: Gesammelte Schriften. Hrsg. von R. Tiedemann. Frankfurt a. M.
1977. Bd. 10,1. S. 238–253. [Zuerst erschienen in: Th. W. A.: Prismen. Kulturkritik und Gesellschaft. Frankfurt a. M. 1955.]

B. Lindner (Hrsg.): »Links hatte noch alles sich zu enträtseln . . .«
Walter Benjamin im Kontext. Frankfurt a. M. 1978.

N. W. Bolz: Benjamin (1892–1940). In: Klassiker der Literaturtheorie. Hrsg. von H. Turk. München 1979. S. 251 ff. und 349 ff. (Anmerkungen).

K. Greffrath: Metaphorischer Materialismus. Untersuchungen zum
Geschichtsbegriff Walter Benjamins. München 1981.

N. W. Bolz / R. Faber (Hrsg.): Walter Benjamin. Profane Erleuchtung und rettende Kritik. Würzburg 1982.

J. Roberts: Walter Benjamin. London 1982.

R. Wolin: From Messianism to Materialism: The Later Aesthetics of
Walter Benjamin. In: New German Critique 9 (1982) S. 91–100.

Ch. Kambas: Walter Benjamin im Exil. Zum Verhältnis von Litera-
turpolitik und Ästhetik, Tübingen 1983. (Studien und Texte zur
Sozialgeschichte der Literatur. Hrsg. von W. Frühwald [u. a.]
Bd. 11.)

N. W. Bolz / B. Witte (Hrsg.): Passagen. Walter Benjamins Urgeschichte des 19. Jahrhunderts. München 1984.

H. Wismann (Hrsg.): Walter Benjamin et Paris. Colloque international 27–29 juin 1983. Paris 1986.

K. Garber: Rezeption und Rettung. Drei Studien zu Walter Benjamin. Tübingen 1987.

G. Smith (Hrsg.): Benjamin: Philosophy, Aesthetics, History. Chicago 1989.

N. Bolz / W. van Reijen: Walter Benjamin. Frankfurt a. M. / New
York 1991.

I. und K. Scheurmann (Hrsg.): Für Walter Benjamin. Dokumente,
Essays und ein Entwurf. Frankfurt a. M. 1992.

K. Garber: Zum Bilde W. Benjamins. München 1992.

S. Weigel (Hrsg.): Leibraum und Bildraum. Lektüren nach Walter
Benjamin. Köln / Weimar 1992.

W. Bolle: Physiognomik der modernen Metropole. Geschichtsdar-
stellung bei Walter Benjamin. Mit Illustrationen von L. Bergstein.
Köln / Weimar / Wien 1994. [Mit ausführlichem Literaturverzeichnis.]

Ch. Kambas: Esthétique et interpretation chez Walter Benjamin. In:
Revue germanique internationale 8 (1997) S. 71–84.

H. U. Gumbrecht: Mapping Benjamin. The Work of Art in the Digi-
tal Age. Stanford 2003.

Ch. Kambas: Momentaufnahme der europäischen Intelligenz. Moderne, Exil und Kulturtransfer in Walter Benjamins Werk. Hannover 2009.

THEODOR W. ADORNO

Geboren 1903 in Frankfurt a. M. 1921–24 dort Studium der Philosophie, Psychologie und Musikwissenschaft. In dieser Zeit Bekanntschaft mit Max Horkheimer und Walter Benjamin. 1924 Promotion mit einer Dissertation über Husserl bei Hans Cornelius.
1925 Kompositionsunterricht u. a. bei Alban Berg in Wien. 1928–31
Redakteur der Wiener Musikzeitschrift »Der Anbruch«. Lernt in
dieser Zeit seine spätere Frau Margarete Karplus kennen und unter-
hält Kontakte u. a. zu Benjamin, Bloch und Brecht. Nach einem ge-
scheiterten ersten Anlauf (1927) 1931 Habilitation mit der Arbeit
Die Konstruktion des Ästhetischen bei Kierkegaard bei dem Reli-

gionsphilosophen Paul Tillich in Frankfurt a. M. 1933 wird ihm die Venia legendi von den Nazis entzogen. 1934–37 in Oxford am Merton College. In dieser Zeit noch Hoffnung, in Deutschland als Musikkritiker sich durchschlagen zu können. 1937 Heirat mit Margarete Karplus. 1938 übersiedelt Adorno nach New York, wo er bis 1940 bleibt und den Teil eines Forschungsprojekts von Paul Lazarsfeld leitet (Princeton Radio Research Project). Hier konkrete Erfahrungen mit der von ihm später so bezeichneten »Kulturindustrie«. 1941–49 in Los Angeles, wo er mit Hanns Eisler und Thomas Mann in engem Kontakt steht (Beratung Thomas Manns für den musiktheoretischen Teil seines *Dr. Faustus*). 1949 Rückkehr nach Frankfurt a. M. Adorno erhält zunächst eine außerplanmäßige, später eine außerordentliche und schließlich (1956) eine ordentliche Professur für Philosophie und Soziologie. Leitet zeitweilig geschäftsführend das Institut für Sozialforschung. 1963 Wahl zum Vorsitzenden der Deutschen Gesellschaft für Soziologie. Goetheplakette der Stadt Frankfurt aus Anlaß seines 60. Geburtstages. Gestorben 1969 in Visp (Wallis).

Texte

Gesammelte Schriften. 20 Bde. Hrsg. von R. Tiedemann. Frankfurt a. M. 1970–86.

Kierkegaard. Konstruktion des Ästhetischen. Tübingen 1933.

Dialektik der Aufklärung. Philosophische Fragmente. Amsterdam 1947. [In Zsarb. mit Max Horkheimer.]

Philosophie der neuen Musik. Tübingen 1949.

Minima Moralia. Reflexionen aus dem beschädigten Leben. Berlin / Frankfurt a. M. 1951.

Versuch über Wagner. Berlin / Frankfurt a. M. 1952.

Prismen. Kulturkritik und Gesellschaft. Berlin / Frankfurt a. M. 1955.

Dissonanzen. Musik in der verwalteten Welt. Göttingen 1956.

Noten zur Literatur I. Berlin / Frankfurt a. M. 1957.

Noten zur Literatur II. Frankfurt a. M. 1961.

Noten zur Literatur III. Frankfurt a. M. 1965.

Einleitung in die Musiksoziologie. Frankfurt a. M. 1962.

Negative Dialektik. Frankfurt a. M. 1966.

Ohne Leitbild. Parva Aesthetica. Frankfurt a. M. 1967.

Ästhetische Theorie. Hrsg. von G. Adorno und R. Tiedemann. Frankfurt a. M. 1970.

Forschungsliteratur

C. Dahlhaus: Soziologische Dechiffrierung von Musik. Zu Th. W. Adornos Wagnerkritik. In: International Review of Music Aesthetics and Sociology 1 (1970) S. 137–147.

J. Habermas: Theodor W. Adorno. Urgeschichte der Subjektivität und verwilderte Selbstbehauptung. In: J. H.: Philosophisch-politische Profile. Frankfurt a. M. 1971. S. 184–200.

M. Jay: Dialektische Phantasie. Die Geschichte der Frankfurter Schule und des Instituts für Sozialforschung 1923–1950. Vorw. von M. Horkheimer. Frankfurt a. M. 1976.

H. L. Arnold (Hrsg.): Th. W. Adorno. München 1977.

G. Figal: Th. W. Adorno. Das Naturschöne als spekulative Gedankenfigur. Bonn 1977.

N. W. Bolz: Geschichtsphilosophie des Ästhetischen. Hermeneutische Rekonstruktion der »Noten zur Literatur« Th. W. Adornos. Hildesheim 1979.

K. Sauerland: Einführung in die Ästhetik Adornos. Berlin / New York 1979.

B. Lindner / W. M. Lüdke (Hrsg.): Materialien zur ästhetischen Theorie Th. W. Adornos. Konstruktion der Moderne. Frankfurt a. M. 1980.

L. v. Friedeburg / J. Habermas (Hrsg.): Adorno-Konferenz 1983. Frankfurt a. M. 1983.

R. Wiggershaus: Die Frankfurter Schule. Geschichte, Theoretische Entwicklung, Politische Bedeutung. München 1986.

R. Wiggershaus: Theodor W. Adorno. München 1987. [Mit ausführlicher Bibliographie.]

L. Zuidervaart: Adorno's Aesthetic Theory. The Redemption of Illusion. Cambridge (Mass.) 1991.

N. Schneider: Adornos Theorie des Naturschönen. In: Frankfurter Schule und Kunstgeschichte. Berlin 1992. S. 59 ff.

J. Held: Adorno und die kunsthistorische Diskussion der Avantgarde vor 1968. In: Frankfurter Schule und Kunstgeschichte. Berlin 1992. S. 41 ff.

P. V. Zima: Ästhetische Negation. Das Subjekt, das Schöne und das Erhabene von Mallarmé und Valéry zu Adorno und Lyotard. Würzburg 2006.

P. de Bolla: Aesthetics and the Work of Art. Adorno, Kafka, Richter.

Basingstoke 2009. (Darin [u. a.]: Julian Roberts: Beyond the Pleasure Principle: Politics in Adorno's »Aesthetic Theory«, S. 92 ff.)

SIGMUND FREUD

Geboren 1856 in Freiberg (Mähren, heute: Pribor) als Sohn eines Stoffhändlers. (1878 Änderung seines jüdischen Vornamens Schlomo in Sigmund.) 1859 Übersiedlung der Familie nach Wien. 1865 Eintritt ins Gymnasium (Lyzeum). 1874 Abschlußexamen der Schule mit »Summa cum laude«. Studium der Medizin. Auch Besuch philosophischer Vorlesungen bei Franz Brentano. 1875 Reise nach Manchester zu seinem Halbbruder Philipp. In der Folgezeit Beschäftigung mit Anatomie. 1879 Besuch der psychiatrischen Vorlesungen von Meynert. 1881 medizinisches Examen. 1885 Arbeit in einer Privatklinik. Habilitation. Beschluß, nach Paris zu Charcot (Salpêtrière) zu gehen. Beschäftigung mit den Phänomenen der Hysterie und der Aphasie. 1897 »Entdeckung« des Ödipus-Komplexes. 1900 Beginn erster Analysen. 1902 Reise nach Neapel. 1903 erste Schüler. 1910 Gründung der Internationalen Gesellschaft für Psychoanalyse. 1913 Bruch mit C. G. Jung, einem seiner ersten Schüler und Mitarbeiter. 1930 Goethe-Preis, den seine Tochter Anna für ihn in Frankfurt a. M. entgegennimmt. 1933 Verbrennung seiner Werke durch die Nazis. 1938 nach dem »Anschluß« Österreichs Ausreise nach London. Dort 1939 gestorben.

Texte

Gesammelte Schriften. 12 Bde. Wien 1924–34.

Gesammelte Werke. Chronologisch geordnet. 18 Bde. Unter Mitwirkung von M. Bonaparte hrsg. von A. Freud. London / Frankfurt a. M. 1940–68.

Studienausgabe in 10 Bänden. Hrsg. von A. Mitscherlich, A. Richards und J. Strachey. Frankfurt a. M. 1969–75. [Auch als Taschenbuchausgabe in 12 Einzelbänden. Ebd. 1982, mit Konkordanz und Gesamtbibliographie.]

Studienausgabe Bd. 10: Bildende Kunst und Literatur. Frankfurt a. M. 1969.

– Der Wahn und die Träume in W. Jensens »Gradiva«. S. 9 f.
– Eine Kindheitserinnerung des Leonardo da Vinci. S. 87 ff.

- Psychopathische Personen auf der Bühne. S. 161 ff.
- Der Dichter und das Phantasieren. S. 169 ff.
- Das Motiv der Kästchenwahl. S. 181 ff.
- Der Moses des Michelangelo. S. 195 ff.
- Vergänglichkeit. S. 223 ff.
- Einige Charaktertypen aus der psychoanalytischen Arbeit. S. 229 ff.
- Eine Kindheitserinnerung aus »Dichtung und Wahrheit«. S. 225 ff.
- Dostojewski und die Vatertötung. S. 267 ff.
- Goethepreis. S. 287 ff.

Werkausgabe in zwei Bänden. Hrsg. von A. Freud und I. Grubrich-Simitis. Frankfurt a. M. 1978. Bd. 1: Elemente der Psychoanalyse. Bd. 2: Anwendungen der Psychoanalyse.

Die Traumdeutung. Leipzig / Wien 1900.

Zur Psychopathologie des Alltagslebens. In: Monatsschrift für Psychiatrie und Neurologie 10 (1901).

Der Witz und seine Beziehung zum Unbewußten. Wien 1905.

Der Wahn und die Träume in W. Jensens Gradiva. In: Schriften zur angewandten Seelenkunde 1. Wien 1907.

Totem und Tabu. Wien 1913. [Zuerst in: Imago 1 (1912). 2 (1913).]

Das Unbehagen in der Kultur. Leipzig / Wien / Zürich 1930.

Abriß der Psychoanalyse (1938). Frankfurt a. M. 1953.

Forschungsliteratur

O. Rank: Art and Artist. Creative Urge and Personality Development. New York 1932.

E. Kris: Psychoanalytic Explorations in Art. New York 1952.

H. Marcuse: Eros and Civilization. Boston 1955. – Dt.: Triebstruktur und Gesellschaft. Übers. von M. v. Eckardt-Jaffe und H. M. Frankfurt a. M. 1965 [u. ö.]

A. Hauser: Philosophie der Kunstgeschichte. München 1958. [Darin: Bemerkungen zur psychologischen Methode: Psychoanalyse und Kunst.]

G. Bally: Einführung in die Psychoanalyse Freuds. Reinbek bei Hamburg 1961.

H. Meng (Hrsg.): Psychoanalyse und Kultur. München 1965.

O. Mannoni: Sigmund Freud. Reinbek bei Hamburg 1971. [20]1993. [Mit umfangreichem Literaturverzeichnis.]

J. J. Spector: The Aesthetics of Freud. A Study in Psychoanalysis and Art. New York 1972.

R. Wolheim: On Art and the Mind. Cambridge (Mass.) 1974.

L. Persani: The Freudian Body: Psychoanalysis and Art. New York 1986.

H. M. Lohmann: Freud zur Einführung. Hamburg 1986.

S. Kofman: The Childhood of Art. An Interpretation of Freud's Aesthetics. New York 1988.

Th. Diamantis: Freud et l'art. Enjeux épistémologiques. Brüssel. (Université Libre de Bruxelles) 2006. (20 S.)

B. Dejardin: L'art et l'illusion. Ethique et esthétique chez Freud. Paris 2008.

John Dewey

Geboren 1859 in Burlington (Vt.). Studium an der University of Vermont seit 1875. Zunächst Lehrer für alte Sprachen und Algebra an der High-School in Oil City (Penn.) (1879–81). Promotion mit einer Dissertation über Kant an der Johns Hopkins University. Bekanntschaft mit G. S. Morris an der University of Michigan 1884. Visiting Professor an der University of Minnesota 1888. In Michigan Zusammenarbeit mit C. H. Mead, der ihm später nach Chicago folgte, wohin Dewey 1894 auf den Lehrstuhl für Philosophie, Psychologie und Pädagogik berufen wurde. Wachsender Ruhm Deweys in dieser Zeit aufgrund zahlreicher im Geiste des amerikanischen Pragmatismus (W. James) verfaßter Schriften, darunter seiner *Psychology* (New York 1887), mit der er seine Abkehr von Hegel und Kant vollzog. 1905 ging Dewey – nach Auseinandersetzungen mit der Administration der University of Chicago – als Professor für Philosophie und Pädagogik an die Columbia University in New York. Emeritierung dort 1930. Danach weiterhin publizistisch und politisch aktiv. Reisen u. a. nach Mexiko und Rußland. 1937 leitete Dewey in Mexiko die Kommission, welche die bei den Moskauer Prozessen gegen Leo Trotzki gemachten Vorwürfe untersuchte (vgl. seinen Report *Not Guilty*, New York 1937). Gestorben 1952.

Texte

Psychology. New York 1887.
School and Society. Chicago 1900.
Darwin's Influence on Philosophy and other Essays. New York 1910.
Democracy and Education. New York 1916.
Human Nature and Conduct. New York 1922.
Art as Experience. New York 1934. – Dt.: Kunst als Erfahrung. Übers. von Ch. Velten. Frankfurt a. M. 1988.
Experience and Nature. Chicago 1925.

Forschungsliteratur

E. A. Shearer: Dewey's Aesthetic Theory. In: Journal of Philosophy 32 (1935) S. 617–627.
G. Melvin: The Social Philosophy Underlying Dewey's Theory of Art. In: Mills College Faculty Studies 1937. H. 1. S. 124–136.
E. Vivas: A Note on the Emotion in Mr. Dewey's Theory of Art. In: Philosophical Review 47 (1938) S. 522–531.
P. A. Schilpp (Hrsg.): The Philosophy of John Dewey. Chicago 1939.
K. H. Brandenburg: Kunst als Qualität der Handlung. John Deweys Grundlegung der Ästhetik. Diss. Königsberg 1942.
V. M. Ames: John Dewey as Aesthetician. In: Journal of Aesthetics and Art Criticism 12 (1953) S. 145–168.
P. M. Zeltner: John Dewey's Aesthetic Philosophy. Amsterdam 1975.
J. A. Boydston / K. Poulos (Hrsg.): Checklist of Writings About John Dewey 1887–1977. Carbondale 1978.
F. H. Peterson: John Dewey's Reconstruction in Philosophy. New York 1987.
J. E. Tiles: Dewey. London 1988.
K. Mainzer: John Dewey. Instrumentalismus und Naturalismus in der technisch-wissenschaftlichen Lebenswelt. In: Grundprobleme der großen Philosophen. Hrsg. von J. Speck. Philosophie der Neuzeit Bd. 5: Comte, Mill, James, Peirce, Dewey, Mach. Göttingen 1991. S. 170–209.
Ph. W. Jackson: John Dewey and the Lessons of Art. New Haven 1998.

NELSON GOODMAN

Geboren 1906 in Sommerville (Mass.). Bachelor of Science an der Harvard University 1928. Dort auch Promotion zum Ph. D. 1941. Danach Lehrer am Tufts College (1945/46), Associate Professor an der University of Pennsylvania (1946–51); Full Professor dort von 1951–64. Von 1964–67 war Goodman Professor für Philosophie an der Brandeis University. Danach Rückkehr an die Harvard University, an der er 1977 emeritiert wurde.

Texte

The Calculus of Individuals and Its Uses. In: Journal of Symbolic Logic 5 (1940) S. 45–50. [Zus. mit H. S. Leonard.]

Steps Toward a Constructive Nominalism. In: Journal of Symbolic Logic 12 (1947) S. 105–122. [Zus. mit W. V. O. Quine.]

On Likeness of Meaning. In: Analysis 10 (1949) S. 1–7.

The Structure of Appearence. Cambridge (Mass.) 1951.

A World of Individuals. In: The Problem of Universals. Notre Dame (Ind.) 1956. S. 13–31.

About. In: Mind 70 (1961) S. 1–24.

Languages of Art. An Approach to a Theory of Symbols. Indianapolis 1968. – Dt.: Sprachen der Kunst. Übers. und mit einem Nachw. von J. Schläger. Frankfurt a. M. 1973.

When is Art? In: The Arts and Cognition. Hrsg. von D. Perkins und B. Leondar. Baltimore 1977.

Ways of Worldmaking. Indianapolis 1978. – Dt.: Weisen der Welterzeugung. Übers. von M. Looser. Frankfurt a. M. 1987.

[Zus. mit C. Z. Elgin:] Reconceptions in Philosophy and Other Arts and Sciences. Indianapolis 1988. – Dt.: Revisionen. Philosophie und andere Künste und Wissenschaften. Übers. von B. Philippi. Frankfurt a. M. 1989.

Forschungsliteratur

R. Wollheim: Nelson Goodman's Language of Art. In: Journal of Philosophy 68 (1970) S. 531 ff.

Logic and Art. Essays in Honour of Nelson Goodman. Hrsg. von R. Rudner und I. Scheffler. Indianapolis 1972.

J. S. Ackerman [u. a.]: Aesthetics and Worldmaking. In: Journal of Aesthetics and Art Criticism 40 (1981).

C. Z. Elgin: With Reference to Reference. Indianapolis 1983.

W. J. T. Mitchell: Pictures and Paragraphs: Nelson Goodman and the Grammar of Difference. In: W. J. T. M.: Iconology. Chicago (Ill.) 1986. S. 53–74.

St. Hottinger: Nelson Goodmans Nominalismus und Methodologie. Bern [u. a.] 1988.

D. Sturma: Nelson Goodman. In: J. Nida-Rümelin (Hrsg.): Philosophie der Gegenwart in Einzeldarstellungen von Adorno bis v. Wright. Stuttgart 1991. S. 199 ff.

J. Monzot: La philosophie de l'art de Nelson Goodman. Nîmes 1996.

Ch. Fricke: Zeichenprozeß und ästhetische Erfahrung. München 2001. (Zugl. Habil.-Schr. Heidelberg 1998.)

Arthur C. Danto

Geboren 1924 in Ann Arbor. Amerikanischer Philosoph und Kunstkritiker. Lehrt als Johnsonian Professor an der Columbia University. 1983 Präsident der American Philosophical Association. Von 1989–90 Präsident der American Society of Aesthetics. Seit 1984 Kunstkritiker in der Zeitschrift »The Nation«.

Texte

The Artworld. In: Journal of Philosophy 61 (1964) S. 571–584.

The Transfiguration of the Commonplace: A Philosophy of Art. Cambridge (Mass.) 1981. – Dt.: Die Verklärung des Gewöhnlichen. Übers. von M. Looser. Frankfurt a. M. 1984.

The Appreciation and Interpretation of Works of Art. In: Relativism in the Arts. Hrsg. von B. Jean Craige. Athens 1983. S. 21–44.

The End of Art. In: B. Lang (Hrsg.): The Death of Art. New York 1984. S. 5–35.

The Philosophical Disenfranchisement of the Commonplace. New York 1986. – Dt.: Die philosophische Entmündigung der Kunst. Übers. von K. Lauer. München 1993.

The State of the Art. New York 1987.

The Politics of Imagination. Lawrence 1988.

Encounters and Reflections. Art in the Historical Present. New
    York 1991. – Dt.: Reiz und Reflexion. Übers. von Ch. Spelsberg.
    München 1994. (Bild und Text.)
Beyond the Brillo Box. New York 1992.

Forschungsliteratur

G. Dickie: Art and the Aesthetic. An Institutional Analysis. Ithaca/
    London 1974. [Bes. S. 28 f., zur »Artworld«.]
St. Davies: Definitions of Art. Ithaca/London 1991. S. 163 f. u. pass.
N. Carroll: Danto, Style, and Intention. In: Journal of Aesthetics
    and Art Criticism 53 (Summer 1995) S. 251–258.
R. Wiehl: Philosophische Ästhetik zwischen Immanuel Kant und
    Arthur C. Danto. Göttingen 2005.
M. Thériault: Arthur Danto ou l'art en boîte. Paris 2010.

Jan Mukařovský

Geboren 1891 in Písek (Südböhmen). Nach dem Studium Gymnasiallehrer in Pilsen. 1925 Übersiedlung nach Prag; dort 1926 Grün-
dungsmitglied des Prager linguistischen Zirkels (Mitglieder u. a.:
M. S. Trubetzkoj, R. Jakobson, R. Wellek). 1929 Habilitation an der
Karls-Universität. 1931 Dozent an der Universität Bratislava (Preß-
burg). 1937 Rückkehr nach Prag als Professor. 1948 unter dem
Druck der stalinistischen Parteidoktrin Widerruf seiner strukturalistischen Grundsätze (»Wohin zielt die heutige Kunsttheorie?«).
1953–62 Mitglied der Tschechoslowakischen Akademie der Wissenschaften. 1962 erneut Übernahme des Lehrstuhls an der Karls-Universität. Gestorben 1975.

Texte

Kapitoly z české poetiky. Prag 1948. – Dt.: Kapitel aus der Poetik.
    Übers. von W. Schamschula. Frankfurt a. M. 1967.
Studie z estetiky. Prag 1966. – Dt.: Kapitel aus der Ästhetik. Übers.
    von W. Schamschula. Frankfurt a. M. 1970.
Čestami poetiky a estetiky. Prag 1971. – Dt.: Studien zur struktura-
    listischen Ästhetik und Poetik. Übers. von H. Grönebaum und
    G. Riff. München 1974.

Forschungsliteratur

H. Günther: Struktur als Prozeß. Studien zur Ästhetik und Literaturtheorie des tschechischen Strukturalismus. München 1970.

K. Chvatík: Strukturalismus und Avantgarde. München 1970. alternative 14 (1971).

J. M. Broekman: Strukturalismus – Moskau, Prag, Paris. Freiburg i. Br. 1971.

M. Červenka: Die Grundkategorien des Prager literaturwissenschaftlichen Strukturalismus. In: V. Žmegač / Z. Škreb (Hrsg.): Zur Kritik literaturwissenschaftlicher Methodologie. Frankfurt a. M. 1973. S. 137–168.

W. Schamschula: Jan Mukařovský (1891–1975). In: Klassiker der Literaturtheorie. Hrsg. von H. Turk. München 1979. S. 238 ff., 347 ff. (Anmerkungen und Bibliographie).

P. Burg: Jan Mukařovský. Genese und System der tschechischen strukturalen Ästhetik. Neuwied 1985. [Diss. u. d. T.: Der wissenschaftshistorische und erkenntnistheoretische Standort der tschechischen strukturalen Ästhetik Jan Mukařovskýs. Saarbrücken 1985.]

F. Illing: Jan Mukárovský und die Avantgarde. Die strukturalistische Ästhetik im Kontext von Poetismus und Surrealismus. Bielefeld 2001.

JEAN-PAUL SARTRE

Geboren 1905 in Paris. Verbringt seine Kindheit im Haus der Großeltern mütterlicherseits (vgl. *Les mots*, 1964; Verwandtschaft mit Albert Schweitzer). 1924–28 Studium an der École Normale Supérieure in Paris. 1929 Agrégation. Lernt in dieser Zeit Simone de Beauvoir kennen, mit der er zeitlebens verbunden bleibt; Bekanntschaft mit Maurice Merleau-Ponty und Raymond Aron. Tätigkeit als Gymnasiallehrer in Le Havre und Paris. Danach (1933) Studienaufenthalt in Deutschland (Stipendium). Beschäftigung mit deutscher Philosophie (Hegel, Husserl, Heidegger). 1939 zum Militär eingezogen. Gefangenschaft. Nach Entlassung Verbindung zur Résistance. Nach dem Krieg Gründung der Zeitschrift »Les Temps Modernes«. 1945 Beurlaubung vom Staatsdienst. Seitdem freier Schriftsteller. Zahlreiche Auslandsreisen (USA 1945, UdSSR 1954, China 1955, Kuba und Brasilien 1960 u. a.). Politische Stellungnahmen zum Algerienkrieg und Krieg in Vietnam, zum Einmarsch der sowjetischen Truppen in Prag. Unterstützung der linken Gruppen beim Pariser Mai (1968). Kritik an den Stammheimer Prozessen gegen die Baader-Meinhof-Gruppe. Seit 1974 zieht sich Sartre aus Gesundheitsgründen aus öffentlichen Aktivitäten weitgehend zurück. Er stirbt 1980 in Paris.

Texte

L'imaginaire. Paris 1940. – Dt.: Das Imaginäre. Übers. von H. Schöneberg. Reinbek bei Hamburg 1971.

L'être et le néant. Paris 1943. – Dt.: Das Sein und das Nichts. Übers. von J. Streller. Hamburg 1952.

L'existentialisme est un humanisme. Paris 1946. – Dt.: Ist der Existentialismus ein Humanismus? Zürich 1947. Wiederabgedr. in: Drei Essays. Mit einem Nachw. von W. Schmiele. Frankfurt a. M. / Berlin 1965.

Situations I–IX. Paris 1947–72. [Darin der Essay: Qu'est-ce que la littérature? 1947. – Dt.: Was ist Literatur? Übers. von H. G. Brenner. Reinbek bei Hamburg. 1958.]

Baudelaire. Paris 1947. – Dt.: Baudelaire. Übers. von B. Möhring. Hamburg 1953.

Saint Genet, comédien et martyr. Paris 1952.

Critique de la raison dialectique. Paris 1960. – Dt.: Kritik der dialektischen Vernunft. Übers. von T. König. Hamburg 1967.

L'idiot de la famille. Gustave Flaubert de 1821 à 1857. 3 Bde. Paris 1971–72. – Dt.: Der Idiot der Familie. 5 Bde. Übers. von T. König. Reinbek bei Hamburg 1977–80.

Forschungsliteratur

J. Hardré: Jean-Paul Sartre – Literary Critic. In: Studies in Philology 55 (1958) S. 98–106.

E. F. Kaelin: An Existentialist Aestetic: The Theories of Sartre and Merleau-Ponty. Madison 1962.

K. Kohut: Was ist Literatur? Die Theorie der »littérature engagée« bei Jean-Paul Sartre. Diss. Marburg 1965.

W. F. Haug: Jean-Paul Sartre und die Konstruktion des Absurden. Frankfurt a. M. 1966. 2., überarb. Aufl. u. d. T.: Kritik des Absurdismus. Köln 1976.

B. Suhl: Jean-Paul Sartre. The Philosopher as Literary Critic. New York 1970.

F. Jameson: Three Methods in Sartre's Literary Criticism. In: J. K. Simon (Hrsg.): Modern French Criticism. From Proust and Valéry to Structuralism. Chicago / London 1972. S. 193–227.

Th. W. Adorno: Zur Dialektik des Engagements. Frankfurt a. M. 1973.

K. Kohut: Jean-Paul Sartre. In: Französische Literaturkritik der Gegenwart in Einzeldarstellungen. Hrsg. von W.-D. Lange. Stuttgart 1975. S. 103–137.

G. Marks-Leinen: Literaturbegriff und Bewußtseinstheorie. Zur Bestimmung der Literatur bei Sartre. Bonn 1976.

A. C. Danto: Jean-Paul Sartre. München 1977.

Ch. Howells: Sartre's Theory of Literature. London 1979.

T. König (Hrsg.): Sartres Flaubert lesen. Essays zu »Der Idiot der Familie«. Reinbek bei Hamburg 1980.

T. König: Sartres Begriff des Engagements. In: Neue Rundschau 91 (1980) S. 39–62.

T. König (Hrsg.): Sartre. Ein Kongreß. Reinbek bei Hamburg 1988.

W. Lesch: Imagination und Moral. Würzburg 1989.

L. Th. Heumann: Ethik und Ästhetik bei Fichte und Sartre. Eine vergleichende Studie über den Zusammenhang von Ethik und Ästhetik in der Transzendentalphilosophie Fichte und dem Existenzialismus Sartres. Amsterdam 2009. (Zugl. Diss. phil. Siegen 2007.)

ROLAND BARTHES

Geboren 1915 in Cherbourg. Studierte Literaturwissenschaft. Schon während des Studiums häufig längere Sanatoriumsaufenthalte (Tbc). Unterricht in Biarritz (1939), Paris (1940), Bukarest (1948/ 1949), Alexandria (1950). Danach Attaché de Recherches am C. N. R. S. und Lehrtätigkeiten. Zuletzt Professor am Collège de France. Roland Barthes starb 1980 an den Folgen eines Verkehrsunfalls.

Texte

Le degré zéro de l'écriture. Paris 1953. – Dt.: Am Nullpunkt der Literatur. Übers. von H. Scheffel. Hamburg 1959. Frankfurt a. M. 1982.

Michelet par lui-même. Paris 1954.

Mythologies. Paris 1957. – Dt.: Mythen des Alltags. Übers. von
H. Scheffel. Frankfurt a. M. 1964.

Sur Racine. Paris 1963.

Essais critiques. Paris 1964. – Dt. [z. T.] in: Literatur oder Geschichte. Übers. von H. Scheffel. Frankfurt a. M. 1969.

Éléments de sémiologie. Paris 1966.

Critique et vérité. Paris 1966. – Dt.: Kritik und Wahrheit. Übers.
von H. Scheffel. Frankfurt a. M. 1967.

L'empire des signes. Genf 1970. – Dt.: Das Reich der Zeichen.
Übers. von M. Bischoff. Frankfurt a. M. 1981.

S/Z. Paris 1970. – Dt.: S/Z. Übers. von J. Hoch. Frankfurt a. M.
1976.

Sade, Fourier, Loyola. Paris 1971. – Dt.: Sade, Fourier, Loyola.
Übers. von M. Sell und J. Woch. Frankfurt a. M. 1974.

Le plaisir du texte. Paris 1972. – Dt.: Die Lust am Text. Übers. von
T. König. Frankfurt a. M. 1974.

Roland Barthes par Roland Barthes. Paris 1975. – Dt.: Über mich
selbst. Übers. von J. Hoch. München 1978.

Fragments d'un discours amoureux. Paris 1977.

Leçon. Paris 1978.

Sollers écrivain. Paris 1979.

Forschungsliteratur

G. Genette: »L'Envers les signes«. In: G. G.: Figures. Bd. 1. Paris
1966.

G. Schiwy: Der französische Strukturalismus. Mode, Methode,
Ideologie. Mit einem Textanhang. Reinbek bei Hamburg 1969.
[Zu Barthes S. 77 ff. und Textauszüge S. 149 ff.]

L.-J. Calvet: Roland Barthes, un regard politique sur le signe. Paris
1973.

R. Theis: Roland Barthes. In: Französische Literaturkritik der Gegenwart in Einzeldarstellungen. Hrsg. von W.-D. Lange. Stuttgart
1975. S. 252 ff.

Ph. Thody: Roland Barthes. A Conservative Estimate. Atlantic
Highlands (N. J.) 1977.

G. Neumann: Barthes. In: Klassiker der Literaturtheorie. Hrsg. von
H. Turk. München 1979. S. 298 ff., 357 f. (Anmerkungen).

H. Hillenaar: Roland Barthes. Existentialisme, semiotiek, psychoanalyse. Assen 1982.

S. Sontag: L'écriture même: à propos de Barthes. Bourgeois 1982.

J. Culler: Barthes. New York / Oxford 1983.

S. Freedman: Roland Barthes. New York 1983.

St. Ungar: Roland Barthes. Lincoln [u. a.] 1983.

Ph. Dulac: Roland Barthes. In: Encyclopaedia Universalis. Bd. 3:
Automatique-calcaires. Paris 1985. S. 316–318.

M. B. Wiseman: The Ecstasies of Roland Barthes. London 1989.

G. Röttger-Denker: Roland Barthes zur Einführung. Hamburg
1989.

A. Brown: Roland Barthes. Oxford 1992.

L.-J. Calvet: Roland Barthes 1915–1980. Eine Biographie. Frankfurt
a. M. 1993

O. Ette: Roland Barthes. Eine intellektuelle Biographie. Frankfurt
a. M. 1998. (2. Aufl. 2007.)

N.-B. Barbe: Roland Barthes et la théorie esthétique. Mouzeuil-
Sant-Martin 2001.

Tel Quel. Jg. 1971. Sonderheft 47.

Poétique. Jg. 1981. Sonderheft 47.

Critique. Jg. 1983. Sonderhefte 423. 424.

JACQUES DERRIDA

Geboren 1930 in El Biar (Algerien). Studium an der École Normale
Supérieure in Paris und an der Harvard University. Promotion mit
De la grammatologie (erschienen 1967). 1960–64 Assistent an der
Sorbonne. 1964–84 Professor für das Fach »Geschichte der Philosophie« an der École Normale Supérieure. 1983 Gründungsdirektor
des Collège International de Philosophie in Paris. Ständiger Gast-
professor an der University of California, Irvine. Derrida erhielt
2001 den Theodor-W.-Adorno-Preis. Er starb 2004 in Paris.

Texte

Edmund Husserl, L'origine de la géométrie, traduction et introduction par J. D. Paris 1962.

L'écriture et la différence. Paris 1967. Dt.: Die Schrift und die Differenz. Übers. von R. Gasché und U. Köppen. Frankfurt a. M. 1976.

La voix et le phénomène. Introduction au problème du signe dans la phénoménologie de Husserl. Paris 1967.

De la grammatologie. Paris 1967. – Dt.: Grammatologie. Übers. von H.-J. Rheinberger. Frankfurt a. M. 1974.

Marges de la philosophie. Paris 1972. – Dt.: Randgänge der Philosophie. Hrsg. von P. Engelmann. Übers. von G. Ahrens. Wien 1988.

La dissémination. Paris 1972.

La vérité en peinture. Paris 1979.

Einige zentrale Texte Derridas sind abgedruckt in:

Postmoderne und Dekonstruktion. Texte französischer Philosophen der Gegenwart. Mit einer Einführung hrsg. von P. Engelmann. Stuttgart 1993 [u. ö.].

Forschungsliteratur

J. Kristeva: Séméiotiké. Recherches pour une sémanalyse. Paris 1969.

P. de Man: Rhétorique de la cécité. Derrida lecteur de Rousseau. In: Poétique 1 (1970) S. 455–475.

G. Schiwy: Neue Aspekte des Strukturalismus. München 1971.

Ch. Buci-Glucksmann: Déconstruction et critique marxiste de la philosophie. In: L'Arc 54 (1973) S. 20–32.

J. Thomas: Jacques Derrida. In: Französische Literaturkritik der Gegenwart in Einzeldarstellungen. Hrsg. von W.-D. Lange. Stuttgart 1975. S. 234 ff.

M. Detweiler: Derrida and biblical studies. Chico (Cal.) 1982.

F. Rötzer: Französische Philosophen im Gespräch. München 1985.

J. Habermas: Der philosophische Diskurs der Moderne. Zwölf Vorlesungen. Frankfurt a. M. 1985. [3]1991. [Bes. S. 191 ff.]

N. Schneider: Bastelei als Subversion? – Zur Kritik der Philosophie Jacques Derridas. In: Düsseldorfer Debatte 3 (1986) S. 47–54.

I. E. Harvey: Derrida and the Economy of différance. Bloomington 1986.

J. Llewelyn: Derrida on the Treshold of Sense. London 1986.

Ch. Norris: Derrida. London 1987.

T. Clark: Derrida, Heidegger, Blanchot. Sources of Derrida's notion. Cambridge 1992.

P. Völkner: Derrida und Husserl. Zur Dekonstruktion einer Philosophie der Präsenz. Wien 1993.

P. Engelmann: Einführung: Postmoderne und Dekonstruktion. Zwei Stichwörter zur zeitgenössischen Philosophie. In: Postmoderne und Dekonstruktion. Texte französischer Philosophen der Gegenwart. Hrsg. von P. E. Stuttgart 1993 [u. ö.]. S. 5 ff.

Th. Rösch: Kunst und Dekonstruktion. Serielle Ästhetik im Werk von Jacques Derrida. Diss. phil. Stuttgart 1997.

Ch. Menke: Die Souveränität der Kunst. Ästhetische Erfahrung nach Adorno und Derrida. Frankfurt a. M. 2000.

N. Roelens (Hrsg.): Jacques Derrida et l'esthétique. Paris 2000.

Abbildungsnachweis

9 Gottvater als Baumeister des Universums. Miniatur aus einer
französischen Bibel, Mitte des 13. Jahrhunderts. Wien, Österrei-
chische Nationalbibliothek. Cod. 2354, fol. IV. – Aus: Blüte des
Mittelalters. Hrsg. von Joan Evans. München/Zürich 1966.
S. 83. Abb. 1.

Die aus der Zeit der ersten großen gotischen Kathedralen stam-
mende Miniatur, die den Bericht von der Erschaffung der Welt
illustriert (1. Mose 1,1 f.), zeigt Gottvater in Analogie zum mittelalterlichen Steinmetzen, der mit dem Zirkel die Maßverhältnisse vom Plan auf das Bauwerk zu übertragen pflegte. Die den
Architektenberuf heiligende Vorstellung von Gottvater als Baumeister des Universums wurde aus Platons *Timaios* (29d–40d)
abgeleitet, wo die Rede davon ist, daß der »Demiurg« das Chaos
in Ordnung überführt, ihm Vernunft (*nous*) eingibt und dem
Weltall dadurch urbildhaft Vollkommenheit, Schönheit und
Harmonie zuteil werden läßt.

22 Alexander Gottlieb Baumgarten: Aesthetica. Frankfurt a. d. O.
1750. Prolegomena, §§ 1–3.

32 Maerten van Heemskerck (1498–1574): Der Torso vom Belvedere. Zeichnung (um 1535). Aus: Raimund Wünsche: »Eine un-
widersprechliche ewige Urkunde des göttlichen Griechenland«.
Der Torso vom Belvedere oder die Lösung eines archäologi-
schen Rätsels. In: Wirtschaft und Wissenschaft. Jg. 1995. Nr. 1.
S. 15. Abb. 2.

Während Winckelmann in seiner berühmten Beschreibung dieser antiken Skulptur das Heldenhafte der in der Regel mit Herkules identifizierten Figur betont, ist sie, als sie kurz vor 1535 in
den von Donato Bramante erbauten Statuenhof des Belvedere
gelangte, offensichtlich noch anders wahrgenommen worden.
Der niederländische Manierist Maerten van Heemskerck, der
sich damals gerade in Rom aufhielt, registriert sie nicht in kraft-
strotzend-sitzender, sondern in hingestreckter, liegender Haltung; aller Muskulosität ungeachtet erscheint sie bei ihm hilflos.
Zu diesem Eindruck trägt zusätzlich die Rückenansicht bei. Der

Pfeiler mit den ägyptisierenden Hieroglyphen soll wohl das Geheimnisvolle und Rätselhafte dieser Plastik andeuten (Raimund Wünsche). Das Fragmentarische des Torso wurde im 17. Jahrhundert oft als Vanitas-Symbol aufgefaßt, so auf einem Stich von François Perrier (1638), wo die Personifikation der Zeit (Chronos) an einem der abgebrochenen Arme nagt.

35 Die Gruppe des Laokoon. Geschaffen von den Bildhauern Hagesandros, Polydoros und Athanodoros. 2. Jh. v. Chr. bis 1. Jh. n. Chr. Rom, Vatikanische Museen. Stahlstich aus: Carl Schnaase: Geschichte der bildenden Künste bei den Alten. Bd. 2: Griechen und Römer. Düsseldorf ²1866. S. 266. Fig. 87.

54 Philipp Otto Runge (1777–1810): Lilien. Scherenschnitt. Weimar, Kunstsammlungen. Aus: Philipp Otto Runge. Leben und Werk in Daten und Bildern. Hrsg. von Stella Wega Mathieu. Frankfurt a. M. 1977. S. 119.

Runges Scherenschnitt ist – ähnlich wie seine Tapetenentwürfe – ein Beispiel für die romantische Kunstform der Arabeske, der Friedrich Schlegel in seiner Theorie der Universalpoesie als angeblich autonomem Gebilde einen besonderen ästhetischen Rang zusprach. Vorbereitet war diese Vorstellung in Kants *Kritik der Urteilskraft*, wo von der »freien Schönheit« (»pulchritudo vaga«) die Rede ist, die sich unter anderem in »Zeichnungen à la grecque« oder Mustern von Papiertapeten manifestiere.

118 Der Apoll vom Belvedere. Römische Marmorkopie (gefunden Ende des 15. Jahrhunderts in Italien) nach einem attischen Bronzeoriginal aus dem 4. Jahrhundert v. Chr. Rom, Vatikanische Museen. Stahlstich aus: Carl Schnaase: Geschichte der bildenden Künste bei den Alten. Bd. 2: Griechen und Römer. Düsseldorf ²1866. S. 275. Fig. 91.

Gegen das apollinische Schönheitsideal, wie man es seit Winckelmann in dieser wohl auf den Bildhauer Leochares zurückgehenden Statue feierte, wendet sich Nietzsche in seiner Abhandlung *Die Geburt der Tragödie aus dem Geiste der Musik* (1871). Er macht demgegenüber auf den »verhüllten Untergrund des Leidens«, das Dionysisch-Rauschhafte, aufmerksam, auf dem die lichterfüllte Welt der Olympier ruhe.

161 Vincent van Gogh: Schuhe. Gemalt in Paris, zweites Halbjahr 1886. Öl auf Leinwand. 37,5×40 cm. Amsterdam, Rijksmuseum Vincent van Gogh, Vincent-van-Gogh-Stiftung. Aus: Vincent van Gogh. Sämtliche Gemälde. Hrsg. von Ingo F. Walther und Rainer Metzger. Bd. 1. Köln 1989. S. 183.

217 Lewis W. Hine (1874–1940): Bauarbeiter. Foto. 1931. Aus: Peter Pollock: The Picture History of Photography. From the Earliest Beginnings to the Present Day. Revised and Enlarged Edition. New York 1969. S. 310.

Dieses sozialdokumentarische Foto zeigt Bauarbeiter in schwindelerregender Höhe auf einem Stahlträger bei der Errichtung des Empire State Building in New York. Es entstand drei Jahre vor dem Erscheinen von John Deweys Buch *Art as Experience*, in dem ein solches Alltagsmotiv wegen der starken Intensität des von ihm ausgehenden Erlebnisses als rudimentäre Vorform ästhetischer Erfahrung interpretiert wird.

Literaturwissenschaft bei Reclam

Autorenmonographien

Thomas Bein: Walther von der Vogelweide. 299 Seiten. Mit 15 Abbildungen. UB 17601

Arnd Beise: Peter Weiss. 296 Seiten. Mit 13 Abbildungen. UB 17633

Peter J. Brenner: Gotthold Ephraim Lessing. 389 Seiten. Mit 10 Abbildungen. UB 17622

Norbert Otto Eke: Heiner Müller. 325 Seiten. Mit 10 Abbildungen. UB 17615

Sonja Hilzinger: Anna Seghers. 240 Seiten. Mit 12 Abbildungen. UB 17623

Michael Hofmann: Uwe Johnson. 247 Seiten. Mit 14 Abbildungen. UB 17625

Hans Dietrich Irmscher: Johann Gottfried Herder. 208 Seiten. Mit 12 Abbildungen. UB 17630

Oliver Jahraus: Kafka. Leben, Schreiben, Machtapparate. 484 Seiten. Mit 25 Abbildungen. Geb.

Nicola Kaminski: Andreas Gryphius. 264 Seiten. Mit 13 Abbildungen. UB 17610

Johannes Keller und Lydia Miklautsch: Walther von der Vogelweide und die Literaturtheorie. Neun Modellanalysen von »Nemt, frouwe, disen kranz«. 236 Seiten. UB 17673

Jan Knopf: Bertolt Brecht. 317 Seiten. Mit 15 Abbildungen. UB 17619

Bernd Kortländer: Heinrich Heine. 367 Seiten. Mit 17 Abbildungen. UB 17638

Friedhelm Marx: Gerhart Hauptmann. 403 Seiten. Mit 20 Abbildungen. UB 17608

Mathias Mayer: Eduard Mörike. 184 Seiten. Mit 11 Abbildungen. UB 17611

Tim Mehigan: Robert Musil. 200 Seiten. Mit 10 Abbildungen. UB 17628

Albert Meier: Karl Philipp Moritz. 295 Seiten. Mit 9 Abbildungen. UB 17620

Klaus Müller-Salget: Heinrich von Kleist. 359 Seiten. Mit 19 Abbildungen. UB 17635

Norbert Oellers: Schiller. Elend der Geschichte, Glanz der Kunst. 520 Seiten. 38 Abbildungen. Geb. und als UB 17659

Gabriele Sander: Alfred Döblin. 397 Seiten. Mit 11 Abbildungen. UB 17632

Hartwig Schultz: Clemens Brentano. 224 Seiten. Mit 20 Abbildungen. UB 17614

Georg Michael Schulz: Jacob Michael Reinhold Lenz. 351 Seiten. Mit 13 Abbildungen. UB 17629

Hartmut Steinecke: E. T. A. Hoffmann. 259 Seiten. Mit 31 Abbildungen. UB 17605

Herbert Uerlings: Novalis. 248 Seiten. Mit 14 Abbildungen. UB 17612

Epochendarstellungen

Horst Brunner: Gedichte der deutschen Literatur des Mittelalters und der Frühen Neuzeit im Überblick. 526 Seiten. UB 17680

Michael Hofmann: Aufklärung. Tendenzen – Autoren – Texte. 278 Seiten. Mit 27 Abbildungen. UB 17616

Matthias Luserke: Sturm und Drang. Autoren – Texte – Themen. 384 Seiten. Mit 17 Abbildungen. UB 17602

Burkhard Moennighoff: Stilistik. 114 Seiten. UB 17678

Gattungsmonographien

Theo Elm: Das soziale Drama. Von Lenz bis Kroetz. 328 Seiten. UB 17645

Winfried Freund: Novelle. 348 Seiten. UB 17607

Hiltrud Gnüg: Utopie und utopischer Roman. 271 Seiten. UB 17613

Michaela Holdenried: Autobiographie. 304 Seiten. UB 17624

Kleine literarische Formen in Einzeldarstellungen. 278 Seiten. UB 18187

Albert Meier: Klassik – Romantik. 458 Seiten. UB 17674

Henning Mehnert: Commedia dell'arte. 175 Seiten. Mit 15 farbigen Abbildungen. UB 17639

Volker Mertens: Der deutsche Artusroman. 384 Seiten. Mit 16 Abbildungen. UB 17609

Christian Erich Rochow: Das bürgerliche Trauerspiel. 247 Seiten. Mit 14 Abbildungen. UB 17617

Axel Schalk: Das moderne Drama. 255 Seiten. Mit 13 Abbildungen. UB 17648

Einführungen

Jonathan Culler: Literaturtheorie. Eine kurze Einführung. 200 Seiten. UB 18166

Oliver Jahraus und Stefan Neuhaus (Hrsg.): Kafka »Urteil« und die Literaturtheorie. Zehn Modellanalysen. 271 Seiten. UB 17636

Benedikt Jeßing: Arbeitstechniken des Literaturwissenschaftlichen Studiums. 166 Seiten. UB 17631

Dietrich Kerlen: Einführung in die Medienkunde. 341 Seiten. UB 17637

Joachim Knape: Allgemeine Rhetorik. Stationen der Theoriegeschichte. 341 Seiten. Mit 18 Abbildungen. UB 18045

Peter von Matt: Literaturwissenschaft und Psychoanalyse. 157 Seiten. UB 17626

Burkhard Moennighoff: Metrik. 115 Seiten. UB 17649

Bodo Plachta: Editionswissenschaft. Eine Einführung in Methode und Praxis der Edition neuerer Texte. 168 Seiten. Mit 12 Abbildungen. UB 17603 – Zensur. 247 Seiten. Mit 8 Abbildungen. UB 17660

Heinz Rölleke: Die Märchen der Brüder Grimm. Eine Einführung. 120 Seiten. UB 17650

Ulrich Schmid (Hrsg.): Literaturtheorien des 20. Jahrhunderts. 432 Seiten. UB 15232

Ursula Schulze: Das Nibelungenlied. 340 Seiten. Mit 11 Abbildungen. UB 17604

Uta Störmer-Caysa: Einführung in die mittelalterliche Mystik. 175 Seiten. UB 17646

Werner Suerbaum: Vergils »Aeneis«. Epos zwischen Geschichte und Gegenwart. 427 Seiten. Mit 15 Abbildungen. UB 17618

Philipp Reclam jun. Stuttgart